DER JUGEND BROCKHAUS

ALLGEMEINBILDUNG

Das Wichtigste auf einen Blick

Mit Texten von Dr. Bernd Flessner und Marcel Diel

Fachliche Beratung von Dr. Helge Batt, Marcel Diel,
Bernhard Kastner und Felix R. Paturi

F. A. BROCKHAUS
Mannheim · Leipzig

Bibliografische Information der Deutschen Nationalbibliothek
Die Deutsche Nationalbibliothek verzeichnet diese
Publikation in der Deutschen Nationalbibliografie;
detaillierte bibliografische Daten sind im Internet über
http://dnb.ddb.de abrufbar.

 C B A

Redaktionelle Leitung Christina Braun
Redaktion Dr. Christine Schlitt
Fachliche Beratung Dr. Helge Batt (Politik und Wirtschaft),
Marcel Diel (Literatur und Sprache), Bernhard Kastner
(Musik), Felix R. Paturi (Erde, Pflanzen, Tiere, Mensch,
Geschichte, Technik und Naturwissenschaft, Religion und
Philosophie, Kunst, Medien)
Text Dr. Bernd Flessner, Marcel Diel

Herstellerische Leitung Cornelia Huber
Layout Sigrid Hecker
Umschlagkonzept Hans Helfersdorfer, Heidelberg
Umschlaggestaltung Ulrike Diestel
Satz und Herstellung Sigrid Hecker, Mannheim
Druck und Bindung Offizin Andersen Nexö Leipzig GmbH

Printed in Germany
ISBN 978-3-7653-3361-3

Umschlagabbildungen akg-images, Berlin/Erich Lessing: Venus von Milo – Bibliographisches Institut & F. A. Brockhaus, Mannheim: Mamba, Noten, Relativitätstheorie – © CORBIS/Royalty-Free: Akropolis, Lavastrom, Sphinx mit Pyramide, Wasserfall, Weltkugel – MEV Verlag, Augsburg: Stonehenge, Zeitungen – NRAO/AUI: Radioteleskop – Photo Digital, München: Goethe und Schiller – picture-alliance/akg-images, Frankfurt am Main: Beethoven, Lichtenstein, Mondlandung, Proportionsschema – picture-alliance/Bildarchiv Okapia, Frankfurt am Main: Blauwal – picture-alliance/dpa, Frankfurt am Main: Automobil, Börsenkurs, Dalai Lama, iPhone – picture-alliance/kpa photo archive, Frankfurt am Main: DDR-Flagge – picture-alliance/scanpix, Frankfurt am Main: Mount Everest

Wann erschienen die ersten Lebewesen auf der Erde? Was ist ein Genom? Seit wann gibt es die deutsche Sprache? Wie funktioniert die Börse? Welche Staaten waren am Zweiten Weltkrieg beteiligt? Welche Aufgaben hat der Bundeskanzler? Was beschließt das Europäische Parlament? Welche Instrumente spielen in einem Orchester? Wie funktioniert eine CD? Diese und viele andere Fragen aus zwölf Wissensgebieten beantwortet dir dieses Lexikon. Über 270 Begriffe präsentieren die wichtigsten Fakten der Allgemeinbildung auf einen Blick.

Da man das Wissen der Welt besser versteht, wenn man es im Zusammenhang betrachtet, folgt das Lexikon einem besonderen Ordnungsprinzip: Die Stichwörter sind nicht streng alphabetisch sortiert, sondern nach einzelnen Themenbereichen aufgeteilt. Jedem der zwölf Themenbereiche ist ein eigenes Kapitel gewidmet, von der Erde und dem Leben auf ihr bis zum Menschen, seiner Geschichte, Kultur und seinen Erfindungen. Innerhalb der Kapitel folgen die Stichwörter der alphabetischen Reihenfolge. Vielleicht interessierst du dich für ein bestimmtes Gebiet wie z.B. Geschichte, Technik oder Medien im Allgemeinen und möchtest auf einen Blick so viel wie möglich darüber erfahren. Dann kannst du die einzelnen Kapitel von Anfang bis Ende lesen. Die Inhaltsübersicht auf Seite 5 zeigt dir, wo die einzelnen Kapitel beginnen. Wenn du jedoch Informationen zu einem bestimmten Begriff suchst, den du mit Namen kennst, schlägst du hinten im Stichwortverzeichnis nach. Dort sind alle Begriffe, die in diesem Lexikon vorgestellt oder erwähnt werden, mit Seitenzahlen aufgelistet.

Vielleicht fällt dein Blick beim Blättern auf eines der großen **Panoramabilder**, die jedem Kapitel vorangestellt sind. Sie werden von einem kurzen Einleitungstext begleitet, der dir einen Überblick gibt, worum es in dem Kapitel geht.

Erde und Weltall

Die Erde ist der fünftgrößte der acht Planeten, die um die Sonne kreisen. Da mehr als zwei Drittel ihrer Oberfläche mit Wasser bedeckt sind, wird sie auch »blauer Planet« genannt. Zusammen mit dem Sonnensystem ist sie vor rund 4,6 Milliarden Jahren entstanden. Seit rund 3,5 Milliarden Jahren gibt es Leben auf der Erde. Im Lauf der Zeit haben sich die Organismen weiterentwickelt, sodass aus wenigen einfachen Lebensformen ein großer Artenreichtum entstanden ist. Die Erde ist die Heimat des Menschen im Weltall.

8 9

3 Zu jedem Stichwort gibt es ein oder zwei **Bilder**. Meist sind es Fotos, manchmal aber auch **Illustrationen** oder **Grafiken**. Sie zeigen einen Aspekt des Stichworts und sollen dir helfen, die Erklärung besser zu verstehen. In der Grafik sind die einzelnen Bildelemente genau benannt.

4 Vertiefende oder zusätzliche Informationen erhältst du in den **Boxentexten**. Es gibt die **Infoboxen**, die die Stichwortartikel inhaltlich weiterführen oder ergänzen. In den **Biografieboxen** werden Aspekte aus dem Leben von Persönlichkeiten, die für das jeweilige Thema von Bedeutung sind, dargestellt. Die Boxen **Auf einen Blick** geben dir tabellenartig einen Überblick zu wichtigen Fakten wie geografischen Daten, geschichtlichen Ereignissen oder physikalischen Einheiten.

1 Die wichtigsten Begriffe der einzelnen Themengebiete haben in diesem Lexikon einen eigenen Artikel. Wo der Artikel anfängt, erkennst du an dem großen blauen **Stichwort**.

2 Die farbigen **Verweispfeile** zeigen dir an, dass es zu dem nachfolgenden Begriff einen eigenen Artikel gibt. Auf welcher Seite du den Artikel findest, kannst du hinten im Stichwortverzeichnis nachschlagen.

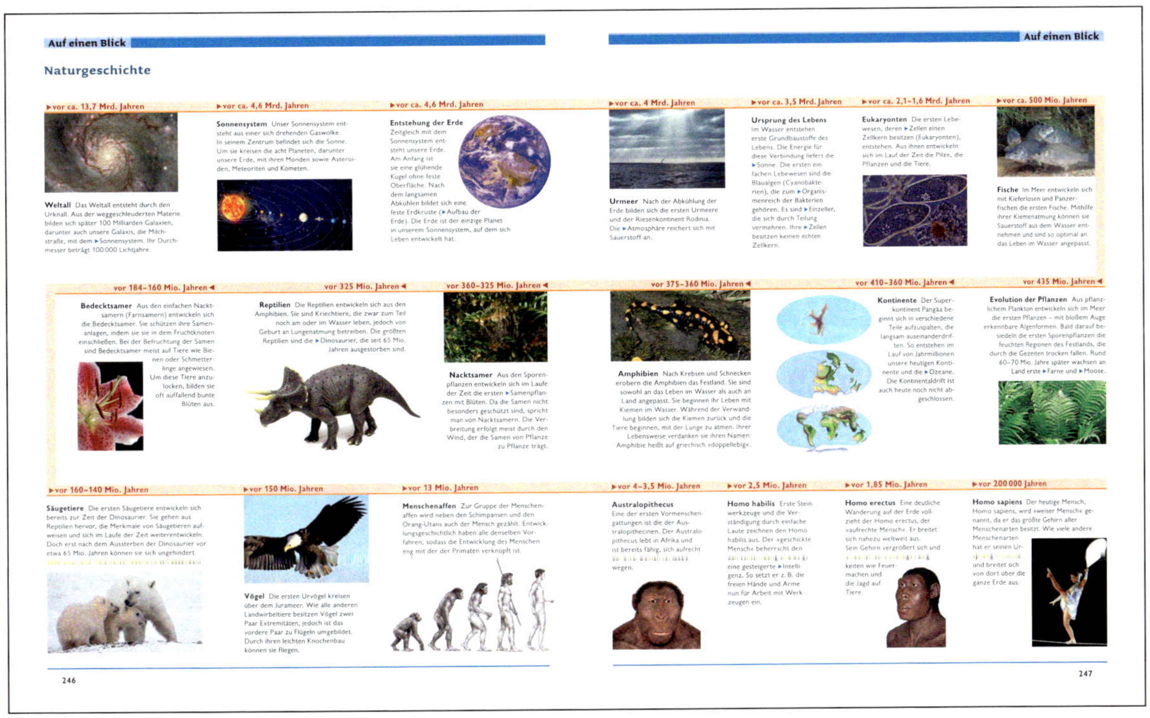

Für eine gute Allgemeinbildung ist es auch wichtig, Zusammenhänge zwischen den einzelnen Wissensgebieten zu erkennen und zu verstehen. Ab Seite 246 findest du besonders gestaltete Doppelseiten **Auf einen Blick** zu den Themenbereichen, Naturgeschichte, Weltgeschichte, Kulturgeschichte und Technikgeschichte. Sie verbinden die einzelnen Wissensgebiete miteinander und präsentieren die Stichwörter übersichtlich und einprägsam in chronologischer Reihenfolge.

Erde und Weltall

Die Erde ist der fünftgrößte der acht Planeten, die um die Sonne kreisen. Da mehr als zwei Drittel ihrer Oberfläche mit Wasser bedeckt sind, wird sie auch »blauer Planet« genannt. Zusammen mit dem Sonnensystem ist sie vor rund 4,6 Milliarden Jahren entstanden. Seit rund 3,5 Milliarden Jahren gibt es Leben auf der Erde. Im Lauf der Zeit haben sich die Organismen weiterentwickelt, sodass aus wenigen einfachen Lebensformen ein großer Artenreichtum entstanden ist. Die Erde ist die Heimat des Menschen im Weltall.

INFOBOX

Kosmische Strahlung und Sonnenwind

Die Erde wird pausenlos von geladenen Teilchen aus den Tiefen des Weltraums bombardiert. Auch unsere Sonne schickt ständig einen Teilchenstrom ins All, der Sonnenwind genannt wird. Das meiste dieser gefährlichen Strahlung wird vom Magnetfeld der Erde abgelenkt. Dringen dennoch Teilchen in die Erdatmosphäre ein, verursachen sie spektakuläre Leuchterscheinungen wie z. B. die Nordlichter.

Atmosphäre

Die Atmosphäre ist die Lufthülle der Erde. Mit zunehmender Höhe über dem Meeresspiegel wird die Luft immer dünner, und in 100 km Höhe unterscheidet sich ihre Dichte kaum noch von der im Weltall. Gebildet hat sich die Atmosphäre während der ▶Entstehung der Erde aus Gasen, die bei der Planetenbildung übrig geblieben sind. Ihre Zusammensetzung hat sich mit der Zeit verändert. Heute besteht sie zu 78 % aus Stickstoff, 20,9 % aus Sauerstoff, 1 % aus Edelgasen, 0,038 % aus Kohlendioxid und zu 0,062 % aus Spuren anderer Gase. Die unterste Schicht, die Troposphäre, reicht in 7 km (Pole) bis 17 km Höhe (Tropen). Hier befinden sich 90 % der Luft und fast der gesamte Wasserdampf der Atmosphäre. Da in der Troposphäre fast alle Vorgänge des ▶Wetters stattfinden, wird sie auch Wetterschicht genannt. Über ihr bis in 50 km Höhe befindet sich die Stratosphäre mit der Ozonschicht, die die Erde vor der ultravioletten Strahlung der ▶Sonne schützt. Dann folgen die Mesosphäre bis in 85 km Höhe, die Thermosphäre und die Ionosphäre, bevor mit der Exosphäre in rund 500 km Höhe die Atmosphäre in den Weltraum übergeht. ■

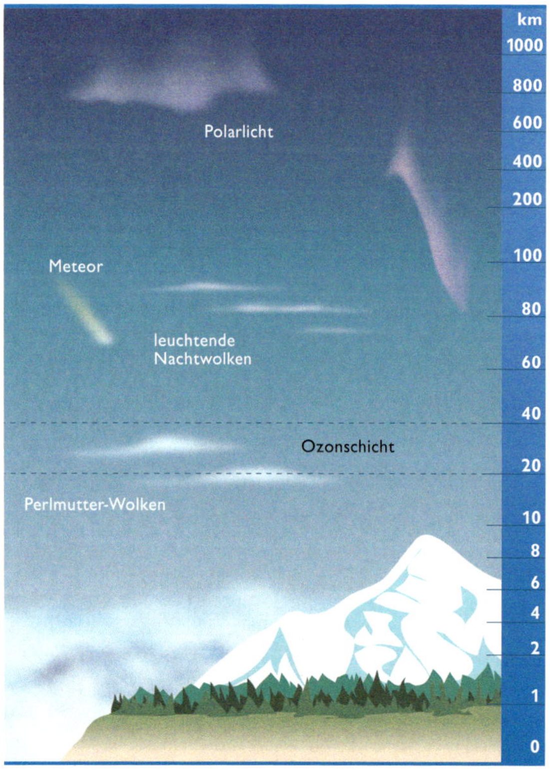

Die Atmosphäre unserer Erde hat verschiedene **Schichten**. Flugzeuge fliegen meist in einer Höhe von 10 km, um Wetterstörungen entkommen zu können. Meteore verglühen in einer Höhe von vier bis 330 km. Polarlichter treten in 70 bis 1100 km Höhe auf.

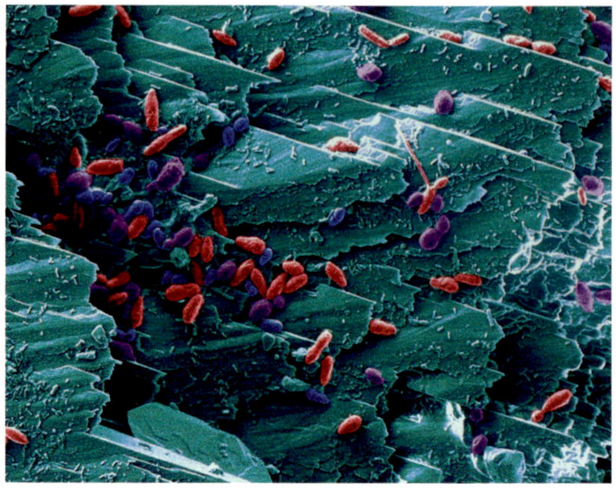

Diese **Bakterien** an der Unterseite eines Korkens kann man nur unter dem Mikroskop in 500-facher Vergrößerung betrachten.

Bakterien

Bakterien sind Kleinstlebewesen oder Mikroorganismen. Sie bestehen aus einer Zelle, besitzen aber keinen richtigen Zellkern wie eine ▶pflanzliche oder ▶tierische Zelle. Es gibt weder Männchen noch Weibchen, sie vermehren sich ungeschlechtlich durch Teilung. Viele Arten können sich alle 15 Minuten teilen. Während einige Bakterien eine Größe von fast 1 mm erreichen, sind die meisten Bakterien so klein, dass man sie nur unter dem Mikroskop erkennen kann.

Bakterien leben fast überall auf der Erde, in großen Höhen in der Luft ebenso wie im fast kochenden Wasser von Geysiren oder im Erdboden. Im Boden zersetzen Bakterien die Reste abgestorbener Pflanzen und toter Tiere. So werden die darin gebundenen Nährstoffe wieder freigesetzt und können von den Pflanzen aufgenommen werden. Heute sind mehr als 3000 Bakterienarten bekannt. Forscher vermuten jedoch, dass es mehr als 60 000 Arten auf der Erde gibt.

Jeder Mensch trägt rund 100 Billionen Bakterien auf und in seinem Körper. Viele von ihnen brauchen wir sogar, denn als Darmflora helfen sie uns, die Nahrung zu verdauen. Andere Bakterien jedoch sind schädlich, da sie im Lauf ihres Stoffwechsels giftige Stoffe absondern, die ▶Krankheiten wie Keuchhusten, Typhus oder Scharlach verursachen. Sie werden heute mit Antibiotika wie Penizillin bekämpft. ■

Binnengewässer

Alle Gewässer, die sich auf dem Festland befinden, sind Binnengewässer. Alle anderen Gewässer heißen ▶Meere und Ozeane. Manchmal werden jedoch auch große Seen Binnenmeere genannt wie das Kaspische Meer, der größte See der Erde, oder das Tote Meer. Es gibt vier Arten von Binnengewässern: die stehenden Gewässer, zu denen Seen, Weiher und Teiche zählen, die fließenden Gewässer, also Flüsse und Bäche, außerdem das Grundwasser, das den größten Teil der Binnengewässer ausmacht, und das Gletschereis, das mehr Wasser enthält, als alle Seen und Flüsse zusammen.

Die meisten Binnengewässer bestehen aus Süßwasser. Das macht jedoch nur knapp 3 % des Wasservorkommens der Erde aus. Binnengewässer mit Salzwasser bilden die Ausnahme. Doch hat den mit 28 % höchsten Salzgehalt aller permanenten Gewässer der Erde dennoch ein See, nämlich das Tote Meer, das zwischen Israel und Jordanien liegt. Meerwasser enthält nur rund 3 % Salz.

Das Wasser der Binnengewässer stammt aus Quellen und Niederschlägen. Aus Quellen im Gebirge tritt das im Boden gesammelte Wasser zutage und bildet einen Bach, der sich verbreitert und zum Fluss wird. Schließlich mündet der Fluss ins Meer. Durch Ablagerung von Geröll entstehen an der Mündung die fächerförmigen Deltas. In manchen Wüstenregionen gibt es Flussläufe, sogenannte Wadis, die nur nach starken Regenfällen Wasser führen. ■

AUF EINEN BLICK

Die längsten Flüsse

Deutschland	Rhein	865 km	**Asien**	Jangtse	6380 km
Österreich	Donau	351 km	**Australien**	Murray and Darling River System	3370 km
Schweiz	Rhein	375 km			
Europa	Wolga	3534 km	**Nordamerika**	Mississippi	6051 km
Afrika	Nil	6671 km	**Südamerika**	Amazonas	6448 km

Die größten Seen		**Fläche**	**Inhalt**	**größte Tiefe**
Deutschland	Bodensee	536 km²	50 km³	254 m
Schweiz	Genfer See	582 km²	89 km³	310 m
Österreich	Neusiedler See	320 km²	0,3 km³	1,8 m
Europa	Ladogasee	17 703 km²	908 km³	230 m
Afrika	Victoriasee	69 485 km²	7750 km³	84 m
Asien	Kaspisches Meer	371 000 km²	78 200 km³	1025 m
Australien	Lake Eyre	bis 9500 km²	schwankt stark	bis 4 m
Nordamerika	Lake Superior	82 414 km²	12 100 km³	147 m
Südamerika	Titicacasee	8135 km²	893 km³	281 m

Das **Kaspische Meer** (links) ist der größte See der Erde. Die großen Schlingen, in denen ein Fluss wie die Wümme (rechts) sich den Weg durch die Landschaft bahnt, werden **Mäander** genannt.

Tiefpumpen mit einem sogenannten Pferdekopfantrieb fördern **Erdöl**, sobald der Eigendruck des Öls nicht mehr ausreicht, um es von selbst aus dem Boden strömen zu lassen.

Bodenschätze

Sämtliche Rohstoffe, die sich in der Erdkruste befinden und aus ihr gewonnen werden, werden Bodenschätze genannt. Dazu zählen vor allem Erze, Kohle, Erdöl und Erdgas, Salz sowie die ▶Gesteine und Mineralien. Schon die Menschen der Steinzeit haben aus Steinen ihre ersten Werkzeuge hergestellt. Natursteine wie Granit, Marmor oder Sandstein werden seit mehreren Tausend Jahren zum Bau von Häusern und Straßen verwendet. Bei Bildhauern ist der Marmor beliebt, da er gut zu bearbeiten ist. Steine werden in Steinbrüchen an der Erdoberfläche im sogenannten Tagebau gebrochen. Nahe der Erdoberfläche findet man auch den Ton zum Formen von Ziegeln und Gefäßen. Er wird in Tongruben mit dem Spaten oder Baggern abgetragen. Auch die drei mineralischen Grundstoffe für Porzellan – Feldspat, Quarz und Kaolin (Porzellanerde) – werden an der Erdoberfläche abgebaut. Gips ist ein Mineral, das schon Römer und Griechen verwendeten, um ihre Wände zu verputzen. Gipslagerstätten gibt es fast überall auf der Welt.

Salze können an der Erdoberfläche etwa in Form eines ausgetrockneten Salzsees gefunden werden. In Europa werden sie jedoch vor allem in Bergwerken tief unter der Erde im sogenannten Untertagebau abgebaut. Dieses Salz wird Steinsalz genannt, um es vom Meersalz zu unterscheiden. Die Salzlagerstätten werden angebohrt und Wasser wird in die Bohrlöcher gepumpt. Das Wasser löst das Steinsalz auf und tritt aus einem anderen Bohrloch als Salzlösung wieder aus. Die Salzlösung (Sole), wird nun in einer Saline erhitzt, sodass das Wasser verdunstet und das Salz übrig bleibt.

In Bergwerken werden auch Metallerze wie Eisenerz, Kupfererz oder Bauxit gefördert, aus dem Aluminium gewonnen wird. Kohle wird ebenfalls in Bergwerken abgebaut. Besonders rein und energiereich ist die Steinkohle. Sie entstand aus Baumfarnen, die vor rund 300 Millionen Jahren wuchsen und im Lauf der Zeit unter abgestorbenem Material begraben und durch den steigenden Druck zu Steinkohle wurden. Erdöl und Erdgas sind auf ähnliche Weise aus Plankton entstanden. ■

INFOBOX

Schätze in der Erde: Diamanten

Der Diamant ist nicht nur der wertvollste der Bodenschätze, sondern auch der härteste natürliche Stoff. Er besteht aus reinem, kristallinem Kohlenstoff. Trotz seiner enormen Härte verbrennt er bei 800 °C zu Kohlendioxid, genau wie der Kohlenstoff des Erdöls oder der Kohle. Diamanten entstehen unter großem Druck und hohen Temperaturen in mehr als 100 km Tiefe und werden von Vulkanen oder durch Gebirgsauffaltung an die Erdoberfläche transportiert.

Magnetit ist ein magnetisches Erz mit einem sehr hohen Eisenanteil. Es bildet Kristalle und wird in Europa vor allem in Schweden abgebaut.

Breiten- und Längengrade

Um die Lage eines Ortes auf der Erdoberfläche bestimmen zu können, benötigt man die Angaben über die geografische Breite und Länge. Breitengrade sind gedachte Kreise zwischen dem Nord- und dem Südpol. Der größte dieser Kreise ist der Äquator. Er teilt die Erde zwischen den Polen in zwei Halbkugeln (Hemisphären) und ist der Breitengrad 0. Der Nordpol befindet sich bei 90° nördlicher Breite, der Südpol bei 90° südlicher Breite. Zwischen dem Äquator und den Polen verlaufen Breitenkreise mit Gradangaben zwischen 0 und 90° (nördlicher oder südlicher Breite). Mainz liegt z. B. genau auf dem 50. Breitengrad nördlicher Breite.

Die Längengrade verlaufen von Pol zu Pol. Sie werden Meridiane genannt. Da es bei den Längengraden keinen Äquator gibt, wurde der Meridian, der durch die Sternwarte von Greenwich in London verläuft, 1884 als Nullmeridian festgelegt. Alle Längengrade in östlicher Richtung werden als Grade östlicher Länge bezeichnet, die in westlicher Richtung als Grade westlicher Länge. Gezählt wird jeweils bis 180°. Um die Angaben genauer zu machen, sind die Längen- und Breitengrade in Minuten (Zeichen: ') unterteilt. Die Angaben für Berlin sind: 52° 31' N (nördliche Breite), 31° 25' O (östliche Länge). ■

Ein **Globus** aus Stahl mit den Längen- und Breitengraden war das Wahrzeichen der Weltausstellung in New York 1964.

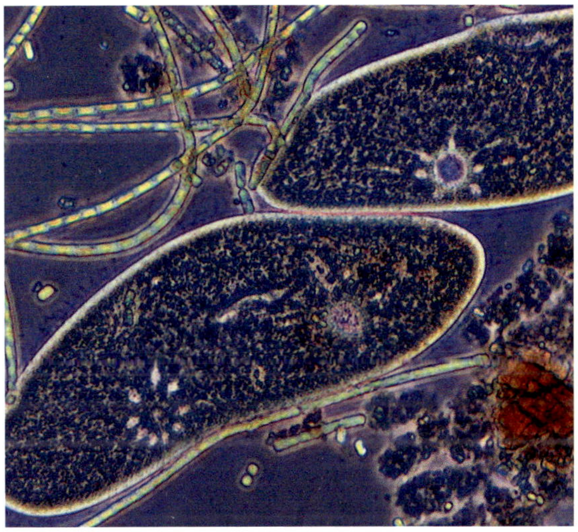

Zwei **Pantoffeltierchen** begegnen sich. Es sind einzellige Lebewesen, die in jedem Tümpel und jeder Pfütze zu finden sind. Die meisten werden nicht größer als ein zehntel Millimeter.

Einzeller

Einzeller sind Lebewesen, die aus nur einer ▶ Zelle bestehen. Einzeller können Pflanzen, Pilze, Tiere oder Protisten (Kleinstlebewesen, die fast ausschließlich im Meer leben) sein. Zu den Einzellern zählen fast alle ▶ Bakterien, Hefe- und Schleimpilze, Amöben, Pantoffel- und Sonnentierchen und einige ▶ Algen. Einzeller können ein hundertstel Millimeter groß sein wie ein Bakterium, aber auch bis 80 cm groß wie ein Schleimpilz. Nicht alle Einzeller haben einen vollständigen Zellkern, der die Vorgänge der Zelle steuert.

Die bekanntesten Einzeller sind die Hefen, die sich von Zucker und Kohlenhydraten ernähren. Sie sind für die alkoholische Gärung wichtig, bei der Fruchtzucker in Alkohol und Kohlendioxid umgewandelt wird. Man setzt sie beispielsweise ein, um Bier zu brauen oder Wein gären zu lassen. Der Hefeteig geht durch das Kohlendioxid auf, das die Hefe ausscheidet.

Amöben und Pantoffeltierchen sind tierische Einzeller (Urtierchen oder Protozoen). Sie leben vorwiegend im Wasser und ernähren sich von Bakterien. Die Amöben haben keine feste Körperform. Sie umschließen ihre Beute mit ihrem beweglichen Körper und verdauen sie anschließend.

Die meisten Einzeller vermehren sich durch Zellteilung. Dabei schnürt sich die Zelle in der Mitte ein, sodass zwei genau gleiche Zellen entstehen, die dann selbstständig weiterleben können. ■

Schleimpilze zählen zu den rätselhaftesten Lebewesen. Ihr beweglicher Körper ist eine Zellmasse ohne Zellwände, aber mit mehreren Zellkernen.

Entstehung und Aufbau der Erde

Die Erde ist der bislang einzige bekannte Planet im Universum, auf dem sich Leben entwickelt hat. Entstanden ist sie vor rund 4,6 Milliarden Jahren, als sich aus einer rotierenden (von lateinisch rotare »im Kreis drehen«) Materiewolke unser ▶Sonnensystem gebildet hat. Bei diesem im Universum ganz alltäglichen Vorgang wirkten die Schwerkraft oder Gravitation, die für den Zusammenhalt von Materie sorgt, und die Fliehkraft, die aus der Rotationsbewegung der Körper im Sonnensystem folgt. Die Schwerkraft sorgt dafür, dass sich kleine Gesteinsbrocken zu immer größeren zusammenfinden, bis aus ihnen schließlich ein kugelförmiger Planet entsteht. Außerdem hält sie den Planeten auf seiner Bahn um die Sonne fest, denn sonst würde er einfach ins All fliegen. Als Gegenkraft wirkt die Fliehkraft, die verhindert, dass der Planet aufgrund der Schwerkraft in die Sonne stürzt. Sind beide Kräfte im Gleichgewicht, kreist der Planet auf einer stabilen Bahn um die Sonne.

Die **Erde** vom Weltall aus gesehen mit Blick auf Nord- und Südamerika; deutlich sieht man, dass die Wassermassen überwiegen.

Anfangs war die Erde eine glühende Kugel ohne feste Oberfläche, auf der ständig Meteoriten einschlugen, da im noch jungen Sonnensystem zahlreiche Gesteinsbrocken umherflogen. Vor etwa 4,5 Milliarden Jahren wurde die Erde von einem Planeten getroffen, der etwa so groß wie der Mars war. Bei diesem Einschlag ist ein Teil der Erdmaterie ins All geschleudert worden und umkreist seitdem als ▶Mond die Erde.

Nach dem langsamen Abkühlen hat sich eine feste Erdkruste gebildet, die heute etwa 5–60 km dick ist. Darunter liegt der Erdmantel, der bis in 2900 km Tiefe reicht und bis zu 2000 °C heiß ist. Er besteht aus zähflüssigem Gestein. Im Erdinneren bis zum Mittelpunkt in rund 6370 km Tiefe befindet sich der bis zu 5000 °C heiße Erdkern aus Eisen und Nickel, der die Ursache für das ▶Magnetfeld der Erde ist.

Die ▶Atmosphäre der Urerde bestand vorwiegend aus Wasserstoff und Helium und ist ins All entwichen. Die heutige Atmosphäre entstand nach der Abkühlung der Erde, als viele Vulkane Gase nach außen stießen. Die vor etwa 3,5 Milliarden Jahren entstandenen und in den Ozeanen lebenden Grünalgen und die Pflanzen haben schließlich den Sauerstoff in unserer Atmosphäre gebildet. Das Wasser der ▶Meere und Ozeane stammt aus dem Erdinneren und von Kometen und Asteroiden, die auf der Erde eingeschlagen sind. ■

Bei **Vulkanausbrüchen** kommt Magma aus dem Inneren der Erde als Lava an die Oberfläche.

AUF EINEN BLICK

Die Erde in Zahlen

Umfang am Äquator	40 075 km
Umfang um die Pole	40 007 km
Durchmesser am Äquator	12 756 km
Durchmesser an den Polen	12 713 km
Oberfläche	510 000 000 km²
Landfläche	149 000 000 km²
Wasserfläche	361 000 000 km²
Mittlere Entfernung von der Sonne	149 600 000 km
Umlaufbahn um die Sonne	940 000 000 km
Mittlere Geschwindigkeit auf der Umlaufbahn	29,8 km/s

Gebirge

Geografische Gebiete auf der Erde, die sehr hoch über dem Meeresspiegel liegen und aus einer Ansammlung von Bergen bestehen, nennt man Gebirge. Ab einer Höhe von rund 2000 m spricht man von Hochgebirge, bleiben die Gipfel unterhalb dieser Höhe, handelt es sich um Mittelgebirge. Größere Ebenen, die etwa 1000 m hoch liegen und keine ausgeprägten Gipfel aufweisen, werden Hochländer genannt, wie etwa die zentralspanische Meseta.

Auch wenn Gebirge den Eindruck erzeugen, ewig und unbeweglich zu sein, sind sie dennoch immer in Bewegung. Der Grund dafür liegt im Aufbau der Erdkruste. Sie besteht aus zehn großen und einigen kleinen Platten, die gewissermaßen auf dem Erdmantel schwimmen. Stoßen zwei dieser Platten aufeinander, manchmal sind dies ganze ▶Kontinente, faltet sich an dieser Stelle ein Gebirge auf. Oft schiebt sich dabei eine Platte unter die andere und hebt sie so empor. Ein typisches Beispiel für ein solches Gebirge ist der Himalaja, der sich zu bilden begann, als vor rund 50 Millionen Jahren die indische Platte auf die asiatische getroffen ist. Mit einer Geschwindigkeit von 4,5 m pro Jahr wandert sie seitdem weiter Richtung Norden und faltet dabei den Himalaja immer mehr auf. Auch die Alpen wachsen noch immer um etwa 1 cm im Jahr. Sie begannen sich aufzufalten, als vor rund 130 Millionen Jahren die afrikanische auf die eurasische Platte gestoßen ist.

Gebirge wachsen jedoch nicht nur. Denn mit der Zeit wird das Gestein durch Niederschläge, Wind sowie Hitze und Kälte auch wieder zerstört. Diesen Vorgang nennt man Erosion. Sie sorgt dafür, dass aus hohen Bergen im Laufe von Jahrmillionen Mittelgebirge und schließlich kleine Hügel werden. ■

Das **Kilimandscharo-Massiv** in Tansania ist die höchste Erhebung Afrikas. Es ist ein Schichtvulkan, der aus Lava und anderem Gestein ein Gebirge gebildet hat.

Ein Blick aus dem Spaceshuttle Atlantis auf den **Himalaja** mit dem Mount Everest. Der Himalaja faltet sich seit rund 80 Millionen Jahren auf, da sich die indische Platte auf die eurasische schiebt.

AUF EINEN BLICK

Die höchsten Gebirge

Deutschland	Zugspitze	2962 m
Österreich	Großglockner	3798 m
Schweiz	Dufourspitze	4634 m
Europa	Montblanc (Italien, Frankreich)	4807 m
Afrika	Kibo (Kilimandscharo-Massiv; Tansania)	5895 m
Antarktis	Mount Vinson	4892 m
Asien	Mount Everest (Sagarmatha; Nepal)	8850 m
Australien	Mount Kosciusko	2230 m
Nordamerika	Mount McKinley (USA)	6194 m
Südamerika	Aconcagua (Argentinien)	6959 m

(Angaben in Meter über dem Meeresspiegel)

Basaltsäulen wie diese an der Küste Schottlands sind vulkanischen Ursprungs.

INFOBOX

Fossile Schmuckstücke: Bernstein

Einer der bekanntesten Schmucksteine ist der Bernstein, der jedoch von Mineralogen nicht zu den Mineralien gezählt wird. Es handelt sich vielmehr um ein fossiles Harz. Entstanden ist Bernstein vor mehr als 100 Millionen Jahren, als die Rinde bestimmter Nadelbäume verletzt wurde. Manche Bernsteine enthalten eingeschlossene Insekten, die in das frische Harz geraten waren.

Gesteine und Mineralien

Für Geologen, also Erdwissenschaftler, sind Gesteine und Mineralien alle festen, anorganischen (unbelebten) Stoffe, die auf natürliche Weise entstanden sind. Dazu zählen nicht nur Granit oder Basalt, sondern auch Sand, Erz, Kohle, Salze und sogar Eis. Gesteine setzen sich aus verschiedenen Mineralien, Ablagerungen in Gewässern oder Resten abgestorbener Pflanzen und Tieren zusammen. Mineralien besitzen dagegen eine einheitliche chemische Zusammensetzung, d.h., sie bestehen meist aus einer chemischen Verbindung.

Die meisten der bis heute bekannten rund 4000 Mineralien haben die Form von Kristallen, sind also regelmäßig gitterförmig gebaut. Der größte Teil der Mineralien zählt zur Klasse der Silikate. Sie bestehen aus Silizium, Sauerstoff und Metallen und bilden über 90 % der Erdkruste. Die bekanntesten siliziumhaltigen Mineralien sind Quarz, Feldspat, Glimmer und der Beryll, aus dem die ersten Brillengläser hergestellt wurden. Einige seltene und als besonders schön empfundene Mineralien bezeichnet man als Edelsteine, wie etwa den Rubin oder den Opal. Andere Mineralien wie Sand und Kalk werden als Baustoffe genutzt. Selbst Schreiner und Metallwerker verwenden Schleifpapiere, die mit sehr harten Mineralien, manchmal sogar mit Diamantstaub, beschichtet sind.

Geologen können anhand von Gesteinen und Mineralien feststellen, wann und wie etwa ein ▶Gebirge entstanden ist. Basalt gehört beispielsweise zu den magmatischen oder Erstarrungsgesteinen, die sich aus der heißen, flüssigen Masse des Erdinnern (Magma) gebildet haben. Sandstein dagegen entsteht, wenn Ablagerungen (Sedimente) sich durch großen Druck verfestigen. Durch Meteoriten gelangen auch Gesteine aus dem Weltall auf die Erde. ■

Während **Granit** (links) zu den harten Gesteinen zählt, ist **Tuffstein** (rechts) sehr weich und verwittert schnell.

Jahreszeiten

Die Jahreszeiten entstehen, weil die Erdachse um 23,5° zur Bahn der Erde um die ▶Sonne geneigt ist. Daher erhalten die verschiedenen Regionen der Erde nicht immer die gleiche Energie von der Sonne. Ist der Nordpol zur Sonne geneigt, erreichen die Nordhalbkugel mehr Sonnenstrahlen und damit mehr Wärme und Licht; es herrscht in Europa und Nordamerika Sommer, auf der Südhalbkugel, in Südamerika und Neuseeland, dagegen Winter. Sechs Monate später ist es genau umgekehrt. Im Sommer ist es täglich im Durchschnitt 16 Stunden hell, im Winter nur etwa die Hälfte der Zeit. Der kürzeste Tag ist auf der Nordhalbkugel der 22. Dezember (Wintersonnenwende), der längste der 21. Juni (Sommersonnenwende). Im März und im September erhalten beide Halbkugeln gleich viel Licht. In dieser Zeit liegt die Tagundnachtgleiche (Äquinoktium).

In den gemäßigten Breiten auf der Nord- und Südhalbkugel der Erde unterscheidet man zwischen Frühling, Sommer, Herbst und Winter. An den Polen gibt es dagegen nur zwei Jahreszeiten: Im Sommer verschwindet die Sonne nie unter dem Horizont und es gibt keine richtigen Nächte, während des Polarwinters steigt sie nie über den Horizont und es herrscht Dunkelheit. In den Tropen, die sich in der Nähe des Äquators befinden, gibt es die Trocken- und die Regenzeit.

Die Jahreszeiten finden verglichen mit dem Stand der Sonne mit Verzögerung statt. Es dauert mehrere Wochen, bis die veränderte Sonneneinstrahlung Wirkung zeigt, da sich die Erdoberfläche und die Meere nur langsam erwärmen oder abkühlen. Die Meteorologen, die das Wetter erforschen, teilen die Jahreszeiten in folgende Zeiträume für die Nordhalbkugel ein: März, April, Mai (Frühling), Juni, Juli, August (Sommer), September, Oktober, November (Herbst), Dezember, Januar, Februar (Winter). Für die Astronomen dagegen, die das Weltall erforschen, beginnt der Frühling erst am 20. oder 21. März, der Sommer am 21. Juni, der Herbst am 22. oder 23. September und der Winter am 21. oder 22. Dezember.

Die Jahreszeiten haben einen Einfluss auf das ▶Wetter und das Leben der Pflanzen und Tiere. Viele Säugetiere halten Winterschlaf, Zugvögel überwintern in Afrika. Ein Großteil der ▶Bäume wirft im Herbst die Blätter ab, während andere Pflanzen sogar nur als Samen den Winter überstehen. ■

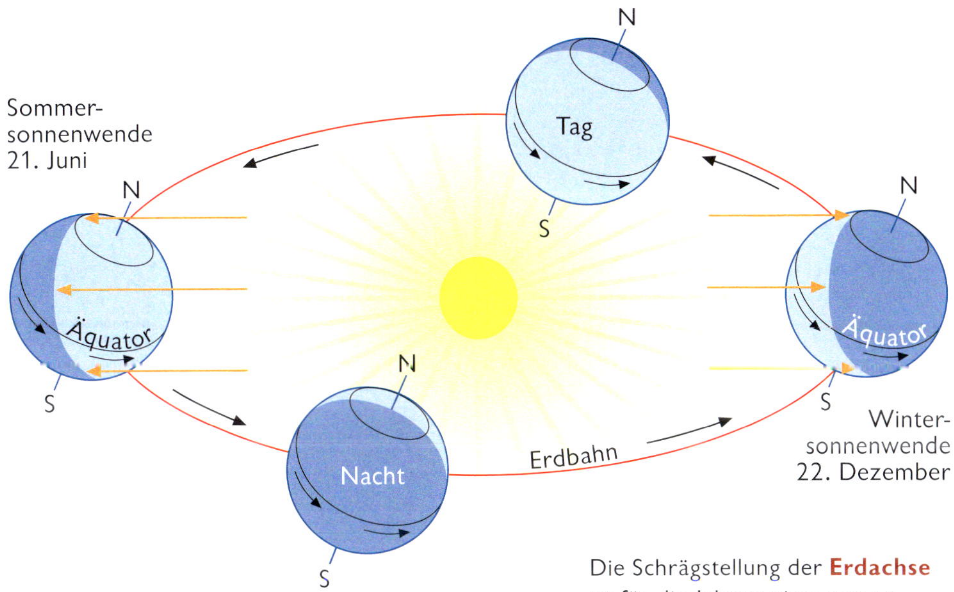

Die Schrägstellung der **Erdachse** ist für die Jahreszeiten verantwortlich. Im Winter gelangen weniger Sonnenstrahlen auf die gleiche Fläche als im Sommer. Dadurch ist es im Winter kälter.

Viele **Laubbäume** haben sich an den Wechsel der Jahreszeiten angepasst. Im Frühjahr treiben die Blätter und Blüten aus, im Sommer sind die Blätter voll entwickelt und die Früchte oder Samen reifen. Im Herbst verfärben sich die Blätter und fallen vom Baum, ebenso die nun reifen Früchte. Im Winter ist der Baum völlig kahl.

Klima

INFOBOX

Der heißeste und der kälteste Ort der Erde

Seit es zuverlässige Thermometer gibt, messen Meteorologen an vielen Orten auf der Erde Temperaturen und zeichnen sie auf. Die höchste bislang registrierte Temperatur wurde am 13. September 1922 in der libyschen Wüste in Nordafrika gemessen. Dort kletterte das Thermometer auf 58 °C. Die niedrigste Temperatur wurde von einer russischen Antarktisstation in der Antarktis 1983 mit −89,2 °C gemessen.

Alle Wettererscheinungen, die an einem Ort oder in einer Region über einen längeren Zeitraum auftreten, werden zum Klima zusammengefasst. Ist dieser Ort sehr klein, etwa ein Garten oder ein Pausenhof, spricht man vom Kleinklima oder Mikroklima. In einem größeren Gebiet, etwa in einer Stadt, herrscht ein Mesoklima. Handelt es sich um größere Gebiete, etwa um die Sahara, den Regenwald, die sibirische Taiga oder die Antarktis, spricht man von Klimazonen oder dem Makroklima, zu dem auch das Weltklima zählt.

Das Klima wird durch Klimafaktoren bestimmt. Zu ihnen gehören die Sonneneinstrahlung, die Verteilung von Land- und Wassermassen, aber auch die Gebirge und die sich verändernde Zusammensetzung der ▶Atmosphäre. Sie sorgt auch dafür, dass die Sonnenstrahlung, die die Erde erreicht, nur zu einem kleinen Teil wieder zurück ins All geworfen wird und somit die Erdoberfläche aufwärmt. Ohne die Atmosphäre würden durchschnittlich −18 °C auf der Erde herrschen. Nur dank dieser natürlichen Isolierung herrschen die Temperaturen, die Leben auf der Erde ermöglichen.

Seit der ▶industriellen Revolution ist auch der Mensch zu einem Klimafaktor geworden. Durch die Verbrennung von Erdöl, Erdgas und Kohle beispielsweise gelangen große Mengen an Kohlendioxid in die Atmosphäre. Auch die als Treib- und Kühlmittel verwendeten Fluorchlorkohlenwasserstoffe (FCKW) werden in die Atmosphäre abgegeben. Diese sogenannten Treibhausgase werden für den Anstieg der Temperaturen auf der Erde mitverantwortlich gemacht, da sie verhindern, dass die Wärmestrahlung der Sonne reflektiert wird. So entsteht der Treibhauseffekt. Forscher befürchten, dass es zu einer Erderwärmung und somit zu einem Klimawandel kommen könnte. ■

Verschiedene **Klimazonen** und Klimatypen (von oben nach unten): Polarzone, Tundra in Nordamerika, gemäßigte Zone mit ausgedehnten Wäldern, Savanne in den Subtropen, Wüstenklima in der Sahara, Regenwald in den Tropen.

Kohlenstoff

Jedes Lebewesen, ob Pflanze oder Tier, Bakterium oder Mensch, besteht zu großen Teilen aus Kohlenstoff. Nur der Gewichtsanteil von Wasser ist bei Lebewesen höher. Ohne Kohlenstoff wäre Leben auf der Erde nicht möglich. Ob dies auch für andere Planeten gilt, wissen wir nicht. Dafür kennen Forscher aber den Grund für die Bedeutung des Kohlenstoffs auf der Erde. Dieses chemische Element (Symbol: C) ist in der Lage, viele unterschiedliche und komplizierte Verbindungen mit anderen Elementen einzugehen. Egal ob es sich um Kohlenhydrate (z. B. Zucker), Eiweiß, Fett oder andere organische Stoffe handelt, immer ist Kohlenstoff enthalten.

Dabei zählt Kohlenstoff nicht zu den besonders häufigen Elementen auf der Erde. Er kommt vor allem in Kohle und Erdöl vor. Sie entstanden aus Plankton und abgestorbenen Bäumen, die über Jahrmillionen im Boden großem Druck durch immer neue Ablagerungen ausgesetzt waren. Werden diese sogenannten fossilen Brennstoffe verbrannt, verbindet sich der Kohlenstoff mit dem Sauerstoff der Luft zu Kohlendioxid (CO_2). Aus dem gleichen Grund brennt auch Holz, denn die ▶Bäume lagern Kohlenstoff in ihren Stämmen ein, das sie durch ▶Fotosynthese aus dem eingeatmeten Kohlendioxid gebildet haben. Auch durch die ▶Atmung wird Kohlenstoff verbrannt und gelangt als Kohlendioxid in die Luft.

Pflanzen wie diese Birken nehmen Kohlendioxid aus der Luft auf, wandeln es mithilfe der Fotosynthese um und verwenden den Kohlenstoff zum Bau ihrer Zellen. **Holz** ist also eine Art Kohlenstofflager. Wenn Holz verrottet oder verbrennt, wird der Kohlenstoff als Kohlendioxid wieder frei und kann von Neuem von Pflanzen aufgenommen werden.

Kohlenstoff kommt darüber hinaus in ▶Gesteinen wie Kalkstein und Marmor und als ▶Mineral vor, vor allem in Form der Kristalle Grafit und Diamant. Während Grafit sehr weich ist, ist der Diamant der härteste in der Natur vorkommende Stoff. Grafit wird in Bergwerken abgebaut und beispielsweise zu Batterien, elektronischen Bauteilen, Schmiermitteln oder Bleistiftminen verarbeitet. Inzwischen werden sogar Autokarosserien und Flugzeuge aus Kohlenstofffasern gebaut, die den großen Vorteil haben, dass sie ebenso leicht wie fest sind. ■

Baumstämme (links) lagern in den Jahresringen Kohlenstoff ein. Der schwarzgraue, metallisch glänzende **Grafit** (rechts) ist reiner Kohlenstoff.

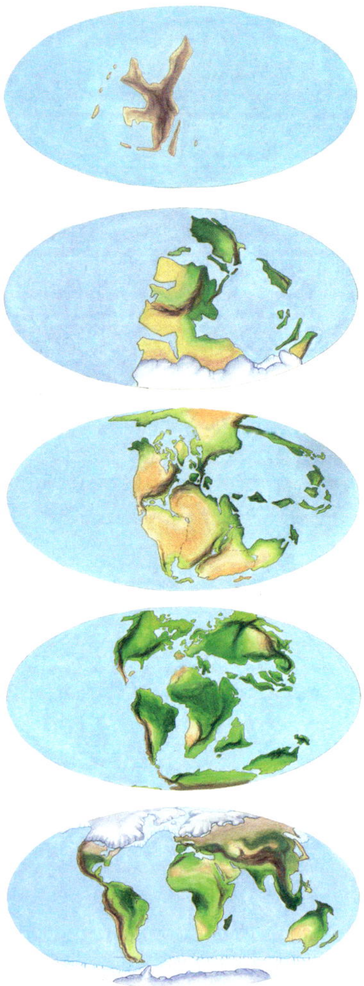

Vor rund 140 Millionen Jahren spaltete sich der Superkontinent **Pangäa** auf und die einzelnen Kontinente drifteten langsam auseinander, bis sie die heutige Lage erreichten.

Kontinente

Die großen zusammenhängenden Landmassen der Erde werden Kontinente oder Erdteile genannt. Zusammen mit den kleineren Inseln nehmen sie 29 % der Erdoberfläche ein, während 71 % der Erdoberfläche von Wasser bedeckt sind.

In der griechischen Antike waren die Menschen der Überzeugung, dass es nur drei Kontinente gibt, nämlich Europa, Asien und Afrika (»Alte Welt«). Erst bei den Entdeckungsfahrten ab dem 15. Jh. stellte sich heraus, dass es noch weitere Erdteile gibt: Nordamerika und Südamerika im Westen (»Neue Welt«), Australien im Südosten und die Antarktis im Süden. Mit dieser Zählweise kommt man auf sieben Kontinente. Zählt man Nord- und Südamerika sowie außerdem Europa und Asien, die zusammen eine Landmasse bilden, die Eurasien genannt wird, als jeweils einen Erdteil, sind es nur fünf Kontinente. Nord- und Südamerika werden daher auch als Subkontinente bezeichnet. Auch Indien, das erst vor rund 50 Millionen Jahren auf Asien gestoßen ist, gilt als Subkontinent.

Lange Zeit dachte man, die Kontinente würden unverrückbar auf der Erde liegen. Erst als im 17. Jh. immer genauere Weltkarten entstanden, fiel einigen Kartografen auf, dass die Ostküste Südamerikas und die Westküste Afrikas wie zwei Puzzleteile perfekt zusammenpassten. Für den dazwischen liegenden Atlantik machten sie die Sintflut oder den Untergang großer Landmassen verantwortlich. Erst der deutsche Geologe Alfred Wegener hatte 1915 die Lösung für die Passgenauigkeit der Kontinente gefunden. Er kam zu dem Schluss, dass alle Kontinente vor rund 200 Millionen Jahren einen Superkontinent bildeten, den er Pangäa nannte. Im Laufe der Zeit haben sich die Erdteile voneinander gelöst und ihre heutige Lage eingenommen. Die Kontinente sind nämlich nicht unbeweglich, sondern schwimmen gewissermaßen als Platten auf dem Erdmantel und werden durch verschiedene Kräfte ständig in Bewegung gehalten. Diese Eigenschaft der Kontinente wird Plattentektonik genannt.

Die **San-Andreas-Verwerfung** in Kalifornien ist mehr als 1000 km lang. Hier schieben sich die pazifische und die nordamerikanische Platte aneinander vorbei.

Obwohl Europa mit Asien verbunden ist, werden sie als getrennte Kontinente betrachtet. Beide zusammengenommen bilden die größte zusammenhängende Landmasse der Erde. Sie wird auch **Eurasien** genannt.

AUF EINEN BLICK

Kontinente	Fläche	Einwohner
Antarktis	12,4 Mio. km²	–
Asien	44,4 Mio. km²	3968 Mio.
Australien und Ozeanien	8,5 Mio. km²	20 Mio.
Europa	10,5 Mio. km²	732 Mio.
Nordamerika	24,2 Mio. km²	520 Mio.
Südamerika	17,8 Mio. km²	378 Mio.

Lebensräume

Jede Tier- oder Pflanzenart lebt in einem für sie typischen Lebensraum, der Nahrung, Schutz vor Feinden und eine passende Temperatur bietet. Biologen bezeichnen einen solchen Lebensraum als Habitat. Im Gegensatz dazu versteht man unter einem Biotop einen natürlichen Lebensraum, in dem eine bestimmte Lebensgemeinschaft von Pflanzen und Tieren vorkommt. In einem Biotop findet man also verschiedene Habitate. Das Biotop Teich bietet z. B. Habitate für Libellen, Molche oder Karpfen. Sogar ein einzelner Baum kann ein Habitat sein, etwa für Blattläuse oder Käfer, deren Larven sich unter der Rinde entwickeln. Er ist jedoch kein Biotop, denn das wäre der Wald, in dem der Baum steht. Jedes Habitat muss bestimmte Bedingungen erfüllen, damit eine Art dort leben kann. Das Fehlen nur einer dieser Bedingungen kann dazu führen, dass die Art von dort verschwindet.

Ein Biotop und die darin lebenden Lebewesen bilden zusammen ein kompliziertes Ökosystem, das von den Beziehungen der Lebewesen und den Umweltbedingungen geprägt wird. Zwischen den verschiedenen Faktoren, z. B. der Anzahl der Arten, dem Klima oder der ▶Nahrungskette, besteht ein empfindliches Gleichgewicht. Wird einer dieser Faktoren verändert, etwa durch Einflüsse des Menschen, kann dieses Gleichgewicht gestört werden, sodass Arten aussterben. ■

Black Smokers sind heiße Quellen auf dem Grund der Ozeane. Sie bilden Biotope mit zahlreichen Bakterien, Muscheln und Krebstieren.

Das in unregelmäßigen Abständen erscheinende **Polarlicht** wird im Norden Aurora borealis und im Süden Aurora australis genannt.

Magnetfeld der Erde

Jeder Kapitän verlässt sich darauf, dass die Kompassnadel nach Norden zeigt und er so seinen Kurs bestimmen kann. Die magnetische Nadel richtet sich nach Norden aus, weil die Erde ein Magnetfeld besitzt. Es wird vom Erdkern erzeugt, der rund 2900 km tief im Erdinneren beginnt. Der äußere Teil des Erdkerns ist bis zu 2900 °C heiß und besteht aus flüssigem Nickel und Eisen. Der in etwa 5100 km Tiefe beginnende innere Erdkern besteht dagegen aus festem Eisen. Wie die gesamte Erde dreht sich auch der innere Erdkern, nur etwas schneller als der äußere Erdkern und der Erdmantel. Dabei entstehen elektrische Wirbelströme im Erdkern, die wie ein Dynamo ein Magnetfeld erzeugen. Daher nennen ihn Geologen auch Geodynamo.

Das Magnetfeld schützt die Erde, indem es den Sonnenwind ablenkt. Die gefährlichen Teilchen, die aus der Korona der Sonne mit Überschallgeschwindigkeit herausgeschleudert werden, erreichen so nicht die Erdoberfläche. Nur bei einer erhöhten Sonnenaktivität kann ein sehr starker Sonnenwind an den Polen in die äußersten Schichten der ▶Atmosphäre eindringen und die Polarlichter erzeugen. Die elektrisch geladenen Teilchen treffen dort auf andere Teilchen und bringen sie zum Leuchten. Die Polarlichter werden auf der nördlichen Halbkugel Nordlicht, auf der südlichen Südlicht genannt. ■

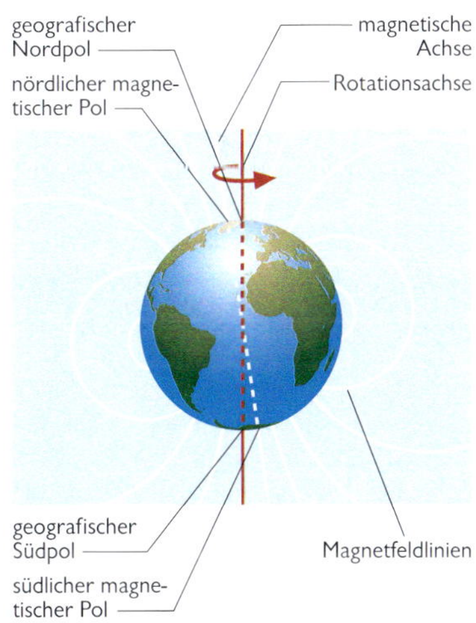

Um die geografischen **Pole** – Nordpol und Südpol – dreht sich die Erde. Die magnetischen Pole werden dagegen vom Magnetfeld der Erde bestimmt, das sich jedoch fortwährend verändert. Die magnetischen Pole wandern daher und können über 1000 km von den geografischen Polen entfernt sein.

Ozeane und Meere nehmen 71 % der Erdoberfläche ein.

Meere und Ozeane

In alten Seemannsgeschichten ist oft von den sieben Weltmeeren die Rede. Gemeint sind damit meist der Atlantik, der Pazifik, der Indische Ozean, die Nordsee, die Ostsee, das Mittelmeer und die Karibik. Heute teilt man die großen Wasserflächen des Weltmeers, die 71 % der Erdoberfläche bedecken, in fünf Ozeane: den Arktischen Ozean rund um den Nordpol, den Antarktischen Ozean rund um die Antarktis, den Atlantik, den Pazifik und den Indischen Ozean. Alle anderen Meere sind Nebenmeere dieser Ozeane. Die Nord- und Ostsee sowie die Karibik sind beispielsweise Nebenmeere des Atlantiks, das Rote Meer und das Arabische Meer sind Nebenmeere des Indischen Ozeans. Vor 200 Millionen Jahren, als die heutigen Kontinente noch den zusammenhängenden Superkontinent Pangäa bildeten, gab es nur einen Superozean, Panthalassa genannt. Erst durch die Verschiebung der ▶Kontinente sind die Ozeane entstanden.

Die Kontinente sind von einem Festlandsockel umgeben, der durchschnittlich 200 m tief ist und Schelf genannt wird. Die Nordsee ist allerdings größtenteils nur 50 m tief. Erst dann fällt der Meeresboden bis auf ca. 3800 m Tiefe ab. Das ist die durchschnittliche Tiefe der Ozeane. Die tiefste Stelle ist mit 11 034 m der Marianengraben im Pazifik.

Der Boden der Ozeane ist erdgeschichtlich betrachtet sehr jung und die Erdkruste an dieser Stelle auch viel dünner als bei den Kontinenten. Daher kommen auf dem Meeresboden häufig vulkanische Aktivitäten vor. Viele Inseln wie z. B. Hawaii oder Island sind so entstanden. Immer wieder finden auch Seebeben statt, die gewaltige Wellen, die Tsunamis, auslösen können. Für die normalen Schwankungen des Meeresspiegels, die Gezeiten, ist der ▶Mond verantwortlich. ■

Die **Gezeiten** sind natürliche Meeresspiegelschwankungen. Bei Niedrigwasser zieht sich das Meer von vielen Küsten weit zurück.

AUF EINEN BLICK

Ozeane und Meere	Fläche	größte Tiefe
Antarkt. Ozean	20 320 000 km²	7235 m
Arktischer Ozean	14 050 000 km²	5608 m
Atlantik	106 200 000 km²	9219 m
Nordsee	575 000 km²	725 m
Ostsee	413 000 km²	459 m
Mittelmeer	2 596 000 km²	5267 m
Indischer Ozean	74 900 000 km²	8074 m
Arabisches Meer	7 860 000 km²	4652 m
Rotes Meer	438 000 km²	2604 m
Pazifik	179 700 000 km²	11 034 m
Japanisches Meer	1 048 950 km²	3742 m
Südchines. Meer	3 640 000 km²	5016 m

Mond

Vor rund 4,5 Milliarden Jahren wurde die gerade erst entstandene Erde von einem etwa marsgroßen Planeten getroffen. Dabei wurde Materie aus der Erde herausgerissen und ins All geschleudert. Daraus hat sich der Mond geformt und umkreist seitdem die Erde.

Der Mond hat einen Durchmesser von 3476 km und besitzt nur ein Sechstel der Schwerkraft der Erde. Die geringe Schwerkraft reicht nicht aus, um eine ▶Atmosphäre zu halten. Daher herrscht auf dem Mond das gleiche Vakuum wie im All. Da es ohne Atmosphäre keinen Wind oder Regen gibt, findet auch keine Erosion wie auf der Erde statt, sodass alle durch Meteoriteneinschläge entstandenen Krater über Jahrmillionen erhalten geblieben sind.

Der Mond bewegt sich mit etwas mehr als 1 km/s auf einer elliptischen Bahn um die Erde. Für eine Umkreisung benötigt er 27 Tage, 7 Stunden und 43 Minuten. Im Durchschnitt ist er dabei 384 400 km von der Erde entfernt. Bei seiner Bahn um die Erde folgt der Mond der Drehung der Erde, sodass man von ihm nur eine Seite sehen kann. Die Rückseite des Mondes wurde 1959 erstmals von einer russischen Sonde fotografiert.

Die Stellung von Mond, Sonne und Erde bestimmt die Mondphasen. Bei Vollmond steht der Mond der Sonne genau gegenüber, sodass seine sichtbare Vorderseite von der Sonne beleuchtet wird. Bei Neumond steht der Mond zwischen Erde und Sonne, sodass die der Erde zugewandte Seite nicht beleuchtet ist. Zwischen Neumond und Vollmond ist zunehmender Mond, danach abnehmender Mond. Nach rund einem Monat vollendet der Mond seinen Zyklus. Da dies etwa zwölf Mal im Jahr passiert, wurde das Jahr in zwölf Monate eingeteilt.

Der Mond ist mit seiner Schwerkraft hauptverantwortlich für die Gezeiten, also für Ebbe und Flut. Durch seine Anziehungskraft zieht er die Wassermassen etwas zu sich, während er sich um die Erde dreht. Dabei hebt und senkt er nicht nur das Wasser der Meere, sondern auch die ▶Kontinente. Bei der Nordsee beträgt der Unterschied zwischen Niedrigwasser und Hochwasser rund 1–2 m. Da alle 12 Stunden und 15 Minuten Flut ist, verschiebt sich der Zeitpunkt des Hochwassers täglich um 30 Minuten. ■

Der Mond ist von zahlreichen großen und kleinen **Kratern** übersät, die seit Jahrmillionen unverändert sind.

Die Sonne bescheint immer eine Hälfte des **Mondes** (äußerer Kreis). Da wir ihn aber von der Erde stets aus unterschiedlicher Perspektive betrachten, erscheint er uns als schmale Sichel oder als runder Vollmond (innerer Kreis).

INFOBOX

Mondfinsternis

Normalerweise kreist der Mond so um die Erde, dass er stets von der Sonne beschienen wird. Ein- bis zweimal pro Jahr verläuft die Bahn des Mondes jedoch so, dass er bei Vollmond in den Erdschatten tritt. Die Erde befindet sich dann zwischen Sonne und Mond, und der Mond liegt im Schattenkegel der Erde und wird von der Sonne nicht mehr oder kaum noch beleuchtet. Dann herrscht eine Mondfinsternis. Tritt der Mond vollständig in den Erdschatten ein, spricht man von einer totalen Mondfinsternis, die rund 100 Minuten dauert. Das ist bei fast einem Drittel aller Mondfinsternisse der Fall. Der Mond bleibt dabei in kupferrotem Licht sichtbar. Bei einer partiellen Mondfinsternis bleibt ein Teil des Mondes im Halbschatten. Das passiert bei rund zwei Dritteln aller Mondfinsternisse.

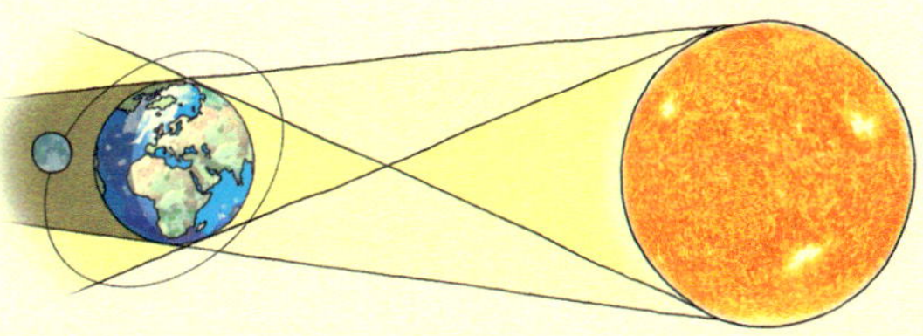

BIOGRAFIE

Carl von Linné

Der schwedische Naturforscher Carl von Linné (1707–1778) entwickelte 1735 ein System, mit dem Pflanzen und Tiere nach dem Grad ihrer Verwandtschaft eingeteilt werden konnten. Er hat den Lebewesen wissenschaftliche Namen gegeben, die die Gattung und die Art bezeichnen, wie etwa Homo sapiens, der »wissende Mensch«. Auch war Linné der Erste, der den Menschen den Säugetieren zuordnete und neben den Schimpansen und den Orang-Utan stellte.

Organismenreiche

Bis zum 17. Jh. teilten die Wissenschaftler die Lebewesen ein in Pflanzen, Tiere und den Menschen. Als jedoch der Holländer Antonin van Leeuwenhoek 1675 die ersten Mikroskope baute, entdeckte er die Bakterien, die weder Pflanze noch Tier sind. Der Engländer Charles Darwin bewies darüber hinaus 1858 in seiner Evolutionstheorie (▶ Ursprung des Lebens), dass der Mensch gar kein eigener Stamm ist, sondern zu den Säugetieren gehört. Seitdem denken Wissenschaftler darüber nach, wie man die Lebewesen der Erde am besten bestimmen und voneinander unterscheiden kann.

Heute teilen die Wissenschaftler die Lebewesen in fünf sogenannte Organismenreiche ein: Die einfachsten Lebewesen, deren Zellen keinen Zellkern besitzen, nennt man Prokaryonten. Zu ihnen zählen im Wesentlichen alle ▶ Bakterien. Alle übrigen Lebewesen, die einen Zellkern besitzen, heißen Eukaryonten. Sie werden in vier Reiche unterteilt: die ▶ Einzeller und Wenigzeller (Protisten), die Pflanzen, die Tiere und die ▶ Pilze.

Bei den Viren, die sich nicht selbstständig fortpflanzen können und fast nur aus Eiweißen und Nukleinsäuren bestehen, sind sich die Wissenschaftler nicht einig, ob es sich um Lebewesen handelt. Da in der Biologie und vor allem auf dem Gebiet der Genforschung ständig neue Entdeckungen gemacht werden, muss es zukünftig nicht bei dieser Einteilung in die fünf Organismenreiche bleiben. ■

Der oberirdisch wachsende Teil des **Pilzes** ist nur der Fruchtkörper, der zur Fortpflanzung dient. **Fliegenpilze** gehören zu den Giftpilzen.

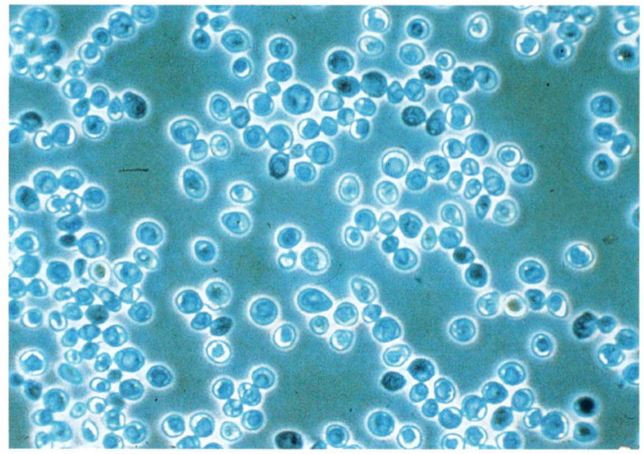

Mikroskopisch kleine einzellige **Hefepilze** bewirken die alkoholische Gärung.

Pilze

Lange Zeit haben Wissenschaftler die Pilze als Pflanzen angesehen, obwohl sie wussten, dass sie sich in vielen Eigenschaften von den Pflanzen unterscheiden. Sie haben z. B. kein Blattgrün und betreiben somit auch keine ▶ Fotosynthese. Im Gegensatz zu den meisten Pflanzen können Pilze also ohne Licht wachsen. Außerdem enthält die Zellwand der Pilze Chitin, einen Stoff, aus dem auch das Außenskelett von Insekten und Krebsen besteht. Pilze ernähren sich darüber hinaus von organischen Stoffen, meist von Pflanzen oder deren abgestorbenen Resten. In gewisser Weise sind sie also Pflanzenfresser, weshalb einige Biologen sie als entfernte Verwandte der Tiere sehen.

Pilze bestehen im Allgemeinen aus zwei Teilen, dem Myzel und dem Fruchtkörper. Das Myzel wächst fadenförmig im Boden, auf Pflanzen oder auf dem Holz von Bäumen und nimmt über die Zellen Nährstoffe auf. Das Myzel eines einzigen Pilzes kann die Größe von mehr als einem Quadratkilometer erreichen. Es ist jedoch keineswegs die Wurzel des Fruchtkörpers, sondern der eigentliche Pilz. Um sich fortzupflanzen, bildet das Myzel Fruchtkörper aus, die in der Umgangssprache als Pilze bezeichnet werden. Die Kappe auf dem Fuß des Fruchtkörpers enthält Sporen, mit denen sich der Pilz fortpflanzt. Während manche Pilze ein tödliches Gift enthalten, wie etwa der Knollenblätterpilz, sind zahlreiche Arten wie Champignon, Pfifferling oder Trüffel beliebte Speisepilze. ■

Sonne

Die Sonne ist das Zentralgestirn unseres ▶Sonnensystems, um das die Erde und die übrigen Planeten kreisen. Sie ist der mit großem Abstand größte Körper dieses Systems, denn sie stellt 99,9 % der dort vorhandenen Masse, während die Planeten, Asteroiden, Kometen und sonstigen Körper nur 0,1 % besitzen. Ihr Durchmesser beträgt 1,3925 Millionen Kilometer, was 109 Erddurchmessern entspricht. Sie dreht sich in 27 Tagen einmal um ihre Achse.

Die Sonne besteht zu 73,5 % aus Wasserstoff, zu 25 % aus Helium und zu 1,5 % aus Eisen und anderen Elementen. Im Innern der Sonne, wo eine Temperatur von etwa 15 Millionen Grad Celsius herrscht, werden durch Kernfusion Wasserstoffatome in Heliumatome umgewandelt. Dabei wird Energie frei, die an die Oberfläche gelangt. An der sichtbaren Oberfläche, der Fotosphäre, hat die Sonne eine Temperatur von rund 5600 °C. Die Atmosphäre der Sonne aus heißen Gasen wird Korona genannt. Sie ist bei einer totalen Sonnenfinsternis zu sehen. Etwa alle elf Jahre bilden sich Sonnenflecken auf der Oberfläche, die kühler als ihre Umgebung sind. Sie haben einen Durchmesser von einigen 1000 bis 50 000 km und bewirken auf der Erde meteorologische, magnetische und elektrische Erscheinungen. Große Ausbrüche heißer Gase nennt man Protuberanzen.

Da die Sonne 149,6 Millionen Kilometer von der Erde entfernt ist, benötigt ihr Licht acht Minuten und 19 Sekunden, um die Erde zu erreichen. Die Erde bezieht fast ihre gesamte Energie von der Sonne. Ohne diese Energie wäre ein Großteil des Lebens auf der Erde nicht möglich. Von der Sonne gehen jedoch auch viele gefährliche Strahlen aus, etwa die ultraviolette Strahlung, deren Kraft vom Magnetfeld der Erde und der ▶Atmosphäre gemindert wird.

Entstanden ist die Sonne zusammen mit dem Sonnensystem aus einem Gasnebel vor rund 4,6 Milliarden Jahren. In rund sechs Milliarden Jahren wird fast der gesamte Wasserstoff in Helium umgewandelt sein. Dann wird sich die Sonne zu einem sogenannten Roten Riesen ausdehnen, einen Großteil ihrer Masse abstoßen und schließlich zu einem Weißen Zwerg von der Größe der Erde zusammenschrumpfen. ■

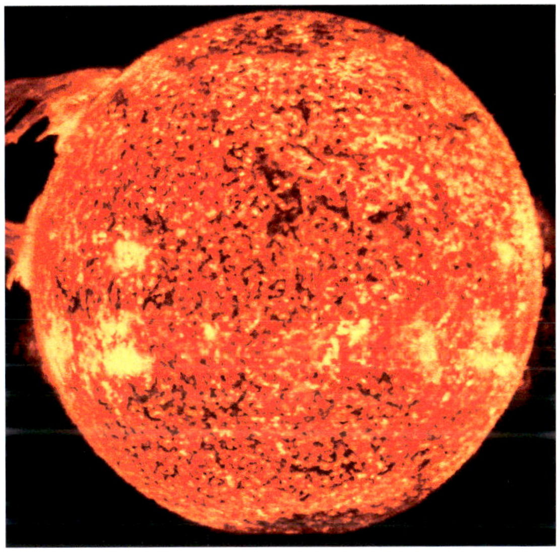

Die Oberfläche der **Sonne** ist nicht gleichmäßig hell. Durch aufsteigende heiße Gasmassen wirkt sie vielmehr körnig.

Das **Sonnenobservatorium** von Gosek in Sachsen-Anhalt wurde vor etwa 7000 Jahren errichtet und ist wahrscheinlich das älteste der Welt.

INFOBOX

Sonnenfinsternis

In bestimmten Abständen bewegt sich der Mond auf seiner Umlaufbahn um die Erde so zwischen Sonne und Erde, dass er einen Schatten auf die Erde wirft. Dieser Mondschatten wird auf der Erde als Sonnenfinsternis wahrgenommen, da der Mond die Sonne vollständig verdeckt. Da der Mondschatten nicht sehr groß ist, kann man eine Sonnenfinsternis nur an wenigen Orten auf der Erde sehen, die in der etwa 100 km breiten Finsterniszone liegen, über die der Schatten langsam hinwegwandert. Hier herrscht dann eine totale Sonnenfinsternis, bei der hinter dem Mond die strahlenförmige äußerste Schicht der Sonnenatmosphäre, die Korona, sichtbar wird. Eine totale Sonnenfinsternis dauert zwei bis sechs Minuten.

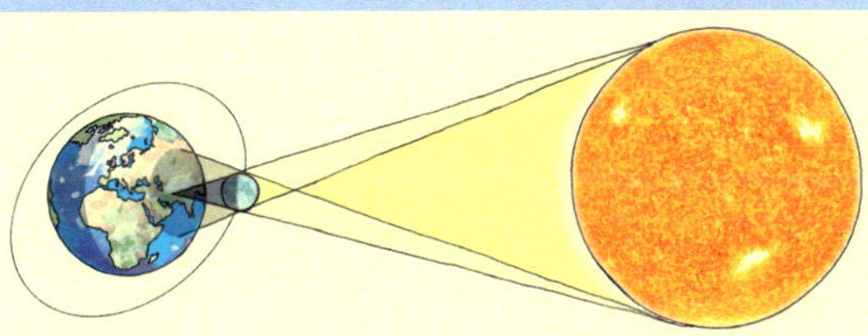

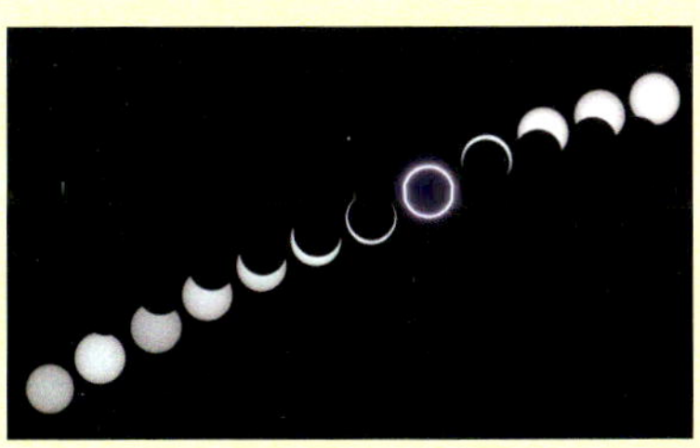

Kometen bewegen sich auf ellipsenförmigen Bahnen um die Sonne. Der erst 1995 entdeckte Komet Hale-Bopp hat eine Umlaufzeit von 3000 Jahren.

Sonnensystem

Unser Sonnensystem entstand vor 4,6 Milliarden Jahren aus einer sich drehenden Gaswolke. In seinem Zentrum befindet sich die ▶Sonne, um die die Planeten mit ihren Monden kreisen. Der Sonne am nächsten gelegen sind die Gesteinsplaneten Merkur, Venus, Erde und Mars. Jupiter, Saturn, Uranus und Neptun bilden die äußeren Planeten. Sie werden Gasplaneten genannt, da nur ihre Kerne fest sind, während der Großteil ihrer Masse aus Gasen wie Wasserstoff, Helium und Methan besteht.

Zwischen Mars und Jupiter umkreisen Gesteinsbrocken und Kleinstplaneten, die Asteroiden oder Planetoiden (»Planetenähnliche«) genannt werden, die Sonne. Bis auf Merkur und Venus werden alle Planeten von Monden umkreist, Jupiter sogar von mindestens 63. Alle Planeten außer der Erde wurden nach römischen Gottheiten benannt.

Jenseits der Bahn des Neptuns umkreisen kleine Himmelskörper die Sonne, die bei der Entstehung des Sonnensystems als Planetenbruchstücke übrig geblieben sind. Unter ihnen befindet sich auch Pluto, der bis 2006 als der neunte Planet unseres Sonnensystems angesehen wurde. Heute gilt er nur noch als planetenähnlich. Er ist einer von etwa 500 Himmelskörpern, die den Kuipergürtel jenseits des Neptuns bilden. Etwa 1,5 Lichtjahre von der Sonne entfernt befindet sich eine weitere Ansammlung kleinerer Objekte, die zum Großteil aus Eis bestehen, die Oortsche Wolke. Wird eines dieser Objekte aus dem Kuipergürtel oder der Oortschen Wolke durch einen Zusammenstoß aus seiner Bahn geworfen, kann es zu einem Kometen werden. Auch Kometen umkreisen die Sonne in elliptischen Bahnen. Ihr Schweif, der immer von der Sonne wegzeigt, entsteht, wenn der Sonnenwind elektrisch geladene Teilchen aus dem Kometen mitreißt.

Unser Sonnensystem befindet sich auf einem Spiralarm der Galaxis oder Milchstraße, dem Orionarm, und bewegt sich mit 800 000 km/h um deren Zentrum. ■

BIOGRAFIE

Nikolaus Kopernikus

Jahrhundertelang glaubte man, dass die Planeten und die Sonne sich um die Erde drehten. Der polnische Arzt Nikolaus Kopernikus (1473 bis 1543) stieß jedoch während seines Studiums auf die Theorie des griechischen Astronomen Aristarchos von Samos, nach der nicht die Erde, sondern die Sonne im Mittelpunkt des Sonnensystems stehe. Kopernikus stellte genaue Berechnungen an und begründete in seinem Hauptwerk »Von den Bewegungen der Himmelskörper« (1543) unser heutiges heliozentrisches (griechisch »die Sonne als Mittelpunkt«) Weltbild.

Im Zentrum unseres **Sonnensystems** steht die Sonne, um die sich die acht Planeten und der zum Kuipergürtel zählende Pluto auf elliptischen Bahnen bewegen (nicht maßstabsgetreu).

Tag und Nacht

Die Erde dreht sich in 23 Stunden, 56 Minuten und 4 Sekunden einmal um die eigene Achse. Da sie dabei jedoch gleichzeitig um die ▶Sonne kreist, dauert es genau 24 Stunden, bis die Sonne wieder an gleicher Stelle am Himmel steht. Die Drehung führt dazu, dass immer nur ein Teil der Erde von der Sonne beschienen wird. Hier herrscht Tag, während die der Sonne abgewandte Seite im Dunkeln liegt und dort Nacht herrscht. Als Tag bezeichnet man aber auch den Kalendertag, der 24 Stunden hat und sowohl die Nacht als auch den lichten Tag umfasst.

Je nach ▶Jahreszeit dauern Tag und Nacht unterschiedlich lang. In unseren Breiten ist es im Sommer mehr als 16 Stunden hell, im Winter nur etwa acht. Am Äquator hingegen sind Tag und Nacht immer gleich lang, nämlich genau zwölf Stunden. An den Polen herrscht im Winter ein halbes Jahr Nacht (Polarnacht), im Sommer ein halbes Jahr Tag (Polartag).

Die Drehung der Erde führt auch dazu, dass die Sonne rund um den Globus zu einer anderen Uhrzeit aufgeht. Um Tausende verschiedener lokaler Uhrzeiten zu vermeiden, die sich nach dem örtlichen Stand der Sonne richten, hat man die Erde 1883 in 24 Zeitzonen eingeteilt, die jeweils 15 Längengrade umfassen. Die Tageszeit in diesen Zeitzonen verschiebt sich von Ost nach West um jeweils eine Stunde. Während es in Deutschland und Namibia beispielsweise 12.00 Uhr ist, zeigt die Uhr in Großbritannien und Marokko erst 11.00 Uhr. Je weiter man nach Osten geht, desto später ist es. Im Pazifischen Ozean verläuft die Datumsgrenze. Während es am Westzipfel Alaskas noch 23.00 Uhr ist, hat im östlichsten Zipfel Russlands bereits der neue Tag begonnen.

Für Deutschland und die meisten anderen europäischen Staaten gilt die mitteleuropäische Zeit (MEZ). Um im Sommer abends die Helligkeit länger nutzen zu können, wurde 1977 in der Europäischen Union die Sommerzeit (MESZ) eingeführt. Die Uhren werden am letzten Sonntag im März eine Stunde vor- und am letzten Sonntag im Oktober wieder eine Stunde zurückgestellt. ■

Die Ursache für das **Abendrot** ist die Streuung des Lichts durch die Atmosphäre. Die kurzwelligen blauen und grünen Anteile des Sonnenlichts werden stärker gestreut und gelangen zu einem geringeren Anteil zum Beobachter als die langwelligen roten Strahlungsanteile.

— historische Datumsgrenze bis 1844/45
— gegenwärtige Datumsgrenze
...... Verlauf bis 1995

INFOBOX

Wenn die Sonne nicht untergeht: Mittsommernacht

Die Erdachse ist um 23,5° zur Bahn der Erde um die Sonne geneigt. Das führt dazu, dass die Sonne im Sommer am Nordpol ein halbes Jahr lang nicht untergeht (Polartag oder Mitternachtssonne), während sie gleichzeitig am Südpol im Winter ein halbes Jahr lang nicht aufgeht (Polarnacht). Ist am Nordpol Winter, verhält es sich umgekehrt. Je weiter man sich von den Polen entfernt, desto kürzer werden Polarnacht und Polartag. An den Polarkreisen auf 66,56° nördlicher bzw. südlicher Breite dauern sie nur 24 Stunden. Sie finden am 21. Juni (Sommersonnenwende) und am 21. oder 22. Dezember (Wintersonnenwende) statt.

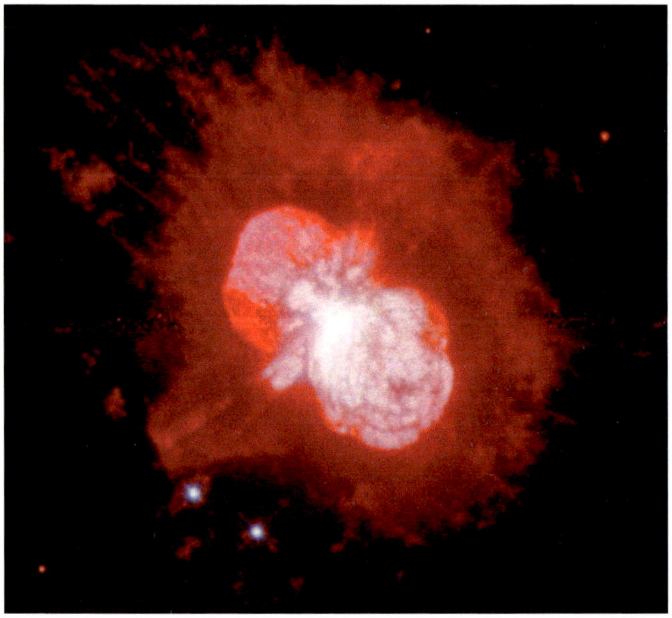

In etwa 37 Millionen Lichtjahren Entfernung schwebt die Whirlpool-Galaxie (links), ein **Spiralnebel** im Sternbild Jagdhunde. Die Energie aus Kernfusionen lässt ihre Sterne leuchten. **Explodierende Sterne** (rechts) schleudern Gaswolken ins Weltall.

Weltall

Astronomen glauben, dass das Weltall vor rund 13,7 Milliarden Jahren durch den Urknall entstanden ist. Alle Materie war bis dahin in einem Punkt vereinigt. Dann explodierte sie und wurde in alle Richtungen weggeschleudert. Aus der Materie haben sich 100 Milliarden Galaxien wie unsere Milchstraße gebildet. Sie bestehen aus 100 bis 200 Milliarden Sternen, die sich um ein Zentrum drehen.

Das Weltall ist unvorstellbar groß. Allein unsere Galaxis hat einen Durchmesser von 100 000 Lichtjahren. Ein Lichtstrahl benötigt also 100 000 Jahre, um die Galaxis zu durchqueren, und das, obwohl das Licht in der Sekunde rund 300 000 km zurücklegt. Bis zur nächsten Galaxie, der Andromeda-Galaxie, braucht das Licht 2,5 Millionen Jahre. Seit dem Urknall dehnt sich das Universum aus und die Galaxien entfernen sich immer weiter voneinander.

In den Sternen wie unserer Sonne wird unter hohem Druck Wasserstoff in Helium umgewandelt. Bei diesem Vorgang, der Kernfusion heißt, wird ▶Energie als Strahlung frei. Um eine Sonne kreisen Planeten, die klein sind und aus Metallen und Gestein bestehen, wie unsere Erde, oder sehr groß sind und aus Gas bestehen wie Jupiter. Viele Planeten werden von Monden umkreist. Außerdem gehören zu jedem ▶Sonnensystem Kleinplaneten und andere Objekte aus der Entstehungszeit des Sonnensystems wie etwa auch die Kometen, die aus Eis und Gestein bestehen.

Ein Stern wie unsere ▶Sonne hat eine Lebensdauer von rund 13 Milliarden Jahren, bevor seine Energie verbraucht ist. An ihrem Lebensende können Sterne explodieren und für kurze Zeit als Supernova mit einer milliardenfach größeren Leuchtkraft am Himmel erscheinen. Oder sie stürzen zu einem schwarzen Loch zusammen. Dabei verdichtet sich ihre Materie extrem stark. Unsere Sonne beispielsweise hätte dann nur noch einen Durchmesser von 2,9 km. Die Anziehungskraft eines schwarzen Lochs ist so groß, dass kein Licht nach außen dringen kann. Alle Energie und Materie, die in seine Nähe geraten, werden verschluckt. ■

INFOBOX

Die Zukunft des Universums

Was mit dem Universum in Zukunft geschieht, ist unter Kosmologen umstritten. Eine Theorie nimmt an, dass das Universum sich immer weiter ausdehnen (expandieren) wird. Die zweite geht davon aus, dass die mit dem Urknall begonnene Ausdehnung irgendwann zum Stillstand kommt. Die dritte – unwahrscheinlichste – sagt voraus, dass das Universum aufgrund der Anziehungskraft der Materie an einem Punkt in sich zusammenfällt.

Wetter

Die tiefen Stratocumuli zählen zu den am häufigsten auftretenden **Wolken**.

Das Wetter wird bestimmt von der Temperatur, dem Luftdruck, der Luftfeuchtigkeit, dem Wind, der Bewölkung und den Niederschlägen, die zu einem bestimmten Zeitpunkt an einem Ort herrschen. Fast das gesamte Wettergeschehen spielt sich in der unteren Schicht der ▶Atmosphäre, in der Troposphäre ab, die daher auch Wetterschicht genannt wird.

Die ▶Sonne heizt die Luft in der Atmosphäre auf. Warme Luft steigt nach oben und kühlere Luft fließt nach. Daher ist die Luft immer in Bewegung. Treffen warme und kalte Luftmassen aufeinander, entsteht eine Front.

Der Luftdruck ist wichtig für das Wettergeschehen. Hoch- und Tiefdruckgebiete sind kreisförmige Luftmassen, die durch die Atmosphäre ziehen. Aufgrund der Drehung der Erde bewegen sich Hochdruckgebiete auf der Nordhalbkugel im Uhrzeigersinn, auf der Südhalbkugel gegen den Uhrzeigersinn. In einem Hochdruckgebiet nimmt der Luftdruck im Zentrum zu. Die trockene Luft, die sich aufgrund ihres geringeren Gewichts in der Höhe befindet, sinkt im Zentrum des Hochdruckgebiets auf die Erdoberfläche herab. Daher bedeutet ein Hochdruckgebiet meist schönes Wetter. In Tiefdruckgebieten kommt es dagegen meist zu Regen. Denn im Tiefdruckgebiet ist der Druck im Zentrum tiefer als am Rand. Die feuchten Luftmassen vom Boden steigen in der Mitte des Tiefdruckgebietes auf, kondensieren in kälteren Luftschichten und fallen als Niederschläge wieder auf die Erde. Wind entsteht, wenn unterschiedlicher Luftdruck ausgeglichen wird. Er weht immer vom Hoch- zum Tiefdruckgebiet, da dort weniger Luft vorhanden ist.

Ein großes **Tiefdruckgebiet** bildet einen Wirbel über Europa. Stürme und Niederschläge sind die Folge.

Die Luft enthält immer Wasser. Es verdunstet von der Oberfläche der Meere und Ozeane und gelangt als Dampf in die Atmosphäre. Dort kühlt es ab, kondensiert zu feinen Tröpfchen, die die Wolken bilden, und fällt als Regen oder Schnee wieder zu Boden. Der Niederschlag fließt in den Flüssen wieder zurück ins Meer. So schließ sich der Wasserkreislauf. Die Wissenschaft vom Wetter heißt Meteorologie. ■

INFOBOX

Wie entstehen Gewitter?

Bei einem Gewitter bauen sich Bereiche mit entgegengesetzter elektrischer Ladung auf. Wenn ein Funke überspringt, entlädt sich die Spannung in einem Blitz. Das Geräusch der Entladung hört man als Donner. Die Entfernung des Gewitters berechnet man, indem man die Sekunden zwischen Blitz und Donner zählt und mit der Schallgeschwindigkeit 330 m/s multipliziert.

Pflanzen

Ohne Pflanzen könnten weder die meisten Tiere noch wir Menschen auf der Erde leben. Denn die Pflanzen liefern den Sauerstoff zum Atmen und stehen am Anfang der Nahrungskette. Außerdem speichern sie Kohlenstoff und regeln so den CO_2-Haushalt der Atmosphäre. Ihre Vielfalt reicht von kaum sichtbaren Algen über Moose und Blumen bis hin zu den riesigen Mammutbäumen, die zu den größten Lebewesen der Erde gehören. Nutzpflanzen liefern uns Rohstoffe, Nahrung und das Futter für unsere Nutztiere. Abgesehen von den lichtlosen Tiefen der Meere, dem Hochgebirge und den Polen sind überall auf der Erde Pflanzen anzutreffen.

Grünalgen leben im Meer wie im Süßwasser und bilden dort sogenannte **Algenteppiche**.

INFOBOX

Norialgen und Sushi

Seit Jahrtausenden dienen Algen als Nahrungsmittel, vor allem in Japan. Dort wird Nori, eine Rotalge, getrocknet und geröstet, um sie haltbar zu machen und Sushi zuzubereiten. Für Maki-Sushi werden roher Fisch und gesäuerter Reis in ein Noriblatt eingerollt und in kleine, mundgerechte Stücke geschnitten.

Algen

Algen zählen zu den am wenigsten erforschten Lebewesen. Sie gehören eigentlich zum ▶Organismenreich der Protisten oder Protoctisten, also der ein- und wenigzelligen Lebewesen. Jedoch werden sie von manchen Biologen als Pflanzen behandelt, denn ihre Zellen enthalten Chlorophyll und sie ernähren sich mithilfe der ▶Fotosynthese. Fast alle Algen leben im ▶Meer oder in ▶Binnengewässern, einige wenige Arten auch an Land, vor allem in tropischen Regenwäldern. Im Meer bilden winzige Kieselalgen, Grünalgen und andere Arten das pflanzliche Plankton, auch Phytoplankton genannt. Es wird vom tierischen Plankton – winzigen Krebsen – gefressen und steht somit am Anfang der ▶Nahrungskette. Im Gegensatz zu diesen winzigen Arten können Braunalgen über 80 m groß werden. Sie bilden in den Küstengewässern warmer Meere riesige Tangwälder.

Algen können sich sowohl ungeschlechtlich durch Zellteilung als auch geschlechtlich fortpflanzen (▶Fortpflanzung und Vermehrung). Oft wechseln sich beide Vermehrungsarten ab (Generationswechsel). Blaualgen sind keine Algen, sondern ▶Bakterien. ■

Bärlappe und Schachtelhalme

Bärlappe und Schachtelhalme haben sich vor rund 375 Millionen Jahren entwickelt. Baumartige Schachtelhalme von bis zu 30 m Höhe bildeten damals riesige ▶Wälder. Viele dieser Wälder wurden überflutet und unter Schlamm begraben. Im Laufe von Millionen von Jahren bildeten sich unter dem steigenden Druck unsere heutigen Kohlevorkommen. Heute lebende Schachtelhalme wie der Ackerschachtelhalm werden nur bis zu 50 cm groß, der Riesenschachtelhalm bis zu 2 m. Schachtelhalme bilden im Boden sogenannte Rhizome, knollenartige Verdickungen, aus denen neue Sprossen nach oben wachsen. Bärlappe bilden meterlange Sprossen, die über den Waldboden kriechen und mehrere Seitentriebe bilden, die nach oben wachsen.

Bärlappe und Schachtelhalme pflanzen sich mithilfe von Sporen fort (▶Fortpflanzung und Vermehrung). Deshalb werden sie Sporenpflanzen genannt. Die Ähren, die die Sporen tragen, erscheinen beim Schachtelhalm im Frühjahr, beim Bärlapp im Sommer. Die Sporen verbreiten sich mit dem Wind und bilden auf dem Boden zunächst einen sogenannten Vorkeim (Gametophyt), der weibliche und männliche ▶Zellen enthält. Erst wenn diese sich befruchtet haben, wächst eine neue Pflanze. ■

An den Sprossen des **Schachtelhalms** wachsen kreisförmig die nadelartigen Blätter.

Nur die Samenpflanzen bilden zur Fortpflanzung **Blüten** (oben). In den **Blattadern** werden Wasser, Nährsalze und Abfallstoffe transportiert (unten).

Bau der Pflanzen

Botaniker schätzen, dass es rund eine halbe Million Pflanzenarten auf der Erde gibt. Deren Aussehen, wissenschaftlich Habitus genannt, ist oft sehr unterschiedlich. Manche ▶Bäume wie die Mammutbäume werden bis zu 115 m hoch, während manche Wasserlinsenarten nur einen halben Millimeter groß sind. Einige Pflanzen bilden ein Wurzelwerk von mehreren Hundert Kilometern Gesamtlänge, andere begnügen sich mit wenigen Millimetern oder haben Luftwurzeln, die Wasser aus der Luft aufnehmen. Auch die Arten der ▶Fortpflanzung und Vermehrung sind sehr verschieden. Allen Pflanzen gemeinsam ist jedoch ihr Aufbau. Sie bestehen aus einer Wurzel, einer Sprossachse (dem Stiel oder Stamm), Blättern und Fortpflanzungsorganen wie beispielsweise den Blüten.

Bis auf einige ▶Schmarotzer besitzen alle Pflanzen Blattgrün (Chlorophyll) und stellen ihre Nahrung selbst durch ▶Fotosynthese her. Diese Art der Ernährung wird autotroph (»sich selbst ernährend«) genannt. Alle Tiere und der Mensch sind dagegen heterotroph (»sich von anderen ernährend«), sie ernähren sich von Pflanzen oder Tieren. Das Blattgrün sitzt in den Blättern oder Nadeln der Pflanzen und sorgt für deren grüne Farbe. Besitzt eine Pflanze keine richtigen Blätter, wie etwa viele Kakteen, so ist das Chlorophyll im Stamm enthalten. Abgesehen von einigen schwimmenden Arten und Schmarotzern sind alle Pflanzen mit Wurzeln am Boden oder einem anderen Untergrund verankert. Die Wurzel versorgt die Pflanze mit Wasser und Mineralstoffen. Einige Pflanzen speichern in Verdickungen ihrer Wurzeln Stärke, die die jungen Pflanzen im Frühjahr nutzen, um Keime zu entwickeln. Die bekannteste Pflanze dieser Art ist die Kartoffel mit ihren Knollen. ■

INFOBOX

Auf der Suche nach der Urpflanze

Johann Wolfgang von Goethe (1749–1832) war nicht nur Dichter, sondern auch Naturforscher. Während seiner Reise nach Italien machte er sich 1787 auf die Suche nach der »Urpflanze«. Der Idee nach sollte sie eine Pflanze sein, von der alle anderen Pflanzen abstammen und die das Grundmodell für den Bau aller Pflanzen bildet. In einem Garten in Palermo glaubte Goethe sogar, die Pflanze gefunden zu haben.

Fast alle Pflanzen sind im Boden fest mit **Wurzeln** verankert, so wie diese Fichte.

Bäume haben unterschiedliche Formen. Man unterscheidet Kugelbäume wie die Rotbuche, Schirmbäume wie die Schirmakazie, Hängebäume wie die Hängebuche und Pyramidenbäume wie die Weißtanne (von links nach rechts).

Bäume und Sträucher

Bäume und Sträucher sind Gehölze, denn ihre Zweige und Äste sind verholzt. Ein Baum besteht aus der Wurzel, dem Stamm, den Zweigen und den Blättern bzw. Nadeln. Den Sträuchern fehlt hingegen der Stamm. Sie entwickeln mehrere kleinere Äste, die sich meist schon in Bodennähe verzweigen. Sträucher werden selten höher als 8 m, während Bäume wie z. B. der Mammutbaum über 100 m hoch werden können.

Ein Baumstamm besteht aus dem Mark in der Mitte des Stammes, das von dem abgestorbenen, harten Kernholz umgeben wird. In dem außen liegenden weichen Splintholz verlaufen Gefäße, die den Baum mit Wasser und Mineralien versorgen. Die Kambium genannte Wachstumsschicht bildet in jedem Jahr eine neue Schicht Splintholz, die später als Jahresring zu erkennen ist. Unter der Borke, die den Stamm nach außen schützt, befindet sich die Bastschicht, die ebenfalls Wasser und Nährstoffe transportiert. Durch die Bildung der Jahresringe werden Baumstämme immer dicker. Nur bei den Palmen hat der Stamm bereits am Anfang seinen bleibenden Umfang.

Bei den Bäumen unterscheidet man neben den Palmen die Laubbäume und die Nadelbäume sowie die Ginkgogewächse, die zwischen den Laub- und Nadelbäumen stehen. Während die meisten Nadelbäume, wie z. B. Fichte und Tanne, ihre Nadeln im Winter behalten, werfen die meisten Laubbäume in den gemäßigten Zonen ihre Blätter im Herbst ab. In den Tropen, Subtropen und mediterranen Gebieten sind auch Laubbäume immergrün. Laubbäume sind Samenpflanzen, die zur ▶ Fortpflanzung Blüten mit Fruchtknoten bilden. Die Nadelhölzer gehören dagegen zu den Nacktsamern, deren Samen sich in Zapfen entwickeln.

Bäume und Sträucher können ein sehr hohes Alter erreichen. Das Durchschnittsalter eines Baumes liegt bei einigen Hundert Jahren. Langlebige Kiefern in den USA können fast 5000 Jahre alt werden. ■

Sträucher wie der Schwarzdorn bilden keinen Hauptstamm. Ihre Sprossen verzweigen sich nahe der Bodenoberfläche.

INFOBOX

Bäume, die in den Himmel wachsen

An der Westküste der USA wachsen die Mammutbäume. Diese Nadelbäume gehören zu den größten Bäumen der Erde. Der Küstenmammutbaum wird über 110 m hoch, der Riesenmammutbaum hat einen Stammdurchmesser von mehr als 12 m. Ein solcher Baum wiegt 2500 t (so viel wie 500 Elefanten) und ist 2500 Jahre alt.

Evolution der Pflanzen

Die ersten Lebewesen auf der Erde waren ▶Bakterien. Aus ihnen sind alle anderen Lebewesen entstanden. Die Bakterien haben sich im Lauf von Jahrmillionen weiterentwickelt. So entstanden neue Organismen. Dies nennt man Evolution.

Vor 542 bis 488 Millionen Jahren, während des Erdzeitalters Kambrium, lebte in den ▶Meeren nur pflanzliches Plankton (Phytoplankton). Es bestand aus Blaualgen, sie sich durch ▶Fotosynthese ernährt haben. Das Festland war noch völlig kahl und unbesiedelt. Die Gezeiten sorgten allerdings dafür, dass flache Randmeere, wie das heutige Wattenmeer, regelmäßig trocken fielen. Auf diese Weise wurden einige Pflanzen daran gewöhnt, auch längere Zeit ohne Wasser zu überleben. Schließlich waren einige Arten gar nicht auf das Meer angewiesen und besiedelten feuchte Regionen. Solche Erstbesiedler nennt man auch Pionierpflanzen. Die Atmosphäre enthielt genügend Kohlendioxid, sodass sich Moose und andere Pflanzen an Land gut entwickeln konnten.

Vor rund 300 Millionen Jahren, im Zeitalter des Karbon, bedeckten Wälder aus Riesenfarnen und beinahe 40 m hohen Bärlappgewächsen sehr große Landflächen. Außerdem entwickelten sich die ersten Nadelbäume und andere ▶Samenpflanzen. Sie verdrängten im Lauf der Zeit viele Sporenpflanzen wie etwa die Farne, da die ▶Fortpflanzung mit Samen viel einfacher ist. Vor rund 250 Millionen Jahren, in der sogenannten Trias, erschienen die ersten Ginkgobäume. Sie gehören zu den ältesten Pflanzen, die auch heute noch leben und werden daher als »lebende Fossilien« bezeichnet. Zusammen mit Mammutbäumen und Kiefern bildeten sie riesige Wälder, in denen Dinosaurier lebten, die ihre Blätter fraßen.

Während der Kreidezeit vor rund 80 Millionen Jahren wuchsen die ersten Eichen, Ahornbäume und andere Laubbäume. Etwa 60 Millionen Jahre später entstanden die Blütenpflanzen zusammen mit ihren Bestäubern, den Insekten. Man nennt diese Erscheinung Koevolution. Auch die Gräser konnten sich nun verbreiten. Die Pflanzenwelt, wie wir sie heute kennen, entstand. ■

INFOBOX

Die einmalige Kings Lomatia

Kings Lomatia ist nicht nur die seltenste Pflanze der Erde, sondern auch die älteste. Der auf der zu Australien gehörenden Insel Tasmanien entdeckte Baum, von dem nur ein einziges Exemplar bekannt ist, ist rund 43 600 Jahre alt. Auf kilometerlangen Wurzeln wachsen mehrere Stämme, die rund 240 Jahre alt werden, bevor sie absterben. Die Wurzel treibt dann neue Stämme aus. Bislang konnte noch nicht genau geklärt werden, warum es von diesem Baum nur ein Exemplar gibt. Biologen vermuten, dass eine Störung des Erbgutes die Ursache ist.

Der **Queller** (links) ist eine Pionierpflanze, die im Wattenmeer wächst und Salz in ihren Zellen speichern kann. Mit ihren Wurzeln hält sie den Schlick fest. Der **Steppenläufer** (rechts) wird nach dem Absterben vom Wind durch die Steppe gerollt und verbreitet so seinen Samen.

Farne

Im Frühling wachsen die Blattwedel eines **Farns**, als würden sie sich entrollen.

Farne besiedelten die Erde schon vor rund 400 Millionen Jahren im Zeitalter des Devon. Damals bildeten Baumfarne riesige ▶Wälder. Im Lauf der ▶Evolution wurden viele Farnarten jedoch von den ▶Samenpflanzen verdrängt und starben aus.

Farne sind noch immer fast überall auf der Erde zu finden, vor allem in den subtropischen Regenwäldern. Dort gibt es auch noch die Baumfarne. Diese größten Farnarten haben bis zu 3 m lange Blätter und ähneln Palmen. Zu den rund 10 000 heute bekannten Farnen gehören aber auch kleine, unauffällige Arten, die verborgen in Felsspalten wachsen. Farne haben meist gefiederte Blattwedel, manche Arten wie der Hirschzungenfarn bilden auch glatte Blätter aus. Die meisten in den gemäßigten Zonen lebenden Farne verlieren im Herbst ihre Blätter. Die bei uns größte und am weitesten verbreitete Art ist der Adlerfarn, dessen Blattwedel 4 m lang werden können.

Die Farne zählen zu den Sporenpflanzen. Zur ▶Fortpflanzung bilden sie an der Unterseite der Blätter in besonderen Behältern (Sporangien) die Sporen, die vom Wind verbreitet werden. Fallen sie auf günstigen Boden, bildet sich zunächst ein Vorkeim (Prothallium). Er enthält sowohl die männlichen als auch die weiblichen Fortpflanzungsorgane. Erst jetzt findet die Befruchtung statt. Dazu benötigt der Farn Feuchtigkeit, denn die männlichen Geschlechtszellen schwimmen im Wasser zu den weiblichen Organen und befruchten sie. Farne wachsen daher vor allem an feuchten Plätzen. ■

INFOBOX

Der Baumbart

Der Baumbart verdankt seinen Namen dem ungewöhnlichen Aussehen. Denn die seltene, auf Bäumen wachsende Bartflechte, bildet dünne Verästelungen, die wie Bärte aussehen. Diese Bärte können mehr als 30 cm lang werden und dienen der Fortpflanzung. Bartflechten bevorzugen einen sehr feuchten Lebensraum mit häufigem Regen oder Nebel. In Deutschland ist der Baumbart vom Aussterben bedroht.

Flechten

Flechten zählen zu den außergewöhnlichsten Lebewesen. Sie wurden lange als Pflanzen angesehen, bestehen aber aus ▶Pilzen und Grünalgen oder Blaualgen, die ▶Fotosynthese betreiben. Pilz und ▶Alge leben in einer Symbiose, also in einer Lebensgemeinschaft, von der beide Vorteile haben: Die Alge versorgt den Pilz mit Kohlenhydraten, der Pilz dient der Alge als Wasser- und Nährstoffspeicher.

Kaum ein Lebewesen ist auf der Erde so weit verbreitet wie die mindestens 600 Millionen Jahre alten Flechten. Von der heißesten Wüste bis zur Antarktis haben sie sich nahezu jeden ▶Lebensraum erschlossen. Sie können auf dem nackten Felsen gedeihen, denn sie haben keine Wurzeln. Das benötigte Wasser nehmen sie aus der Luft oder bei Regen auf. Bei langer Dürre trocknen sie ein und können so jahrelang überleben. Manche Flechten können über 4000 Jahre alt werden. Sie vermehren sich hauptsächlich ungeschlechtlich, durch Abtrennung kleinster Teile, die an einem anderen Ort weiterwachsen. ■

Der **Wurmfarn** (links) ist in ganz Europa verbreitet. Seine Wurzeln dienten früher als Mittel gegen Bandwurmbefall. Flechten wie diese **Krustenflechte** (rechts) besiedeln Baumstämme, Äste und Steine.

Fortpflanzung und Vermehrung

Die bekannteste Fortpflanzungsart bei Pflanzen ist die Bildung von Blüten, die nach dem Verblühen ▶Samen bilden. Die äußere Blüte der Pflanzen besteht aus den grünen Kelchblättern und den farbigen Blüten- oder Kronblättern. Mit ihnen lockt die Pflanze Insekten an. Wenn sie sich in der Blüte niederlassen, bleiben in ihrem Haarkleid die Staubkörner oder Pollen hängen, die die männlichen Geschlechtsorgane der Pflanze, die Staubblätter, abgeben. Fliegt nun die Biene zu einer anderen Blüte, dann landen die Pollen auf dem Stempel, dem weiblichen Fortpflanzungsorgan. Dies nennt man Bestäubung. Die Pollen werden von der Narbe am oberen Ende des Stempels aufgenommen und treiben einen Pollenschlauch aus, der durch den Griffel zum Fruchtknoten am Blütenboden wächst. Dort geben sie die männlichen Geschlechtszellen frei, die die weiblichen befruchten. Die vereinten Zellen wachsen zu Samen heran.

Viele Pflanzen vermehren sich nicht durch Samen, sondern durch Sporen, z.B. Farne. Sporenpflanzen sind älter als die Samenpflanzen (▶Evolution). Die Sporen werden meist vom Wind von der Mutterpflanze zu einer Stelle transportiert, an der sich aus ihnen Keime bilden, die sogenannten Gametophyten. Sie enthalten männliche und weibliche Fortpflanzungsorgane, die die Geschlechtszellen (Gameten) erzeugen. Nachdem die männliche die weibliche Keimzelle befruchtet hat, wächst aus der befruchteten Zelle die neue Pflanze heran, der Sporophyt. Die Fortpflanzung durch Sporen läuft also in zwei Stadien ab. Biologen nennen dies Generationswechsel. Das Stadium des Gametophyten ist die erste Generation, das Stadium der eigentlichen Pflanze die zweite Generation.

An ihren Beinen tragen Bienen **Pollen** von Blüte zu Blüte und befruchten sie dadurch. Die gesammelten Pollen dienen ihnen auch als Nahrung.

Erdbeeren können sich sowohl durch Samen als auch ungeschlechtlich durch Ausläufer vermehren.

Manche Pflanzen vermehren sich ohne Befruchtung, sondern durch Teilung der Körperzellen der Mutterpflanze. Sie bilden z.B. Ableger (Stolonen). Dies sind Triebe, die in einiger Entfernung von der Mutterpflanze wurzeln und zu neuen Pflanzen heranwachsen. Erdbeeren können sich so vermehren. Pflanzen wie der Knoblauch oder die Tulpe bilden in ihren Zwiebeln Brutknospen, die zu eigenständigen Pflanzen heranwachsen. Bei einigen Dickblattgewächsen wachsen an den Blatträndern bewurzelte Jungpflanzen, die abgestoßen werden. All diese Vermehrungsarten nennt man ungeschlechtlich.

Bei der ungeschlechtlichen Vermehrung wird die Pflanze lediglich vervielfacht; es bilden sich Klone mit gleichem Erbgut. Dagegen wird bei der geschlechtlichen Fortpflanzung das Erbgut zweier Pflanzen gemischt. Nur so können kleine Veränderungen, sogenannte Mutationen, entstehen, durch die sich Pflanzen an einen veränderten Lebensraum anpassen können. Ohne diese Anpassung wäre die ▶Evolution nicht möglich. ■

INFOBOX

Das Torfmoos

Torfmoose bevorzugen einen feuchten Lebensraum, überdauern aber auch lange Trockenzeiten. Sie können das 40-Fache ihres Eigengewichts an Wasser aufnehmen. Nährstoffe benötigen sie kaum und können daher Böden besiedeln, auf denen andere Pflanzen nicht gedeihen. Dort bilden sie große Moorgebiete. Der untere Teil der Pflanze stirbt ab, während der obere Teil weiterwächst. Das abgestorbene Moos wird unter Luftabschluss zu Torf.

Kräuter

Alle Pflanzen, die nicht verholzen, also keine ▶Bäume und Sträucher sind, nennt man Kräuter. Dazu gehört der Löwenzahn ebenso wie die Erdbeere oder der Klee. Kräuter mit einer medizinischen Wirkung wie beispielsweise Pfefferminze, Kamille oder Schafgarbe werden Heilkräuter genannt. Küchenkräuter sind Pflanzen wie Basilikum, Petersilie, Knoblauch oder Oregano. Sie enthalten aromatische Öle und Geschmacksstoffe, mit denen man Speisen würzen kann. Während diese Kräuter im Kräutergarten wachsen, findet man die ebenfalls in der Küche verwendeten Wildkräuter wie den Bärlauch, die Brennnessel oder den Sauerampfer auf der Wiese oder im Wald.

Gärtner nennen manche Pflanzen Unkräuter und meinen solche, die den Nutz- oder Zierpflanzen Bodenraum, Wasser oder Licht streitig machen und sie am Wachsen hindern. Die Bezeichnung »Unkraut« ist jedoch keine biologische. Sie bezieht sich auf den Nutzen, den die Pflanze für den Menschen hat. ■

Moose

Moose sind entwicklungsgeschichtlich sehr alte Pflanzen. Sie stammen von den Grünalgen ab und besitzen keine echten Wurzeln, sondern nur sogenannte Rhizoide, wurzelähnliche Organe, die die Pflanze am Boden verankern. Heute sind etwa 24 000 Arten von Moosen bekannt, die weltweit verbreitet sind. Biologen unterscheiden drei Klassen von Moosen: die sehr häufigen Laubmoose, zu denen auch das Torfmoos zählt, die seltenen Hornmoose und die Lebermoose, zu denen das Brunnenlebermoos gehört.

Wie die ▶Bärlappe und die ▶Farne sind die Moose ebenfalls Sporenpflanzen. Bei der ▶Fortpflanzung geben die Sporenkapseln Sporen frei, aus denen sich zunächst ein Vorkeim bildet. Dieser produziert männliche und weibliche Geschlechtszellen. Nach der Befruchtung der weiblichen durch eine männliche Zelle wächst eine neue Pflanze, die sich nicht von dem Vorkeim trennt.

Moose sind ausgezeichnete Wasserspeicher und spielen daher eine wichtige Rolle für den Wasserhaushalt des Waldes und anderer Biotope. Bei starken Regenfällen nehmen sie Wasser auf, das nicht im Boden versickert, und geben es bei Trockenheit langsam wieder ab. Viele auf Wasser angewiesene Tiere wie Amphibien oder manche Milbenarten bevorzugen Lebensräume, in denen Moos anzutreffen ist. Verschiedene Moosarten leben als ▶Epiphyten auf anderen Pflanzen, etwa in den Astgabeln von Bäumen. Dort werden sie besser mit Licht versorgt als am Boden. ■

Die **Kamille** (links) ist ein weitverbreitetes Heilkraut. Ihre Blüten werden vor allem als krampflösendes und entzündungshemmendes Mittel medizinisch verwendet. Auf einem Baumstumpf (rechts) finden **Moose** einen idealen Siedlungsgrund, denn hier erhalten sie genügend Licht und Feuchtigkeit.

Nutzpflanzen

In der Steinzeit, vor rund 12000 Jahren, hat der Mensch damit begonnen, nicht mehr nur wilde Pflanzen zu sammeln, sondern sie für seinen Nutzen anzubauen. Zu den ersten kultivierten Pflanzen gehörte das Getreide. Seitdem wurden viele Pflanzen gezielt kultiviert und gezüchtet, um sie besser nutzen zu können. Als Nahrung dienen nicht nur die ▶ Früchte und Samen von der Haselnuss über die Erdbeere bis zum Weizenkorn, sondern auch Pflanzensprossen (Spargel), Blätter (Spinat), Knollen (Kartoffel), Wurzeln (Möhre), Blattstiele (Rhabarber) oder Blüten (Blumenkohl). Bei Kresse oder Sojasprossen wird die ganze Pflanze gegessen. Durch Gärung entsteht aus Rebensaft Wein und aus Gerste Bier. Oliven, Raps, Sonnenblumen oder Erdnüsse werden ausgepresst oder geschleudert, um daraus Öl zu gewinnen. Nutzpflanzen dienen auch als Futter für ▶ Haustiere, etwa in Form von Heu oder Rüben.

Während der Mensch anfangs die Pflanzen vor allem als Nahrungsmittel anbaute, haben sich im Lauf der Zeit verschiedene Nutzungsformen entwickelt, die längst unverzichtbar geworden sind. Pflanzenöle können nicht nur verzehrt, sondern auch technisch genutzt werden, etwa als Treibstoff für Autos (Biodiesel) oder als Rohstoff für Ölfarben und Kosmetika. Das Holz der ▶ Bäume dient als Baustoff für Häuser, Möbel oder Schiffe. In traditionellen Kaminen wie auch in modernen Heizungen mit Pellets wird Holz verfeuert und erzeugt Wärme. Aus Pflanzenfasern, die die Baumwolle oder der Hanf liefern, werden Stoffe für Kleidung hergestellt. Kautschukbäume werden angezapft, um den Rohstoff für Gummi zu gewinnen, während aus Henna- und Indigopflanzen Farbstoffe hergestellt werden. Pflanzen liefern auch Grundstoffe für Medikamente und Betäubungsmittel. ■

Aus **Baumwolle** wurden schon vor 5000 Jahren in Indien Stoffe hergestellt. Noch heute ist die Ernte mancherorts Handarbeit.

INFOBOX

Der Buchweizen

Buchweizen ist eine Nutzpflanze, die seit vielen Hundert Jahren angebaut wird. Trotz seines Namens ist er nicht mit dem Weizen verwandt. Weizen gehört zu den Gräsern, der Buchweizen ist jedoch ein Knöterichgewächs wie der Sauerampfer oder der Rhabarber. Die Samen des Buchweizens sind kleine, dreieckige Nüsschen, die zu Mehl vermahlen werden. Man kann daraus jedoch kein Brot backen. Meist wird es zu Pfannkuchen, Nudeln oder Knödeln verarbeitet. Buchweizen war im Mittelalter ein billiges Grundnahrungsmittel, wurde aber im 18. Jh. von der Kartoffel verdrängt.

Durch gezielte Zucht von Nutzpflanzen entstanden im Lauf der Zeit ertragreichere und widerstandsfähigere Pflanzen. **Mais** wurde vor rund 6700 Jahren von den Indianern Mexikos als Nutzpflanze gezüchtet. Ein Maiskolben war damals nur etwa 5 cm lang.

Der **Strandhafer** hält den Sand mit seinen Wurzeln fest, damit er nicht vom Wind fortgetragen werden kann. Ohne diese Pflanze gäbe es die Ostfriesischen Inseln nicht.

INFOBOX

Wichtige Lebensräume: Mangroven

Mangroven wachsen im flachen Küstenbereich tropischer Länder. Es gibt verschiedene Mangrovenarten, die sich an die Gezeiten, das Salzwasser und den nährstoffarmen Boden angepasst haben. Ihre langen Stelzwurzeln bilden ein undurchdringliches Geflecht. Diese dichten Wälder sind für Fische, Muscheln, Austern, Würmer und Krebse, aber auch für Amphibien und Festlandtiere ein wichtiger Lebensraum.

ökologische Funktion der Pflanzen

Die Ökologie ist eine Wissenschaft, die die Wechselbeziehungen zwischen den Lebewesen und ihrer Umwelt untersucht. Sie interessiert sich z. B. dafür, unter welchen Umweltbedingungen eine Pflanzenart überleben kann oder wie der Mensch den Naturhaushalt beeinflusst. Pflanzen haben im Naturhaushalt eine sehr wichtige Funktion, denn sie schaffen die Lebensgrundlage für fast alle Lebewesen auf der Erde. Ohne Pflanzen könnten weder Tiere noch Menschen sich ernähren oder atmen. Da Pflanzen durch die ▶Fotosynthese ihre Nahrung selbst herstellen können, stehen sie am Anfang der ▶Nahrungskette. Wasserpflanzen produzieren den Sauerstoff in unserer ▶Atmosphäre, den wir zum Atmen benötigen. Gleichzeitig verbrauchen sie das Kohlendioxid, das Menschen und Tiere ausatmen, binden den Kohlenstoff und sorgen so dafür, dass nicht zu viel Kohlendioxid in die Atmosphäre gelangt. Fast der gesamte Sauerstoff der Atmosphäre wird durch das pflanzliche Plankton (Phytoplankton) der ▶Meere und Ozeane erzeugt.

Pflanzen speichern auch Wasser und geben es an die Atmosphäre ab. Sie bestimmen somit den Wasserhaushalt ganzer Regionen, die ohne Pflanzen kahle Wüsten wären. In den tropischen Regenwäldern schaffen die immergrünen Pflanzen ein eigenes Klima, das vor allem durch das aufgenommene und wieder ausgestoßene Wasser bestimmt wird.

Ohne Pflanzen würden z. B. auch Berghänge bei starken Regenfällen als Schlammlawinen zu Tal rutschen. Das dichte Wurzelwerk der Bäume verhindert jedoch, dass der Erdboden durch Wasser oder Wind abgetragen (erodiert) wird. An den Meeresküsten halten Pflanzen die vom Meer abgelagerten Sinkstoffe fest oder bewachsen Sanddünen, die nun nicht mehr so leicht von Wind und Wellen weggetragen werden können.

Vielen Tieren bieten Pflanzen einen geschützten Lebensraum. Spechte etwa nisten in Baumhöhlen, Käferlarven leben unter der Rinde von Bäumen. Viele ▶Insekten, ▶Reptilien und ▶Vögel leben in Büschen und Hecken, Igel verkriechen sich in Laubhaufen, um Winterschlaf halten zu können. ■

Parks wie der Central Park in New York sind die »grünen Lungen« der Städte. Die Bäume filtern Schadstoffe aus der Luft und reichern sie mit Sauerstoff an.

Die Pflanzengesellschaft einer **Blumenwiese** besteht vor allem aus Blütenstauden und Gräsern.

Pflanzengesellschaften

Wer in einen Laubwald geht, wird schnell feststellen, dass dort andere Pflanzen wachsen als auf der benachbarten Wiese, obwohl die Samen (▶Samenpflanzen) der Wiesenpflanzen auch in den ▶Wald getragen werden. Auch in anderen Wäldern und auf anderen Wiesen lebt eine jeweils vergleichbare Auswahl von Arten. Diese aus mehreren Pflanzenarten bestehende Lebensgemeinschaft nennt man Pflanzengesellschaft.

Die verschiedenen Pflanzengesellschaften entstehen, weil Pflanzen unterschiedliche Ansprüche an ihre Umwelt haben, also beispielsweise die Bodenbeschaffenheit oder das Klima. Die meisten Blumen auf einer Wiese brauchen z.B. ▶Insekten, die von Blüte zu Blüte fliegen und sie bestäuben. Die Insekten benötigen wiederum den Nektar der Blüten als Nahrung. Diese gegenseitige Abhängigkeit und Beeinflussung der Lebewesen nennt man Interaktion.

Aber auch die Pflanzen selbst beeinflussen sich gegenseitig. Laubbäume sorgen im Wald mit ihrem Blätterdach beispielsweise dafür, dass nur noch wenig Sonnenlicht den Waldboden erreicht. Dort können daher nur Pflanzen wachsen, die wenig Licht benötigen. Auf einer Wiese können Pflanzen wie der Löwenzahn, die mit ihren Blättern eine Rosette bilden, andere Pflanzen am Wachstum hindern. So kommt es zu einer Auslese, die schließlich zu einer ganz bestimmten Artenzusammensetzung führt. ■

pflanzliche Zelle

Wie bei allen Lebewesen sind auch die kleinsten Bauteile der Pflanzen die Zellen. Sie haben die Aufgabe, Stoffe aufzunehmen, zu verarbeiten, um Energie aus ihnen zu gewinnen und die umgebauten Substanzen wieder abzugeben. Jede Zelle enthält verschiedene Organe. Die Steuerzentrale ist der Zellkern, in dem sich die Erbinformationen in Form der Chromosomen befinden. Die Chloroplasten enthalten den grünen Pflanzenfarbstoff Chlorophyll und sind für die ▶Fotosynthese zuständig. Die Vakuolen speichern Farbstoffe, Eiweiße oder Gifte. Das Mitochondrium ist für die Atmung verantwortlich und liefert Energie. Im Gegensatz zu der tierischen Zelle ist die pflanzliche Zelle von einer festen Zellwand aus Zellulose umschlossen, die der Pflanze die nötige Stabilität gibt. Jede Zelle kann sich durch Teilung vermehren, sodass mehrzellige Lebewesen wachsen können. ■

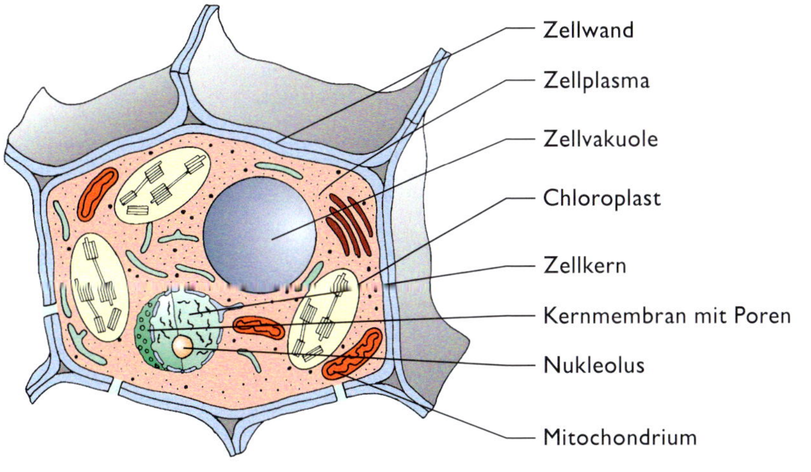

Samenpflanzen

Bis vor rund 270 Millionen Jahren gab es nur Sporenpflanzen wie ▶Moose oder ▶Farne auf der Erde. Sie haben keine Blüten und bilden zur Fortpflanzung keine Samen, sondern Sporen aus. Aus den Sporenpflanzen haben sich vor rund 300 Millionen Jahren die ersten Samenpflanzen mit Blüten entwickelt. Es waren Nadelbäume, die sehr einfache Blüten, meist in Form von Zapfen, trugen. Die Blüten der Nadelbäume wie etwa Fichte, Kiefer, Lärche oder Tanne bestehen nur aus Staubblättern, die den männlichen Pollen, und Fruchtblättern, die die weiblichen Geschlechtszellen tragen. Da diese nicht besonders geschützt sind, werden die Nadelbäume auch Nacktsamer genannt. Bei der Befruchtung sind die Nacktsamer auf den Wind angewiesen, der die Pollen von Pflanze zu Pflanze trägt.

Vor rund 120 Millionen Jahren haben sich aus den Nacktsamern die Bedecktsamer entwickelt. Sie schützen die weiblichen Keimzellen in einem Fruchtknoten am Blütenboden. Im Gegensatz zu den eher unscheinbaren Zapfen der Nacktsamer bilden die Bedecktsamer oft farbige Blütenblätter aus. Sie locken ▶Insekten wie Bienen und Schmetterlinge mit Nektar und Duftstoffen an, damit sie den Blütenstaub übertragen und die Blüte so befruchten. Auch bei der Verbreitung ihrer ▶Früchte und Samen haben die Bedecktsamer mehr Möglichkeiten als die Nacktsamer entwickelt.

Bei den Blüten der **Bedecktsamer** sind die Staubblätter um den Stempel in der Mitte angeordnet.

Pflanzen wie etwa die Lilie oder die Rose, deren Blüten sowohl weibliche (Stempel) als auch männliche (Staubblätter) Fortpflanzungsorgane enthalten, nennt man zwittrig. Eine Blüte mit nur Staub- oder nur Fruchtblättern ist getrenntgeschlechtig. Befinden sich Blüten beider Geschlechter auf derselben Pflanze, wie bei Nadelhölzern, nennt man diese einhäusig. Sind weibliche und männliche Blüten auf verschiedenen Pflanzen verteilt, nennt man sie zweihäusig. ■

Nacktsamer wie die Eibe verbreiten ihre Pollen mithilfe des Windes.

INFOBOX

Bestäuber – die kleinen Helfer

Samenpflanzen sind bei der Fortpflanzung vor allem auf Tiere wie Bienen oder Schmetterlinge angewiesen, die die Blüten bestäuben. Die Pollen bleiben an ihnen haften und werden so von Blüte zu Blüte transportiert. Angelockt werden die Tiere vom Nektar und den Pollen, die einige Insekten fressen. In tropischen und subtropischen Gebieten sorgen auch Vögel wie der Kolibri für die Bestäubung der Blütenpflanzen. Während sie mit den langen Schnäbeln Nektar trinken, nehmen sie Pollen auf und tragen sie zur nächsten Blüte.

Schmarotzer und Epiphyten

Pflanzen leben nicht immer nur auf dem Erdboden oder im Wasser. Viele wachsen auf anderen Pflanzen, meistens auf ▶Bäumen. Man nennt sie Aufsitzerpflanzen oder Epiphyten.

Während in unseren gemäßigten Breiten fast nur ▶Moose, ▶Algen und ▶Flechten auf Stämmen und Ästen gedeihen, sind in tropischen Berg- und Regenwäldern mehr als die Hälfte aller Pflanzen Epiphyten. Hoch über dem Waldboden werden die Pflanzen besser mit Licht versorgt. Der Nachteil dieser Lebensweise ist jedoch die schlechte Versorgung mit Wasser. Epiphyten können daher entweder Wasser sehr gut speichern oder mit Luftwurzeln Wasser aus der Luft aufnehmen. Manche Pflanzen bilden aus ihren Blättern sogar kleine Vertiefungen, in denen sich Wasser sammelt, das später aufgenommen wird.

Während die Epiphyten Bäume nur als ▶Lebensraum nutzen und sich ansonsten selbst versorgen, zapfen Schmarotzer oder Parasiten mit besonderen Wurzeln die Versorgungsgefäße ihrer Wirtspflanzen an und ernähren sich von ihnen. Man unterscheidet Halb- und Vollschmarotzer. Die Halbschmarotzer (Hemiparasiten) versorgen sich nur mit Wasser und einigen Nährstoffen, haben aber Chlorophyll und können sich durch ▶Fotosynthese ernähren. Ein bekanntes Beispiel ist die Mistel, die in den Baumkronen von Bäumen wächst. Die kleinen weißen Früchte der Mistel werden von ▶Vögeln gefressen, die die unverdaulichen ▶Samen auf anderen Ästen wieder ausscheiden. Auf diese Weise verbreiten zahlreiche Parasiten und Epiphyten ihre Samen.

Parasiten, die kein Blattgrün besitzen und sich vollständig von den Pflanzensäften ihres Wirtes ernähren, werden Vollschmarotzer (Holoparasiten) genannt. Zu ihnen gehört der Europäische Teufelszwirn, eine Windenart, die weder Wurzel noch Blätter besitzt. Nach dem Keimen des Samens bildet der Teufelszwirn Stängel aus, die sich um die Wirtspflanze winden und die Gefäße anzapfen. ■

Der **Fichtenspargel** ist ein Schmarotzer. Er ernährt sich mithilfe von Pilzen, die um seine Wurzeln wachsen und mit bestimmten Bäumen in Symbiose leben.

Viele **Bromelienarten** leben als Epiphyten in den Regenwäldern Südamerikas. Dort besiedeln sie sogar die Baumkronen.

INFOBOX

Gigantische Blüten und Verwesungsgeruch: die Riesenrafflesie

Mit einem Durchmesser von bis zu einem Meter ist die Riesenrafflesie die Pflanze mit den größten Blüten der Erde. Sie verströmen einen Duft, der an verwesendes Fleisch erinnert. Mit ihm lockt sie Aasfliegen und andere Insekten an, die die Blüten bestäuben. Pflanzen, die auf diese Weise Insekten anlocken, werden Aaspflanzen genannt. Als echter Schmarotzer betreibt die Riesenrafflesie keine Fotosynthese, sondern bezieht alle lebensnotwendigen Nährstoffe von ihrer Wirtspflanze. Die Riesenrafflesie gehört zur Pflanzenfamilie der Wolfsmilchgewächse und ist in Südostasien beheimatet. Ein naher Verwandter ist der bei uns als Zimmerpflanze beliebte Weihnachtsstern.

Vegetationszonen

Vegetationszonen sind Gebiete auf der Erde, die von bestimmten, für die dort jeweils herrschenden klimatischen Bedingungen typischen ▶Pflanzengesellschaften besiedelt werden. Die Vegetationszonen sind den Klimazonen (▶Klima) zugeordnet.

Je nach Niederschlag, Temperatur oder Sonneneinstrahlung ist die Vegetationsperiode, also die Zeit, in der Pflanzen wachsen und sich vermehren können, unterschiedlich lang. Rund um die Arktis und die Antarktis liegen die Polargebiete, in denen lange und sehr kalte Winter herrschen und die meist von Eis bedeckt sind. In der Antarktis wachsen nur ▶Algen, ▶Flechten und ▶Moose. In der weiter südlich gelegenen Tundra Nordamerikas und Asiens dauert die warme Jahreszeit mit Temperaturen von 2 bis 10 °C etwa von Mai bis Ende August. Nur während dieser kurzen Zeit wachsen Pflanzen wie Gräser, Moose, ▶Farne und niedere Kräuter. Der Boden taut nur im Sommer für einige Monate bis in etwa einen Meter Tiefe auf, darunter bleibt er gefroren (Permafrostboden). An die Tundra schließt sich der boreale Nadelwald oder die Taiga an. ▶Bäume wie Lärchen, Fichten, Kiefern und Birken können keine tiefen Wurzeln bilden.

Die Vegetationsperiode der gemäßigten Zone Nordamerikas, Europas und Asiens ist sechs bis sieben Monate lang. Neben Nadelbäumen wachsen hier vor allem sommergrüne Laubbäume wie Ahorn, Buche und Eiche, die ihre Blätter im Herbst abwerfen. Auch Sträucher, Kräuter und Gräser sind weit verbreitet. In Europa, Asien, Nord- und Südamerika erstrecken sich weiter südlich Steppengebiete. Diese ausgedehnten Graslandschaften wie die Puszta in Ungarn oder die Prärie in Nordamerika erhalten wenig Niederschlag, sodass keine ▶Wälder entstehen.

In der subtropischen, mediterranen Zone wie etwa dem Mittelmeergebiet, Kalifornien, Teilen Australiens und Südafrikas gedeihen immergrüne Pflanzen. Kaum Vegetation hingegen gibt es in den Wüsten Sahara in Afrika, Gobi in Asien und der Mojavewüste in Nordamerika. Nur bei Regen kann es zu einer plötzlichen und kurzen Blütezeit kommen. In den Tropen gibt es zwei Vegetationszonen, die Savanne, eine trockene Steppenlandschaft mit einzelnen Bäumen oder Baumgruppen, und die tropischen Wälder, die Trockenwälder, aber auch Regenwälder sein können. ■

Die **Tundra** ist eine baumlose Steppe südlich des Nordpolarkreises (oben). Die Grenzzone, bis zu der Bäume wachsen können, die **Baumgrenze**, liegt in den Alpen bei 1900–2400 m über dem Meeresspiegel (Mitte). In der **Wüste** überleben Hartlaubgewächse und Pflanzen, die Wasser speichern oder widerstandsfähige Samen ausbilden können (unten).

INFOBOX

Kakteen

Die Pflanzenfamilie der Kakteen hat sich erst vor wenigen Millionen Jahren an das Leben in den Wüsten und niederschlagsarmen Regionen Amerikas angepasst. Die meisten Kakteen haben ihre Blätter zu Dornen umgewandelt, die Pflanzenfresser abwehren. Das Blattgrün befindet sich in den fleischigen Rippen. Dort speichern Kakteen auch große Mengen Wasser, das sie während der seltenen Regenfälle und aus der Luft aufnehmen.

Wald

Außer in Polargebieten, Wüsten, Steppen und im Hochgebirge wachsen überall auf der Erde Wälder. Doch sehen die Wälder in verschiedenen ▶ Vegetationszonen je nach Klima und Bodenbeschaffenheit unterschiedlich aus. Im borealen Nadelwald der nördlichen Regionen etwa können nur Nadelbäume und Birken bestehen, die die langen und kalten Winter vertragen. In unseren gemäßigten Breiten kommen die sommergrünen Laubwälder oder die aus Laub- und Nadelbäumen bestehenden Mischwälder vor. In tropischen Wäldern wachsen vor allem immergrüne Pflanzen, jedoch keine Nadelbäume.

Wälder sind natürliche Lebensgemeinschaften (Biotope) mit einer speziellen Pflanzen- und Tierwelt. Sie zeigen einen Aufbau aus mehreren Stockwerken, die jeweils Lebensräume für unterschiedliche Pflanzen und Tiere bereitstellen. Die unterirdische Wurzelschicht reicht oft in mehrere Meter Tiefe. Über ihr liegen im Mischwald die niedrige Moosschicht und bis in rund 1,5 m Höhe die Krautschicht, in der Kräuter, Gräser und Farne wachsen. Die Strauchschicht mit jungen Bäumen und Sträuchern reicht bis in 5 m Höhe. Auf sie folgt die Baumschicht, die aus den Stämmen und Baumkronen gebildet wird. Im tropischen Regenwald schließt sich an die 20 bis 40 m hohe Baumschicht noch eine Schicht mit Baumkronen in bis zu 60 m Höhe an.

INFOBOX

Das Totholzhabitat

Abgestorbene Bäume erfüllen im Wald eine wichtige Aufgabe. Denn das Holz des toten Baumes ist der Lebensraum (Habitat) von Tausenden Pflanzen-, Tier- und Pilzarten, die das Holz zersetzen. Vor allem Käfer wie beispielsweise der Hirschkäfer sind auf abgestorbene Laubbäume angewiesen. In dem modrigen Holz leben ihre Larven. Die Beseitigung von Totholz schadet der Ökologie des Waldes.

Wälder sind empfindliche ökologische Systeme mit einem besonderen Nährstoffkreislauf. Abgestorbene Blätter und Pflanzenteile, tote Tiere und Kot werden auf dem Boden von ▶ Pilzen und ▶ Bakterien zersetzt. Die so entstehenden Stoffe gelangen in den Boden und können dort als Nährstoffe von den Wurzeln wieder aufgenommen werden.

Wälder erfüllen sehr wichtige ▶ ökologische Funktionen. Sie speichern beispielsweise Wasser, reinigen die Luft und schützen den Erdboden vor Erosion. Viele sind aufgrund der Umweltverschmutzung (▶ Umweltschutz) durch das Waldsterben bedroht. ■

Die üppige Vegetation der tropischen **Regenwälder** (links) verhindert, dass viel Sonnenlicht die unteren Stockwerke erreicht. Im **Mischwald** der gemäßigten Zone (rechts) kann mehr Sonnenlicht einfallen.

Tiere

Seit mindestens 630 Millionen Jahren gibt es die Tiere auf der Erde, die zunächst im Meer lebten. Schwämme, Tintenfische, Schnecken und schließlich Fische konnten sich so über den ganzen Erdball verbreiten. Amphibien und Reptilien haben als Erste das Land erobert. Doch erst den warmblütigen Tieren wie Vögeln und Säugetieren ist es gelungen, auch die Polarregionen und das Hochgebirge zu bewohnen. Sogar das Fliegen haben viele Tiere im Lauf der Evolution gelernt. Dem Menschen liefern Haustiere Wolle, Felle und Nahrung.

Amphibien

Die Amphibien oder Lurche sind meist kleine Wirbeltiere. Sie besitzen eine drüsenreiche, nackte und oftmals feuchte Haut und sind wechselwarm, d.h., ihre ▶Körpertemperatur ist von der Temperatur der Umgebung abhängig. Amphibien sind sowohl an das Leben im Wasser als auch an das Leben auf dem Land angepasst. Dieser Lebensweise verdanken sie ihren Namen, denn das griechische Wort »Amphibien« bedeutet »doppellebig«.

Die heute lebenden Lurche unterteilt man in Froschlurche, Schwanzlurche und Blindwühlen. Die schwanzlosen Froschlurche, zu denen Kröten und Frösche gehören, sind abgesehen von der Antarktis auf allen Kontinenten zu finden. Die Schwanzlurche, zu denen Salamander und Molche zählen, kommen auf der Nordhalbkugel vor. Die wurmartigen Blindwühlen sind ausschließlich in den Tropen und Subtropen beheimatet.

Die meisten Amphibien beginnen ihr Leben im Wasser. Die Weibchen geben die von einer Gallerthülle umgebenen Eier ins Wasser ab. Aus den befruchteten Eiern schlüpfen kleine Larven, die einen Ruderschwanz besitzen und durch Kiemen atmen. Nach einer gewissen Zeit beginnen sie sich zu verwandeln. Die Kiemen bilden sich zurück und die Tiere beginnen, mit der Lunge zu atmen. Frosch- und Schwanzlurchen wachsen Beine, bei den Froschlurchen entwickelt sich außerdem der Ruderschwanz zurück. Nach dieser Verwandlung, die man Metamorphose nennt, verlassen die Tiere das Wasser. Nicht alle Arten machen eine vollständige Verwandlung durch. ■

Die Metamorphose der **Kreuzkröte** zeigt die Entwicklungsstadien der Amphibien. Aus dem Laich schlüpfen Kaulquappen, die Beine ausbilden, den Schwanz abstoßen und schließlich zur fertigen Kröte werden.

Die gelben Punkte auf der Haut des **Feuersalamanders** sind Warnsignale für Feinde, denn das Tier kann ein giftiges Sekret absondern.

INFOBOX

Wassermonstrum im Larvenstadium: der Axolotl

Der Axolotl ist ein Querzahnmolch, der sein Leben lang im Larvenstadium bleibt; es findet keine Metamorphose statt. Die etwa 29 cm langen, geschlechtsreifen Tiere haben äußere Kiemen und einen Flossensaum und leben im Wasser. Axolotl, was auf aztekisch »Wassermonstrum« bedeutet, kommen frei lebend nur im Xochimilcosee im Südosten der Stadt Mexiko vor. Die fehlende Umwandlung beruht auf einer Schilddrüsenunterfunktion.

Evolution der Tiere

Die ersten Lebewesen auf der Erde waren bakterienartige Organismen, die vor 3,5 Milliarden Jahren entstanden. Aus ihnen entwickelten sich zunächst die Pflanzen und später auch die ersten Tiere wie ▶Schwämme und ▶Nesseltiere.

Vor 580 bis 500 Millionen Jahren, im Erdzeitalter des Kambriums, entstanden alle heute noch existierenden Tierstämme. Häufig fanden Forscher aus dieser Zeit Fossilien von Gliederfüßern, den Trilobiten. Vor 440 Millionen Jahren lebten Muscheln, Korallen, Tintenfische und Schnecken. Bis dahin waren nur die ▶Meere und Ozeane von Tieren bewohnt. Das Land eroberten als Erste die Pflanzen. Ihnen folgten vor etwa 400 Millionen Jahren ▶Krebse und Schnecken. Im Zeitalter des Devon (bis vor 345 Millionen Jahren) entwickelten sich die ▶Fische, und die ▶Amphibien gingen an Land. Die ersten Reptilien tauchten im Karbon (bis vor 290 Millionen Jahren) auf. In dieser Zeit entstanden auch die ▶Insekten.

Vor etwa 240 Millionen Jahren, während des Perm, ereignete sich auf der Erde eine Katastrophe. Forscher vermuten, dass sich das Weltklima abkühlte, sodass drei Viertel aller Tierarten ausstarben. Nachdem sich das Leben auf der Erde im Laufe mehrerer Millionen Jahre wieder erholt hatte, tauchten in der Trias (bis vor 195 Millionen Jahren) Dinosaurier, Krokodile und andere Echsen auf. Während die Saurier noch Land und Wasser beherrschten, entwickelten sich im Jura (bis vor 138 Millionen Jahren) die ersten ▶Vögel und ▶Säugetiere. Dann kam es erneut zu einer Katastrophe. Am Ende der Kreidezeit vor 65 Millionen Jahren starben die Dinosaurier und viele andere Tiergruppen aus. Die Säugetiere konnten sich daraufhin ungehindert ausbreiten. Alle heute lebenden Tierarten entstanden in der Erdneuzeit, dem heute noch andauernden Känozoikum. Vor 13 Millionen Jahren tauchte der erste Menschenaffe auf, aus dem sich vor rund drei Millionen Jahren die ersten Menschen entwickelten. ■

Einer der Vorfahren des heutigen Menschen war der **Australopithecus**, der vor rund drei Millionen Jahren in Afrika lebte und sich schon aufrecht auf zwei Beinen fortbewegte.

AUF EINEN BLICK

Tierrekorde

Größtes Säugetier	Blauwal	33,5 m lang
Größtes Landtier	Afrikanischer Elefant	4 m hoch, 7,5 t schwer
Kleinstes Säugetier	Hummelfledermaus	2,9 cm lang, 1,7 g schwer
Größter Vogel	Afrikan. Strauß	2,7 m hoch
Größter Fisch	Walhai	18 m lang
Schnellstes Landtier	Gepard	105 km/h
Schnellstes Tier	Wanderfalke	350 km/h im Sturzflug
Schnellster Fisch	Fächerfisch	100 km/h

Die im Indischen Ozean lebenden **Quastenflosser** (links) gibt es seit 400 Millionen Jahren. Sie stehen entwicklungsgeschichtlich zwischen Fischen und Amphibien und zeigen, dass die Landwirbeltiere sich aus den Fischen entwickelt haben. Die vor 70 Millionen Jahren ausgestorbenen **Ammoniten** (rechts), eine Tintenfischart, sind nur durch Fossilien bekannt (Querschnitt durch das Gehäuse).

Karpfen stammen ursprünglich aus Asien und wurden von den Römern nach Europa gebracht. Sie werden in Teichen gezüchtet und sind beliebte Speisefische.

Fische

Fische sind im Wasser lebende, wechselwarme Wirbeltiere (▶Körpertemperatur). Ihr Kopf-, Rumpf- und Schwanzteil bildet einen meist stromlinienförmigen Körper. Sie bewegen sich mit Flossen fort und atmen durch Kiemen. Die meisten Fische legen Eier (Fischrogen), einige, wie z. B. die meisten Haiarten, sind lebend gebärend.

Die Fische, von denen zwei Drittel im Meer und ein Drittel im Süßwasser leben, werden in zwei Klassen unterteilt: Knorpelfische und Knochenfische. Die fischähnlichen, kieferlosen Rundmäuler, zu denen die Neunaugen zählen, gehören nicht zu den Fischen.

Die vor allem im Meer lebenden Knorpelfische wie die Haie und Rochen haben ein knorpeliges Innenskelett, das verkalken kann. Über die offenen Kiemenspalten strömt das durch das Maul aufgenommene Atemwasser wieder aus. Die Haut ist bei vielen Arten von zahnartigen Schuppen, sogenannten Placoidschuppen, überzogen. Sie dienen dem Schutz und verringern gleichzeitig den Strömungswiderstand, damit die Tiere schnell durch das Wasser gleiten können. Knorpelfische sind in der Regel entweder Bodenfische oder ruhelose Schwimmer, wie die meisten Haie, da sie im Gegensatz zu den Knochenfischen keine Schwimmblase besitzen.

Knochenfische haben ein ganz oder teilweise verknöchertes Skelett. Die Gräten, das sind stäbchenförmige Verknöcherungen des Bindegewebes, trennen die einzelnen Muskelschichten. Die Kiemenspalten der Knochenfische werden von einem Kiemendeckel geschützt, und ihre Außenhaut ist von kleinen Knochenschuppen bedeckt. Eine besondere Schleimschicht schützt die Schuppen und die darunter liegende Haut vor Bakterien und verringert den Strömungswiderstand. Die meisten Knochenfische haben eine Schwimmblase, ein mit Luft gefülltes Organ, mit dem sie ihren Auftrieb im Wasser regulieren können, ohne Muskeln und Flossen einzusetzen. Sie können daher gewissermaßen im Wasser schweben.

Mit rund 30 000 Arten sind die Knochenfische die größte Klasse der Wirbeltiere. Sie sind sowohl in den ▶Meeren und Ozeanen als auch in den ▶Binnengewässern zu finden. Auf fossile Vertreter der Knochenfische, die den heute noch lebenden Quastenflossern ähnelten, sind sehr wahrscheinlich die Landwirbeltiere zurückzuführen. ■

Seepferdchen leben in warmen Meeren. Nicht die Weibchen, sondern die Männchen tragen die Jungen in einer Bauchtasche aus.

INFOBOX

Meeresgigant: der Walhai

Haie gab es schon vor rund 380 Millionen Jahren, lange bevor die ersten Saurier die Erde bevölkerten. Viele der heute noch vorkommenden Gattungen existieren fast unverändert seit über 60 Millionen Jahren. Die meisten Haiarten leben räuberisch. Jedoch können nur 44 der 380 bekannten Arten dem Menschen gefährlich werden. Ausgerechnet der Walhai, der mit 18 m Länge und bis zu 20 t Gewicht größte heute lebende Fisch, bevorzugt als Nahrung Plankton, das er aus dem Wasser filtert. Für den Menschen ist er völlig ungefährlich.

Die **Paarungsbereitschaft** des Weibchens erkennt der männliche Löwe am Geruch.

Fortpflanzung

Die Tiere pflanzen sich in der Regel auf geschlechtliche Weise fort. Für die Fortpflanzung sind ein männliches und ein weibliches Tier notwendig. Das Männchen befruchtet mit seinen Geschlechtszellen (Samenzellen) die Geschlechtszellen (Eizellen) des Weibchens. Aus den verschmolzenen Zellen entstehen die Nachkommen der nächsten Generation.

Die Befruchtung findet bei vielen Tieren im Körper des Weibchens statt (innere Befruchtung). Das Männchen ist mit einem Begattungsorgan ausgestattet, das bei Säugetieren Penis heißt und in die Vagina (Scheide) des Weibchens eingeführt wird, wo es seine Samenzellen abgibt. Die Insekten haben vergleichbare Geschlechtsorgane. Die Männchen der Reptilien und der ▶Vögel haben ebenfalls einen Penis, die Weibchen jedoch eine Kloake, also eine gemeinsame Körperöffnung für die Geschlechtsorgane, den Harnleiter und den Darm. Bei den Kraken dient der dritte linke Arm als Begattungsorgan. Der Flusskrebs setzt die ersten beiden Paare der Schwimmfüße als Begattungsorgane ein.

Bei ▶Amphibien und ▶Fischen legen die Weibchen die Eier ab, die erst dann von den Männchen mit Samenzellen befruchtet werden (äußere Befruchtung). Die meisten Tiere legen Eier, fast alle ▶Säugetiere, einige ▶Reptilien, Amphibien und Fische, wie z. B. manche Haiarten, sind lebend gebärend.

Zahreiche ▶Insekten, Amphibien, Reptilien, ▶Krebstiere und ▶Weichtiere können sich nicht nur geschlechtlich vermehren. Falls männliche Tiere zur Befruchtung fehlen, vermehren sich die Weibchen eingeschlechtlich. Dabei entsteht das neue Lebewesen aus der unbefruchteten Eizelle. Dies nennt man Jungfernzeugung. Sie bildet jedoch die Ausnahme. Denn nur bei der geschlechtlichen Fortpflanzung wird das Erbgut zweier Tiere gemischt, sodass kleine Veränderungen (Mutationen) entstehen können, durch die sich die Art im Lauf der ▶Evolution an einen veränderten Lebensraum anpassen kann. ■

INFOBOX

Ungeschlechtliche Vermehrung

Manche Tierarten können sich – ähnlich wie einige Pflanzen – auch ungeschlechtlich fortpflanzen. Unter den rund 1000 Arten der Schnurwürmer gibt es einige, die sich durch Teilung vermehren. Sie stoßen ihr Körperende ab, das in mehrere Teile zerfällt. Aus jedem dieser Teile entsteht ein neuer Wurm, der sich wiederum durch Teilung vermehren kann. Schnurwürmer leben im Meer und können mehr als 30 m lang werden.

Das Weibchen der **Gottesanbeterin** frisst nach der Paarung meist das Männchen auf.

Viele Jungtiere bedürfen der besonderen Pflege durch die Eltern. Die Jungen der **Mönchsgrasmücke** sind Nesthocker. Sie müssen mehrere Wochen lang von den Eltern gefüttert werden, bevor sie fliegen und sich selbst ernähren können.

Instinkt

Der Großteil der Verhaltensweisen von Tieren muss nicht erst erlernt werden, sondern ist ihnen angeboren. Die Verhaltensweisen werden von den Eltern auf die Jungen vererbt. Dieses angeborene Verhalten in bestimmten Lebenssituationen nennt man Instinkt. Vögel müssen beispielsweise nicht lernen, wie sie ein Nest bauen und den Nachwuchs großziehen, sie »wissen« es bereits. Auch der frisch geschlüpfte Kuckuck stößt die Eier des Wirtsvogels instinktiv aus dem Nest, niemand hat es ihm zuvor gezeigt.

Die Instinkte werden bei Tieren durch Umweltreize oder durch innere Triebe ausgelöst. Nimmt ein Tier beispielsweise einen Feind wahr, flüchtet es. Den Reiz, der die Flucht auslöst, nennt man Schlüsselreiz: Er wirkt wie ein Schlüssel, der ein ganz bestimmtes Schloss öffnet, also eine ganz bestimmte Reaktion auslöst. Bestimmte Bewegungen oder Farben und Körperformen von Tieren können Schlüsselreize sein. Viele Tiere tragen beispielsweise grelle Warnfarben wie Schwarz und Gelb oder Schwarz und Rot, um ihren Feinden zu signalisieren, dass sie ungenießbar oder wehrhaft sind. Sieht ein Fressfeind diese Farbmuster, wird er die Tiere nicht angreifen. Wespen oder manche Raupen schützen sich auf diese Weise davor, gefressen zu werden (▶ Tarnung). Die Schlüsselreize spielen auch beim Paarungsverhalten oder der Jagd eine große Rolle. Entdeckt z. B. eine Katze eine Maus, die davonrennt, beginnt sie sie zu jagen. Dieses Verhalten läuft selbsttätig ab und bleibt immer gleich.

Zugvögel wie die **Küstenseeschwalbe** legen oft weite Strecken zwischen Brut- und Überwinterungsgebiet zurück. Die richtige Route finden sie durch Instinkt.

Das instinktive Verhalten der Tiere wird nicht nur durch Schlüsselreize gesteuert, sondern auch durch Botenstoffe, die Hormone. Sie regeln beispielsweise das Paarungsverhalten. Bei vielen Tieren werden im Sommer kaum Geschlechtshormone produziert, im Herbst und Winter jedoch umso mehr. Die Tiere beginnen dann zu balzen und suchen sich einen Partner. Die Nachkommen werden im Frühling geboren und wachsen im Sommer auf. So haben sie eine größere Überlebenschance. Instinktives Verhalten dient der Lebens- und Arterhaltung.

Auch Menschen haben Instinkte. Die Saugbewegungen des Säuglings sind beispielsweise ein Instinktverhalten. Je mehr ein Lebewesen fähig ist, zu lernen, umso weniger wird es von Instinkten bestimmt. Beim Menschen werden die Instinkte meist durch bewusstes Handeln ersetzt.

BIOGRAFIE

Konrad Lorenz

Der österreichische Verhaltensforscher Konrad Lorenz (1903 bis 1989) untersuchte das instinktive Verhalten der Tiere. Er fand heraus, dass Vögel wie etwa Graugänse nach dem Schlüpfen das erste Lebewesen, das sie sehen, also auch einen Menschen, als Mutter anerkennen. Das Bild zeigt Lorenz mit seiner Gans Martina. 1973 wurde er für seine Forschungen mit dem Nobelpreis ausgezeichnet.

Zwei Hirschböcke kämpfen während der Paarungszeit um die Weibchen. Ihr Verhalten, die **Brunst**, wird von Hormonen bestimmt.

Körpertemperatur

Alle ▶Vögel und ▶Säugetiere, also auch der Mensch, erzeugen ihre Körpertemperatur selbst, indem sie in ihren ▶Zellen Fett verbrennen. Man nennt diese Tiere gleichwarm. Die Normaltemperatur bei Säugetieren liegt zwischen 36 °C und 39 °C, die der Vögel zwischen 40 °C und 43 °C. Gleichwarme Tiere können auch im Winter oder in den Polargebieten aktiv sein. Um ihre Körpertemperatur dort zu erhalten, benötigen sie allerdings eine dicke Fettschicht oder ein Fell.

Dennoch sind viele Tiere im Winter nicht aktiv. Viele Säugetiere wie Hamster oder Igel halten Winterschlaf. Dabei sinkt die Körpertemperatur unter die Normaltemperatur ab, der Herzschlag und die Atmung werden langsamer und die Tiere verbrauchen das Fett, das sie sich bis zum Winter angefressen haben. Der Grund dafür ist das mangelnde Nahrungsangebot im Winter. Bei der Winterruhe, die der Braunbär hält, bleiben Körpertemperatur und Stoffwechsel normal. Deshalb müssen die Tiere häufiger aufwachen und fressen.

Die ▶Fische, ▶Amphibien und ▶Reptilien können ihre Körpertemperatur nicht selbst erzeugen. Sie ist von der Temperatur ihrer Umgebung abhängig. Man nennt diese Tiere wechselwarm. Manche wechselwarme Tiere wie etwa Eidechsen sonnen sich auf Steinen, um Wärme zu tanken, denn nur so können sie sich schnell bewegen. Sinkt die Temperatur, werden sie träge. Während des Winters können wechselwarme Tiere also nicht aktiv sein. Sie halten in Verstecken Winterruhe oder Winterstarre. Erst wenn im Frühling die Temperaturen ansteigen, erwachen sie wieder. In den Polarregionen leben daher keine wechselwarmen Landtiere.

Auch ▶Insekten sind wechselwarm. Einige Arten, vor allem der Käfer, aber auch Nachtfalter, Hummeln und Bienen, können durch Muskeltätigkeit ihre Körpertemperatur beeinflussen. ■

Der **Igel** (links) hält einen Winterschlaf. Im Unterschied zu Bärenarten der gemäßigten Zonen der Erde halten **Eisbären** nicht einmal Winterruhe, da sie gerade im Winter viel Beute finden.

Eine **Mauereidechse** sonnt sich auf einem Stein. So erhöht sie ihre Körpertemperatur.

INFOBOX

Unempfindliche Zuckmücken

Die Insektenfamilie der Zuckmücken ist so widerstandsfähig gegen Umwelteinflüsse, dass sich einige Arten sogar in der Antarktis angesiedelt haben. Strenger Frost macht ihnen nichts aus, da sie Glycerin, eine Alkoholart, als Konservierungsmittel im Körper erzeugen. Sie frieren ein und tauen bei höheren Temperaturen unversehrt wieder auf. Die Larven anderer Arten leben im Wasser und können dabei Temperaturen von mehr als 50 °C aushalten. Bei länger anhaltender Trockenheit trocknen die Larven ein und können so lange überleben, bis die Luft wieder Wasser abgibt oder es zu regnen beginnt.

Die in tropischen Meeren heimischen **Riffhummer** haben kleinere Zangen als der Europäische Hummer.

Krebstiere

Krebstiere gehören wie die ▶Insekten und die ▶Spinnentiere zum Stamm der Gliederfüßer. Es sind überwiegend Wassertiere, die durch Kiemen atmen. Sie erreichen Größen zwischen wenigen Millimetern und rund 60 cm und sind in allen Meeren und Süßgewässern verbreitet. Nur wenige Arten wie z. B. die Asseln sind Landtiere geworden.

Krebstiere sind Wirbellose ohne Innenskelett. Ihr gepanzerter Körper (Exoskelett) gliedert sich meist in die drei Abschnitte Kopf, Brust und Hinterleib. Die Antennen am Kopf tragen die Geruchs- und Tastsinnesorgane. Die Anzahl und Gestalt der Beine ist unterschiedlich. Auch dienen die Beine nicht nur der Fortbewegung, sondern können auch Kiemen tragen oder als Mundwerkzeuge genutzt werden.

Die **Kellerassel** zählt zu den Zehnfußkrebsen. Sie hat sich perfekt an das Leben an Land angepasst.

Krebstiere vermehren sich über Eier, aus denen zunächst die Naupliuslarve schlüpft, eine winzige einäugige Larve mit drei Bein- und zwei Antennenpaaren. Während des Wachstums häutet sich die Larve regelmäßig und entwickelt sich über mehrere Larvenstadien zum fertigen Tier.

Zu den bekanntesten Krebstieren gehören die Zehnfußkrebse mit den scherenartigen Vorderbeinpaaren wie etwa Garnelen, Hummer, Langusten, Flusskrebse und Krabben. Weit verbreitet sind die kleineren Bachflohkrebse sowie die winzigen Wasserflöhe, Ruderfußkrebse und Muschelkrebse. Das am Anfang der ▶Nahrungskette stehende tierische Plankton setzt sich im Süßwasser wie im ▶Meer überwiegend aus kleinen Krebstierchen zusammen. Der Krill, von dem sich die Bartenwale ernähren, besteht zum großen Teil aus etwa 6 cm langen, garnelenartigen Krillkrebschen, die in riesigen Schwärmen das Wasser durchstreifen.

Zum Plankton gehörende Krebstiere wie die Krillkrebschen oder die Wasserflöhe ernähren sich als Filtrierer. Sie filtern pflanzliches Plankton aus dem Wasser. Die größeren Krebse wie der Flusskrebs ernähren sich überwiegend räuberisch von Kleintieren. ■

INFOBOX

Die Riesenkrabbe

Die Japanische Riesenkrabbe ist die größte Krebsart der Erde. Ihre Beine können eine Spannweite von bis zu 4 m erreichen. Die riesigen Tiere ernähren sich von toten Meerestieren, die sie mit ihren Zangen zerlegen. Wegen ihres kleinen Körpers und ihrer langen Beine ähneln sie einer Spinne und werden daher auch Seespinnen genannt.

Nahrungskette

Wenn mehrere Organismenarten so voneinander abhängen, dass die eine jeweils die Nahrungsgrundlage der anderen darstellt, spricht man von einer Nahrungskette. Am Anfang einer Nahrungskette stehen grüne Pflanzen, denn sie können durch ▶Fotosynthese aus Wasser, Kohlendioxid und Sonnenlicht ihre eigene Nahrung und damit organische Stoffe herstellen. Sie werden deshalb Produzenten (»Hersteller«) genannt. Die Tiere können dies nicht, sondern müssen entweder Pflanzen fressen oder andere Tiere, die sich von Pflanzen ernähren. Sie werden daher Konsumenten (»Verbraucher«) genannt.

Im ▶Meer beginnt die Nahrungskette mit dem pflanzlichen Plankton (Phytoplankton), das vom tierischen Plankton wie z. B. Wasserflöhen gefressen wird. Kleine ▶Krebse und andere Tiere ernähren sich wiederum von dem tierischen Plankton. Die Krebse bilden dann die Nahrungsgrundlage kleiner ▶Fische, die von größeren gefressen werden. Haie und Wale stehen am Ende dieser Nahrungskette.

Auf dem Festland sieht die Nahrungskette anders aus. Sie beginnt mit Pflanzen und deren ▶Samen, die von Pflanzenfressern wie Mäusen gefressen werden. Fleischfresser wie Füchse fressen die Mäuse. Auch Störche machen Jagd auf Mäuse, fressen aber auch Frösche, die sich von ▶Insekten ernähren, deren Larven Pflanzen fressen. Eine Nahrungskette hat meist vier bis fünf Glieder in der Reihenfolge Pflanzen – Pflanzenfresser – Fleischfresser. Es gibt jedoch auch sehr kurze Nahrungsketten, etwa wenn ein Elefant, das größte Landtier, Blätter frisst.

Nahrungsketten werden geschlossen durch ▶Bakterien und ▶Pilze. Sie werden Reduzenten oder Zersetzer genannt. Sie bauen die Überreste von toten Tieren oder abgestorbene Pflanzen im Boden ab. Die Abbauprodukte stehen den Anfangsgliedern der Nahrungskette wieder zur Verfügung.

Wenn verschiedene Raubtiere Jagd auf die gleichen Beutetiere machen, spricht man von einem Nahrungsnetz. ■

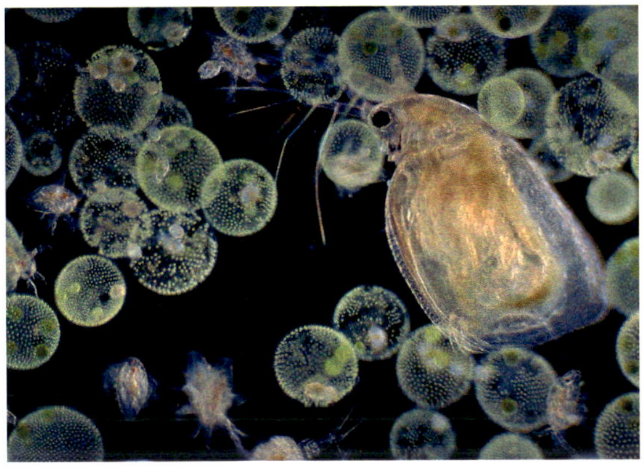

Das aus winzigen Algen und Krebstierchen bestehende **Plankton** steht im Meer am Anfang der Nahrungskette.

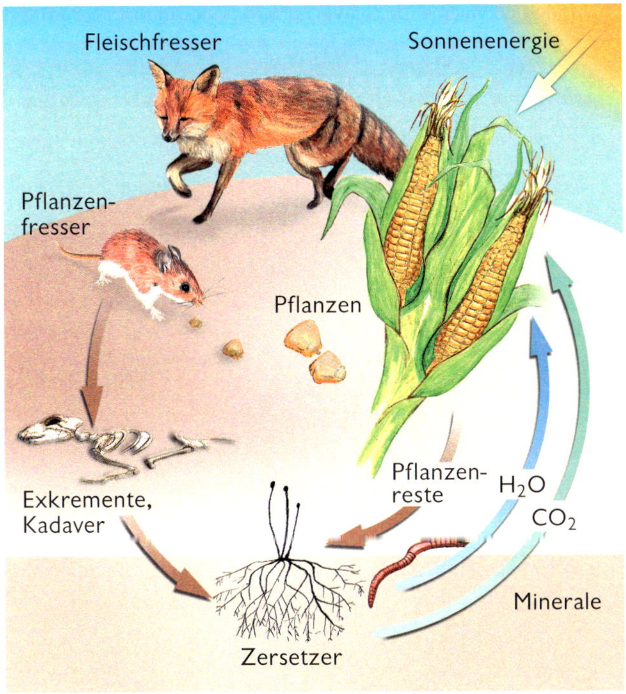

Jedes Lebewesen ist Teil einer **Nahrungskette** (links). Grüne Pflanzen stehen am Anfang, Fleischfresser bilden das letzte Glied. Raubtiere wie dieser **Gepard** (rechts) stehen am Ende der Nahrungskette.

Einige Quallen wie diese **Leuchtqualle** können auf äußere Reize mit Leuchterscheinungen reagieren. Man nennt diese Lichtausstrahlung Biolumineszenz.

Nesseltiere

Den Stamm der Nesseltiere bilden im ▶Meer lebende Hohltiere, die besondere Nesselkapseln besitzen. Die Nesselkapseln befinden sich auf den rund um den Mund angeordneten Tentakeln. Mit ihnen wehren die Tiere Feinde ab und überwältigen ihre Beute. Einige Nesseltiere haben derart starke Gifte in ihren Nesselkapseln, dass sie auch dem Menschen gefährlich werden können. Zu den Nesseltieren gehören Quallen, Seeanemonen und Korallen.

Nesseltiere treten in zwei Gestalttypen auf: als schlauchförmige, festsitzende Polypen wie z. B. die Seeanemone oder als frei schwimmende Meduse wie z. B. die Qualle. Beide Formen kommen bei den meisten Nesseltieren nebeneinander vor. Medusen entstehen durch Teilung oder Knospung am Polypen, also durch ungeschlechtliche Vermehrung. Sie selbst können wiederum durch geschlechtliche ▶Fortpflanzung erneut Polypen hervorbringen. Dieser Generationswechsel kommt z. B. bei den Schirmquallen vor. Aus den Eiern entstehen frei schwimmende Wimperlarven, die sich festsetzen und zu einem Polypen entwickeln. Sein mit Tentakeln bewehrtes Mundende schnürt sich ringförmig ab und bildet so durch Sprossung eine junge Meduse. Bei anderen Nesseltiergruppen kommt nur jeweils ein Gestalttyp vor. Bei den Blumentieren, zu denen die Seeanemonen zählen, ist das Medusenstadium beispielsweise unbekannt. Würfelquallen hingegen kommen nur in der Medusenform vor.

Von besonderer ökologischer Bedeutung (▶Umweltschutz) sind die skelettbildenden Korallen, die im flachen Wasser tropischer Meere Riffe bilden. Sie leben in ▶Symbiose mit besonderen ▶Algen, die ihnen helfen, ihr Kalkskelett zu entwickeln. Da neue Korallenstöcke immer auf den alten aufgebaut werden, bilden die Korallen im Lauf der Zeit Gebirge unter Wasser aus. Korallenriffe bieten Algen, Schwämmen, Fischen und anderen Tieren einen wichtigen Lebensraum. ■

INFOBOX

Die Portugiesische Galeere

Die Portugiesische Galeere ist eines der giftigsten Tiere. Sie zählt zu den sogenannten Staatsquallen, das heißt, sie besteht aus mehreren Tieren, die ihr Leben lang in einer Polypenkolonie zusammenbleiben. Jeder Polyp übernimmt eine andere Aufgabe. Ein Polyp bildet den mit Gas gefüllten Schwimmkörper, andere die bis zu 60 m langen Tentakel mit Millionen von Nesselkapseln, deren Gift in die Haut der Beutetiere geschossen wird. Selbst große Fische kann sie damit töten.

Auch **Korallen** sind Nesseltiere. Sie schweben jedoch nicht im Meer, sondern bauen mit ihren Skeletten riesige Riffe.

Nutztiere

Tiere, die im Laufe der Zeit von den Menschen domestiziert, also an ein Zusammenleben gewöhnt und durch Zucht stark verändert wurden, nennt man ▶Haustiere. Es gibt jedoch darüber hinaus eine große Zahl von Tieren, die nur wenig oder gar nicht domestiziert wurden, aber dennoch vom Menschen gezüchtet oder in irgendeiner Form gehalten werden. Diese Tiere werden Nutztiere genannt. Sie unterscheiden sich vor allem dadurch von den Haustieren, dass sie auch ohne Hilfe des Menschen in freier Wildbahn überleben können. Zu ihnen zählen etwa Elefanten, die in Thailand in der Forstwirtschaft eingesetzt werden, wo sie mühelos Bäume aus den Wäldern ziehen. In den Fjorden Skandinaviens werden in großen Fischfarmen Lachse gezüchtet, die ebenfalls Nutztiere sind. Auch Käsemilben, die zu den Spinnentieren gehören und in Käsereien bei der Käsereifung eingesetzt werden, gehören dazu. Weitere Nutztiere sind Honigbienen, Rentiere, Austern und Weinbergschnecken. Zur Jagd werden manchmal Jagdfalken und Jagdgeparden eingesetzt. Auch Tiere, die im Zirkus auftreten, sind Nutztiere.

Rentiere werden vor allem im skandinavischen Lappland gezüchtet. Sie liefern Fleisch und Felle.

INFOBOX

Der Seidenspinner

Der Seidenspinner ist ein aus China stammender Schmetterling. Seine Raupe besitzt eine Spinndrüse, mit der sie sich vor dem Verpuppen in einen Kokon aus einem rund 900 m langen Seidenfaden einspinnt. Vor etwa 5000 Jahren haben Chinesen die Möglichkeit entdeckt, diesen Seidenfaden vom Kokon abzuwickeln und aus der Seide Stoffe herzustellen. Die Raupen des Seidenspinners ernähren sich ausschließlich von den Blättern des Maulbeerbaums.

Parasiten

Schmarotzer oder Parasiten sind Lebewesen, die ihre Nahrung von anderen Organismen beziehen und diese dabei schädigen, meist jedoch ohne sie zu töten. Viele Tiere leben als Parasiten und haben sich an ihre jeweiligen Wirte angepasst. Man unterscheidet zwischen den Endoparasiten (von griechisch éndon »innen«), die im Inneren ihres Wirtes leben, wie etwa die Bandwürmer, und den Ektoparasiten (von griechisch ektós »außen«), die außen auf ihrem Wirt Nahrung aufnehmen, wie Flöhe, Läuse und Zecken. Manche Parasiten suchen ihre Wirte nur zeitweilig zur Nahrungsaufnahme auf, dies ist bei Stechmücken und Bettwanzen der Fall. Andere, wie die Läuse, verlassen dagegen ihre Wirte nie.

Eine besondere Form des Parasitismus stellt der Brutparasitismus dar, bei dem der eigene Nachwuchs anderen Tierarten zur Aufzucht untergeschoben wird. Das bekannteste Beispiel ist der Kuckuck, der seine Eier in Nester anderer Vogelarten legt.

Der **Holzbock** ist eine Zeckenart, die auch den Menschen befällt. Während sie sich mit Blut vollsaugt, kann sie Krankheiten übertragen.

Das **Orinoko-Krokodil** lebt in Südamerika und wird etwa 6 m lang.

Reptilien

Reptilien oder Kriechtiere erkennt man an ihrer mit Hornschuppen oder Knochenplatten bewehrten Haut. Sie sind Lungenatmer und wechselwarme Tiere, d. h., ihre ▶ Körpertemperatur ist von der Temperatur der Umgebung abhängig. Daher sind sie vor allem in den gemäßigten und warmen Zonen der Erde verbreitet. Zu den Reptilien gehören Krokodile, Echsen, Schlangen und Schildkröten.

Reptilien legen in der Regel Eier, die sie jedoch nicht selbst ausbrüten. Sie nutzen vielmehr die Bodenwärme am Eiablageplatz zum Brüten. Einige Arten wie Kreuzotter, Schlingnatter, Blindschleiche sowie Waldeidechse haben sich an kühlere Lebensräume angepasst und bringen ihre Jungen lebend zur Welt.

INFOBOX

Dinosaurier

Die Dinosaurier bevölkerten rund 180 Millionen Jahre lang die Erde. Einige der bislang etwa 800 durch Fossilienfunde entdeckten Arten gehörten zu den größten Reptilien, die jemals gelebt haben. Manche wurden bis zu 40 m lang und 130 Tonnen schwer. Der abgebildete Triceratops war ein friedlicher Pflanzenfresser. Das Aussterben der Saurier vor rund 65 Millionen Jahren ist noch nicht geklärt. Forscher nehmen an, dass sich das Klima nach einem Meteoriteneinschlag veränderte und die Vegetation vernichtete.

Krokodile kommen nur in den Tropen und Subtropen vor. Sie leben im Wasser und ernähren sich räuberisch. Ihre Eier vergraben sie an Land. Bei manchen Arten bewachen die Weibchen ihr Gelege und helfen den geschlüpften Jungtieren ins Wasser zu gelangen. In Amerika und Südostasien sind Alligatoren heimisch, in Südamerika Kaimane.

Echsen leben meist auf dem Erdboden oder auf Bäumen und machen Jagd auf Insekten und andere Tiere. An das Leben im Meer haben sich nur die Meerechsen der Galapagosinseln angepasst. Die kleinsten Echsen messen wenige Zentimeter, zu den größten zählt mit 3 m Länge der Komodowaran. Bei einigen Arten wie z. B. der Blindschleiche sind die Beine zurückgebildet.

Schlangen haben keine Beine und bewegen sich durch seitliches Hin- und Herkrümmen des Körpers fort. Sie erreichen Längen zwischen 15 cm und 9 m. Schlangen sind taub und können lediglich Bodenerschütterungen wahrnehmen. Sie ernähren sich räuberisch. Einige wie die Mambas oder Kobras töten ihre Opfer mit Giftzähnen, andere wie die Python- oder Boaschlangen, darunter die Anakonda, ersticken ihre Beute.

Schildkröten sind an ihrem Knochenpanzer zu erkennen. Sumpf- und Meeresschildkröten sind häufig Fleischfresser, die Landschildkröten ernähren sich vorwiegend von Pflanzen. Schildkröten pflanzen sich durch Eier fort, die sie an Land ablegen. Einige Arten werden über 150 Jahre alt. ■

Die **Grüne Mamba** lebt in Zentralafrika. Sie ist eine der giftigsten Schlangen.

Säugetiere

Die bekannteste Klasse der Wirbeltiere sind die Säugetiere. Ihre typischen Merkmale sind die behaarte Haut mit Schweiß- und Talgdrüsen, wobei die Haare bei vielen Arten zurückgebildet sind, und das Säugen der Jungtiere mit Milch. Alle Säugetiere atmen durch Lungen und sind gleichwarme Tiere (▶Körpertemperatur), weshalb sie auch in den kälteren Regionen der Erde leben können. Die meisten Säugetiere haben ein Gebiss. Es gibt Pflanzenfresser (z. B. Rinder und Pferde), Fleischfresser (z. B. Spitzmäuse und Katzen) sowie Allesfresser (z. B. Schweine und der Mensch).

Man unterscheidet je nach Art der ▶Fortpflanzung bzw. Brutpflege drei Gruppen der Säugetiere. Die Kloakentiere wie Schnabeltiere und Ameisenigel legen als einzige Säugetiere Eier. Kloake nennt man den Abschnitt des Darmes, durch den Kot, Harn und die Eier den Körper des Weibchens verlassen. Die Beuteltiere gebären winzige und unvollkommen entwickelte Jungtiere, die nach der Geburt in eine Hautfalte der Mutter (Beutel) wandern, in der sich die Milchzitzen befinden. Hier wachsen sie geschützt heran. Beuteltiere sind in einer großen Artenvielfalt in Australien und Südamerika verbreitet. Zu ihnen gehören beispielsweise Koala, Beutelteufel und Kängurus.

Die artenreichste Gruppe der Säugetiere bilden die höheren Säugetiere oder Plazentatiere. Sie sind nahezu weltweit verbreitet und haben unterschiedliche ▶Lebensräume erobert. Meist sind sie Landtiere. Es gibt jedoch auch flugfähige Arten, wie z. B. die Fledermäuse oder Flughunde. Andere wie die Robben haben sich an das Leben im Wasser angepasst und kommen nur zeitweilig an Land. Delfine und Wale verbringen ihr ganzes Leben im Wasser. Auch das schwerste Tier, das jemals gelebt hat, ist ein Säugetier (und nicht etwa ein Dinosaurier): Der Blauwal kann ein Gewicht von bis zu 190 Tonnen erreichen. ■

Der bis zu 35 m lange **Blauwal** ist mit bis zu 130 t Gewicht das schwerste heute lebende Tier. Lebten um 1900 noch rund 300 000 Blauwale, so wird der Bestand heute nur noch auf etwa 15 000 Tiere geschätzt.

Mit einer Größe von 2 m ist der **Berggorilla** der größte Menschenaffe. Er lebt in Zentralafrika.

INFOBOX

Eier legende Säuger: Schnabeltiere

Die Kloakentiere, zu denen die Schnabeltiere und die Ameisenigel zählen, sind entwicklungsgeschichtlich die ältesten Säugetiere. Sie sind als einzige Säugetiere nicht lebend gebärend, sondern legen Eier. Die in Australien verbreiteten Schnabeltiere lebten schon vor 150 Millionen Jahren auf der Erde. Die urtümlichen Tiere werden bis zu 40 cm lang und leben im Wasser. Dort jagen sie Insekten, Würmer und andere Kleintiere.

Der **Skorpion** (links) zählt ebenso zu den Spinnentieren wie die **Vogelspinne** (rechts). Beide jagen vor allem Insekten.

Schwämme

Schwämme sind im Wasser lebende, sehr einfach organisierte Tiere. Sie sitzen fest an einer Stelle und können eine Größe von wenigen Millimetern bis zu 2 m erreichen. Die meisten Arten leben im Meer.

Schwämme besitzen weder Nerven- oder Muskelzellen noch Organe. Sie sind von einem ausgedehnten Hohlraumsystem durchzogen. Nahrungsteilchen und Sauerstoff gelangen über diese Kanäle in das Innere der Schwämme und werden dort von den ▶Zellen aufgenommen. Auch Abfallstoffe werden über das Hohlraumsystem ausgeschieden. Ein Skelett aus Kalk- und Kieselnadeln oder Hornstoffen stützt ihre verschiedenartigen Körperformen.

Echte Badeschwämme werden aus bestimmten Schwammarten, die keine Nadeln enthalten, hergestellt. Hierzu lässt man die Schwämme ausfaulen, bis nur noch das weiche Hornfasernetz übrig bleibt. ■

Schwämme haben keine inneren Organe und leben festsitzend auf dem Untergrund.

Spinnentiere

Wie die ▶Insekten und ▶Krebse gehören auch die Spinnentiere zu den Gliederfüßern. Ihr zweigeteilter Körper gliedert sich in das Kopfbruststück und den Hinterleib. Am Kopfbruststück tragen sie zwischen zwei und zwölf Punktaugen, die jeweils paarigen Kiefertaster und Kieferklauen sowie vier Laufbeinpaare. Zu den bekanntesten Spinnentieren gehören die Webspinnen, die Weberknechte, die Skorpione sowie die Milben und die Zecken (▶Parasiten).

Die meisten Spinnentiere leben an Land, sind nachtaktiv und ernähren sich räuberisch. Die bis zu 25 cm langen Skorpione haben einen gegliederten Hinterleib, der in einem Giftstachel endet. Webspinnen wie beispielsweise die Kreuzspinne hingegen haben einen ungegliederten Hinterleib, auf welchem die Spinndrüsen sitzen. Mit ihnen stellen die Spinnen Spinnseide für die Netze her, mit denen sie ihre Beute fangen. ■

INFOBOX

Gefährliche Fallen: Spinnennetze

Viele Webspinnen bauen zum Fang ihrer Beute Netze aus Spinnseide. Die Beute bleibt in ihnen an speziellen Spinnfäden hängen, die mit Leimtropfen versehen sind. Die Spinnen selbst bewegen sich auf besonderen Fäden, die nicht klebrig sind. Am bekanntesten sind die großen Radnetze der Radnetzspinnen, mit denen Fluginsekten gefangen werden. Andere Spinnen bauen horizontale Gewebedecken und Röhren mit ausgelegten Fangfäden oder Fanggespinsten, mit denen am Boden laufende Insekten gefangen werden.

Stachelhäuter

Stachelhäuter sind Meerestiere mit einem stern-, kugel-, scheiben- oder walzenförmigen Körper. Meist besteht er aus fünf gleich großen Strahlen. Die bekanntesten Vertreter sind Seesterne, Schlangensterne, Seeigel und Seegurken.

Ein unter der Haut gelegenes Skelett aus Kalkplatten, das bei Seesternen und Seeigeln Stacheln aufweist, stützt den Körper. Innerhalb des Skelettes liegen Verdauungs- und Geschlechtsorgane. Ein kompliziertes, mit Flüssigkeit gefülltes Gefäßsystem dient der Fortbewegung. Es besteht aus kleinen Schläuchen, die in einer Saugplatte enden und wie kleine Füße aus dem Kalkpanzer herausgestreckt und an dem Untergrund festgepresst werden. Die meisten Seesterne ernähren sich räuberisch. Viele fressen Muscheln, die sie mittels ihres herausstülpbaren Magens in deren Schale verdauen. Spezielle polypenfressende Seesterne können bei massenhaftem Auftreten zu einer Bedrohung für Korallenriffe werden. Die meisten Seeigel ernähren sich durch das Abraspeln des Untergrundes oder das Zerkleinern von Algen. ■

Die fünfarmigen **Schlangensterne** sind mit den Seesternen verwandt.

Symbiose

Bilden zwei Lebewesen verschiedener Arten eine Lebensgemeinschaft, aus der beide Partner Nutzen ziehen, leben sie in einer Symbiose. Den größeren Symbiosepartner bezeichnet man dabei meist als den Wirt und den kleineren als den Symbionten. Lebt der Symbiont außerhalb des Wirtskörpers, so spricht man von einer Ektosymbiose, lebt er dagegen im Inneren des Wirtes, z. B. in dessen Darm, so liegt eine Endosymbiose vor.

Tiere können mit anderen Tierarten, mit Pflanzen, mit Pilzen oder mit Bakterien in einer Symbiose leben. Die Anemonenfische oder Clownfische beispielsweise finden zwischen den Tentakeln von Riesenanemonen Schutz, ohne von den giftigen Nesseln angegriffen zu werden. Als Gegenleistung verteidigen sie ihre Anemone gegenüber Feinden und reinigen sie. Vielfältig sind die Symbiosen zwischen Tieren und Pflanzen, die der ▶ Fortpflanzung der Pflanzen oder der Verbreitung ihrer Samen dienen. Insekten, die Blüten aufsuchen, um Nektar oder Pollen als Nahrung aufzunehmen, verbreiten gleichzeitig den Pollen von Blüte zu Blüte und bestäuben sie. In den Tropen übernehmen auch Vögel oder Fledermäuse die Rolle des Bestäubers. Viele Säugetiere beherbergen in ihrem Darm endosymbiontische ▶ Bakterien, die ihnen bei der Verdauung helfen und lebenswichtige Vitamine liefern. ■

INFOBOX

Bunte und stachelige Seegurken

Die walzenförmigen Seegurken können je nach Art eine Länge von 1 mm bis zu 2 m erreichen. Im Gegensatz zu den anderen Stachelhäutern besitzen sie nur noch Reste eines Kalkskeletts, dafür aber einen kräftigen Hautmuskelschlauch. An ihrer Mundöffnung tragen sie 10 bis 30 Tentakel, mit deren Hilfe sie kleinste Nahrungsteilchen aus dem Wasser oder aus dem Sediment aufnehmen können.

Der kleine **Putzer-Lippfisch** findet seine Nahrung in den Mundhöhlen von Barschen und anderen Fischen. Er reinigt dabei deren Gebiss und entfernt Parasiten, dafür wird er von ihnen nicht gefressen.

Weichtiere

Zu den Weichtieren oder Mollusken gehören Schnecken, Muscheln und Kopffüßer (Tintenfische). Ihr Körper gliedert sich in Kopf, Fuß, Eingeweidesack und den Mantel, die drüsenreiche Haut. Bei vielen Arten scheidet der Mantel eine Schale aus Kalk und Eiweißstoffen ab. Diese dient als Außenskelett und schützt den weichen Tierkörper.

Schnecken besiedeln als einzige Weichtiere sowohl das Wasser als auch das Land. In ihr spiralförmiges Gehäuse können sie Kopf und Fuß zurückziehen. Das Gehäuse ist bei Nacktschnecken zurückgebildet. Schnecken nehmen ihre Nahrung mit einer Reibezunge (Radula) auf. Die meisten Landschnecken sind Zwitter, also männlich und weiblich zugleich. Schnecken vermehren sich durch Eier. Bei Land- und Süßwasserschnecken schlüpfen aus diesen fertige Schnecken. Meeresschnecken entwickeln sich über ein Larvenstadium.

Die beiden Schalenklappen der Muscheln können durch Schließmuskeln geschlossen werden. Muscheln haben keinen Kopf. Im Inneren der Schale befinden sich der Mantel und der Eingeweidesack. Ein muskulöser Fuß dient zur Fortbewegung. Mit den zwischen Mantel und Fuß liegenden Kiemen atmen sie und filtern Nahrungsteilchen (Plankton) aus dem Wasser. Muscheln sind im Meer und im Süßwasser verbreitet.

Die im Meer lebenden Kopffüßer haben am Kopf sitzende Tentakeln, die mit Saugnäpfen versehen sind. Bei den meisten hat sich die Schale zu dem Schulp (einer Kalkplatte) im Körperinneren umgewandelt. Eine äußere Schale ist nur noch bei den Perlbooten vorhanden. Die hoch entwickelten Augen können bis zu 40 cm Durchmesser erreichen. Kopffüßer bewegen sich häufig mithilfe des Rückstoßprinzips vorwärts, indem sie Wasser in die Mantelhöhle aufnehmen und mit großer Kraft ausstoßen. Zu den Kopffüßern zählen neben den Perlbooten die achtarmigen Kraken und die zehnarmigen Kalmare und Tintenschnecken. ■

Zwei **Weinbergschnecken** begegnen sich. Da sie Zwitter sind, können sie sich paaren.

Der achtarmige **Blaugeringelte Krake** lebt im Pazifik, vor allem vor den Küsten Australiens. Sein Gift kann auch für den Menschen gefährlich werden.

INFOBOX

Der Riesenkalmar

Mit bis zu 14 m Länge und einer Tonne Gewicht sind die Riesenkalmare die größten Kopffüßer. Sie bewohnen die Tiefsee und werden häufig von Pottwalen erbeutet. Auf deren Haut kann man daher oft Saugnapfnarben als Kampfspuren erkennen. Kenntnisse über Riesenkalmare hat man nur durch gestrandete Exemplare. Lebende Tiere konnten bislang noch nicht gefangen werden.

Würmer

Würmer zählen zu den wirbellosen Tieren, denn sie haben kein Skelett. Die verschiedenen Arten, die unter dem unwissenschaftlichen Begriff zusammengefasst werden, sind jedoch nur entfernt oder gar nicht miteinander verwandt. Sie alle haben einen lang gestreckten, sonst aber wenig einheitlichen Körperbau.

Die bekannteste Wurmart ist der Regenwurm. Er gehört wie der Blutegel zu den Ringelwürmern. Sein Körper besteht aus rund 160 Ringen (Segmenten), die mit kleinen, beweglichen Borsten ausgestattet sind. Damit gräbt er sich durch den Boden und frisst Erde und die darin enthaltenen Pflanzenteile, von denen er sich ernährt. Nachts kommt er an die Oberfläche und zieht Blätter unter die Erde, damit sie dort vermodern. Regenwürmer lockern den Boden auf und verbessern ihn durch ihre Ausscheidungen. Sie sind Zwitter, also männlich und weiblich zugleich, und legen nach der Paarung Eier. Regenwürmer können bis zu acht Jahre alt werden. Ein naher Verwandter des Regenwurms ist der Wattwurm, der im Wattenmeer der Nordsee in etwa 30 cm tiefen Röhren lebt. Er frisst Sand und Schlick, um Nahrung herauszufiltern.

Viele Würmer sind ▶Parasiten. Der Spulwurm beispielsweise lebt im Darm von Tieren. Auch einen Menschen kann er so schwächen, dass er tödlich erkrankt. Das Weibchen legt täglich bis zu 200 000 Eier, die mit dem Kot ausgeschiedenen werden. Die winzigen Larven werden z. B. durch nicht ausreichend gewaschenes Gemüse aufgenommen.

Die Larve (Finne) des Rinderbandwurms entwickelt sich zunächst in verschiedenen Organen des Rindes und wird durch rohes Fleisch vom Menschen aufgenommen. Mit einem besonderen Haftorgan am Kopf beißt sich der Bandwurm im Darm des Wirtes fest und nimmt über seine Haut Nahrung auf. Eigene Verdauungsorgane besitzt er nicht. Er kann bis zu 10 m lang werden und stößt regelmäßig Körperringe ab, die männliche und weibliche Geschlechtsorgane enthalten. Diese Ringe werden ausgeschiedenen und bilden Eier, die dann wieder von Rindern aufgenommen werden und sich in ihnen entwickeln. So beginnt der Kreislauf von Neuem. Das Rind ist darin der Zwischenwirt, der Mensch der Endwirt. Durch genaue Lebensmittelkontrollen sind Infektionen mit dem Rinderbandwurm heute jedoch selten. ■

INFOBOX

Medizinisch wertvoll: Blutegel

Blutegel zählen zu den Ringelwürmern. Sie leben fast ausschließlich im Wasser. Dort saugen sie sich an Fischen oder der Haut von Säugetieren fest und ernähren sich von deren Blut. Der Medizinische Blutegel wird in der Medizin schon lange als Heilmittel etwa bei Venenerkrankungen oder Thrombosen eingesetzt. Der Blutegel gibt Hirudin in die von ihm gebissene Wunde, einen Stoff, der die Gerinnung des Blutes verhindert.

Zu den Fadenwürmern zählt auch der bis zu 40 cm lange **Spulwurm** (links), der als Parasit Hunde, Katzen und auch den Menschen befällt. Da **Regenwürmer** (rechts) Zwitter sind, begatten sie sich bei der Paarung gegenseitig.

Der Mensch

Der Mensch zählt zwar biologisch betrachtet zu den Säugetieren, unterscheidet sich jedoch in mancher Hinsicht deutlich von ihnen. Sein Körper ist zwar fast genauso aufgebaut, doch sein Gehirn ist das größte im gesamten Tierreich. Es befähigt den Menschen zu denken, zu sprechen und sich Werkzeuge zu bauen, mit denen er seine Umwelt verändert. Der Mensch hat es sogar geschafft, die Erde zu verlassen und im Weltraum zu leben. Doch er bleibt ein biologisches Wesen, dessen natürliche Aufgabe noch wie in der Steinzeit die Fortpflanzung ist.

Über Nase oder Mund und die Luftröhre gelangt die eingeatmete Luft in die Lungen. Diese werden von den Rippen des Brustkorbs umschlossen. Beim **Atmen** bewegen wir das Zwerchfell und die Rippenmuskeln.

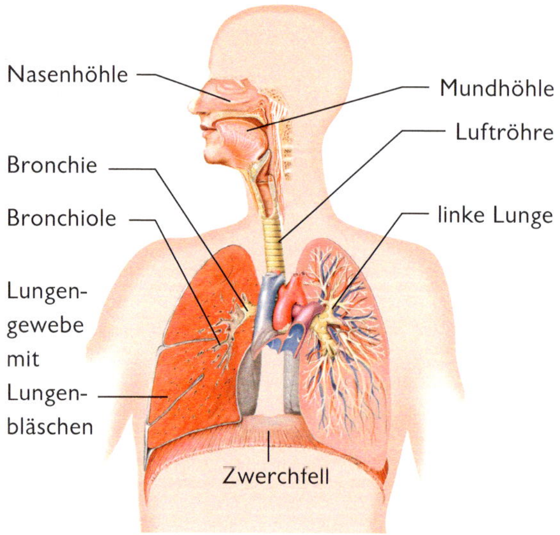

INFOBOX

Schluckauf

Jeder Mensch hat schon mal einen Schluckauf gehabt. Die Ursache ist oft zu schnelles Essen oder Trinken. Das Zwerchfell verkrampft sich dann plötzlich, und die Lunge atmet dadurch schnell sehr viel Luft ein; zu viel für die Stimmlippe, die sich ruckartig schließt. So entsteht das typische Schluckaufgeräusch. Ein Schluckauf hört meist nach einigen Minuten von allein wieder auf.

Atmung

Jeder Mensch atmet. Denn die Zellen des menschlichen Körpers benötigen den Sauerstoff, um aus den Nährstoffen Energie zu gewinnen. Gleichzeitig müssen die Endprodukte des ▸Stoffwechsels, vor allem das Kohlendioxid, aus dem Körper ausgestoßen werden. Diesen Austausch von Gasen nennt man Atmung. Sie besteht beim Menschen aus der äußeren Atmung oder Lungenatmung, bei der Gase im ▸Blut transportiert werden, und der inneren Atmung, dem Gasaustausch in den Zellen des Gewebes. Bei der Lungenatmung strömt die durch die ▸Nase oder den Mund eingeatmete Luft durch den Rachen und den Kehlkopf in die Luftröhre. Von hier zweigen zwei Äste, die großen Bronchien, in die beiden Lungenflügel ab. Sie verzweigen sich weiter zu noch feineren Ästen, den Bronchiolen, die sich immer weiter verzweigen und schließlich in mehreren Hundert Millionen winzigen Lungenbläschen münden (Gesamtoberfläche ca. 70–80 m^2). Hier findet der Austausch von Sauerstoff aus der Atemluft gegen Kohlendioxid aus dem Blut statt. Durch das Ausatmen gelangt das Kohlendioxid aus dem Körper.

Der Brustraum mit der Lunge wird nach unten durch eine Scheidewand aus Sehnen und ▸Muskeln, das Zwerchfell, abgeschlossen. Durch das Zusammenspiel des Zwerchfells und der Zwischenrippenmuskeln bewegt sich der Brustraum beim Ein- und Ausatmen. ■

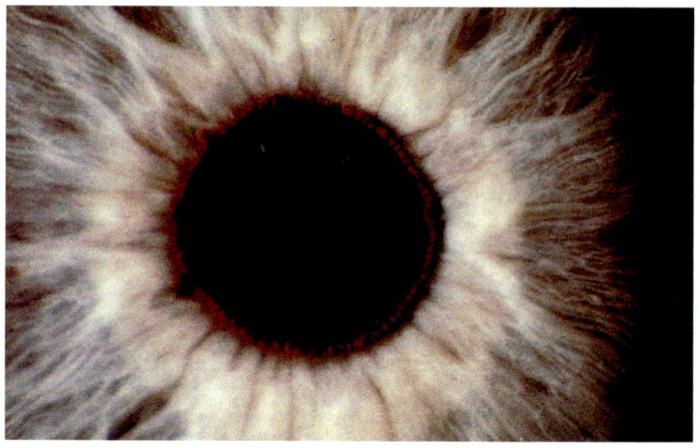

Die **Pupille** reagiert auf schwaches Licht, indem sie sich erweitert.

Auge

Die Augen liegen geschützt in den Augenhöhlen des Schädels. Nur der vorderste Teil des kugeligen Augapfels ist von außen sichtbar. Er wird durch das Augenlid bedeckt. Die Augenlider sind mit Wimpern besetzt. Sie schützen vor Staub oder zu grellem Licht. Durch den Lidschlag wird das Auge ständig mit Tränenflüssigkeit befeuchtet und gereinigt. Die äußere Augenwand ist im vorderen Teil durchsichtig und heißt Hornhaut. Hinter ihr liegt die farbige Regenbogenhaut oder Iris, die in der Mitte ein Loch hat, die Pupille. Je nachdem, ob stärkeres oder schwächeres Licht auf das Auge trifft, verengt oder weitet sich die Pupille. Hinter der Pupille hängt an Bändern die elastische Augenlinse. Die Regenbogenhaut geht nach hinten in die Aderhaut über. Auf der Aderhaut liegt die Netzhaut. In ihr befinden sich die Lichtsinneszellen, die das durch die Linse gebündelte Licht wahrnehmen. Ihre Signale leiten die Sehnerven an das ▸Gehirn weiter. Dort werden die Signale zu Bildern zusammengesetzt. Das Innere des Augapfels wird von dem gallertartigen Glaskörper ausgefüllt. ■

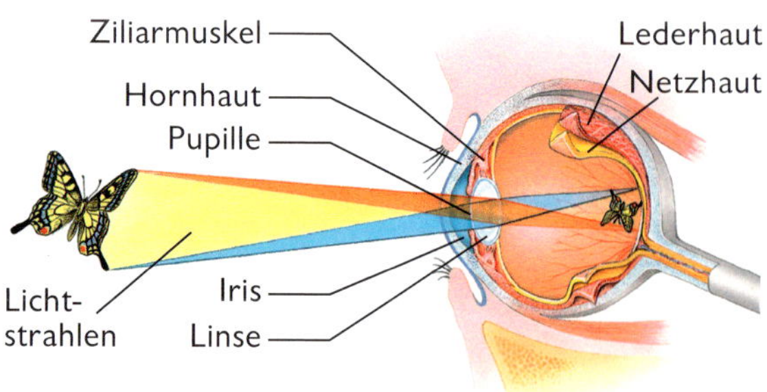

Auf der **Netzhaut** entsteht zunächst ein auf dem Kopf stehendes Bild, das das Gehirn wieder umdreht.

Blut

Blut ist eine Körperflüssigkeit, mit der viele verschiedene Stoffe im Körper transportiert werden. Es fließt in einem Netzwerk aus Adern und wird durch das Herz ununterbrochen durch den Körper gepumpt. Diese Bewegung des Blutes ist der ▶Blutkreislauf. Das Blut transportiert die Gase, die für die ▶Atmung benötigt werden (Sauerstoff und Kohlendioxid), die Nährstoffe und Abfallprodukte aus dem ▶Stoffwechsel sowie Vitamine und ▶Hormone. Außerdem sorgt es für die Abwehr von Krankheitserregern und Fremdkörpern (▶Immunsystem) sowie die Wärmeregulation des Körpers.

Ein erwachsener Mensch besitzt rund fünf Liter Blut. Es besteht zu etwa 55% aus dem flüssigen Blutplasma und zu etwa 45% aus Zellkörpern. Das Plasma enthält lebensnotwendige Bausteine des Stoffwechsels wie Eiweiße, Fette, Zucker und Salze. Zu den Zellkörpern gehören die roten Blutkörperchen (Erythrozyten), die dem Blut die rote Farbe verleihen, und vor allem den Sauerstofftransport übernehmen. Die weißen Blutkörperchen (Leukozyten) sind für die Bekämpfung von Krankheitserregern zuständig, die Blutplättchen (Thrombozyten) sorgen im Falle einer Verletzung für die Blutgerinnung.

Es gibt vier verschiedene Blutgruppen, die die Bezeichnungen 0, A, B und AB tragen. Die Blutgruppen unterscheiden sich auf der Oberfläche der roten Blutkörperchen. Zusätzlich werden die Blutgruppen durch den Rhesusfaktor unterschieden, der sich auf ein besonderes Eiweiß bezieht. Ist dieses Eiweiß vorhanden, erhält die Blutgruppe ein Pluszeichen, etwa A+ (A positiv). Fehlt es, wird das durch ein Minuszeichen kenntlich gemacht, etwa B− (B negativ).

Werden verschiedene Blutgruppen vermischt, kann es zu einer lebensgefährlichen Verklumpung des Blutes kommen Bei einer Bluttransfusion ist es daher wichtig, dass dem Patienten nur Blut einer passenden Blutgruppe verabreicht wird. Die Blutgruppe 0 negativ ist mit allen anderen Blutgruppen verträglich. Ein Mensch mit dieser Blutgruppe wird daher Universalspender genannt. Die Blutgruppe AB+ beispielsweise ist dagegen nur mit AB+ verträglich. ■

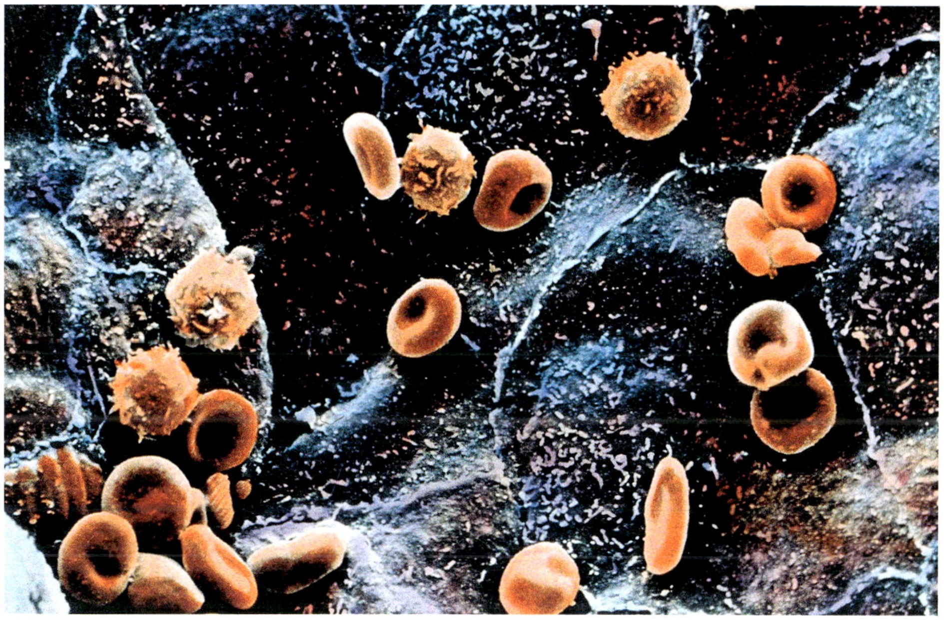

Rote Blutkörperchen versorgen die Zellen mit Sauerstoff, den sie speichern und wieder abgeben können.

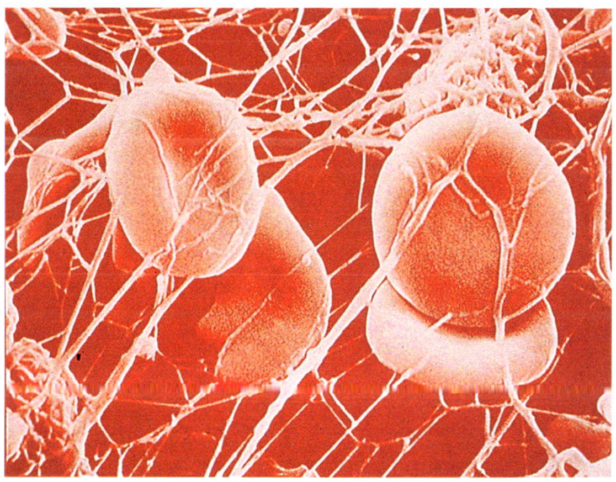

Bei der **Blutgerinnung** verbinden dünne Fibrinfäden die Blutkörperchen miteinander.

INFOBOX

Blutkonserven: Rettung aus dem Kunststoffbeutel

Hat ein Mensch durch eine Verletzung oder eine Operation viel Blut verloren, so erhält er eine Bluttransfusion. Die Blutkonserve, die in einem reißfesten Kunststoffbeutel aufbewahrt wird, enthält aber kein gewöhnliches Blut, sondern nur rote Blutkörperchen (Erythrozyten) in konzentrierter Form. Denn die braucht der Patient am nötigsten, da sie den Körper mit Sauerstoff versorgen. Für andere Notfälle gibt es andere Konserven, die Blutplasma oder andere Bestandteile des Blutes enthalten. Blutkonserven müssen immer gekühlt gelagert werden.

Blutkreislauf

Unser ▶Blut fließt in einem weitverzweigten System aus röhrenförmigen Adern in einem ununterbrochenen Kreislauf durch unseren Körper. Dieser Blutkreislauf wird durch das Herz – einen faustgroßen, dickwandigen, hohlen ▶Muskel – in Gang gehalten. Die Tätigkeit des Herzens ist als Herzschlag spürbar. Während das Herz eines Neugeborenen etwa 140-mal pro Minute schlägt, sind es beim Erwachsenen im Ruhezustand nur noch 50- bis 80-mal.

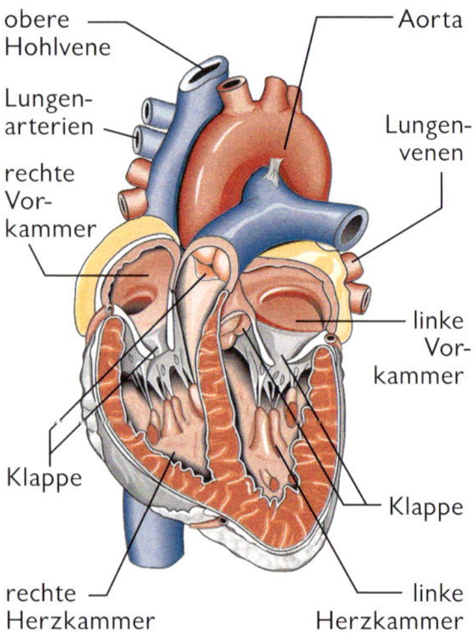

Das **Herz** ist ein großer Muskel, der das Blut durch den Körper pumpt. Herzklappen verhindern, dass das Blut in die falsche Richtung fließt.

Das Herz pumpt das Blut stoßweise in die von ihm wegführenden Adern, die man auch Schlagadern oder Arterien nennt. Über die von der linken Herzkammer wegführende Aorta oder Hauptschlagader wird der Körper mit sauerstoffreichem Blut versorgt. Das Blut fließt hierbei von der Aorta über die großen Arterien in ein sich immer weiter verzweigendes Adersystem. Die haarfeinen Kapillaren geben den Sauerstoff an die Körperzellen ab und nehmen Kohlendioxid auf. Von den Kapillaren fließt das sauerstoffarme Blut in Adern, die sich immer weiter zu größeren Gefäßen vereinigen, den Venen, wieder in Richtung Herz zurück. Über die obere Hohlvene erreicht das sauerstoffarme Blut aus dem Körper die rechte Vorkammer. Hier schließt sich an den großen Körperkreislauf der kleine Lungenkreislauf an. Aus der rechten Herzkammer wird das Blut über die Lungenarterie in die Lunge geleitet. Hier wird das Blut über kleinste Gefäße wieder mit Sauerstoff angereichert und gelangt über die Lungenvenen zur linken Vorkammer und über die linke Herzkammer wieder in den Körper.

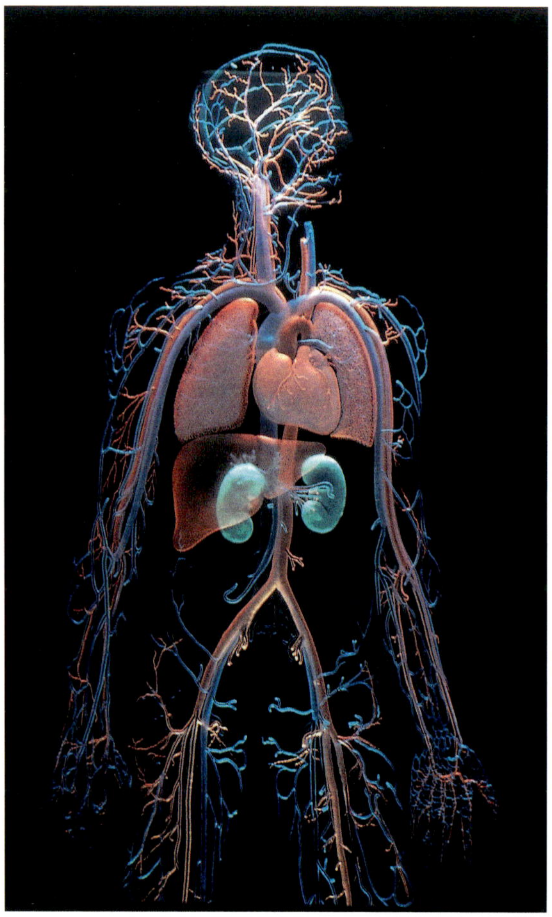

Das **Blutgefäßsystem** des Menschen ist rund 100 000 km lang. In den sich weit verzweigenden Gefäßen transportiert das Blut Atemgase sowie Nähr- und Abfallstoffe.

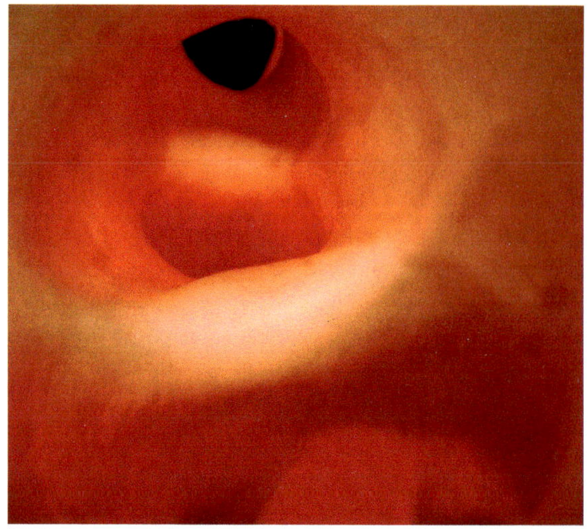

Blick in eine gesunde **Ader**. Sie ist dehnbar und enthält noch keine Ablagerungen, die zu einer Verengung führen.

Über die feinen Kapillaren findet nicht nur der Austausch von Atemgasen, sondern auch der Austausch der Nährstoffe und Abfallprodukte der Zellen (▶Stoffwechsel) statt. ■

INFOBOX

Der Blutdruck

Der Blutdruck ist ein wichtiger medizinischer Wert. Es handelt sich dabei um den Druck, den das Blut auf die Blutgefäße ausübt. Im Blutkreislauf herrscht ein ständiger Druck, der diastolischer Druck genannt wird. Zusätzlich dazu erzeugt das Herz bei jedem Schlag, wenn es Blut durch den Körper pumpt, den sogenannten systolischen Druck. Ein Arzt misst den Blutdruck mit einem Stethoskop in der Armbeuge. Stellt er einen zu hohen Blutdruck fest, ist die Gesundheit des Patienten gefährdet. Ein Herzinfarkt oder ein Schlaganfall können die Folgen sein.

Denken

Wissenschaftler versuchen, auch Maschinen Denken beizubringen. Kleine **Roboter** sollen lernen, Fußball zu spielen.

Kaum ein Vorgang im menschlichen Körper ist schwerer zu verstehen als das Denken. Bis heute erforschen es mehrere wissenschaftliche Disziplinen, darunter die Psychologie, die Neurologie, die Philosophie und die Soziologie.

Die Forscher fassen unter dem Begriff »Denken« zahlreiche Vorgänge, die im ▶Gehirn stattfinden, zusammen. Ein wichtiger Teil davon ist das Gedächtnis, ohne das logisches und problemlösendes Denken nicht möglich wären. Denn zunächst muss man die gestellte Aufgabe ja speichern, bevor man sich an die Lösung machen kann. Die Forscher unterscheiden das sensorische Gedächtnis, das Informationen nur wenige Sekunden speichert, und das Arbeitsgedächtnis. Nur ein kleiner, gefilterter Teil der Informationen erreicht das Arbeitsgedächtnis, das aus verschiedenen Speichern besteht, von denen einige die Informationen mehrere Minuten behalten können. Hier wird geprüft, ob die Informationen so wichtig sind, dass sie ins Langzeitgedächtnis übertragen werden sollen. Dort können sie ein Leben lang gespeichert werden. Das Gehirn arbeitet beim Denken mit Wörtern, Bildern und Erinnerungen, etwa an Gerüche.

Das Denken unterscheidet den Menschen vom Tier. Wir können die Welt in Vergangenheit, Gegenwart und Zukunft einteilen und durch abstrakte Begriffe wie z. B. Freundschaft, Erkenntnis oder Trauer fassen. Dank unseres Vorstellungsvermögens können wir uns Dinge ausdenken, die es noch gar nicht gibt. Das neu Erfundene können wir mithilfe der Sprache ausdrücken und so anderen Menschen mitteilen. Das Denken wird durch den Willen ergänzt, der uns die Möglichkeit gibt, diese Pläne zu verwirklichen. Auch die ▶Gefühle können das Denken beeinflussen, denn sie haben großen Anteil an unseren Interessen und Entscheidungen.

Denken ist nicht nur ein bewusster Vorgang, sondern findet auch unbewusst statt. Während wir uns mit anderen Dingen befassen, spazieren gehen oder schlafen, kann das Gehirn zwischen verschiedenen Gedanken ohne unser bewusstes Zutun Verbindungen herstellen. Auf diese Weise entstehen Ideen und plötzliche Einfälle. ■

Schach erfordert logisches Denken und die Fähigkeit, die möglichen Züge des Gegners vorauszuahnen.

INFOBOX

Was ist Intelligenz?

Bis heute konnten Forscher noch keine allgemein anerkannte Definition für Intelligenz finden. Sie wird im Allgemeinen umschrieben als die Fähigkeit, Sinnzusammenhänge zu erkennen und zu deuten, Probleme zu lösen und neuartige Situationen bewältigen zu können. Ein intelligenter Mensch besitzt ein gutes räumliches Vorstellungsvermögen und versteht Sprache und Texte. Er muss Bilder erkennen, mit Zahlen rechnen und logisch denken, also Schlussfolgerungen aus Beobachtungen ziehen und Fakten und Erfahrungen miteinander kombinieren können.

Ernährung

Der Mensch braucht regelmäßig Nahrung, um seine Körpertemperatur zu halten, den Körper zu bewegen und ▸Stoffwechsel zu betreiben. Die Nahrung versorgt den Körper außerdem mit lebensnotwendigen Bausteinen für das Wachstum.

Die energiereichen Bestandteile der Nahrung sind die Nährstoffe. Sie werden im Körper durch die sogenannte Verbrennung mit Sauerstoff verbunden und so in Energie umgewandelt. Kohlenhydrate, Eiweiße und Fette sind die wichtigsten Nährstoffe. Kohlenhydrate sind vor allem in Getreideprodukten wie Brot und Nudeln sowie in Kartoffeln, aber auch in süßen Früchten enthalten. Eiweiß steckt in tierischen Produkten wie Fleisch, Fisch, Milch und Eiern, daneben aber auch in Getreide und Hülsenfrüchten. Fette kommen vor allem in Margarine, Butter, Öl, Nüssen und fettem Fleisch und Käse vor.

Der Energiegehalt der Nahrung wird in Joule (J) angegeben. Eine veraltete und heute nicht mehr zulässige Einheit ist die Kilokalorie (kcal). Ist der Energiegehalt der aufgenommenen Nahrung höher als der Verbrauch, legt der Körper Speicherfette als Vorrat für Notzeiten an. Dies ist ein Überlebensvorteil, wenn sich Zeiten mit Nahrungsüberfluss und Zeiten mit Nahrungsmangel abwechseln. Da in der modernen Industriegesellschaft jedoch kein Nahrungsmangel mehr besteht, gleichzeitig jedoch durch den Mangel an Bewegung der Energieverbrauch der Menschen abnimmt, werden in vielen Ländern die Menschen immer dicker. Sie gefährden durch die damit verbundenen Folgekrankheiten ihre Gesundheit.

Weitere lebensnotwendige Inhaltsstoffe der Nahrung sind die Vitamine. Das sind organische Verbindungen, die der Körper in sehr geringen Mengen für bestimmte Stoffwechselprozesse und die Gesunderhaltung benötigt, aber nicht alle selbst herstellen kann. Auch Mineralstoffe wie beispielsweise Kochsalz und Spurenelemente wie Eisen, Jod und Fluor müssen mit der Nahrung aufgenommen werden. Ballaststoffe sind unverdauliche Stoffe, die meist Pflanzen liefern. Sie gewährleisten eine geregelte ▸Verdauung. Darüber hinaus benötigt der Mensch etwa zwei Liter Wasser am Tag. Nur etwa vier bis fünf Tage kann ein Mensch ohne Flüssigkeitszufuhr überleben, dagegen aber etwa 25 Tage ohne etwas zu Essen. ■

Bei gesunder, abwechslungsreicher **Mischkost** aus frischen Lebensmitteln werden normalerweise alle lebensnotwendigen Nahrungsbestandteile in ausreichender Menge aufgenommen.

AUF EINEN BLICK

Kalorienverbrauch
eines rund 70 kg schweren Menschen pro Stunde

Liegen/ Ruhen	285 kJ (68 kcal)
Sitzen	302 kJ (72 kcal)
Stehen	314 kJ (75 kcal)
Spazierengehen	419 kJ (100 kcal)
Joggen	2931 kJ (700 kcal)
Sprinten	3768 kJ (900 kcal)

Hamburger und andere Arten von **Fast Food** enthalten viele Kalorien, aber wenige gesunde Nähr- und Ballaststoffe.

INFOBOX

Essstörungen

In den modernen Industrieländern gibt es immer mehr Menschen, die an Essstörungen leiden. Bei der Magersucht (Anorexie) verliert der Betroffene das Gefühl für seinen Körper und hält sich für zu dick. Er isst kaum etwas, magert ab und wird oft schwer krank. Patienten mit Esssucht (Bulimie) dagegen haben das Gefühl der Sättigung verloren und können fortwährend essen. Menschen mit Essbrechsucht essen große Mengen auf einmal und erbrechen diese dann kurz darauf absichtlich wieder, um ihr Gewicht zu halten. Essstörungen sind nur schwer heilbar.

Während der **Steinzeit** lebten die Menschen in Europa in Felsnischen, die sie vor Kälte, Wind und Niederschlägen schützten.

Evolution des Menschen

Die ersten Menschen haben sich vor etwa 2,5 Millionen Jahren in Ostafrika aus den gleichen Vorfahren wie die Menschenaffen entwickelt. Der Homo habilis (»geschickter Mensch«) lebte nicht mehr auf Bäumen, sondern ging aufrecht durch die Savanne. Das Überleben in der Savanne verdankte der Homo habilis nicht besonderen Körperkräften, sondern seiner Intelligenz. Statt seiner Muskeln vergrößerte sich sein ▸Gehirn. Aufgrund des aufrechten Ganges standen die Arme und Hände für andere Tätigkeiten zur Verfügung. Er schuf als Erster Steinwerkzeuge und verständigte sich mit einfachen Lauten.

Auf den Homo habilis folgte der Homo erectus (»aufgerichteter Mensch«), der sich vor etwa 1,85 Millionen Jahren in Ostafrika entwickelte und sich von dort aus über weite Teile der Erde ausbreitete. Vor etwa 800 000 Jahren lernte er das Feuer zu beherrschen. Der Homo erectus war nicht mehr so stark behaart wie der Homo habilis und hatte einen größeren Schädel, denn das Gehirn vergrößerte sich immer mehr. Er sammelte Früchte und ging auf die Jagd.

Vor 600 000 Jahren lebte in Afrika und Europa der Homo heidelbergensis (»Heidelbergmensch«). Von ihm stammt der Neandertaler ab, der jedoch kein Vorfahre des heutigen Menschen ist, sondern nur ein naher Verwandter. Der heutige Mensch trägt den lateinischen Namen Homo sapiens sapiens (»weiser Mensch«), da er das größte Gehirn aller Menschenarten besitzt. Er stammt vom Homo heidelbergensis ab und entwickelte sich vor rund 160 000 Jahren ebenfalls in Afrika. Von dort eroberte er nach und nach alle Kontinente. Er ist schlanker und schneller als seine Vorfahren. Dafür ist er nicht so kräftig und hat ein leichteres Skelett. Seine Ober- und Unterkiefer sind ebenfalls kleiner als die seiner Vorfahren, da er kein rohes Fleisch mehr aß und auch nicht mehr so viel Nahrung benötigte.

Die Evolution des Menschen wird von Paläontologen anhand von Knochenfunden, Steinwerkzeugen, Feuerstellen und Siedlungsplätzen erforscht. Die ▸Genforschung hat in den letzten Jahren gezeigt, dass der Schimpanse biologisch gesehen der nächste Verwandte des Menschen ist. Dieser stammt jedoch nicht von ihm ab. ■

INFOBOX

Der Faustkeil: ein Universalwerkzeug

Vor rund 1,5 Millionen Jahren haben unsere Vorfahren in Afrika aus Stein die ersten Faustkeile hergestellt. Sie waren das wichtigste Werkzeug der Altsteinzeit. Die Menschen bearbeiteten die Steine mit anderen Steinen so lange, bis sie eine bis zu 20 cm lange Steinklinge besaßen, mit der man nicht nur schneiden, sondern auch schaben, ritzen, spalten und graben konnte. Auch als Waffe wurde der Faustkeil eingesetzt. Besonders gut eigneten sich Kieselsteine und Vulkangestein wie Obsidian oder Feuerstein zur Herstellung der Faustkeile. Aus dem Faustkeil entstanden die ersten Steinbeile.

Der **Homo erectus** entwickelte sich vor rund 1,85 Millionen Jahren und starb vor rund 40 000 Jahren aus.

Die **Entwicklung des Menschen** vollzog sich in vielen Schritten und führte zum aufrecht gehenden, modernen Menschen.

Freude kann ein so starkes Gefühl sein, dass wir sogar schreien müssen.

Gefühle

Das Leben jedes Menschen wird durch Gefühle geprägt. Sie sind Teil unseres ▶Denkens.

Alle Gefühle sind stammesgeschichtlich alt und haben eine biologische Bedeutung. Viele sind z. B. für unsere Selbsterhaltung wichtig. Hunger und Durst signalisieren uns, dass unser Körper Nahrung und Flüssigkeit benötigt. Verletzen wir uns oder leiden wir an einer ▶Krankheit, dann haben wir Schmerzen, die uns signalisieren, dass mit unserem Körper etwas nicht in Ordnung ist und wir ihn schonen müssen. Angst warnt uns vor Gefahren und verhindert, dass wir unsere Gesundheit oder unser Leben riskieren.

Auch die Gefühle, die mit Liebe und ▶Sexualität zusammenhängen, haben eine biologische Ursache. Sie dienen der Arterhaltung, indem sie dafür sorgen, dass wir uns fortpflanzen. Die Liebe und Zuneigung zu Familienmitgliedern und Freunden trägt dazu bei, sie bei Gefahr zu verteidigen und so die Gruppe zu schützen. Denn der Mensch ist ein soziales Wesen, das nur in der Gemeinschaft überlebensfähig ist. Werden wir bedroht, stellen sich Aggression, Wut oder Hass ein. Diese Gefühle sollen uns befähigen, einen Feind zu bekämpfen. Wenn wir Erfolg haben, stellt sich für einige Zeit ein Glücksgefühl ein, das uns für die Tat belohnt.

Die Gefühle entstehen im Körper durch ein kompliziertes Zusammenspiel der Sinneswahrnehmungen, des Denkens, des Nervensystems sowie der ▶Hormone. Da dieses Zusammenspiel bei jedem Menschen etwas anders funktioniert, lassen sich Gefühle nur schwer vergleichen. Selbst Schmerzen werden von Menschen unterschiedlich empfunden, denn sie werden vom Körper selbst erzeugt. Manchmal spüren Menschen in einer Notsituation, etwa einem Kampf, trotz einer Verletzung keine Schmerzen. Schmerzen können andererseits entstehen, obwohl keine erkennbare Ursache dafür vorliegt. Sogar in amputierten Gliedmaßen kann ein Mensch Schmerzen verspüren, obwohl diese gar nicht mehr vorhanden sind. Das nennt man Phantomgefühl. ■

INFOBOX

Haben auch Tiere Gefühle?

Auch Tiere haben Gefühle und sie zeigen sie. Die Freude eines Hundes kann man z. B. daran erkennen, dass er Sprünge macht und mit dem Schwanz wedelt. Wenn er zornig ist, knurrt er und fletscht die Zähne. Bei Schmerzen jault er laut auf oder winselt. Menschliche Verhaltensweisen lassen sich jedoch nicht auf Tiere übertragen. Affen beispielsweise können nicht grinsen, auch wenn sie ihr Gesicht zu einer ähnlichen Grimasse verziehen können.

Trauer entsteht z. B. nach dem Verlust eines geliebten Menschen. Man kann sie am besten bewältigen, indem man sie mit anderen Menschen teilt.

Gehirn

Unser Gehirn ist für das ▶Denken und unsere ▶Gefühle verantwortlich. Mit dem Rückenmark bildet es beim Menschen und bei den Wirbeltieren das Zentralnervensystem (ZNS). Es ist eine Art Steuerzentrum, das über Nervenbahnen Informationen aus der Umwelt oder dem eigenen Körper aufnimmt und verarbeitet. Ableitende Nervenbahnen übermitteln Informationen an die Organe oder ▶Muskeln.

Das Gehirn liegt, umgeben von den Hirnhäuten und einer Liquor genannten Flüssigkeit, gut geschützt in der Schädelhöhle. Der Hirnstamm, der den stammesgeschichtlich ältesten Teil des Gehirns bildet, schließt an das Rückenmark an. Er steuert die automatisch ablaufenden Vorgänge wie Herzschlag und ▶Atmung und ist für Reflexe wie Husten oder den Schluckreflex zuständig. Das in zwei Hälften (Hemisphären) geteilte Kleinhirn ist für das Gleichgewicht und die Bewegungskoordination verantwortlich. In ihm werden außerdem automatisierte Bewegungsabläufe gespeichert. Das Zwischenhirn regelt den Wärme-, Wasser-, und Energiehaushalt des Körpers. Das Großhirn macht beim Menschen etwa 80 % des Gehirns aus. Es besteht ebenfalls aus zwei Hemisphären, die über ein Gewebe, den Balken, miteinander verbunden sind. Die Großhirnrinde ist eine dünne, aufgefaltete und gefurchte Gewebeschicht aus Milliarden von ▶Nervenzellen. Unter ihr liegt ein Geflecht aus Nervenzellen (Neuronen), das die Kommunikation der einzelnen Hirnbereiche untereinander ermöglicht. Die Großhirnrinde besteht aus mehreren Teilbereichen (Arealen), die für Sehen, Hören oder Sprechen zuständig sind. Durch diese Aufgabenteilung erhalten die beiden Gehirnhälften verschiedene Zuständigkeiten. Die rechte Gehirnhälfte übernimmt die Sinneswahrnehmungen (Sensorik) und Bewegungen (Motorik) der linken Körperhälfte. Die linke Gehirnhälfte ist für Sensorik und Motorik der rechten Körperhälfte zuständig. Das logische Denken sitzt beim europiden Menschen links, die Emotionsverarbeitung rechts, bei Ostasiaten und Ozeaniern ist es umgekehrt. ■

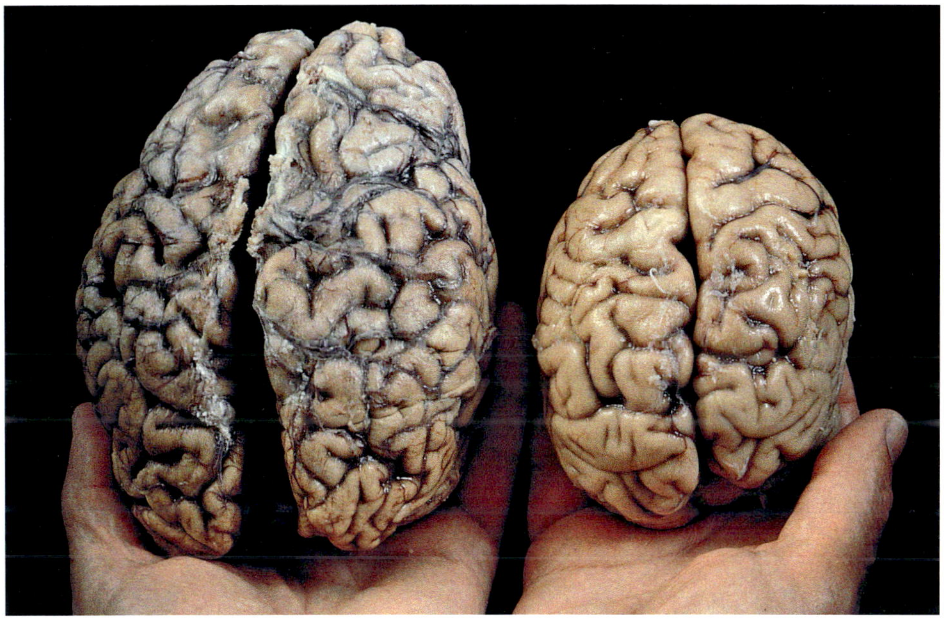

Beim Menschen hat das Gehirn von allen Tieren die **höchste Entwicklungsstufe** erreicht. Links das Gehirn eines Menschen, rechts das eines Gorillas.

INFOBOX

Nervenzellen des Gehirns

Seine enorme Leistung verdankt das menschliche Gehirn rund 100 Milliarden Nervenzellen, von denen jede mit jeweils rund 1000 anderen Nervenzellen direkt verbunden ist. Diese Verbindungen werden Synapsen genannt. Informationen können durch die zahlreichen Kontaktstellen sehr schnell verarbeitet werden. Würde man alle Nervenzellen aneinanderreihen, ergäbe sich ein Nervenstrang von rund 5,8 Millionen Kilometern Länge. Obwohl die Nervenzellen nur ungefähr 2 % des Körpergewichtes eines Menschen ausmachen, verbrauchen sie 20 % der Energie. Das Netzwerk aus Nervenzellen dient gleichzeitig zur Speicherung und Verarbeitung von Informationen.

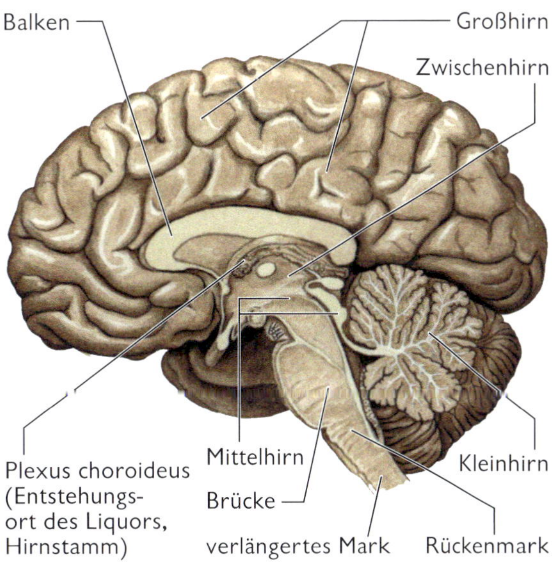

Das **Gehirn** lässt sich in vier Teile gliedern: den Hirnstamm, das Kleinhirn, das Zwischenhirn und das Großhirn.

Haut

Das flächenmäßig größte und schwerste Organ des Menschen ist seine Haut. Sie hat beim erwachsenen Menschen eine Fläche von etwa 1,7 m^2 und ist 10 kg schwer. Die Haut schützt den Körper vor Umwelteinflüssen und Keimen, hilft bei der Erhaltung der Körpertemperatur, übernimmt Stoffwechselfunktionen und ist Träger zahlreicher Sinneszellen.

Die Haut besteht aus drei Schichten: der Oberhaut, der Lederhaut und der Unterhaut. Die Oberhaut bildet in ihrem äußeren Teil eine Hornschicht aus abgestorbenen Zellen. Diese verhornten Zellschichten sind meist nur wenige hundertstel Millimeter dick, können bei starker Beanspruchung der Haut aber auch mehrere Millimeter dick werden wie die Hornhaut unter den Füßen. Die Hornschicht löst sich ständig in kleinen Hautschüppchen ab, wird aber von der darunter befindlichen Keimschicht, die ebenfalls zur Oberhaut gehört, ständig erneuert. Aus der Keimschicht werden auch die Haarwurzeln gebildet, die bis tief in die darunter liegende Lederhaut hineinreichen. Haare, Finger- und Zehennägel bestehen aus totem Horn. Die aus festem Bindegewebe aufgebaute Lederhaut enthält neben Blutgefäßen, Nerven und Sinneszellen winzige Talg- und Schweißdrüsen, die jeweils mit feinen Poren nach außen münden. Während der fettige Talg die Oberhaut geschmeidig hält, dienen die Schweißdrüsen vor allem der Wärmeregulation. Die Unterhaut besteht aus lockerem Bindegewebe und Fett und wird von größeren Blutgefäßen und ▶Nerven durchzogen. ■

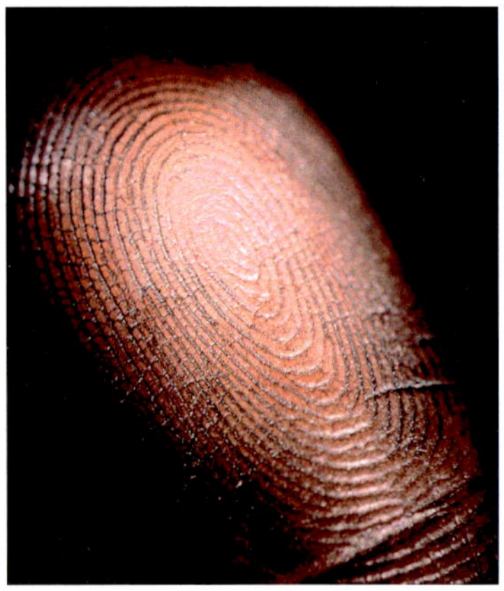

In der Haut der **Fingerspitzen** liegen viele Nerven, die für den Tastsinn, die sogenannte haptische Wahrnehmung, zuständig sind. Die Hautrillen auf den Fingerkuppen bilden ein Muster, das bei jedem Menschen anders ist.

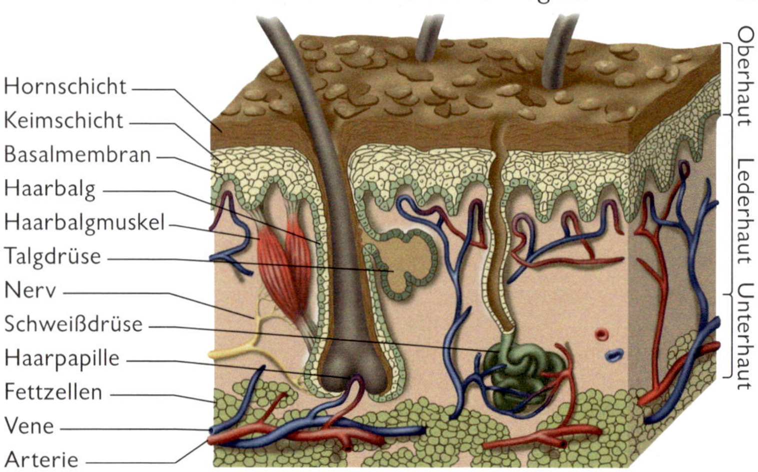

Hormone

Hormone sind chemische Botenstoffe, die zusammen mit dem Nervensystem unsere Organfunktionen und Stoffwechselvorgänge steuern.

Die Hormone werden von Drüsen erzeugt und ins ▶Blut abgegeben. Die nur erbsengroße Hirnanhangdrüse oder Hypophyse produziert mehrere Hormone, von denen einige über die Regulation anderer Hormondrüsen das Wachstum und die Fortpflanzung steuern. Hormone der Schilddrüse regeln Stoffwechsel, Wachstum und Entwicklung.

Die von den Eierstöcken produzierten Östrogene sind für die Ausbildung der weiblichen Sexualorgane verantwortlich und steuern mit den ebenfalls von den Eierstöcken produzierten Gestagenen den weiblichen Zyklus (▶Pubertät). Die in den Hoden produzierten männlichen Geschlechtshormone (Androgene) sind für die Ausbildung der männlichen Geschlechtsmerkmale und die Reifung der Spermien verantwortlich (▶Sexualität). In der Bauchspeicheldrüse werden Insulin und Glucagon hergestellt, die den Blutzuckerspiegel regulieren. In der Nebenniere entstehen Adrenalin und Noradrenalin, die das Herz-Kreislauf-System beeinflussen. Das Adrenalin wird auch als Stresshormon bezeichnet, da es in Stresssituationen den Blutdruck steigen und das Herz schneller schlagen lässt. Hormone haben einen großen Einfluss auf unsere ▶Gefühle. ■

INFOBOX

Was bewirkt Insulin?

Insulin ist ein lebenswichtiges Hormon, das in den Langerhansschen Inseln gebildet wird, die in der Bauchspeicheldrüse liegen. Es regelt den Gehalt an Traubenzucker im Blut. Kann die Bauchspeicheldrüse nicht genügend Insulin herstellen, erkrankt der Mensch an der Zuckerkrankheit (Diabetes mellitus). Insulin kann künstlich produziert werden. Zuckerkranke nehmen es in Tablettenform oder spritzen es sich, damit der Zucker im Blut abgebaut werden kann. Bedingt durch falsche Ernährung und Bewegungsmangel ist Diabetes in den Industrieländern zu einer Massenerkrankung geworden. In Deutschland litten 2007 mehr als acht Millionen Menschen an Diabetes.

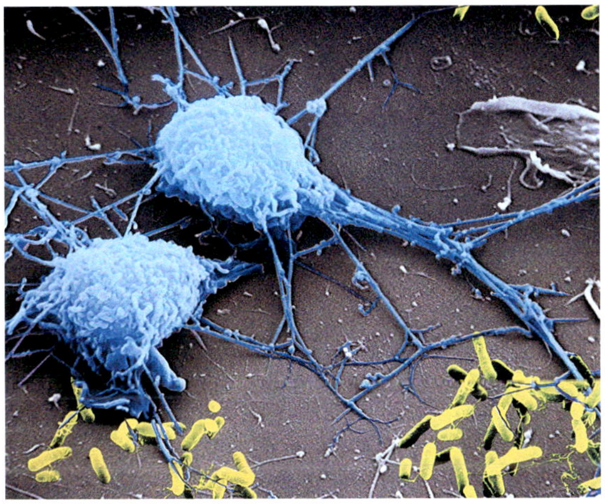

Fresszellen (blau) nehmen Bakterien (gelb) in sich auf und machen sie so unschädlich.

Immunsystem

Um sich vor Krankheitserregern zu schützen, besitzt unser Körper eine Verteidigungseinrichtung: das Immunsystem. An ihm sind unterschiedliche Organe, Zellen und chemische Stoffe, vor allem die Haut, die Verdauungsorgane und das Blut beteiligt.

Einen großen Schutz gegen das Eindringen von Keimen in den Organismus bietet schon die ▶Haut. Ihre Hornschicht ist für Mikroorganismen nahezu undurchdringlich. Außerdem wehrt der von den Schweiß- und den Talgdrüsen produzierte Säureschutzmantel Bakterien ab.

Die Schleimhäute der Atemwege produzieren Stoffe, die Keime unschädlich machen. Die meisten über die Nahrung aufgenommenen Mikroorganismen werden durch die Magensäure abgetötet. Auch im ▶Blut befinden sich chemische Stoffe, die eingedrungene Bakterien abtöten können. Weiße Blutkörperchen (Leukozyten) schließen Fremdstoffe ein und machen sie dadurch unschädlich. Dieser Vorgang wird Phagozytose genannt.

Neben diesen allgemeinen Abwehreinrichtungen, hat der Körper noch ein anderes Verteidigungssystem, das gegen ganz bestimmte Krankheitserreger und Fremdstoffe kämpft: die sogenannte Immunabwehr. Sie wird vom Körper aufgebaut, nachdem er mit bestimmten körperfremden Stoffen, sogenannten Antigenen, in Kontakt gekommen ist. Antigene sind etwa ▶Bakterien, Viren oder Pilze. Wird ein Keim oder eine Zelle als körperfremd erkannt, werden Antikörper produziert. Diese heften sich an die Antigene und machen sie unschädlich. Dringen diese Antigene erneut in den Körper ein, »erinnert« sich das Immunsystem an sie und kann sofort die passenden Antikörper herstellen.

Die Fähigkeit des Körpers, sich an Krankheitserreger zu erinnern, macht man sich beim Impfen zu Nutze. Bei der Impfung werden abgeschwächte oder abgetötete Keime in den Körper gebracht, die unschädlich sind, aber die Bildung von Antikörpern auslösen. Die einmal gewonnene Immunität gegen die ▶Krankheit bleibt meist über einen längeren Zeitraum bestehen. ■

INFOBOX

Allergien

Manchmal können Reaktionen des Immunsystems auch krank machen, dann etwa, wenn eigentlich harmlose Stoffe wie Pollen bestimmter Pflanzen irrtümlich für Krankheitserreger gehalten werden. Das Immunsystem reagiert dann zu heftig und bekämpft sie genauso, als wären es gefährliche Keime. Die Folge können Hautreizungen, Ausschläge, Atemnot oder Asthma sein. Mit einem Allergietest kann ermittelt werden, welcher Stoff die Ursache ist.

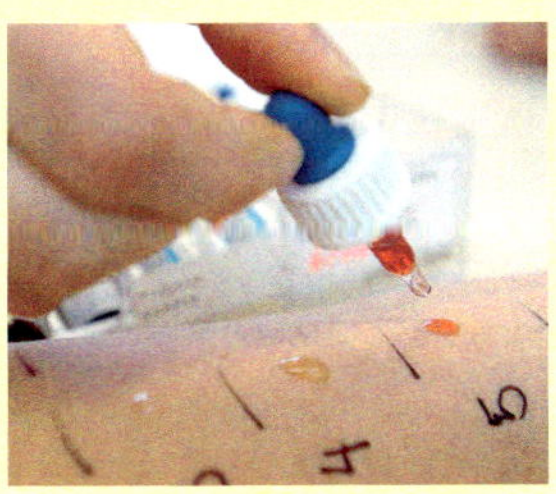

INFOBOX

Aids

Aids ist eine Erkrankung des Immunsystems. Sie wird von einem »HIV« (»humanes Immunschwächevirus«) genannten Virus ausgelöst. Diese Viren befallen diejenigen Zellen, die zur Abwehr eindringender Krankheitserreger eingesetzt werden. Der Körper kann sich dann nicht mehr gegen die Erreger verteidigen. Das HI-Virus wird durch Geschlechtsverkehr ohne Kondome übertragen. Aids ist nicht heilbar. Der Ausbruch der Krankheit kann jedoch durch Medikamente verzögert werden.

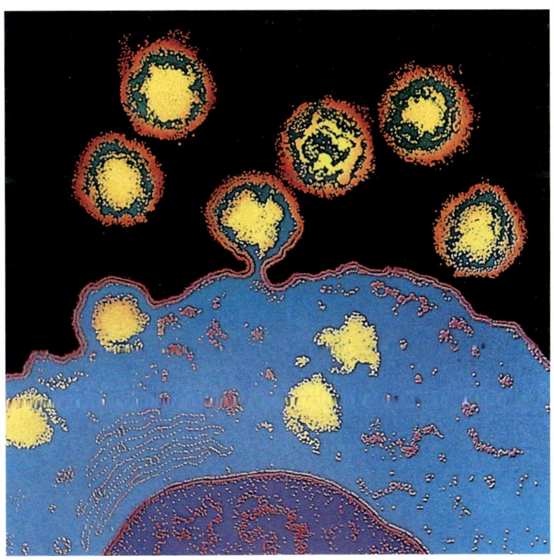

Viren wie z. B. HIV (gelb mit roter Hülle) dringen in Zellen ein und zwingen sie, viele neue **Viren** herzustellen. Nach der Vermehrung verlassen sie die Wirtszelle.

innere Organe

Der menschliche Körper besteht aus vielen winzigen Bauelementen, den Atomen. Die Atome gehen mit anderen Atomen Verbindungen ein, die als Moleküle bezeichnet werden. Verschiedene Moleküle bilden die Organellen, das sind winzige Organe, die jede Zelle beinhaltet. Die Zellen stellen die nächstgrößere Organisationsstufe des menschlichen Körpers dar. Schließen sich gleichartige Zellen zusammen, wird der Zusammenschluss als Gewebe bezeichnet. Die Organe wiederum bestehen aus verschiedenen Gewebearten. Verschiedene Organe, die gemeinsam eine bestimmte Funktion wahrnehmen, werden als Organsystem bezeichnet, z. B. das Verdauungssystem.

Die inneren Organe liegen in den großen Körperhöhlen des Brust- und Bauchraumes. Sie werden auch als Eingeweide bezeichnet. Zu ihnen zählt das Herz, das im Brustkorb liegt und für den ▸Blutkreislauf verantwortlich ist. Die Lunge liegt ebenfalls im Brustkorb und sorgt für den Gasaustausch bei der ▸Atmung. Der Magen, die Leber, die Bauchspeicheldrüse, der Darm, die Nieren und die Harnblase sind für die ▸Verdauung und den ▸Stoffwechsel zuständig. Die beiden etwa faustgroßen, bohnenförmigen Nieren liegen an der Rückwand der Bauchhöhle. Sie filtern die Abfallstoffe aus dem ▸Blut und entziehen ihm überschüssiges Wasser. Diese überflüssigen Stoffe werden als Harn (Urin) ausgeschieden. Er gelangt über die beiden Harnleiter in die Harnblase, wo er über die Harnröhre entleert wird.

Im linken Oberbauch liegt die apfelgroße Milz. Sie baut alte Blutkörperchen ab. Außerdem produziert die Milz Stoffe für das ▸Immunsystem. Bei Kindern wird ein Großteil des Blutes in der Milz gebildet.

Zu den inneren Organen gehören auch Drüsen, die ▸Hormone bilden. Sie werden endokrines System genannt. Wichtige Drüsen sind die Nebenniere, die Schilddrüse und die Langerhansschen Inseln, in denen das für die Verdauung von Zucker wichtige Insulin produziert wird. Auch die Eierstöcke der Frau und die Hoden des Mannes sind Drüsen und zählen zum endokrinen System. In ihnen werden die Sexualhormone und die Keimzellen, die zur Fortpflanzung notwendig sind, gebildet. Auch die Geschlechtsorgane zählen zu den inneren Organen. Ohne sie wäre keine ▸Sexualität möglich. ■

INFOBOX

Die Hoden – gut gekühlt

Obwohl die Hoden im Hodensack (Scrotum) außerhalb des Körpers liegen, zählen sie zu den inneren Organen. Sie werden nur vom Körper gewissermaßen ausgelagert, da die Temperatur von 37 °C im Inneren des Körpers für die Entwicklung und Lagerung der Spermien zu hoch ist. Außerhalb des Körpers werden die Hoden leicht gekühlt und haben nur eine Temperatur von etwa 33 bis 35 °C. Die beiden Hoden des männlichen Fötus entwickeln sich im Laufe der Schwangerschaft innerhalb der Bauchhöhle und wandern erst vor der Geburt durch den Leistenkanal in den Hodensack. Die Hoden des Mannes können täglich etwa 100 Millionen Spermien produzieren.

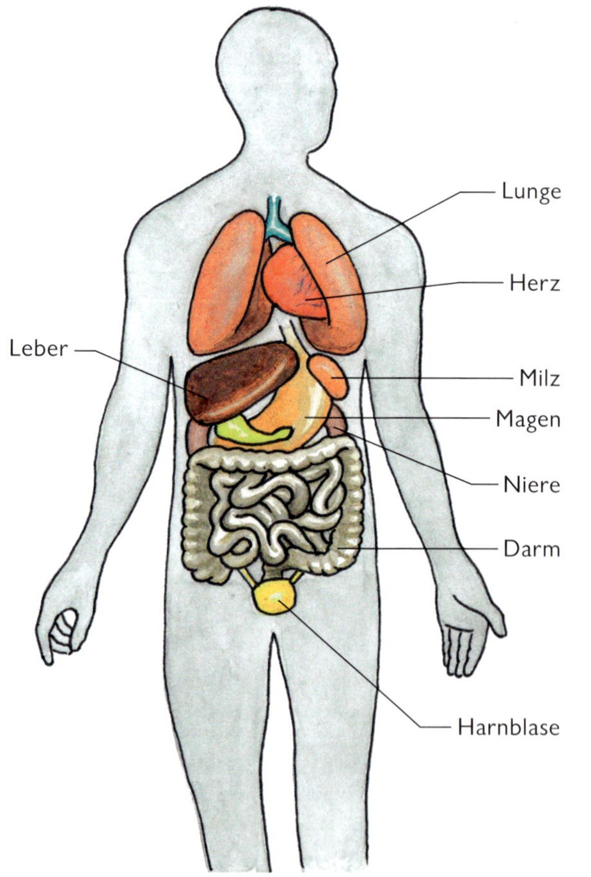

Krankheiten

Viele Krankheiten werden ausgelöst, indem ▶Bakterien, Viren, ▶Pilze oder tierische Parasiten in den Körper eindringen. Man nennt dies Infektion (»Ansteckung«). Wenn es dem Körper nicht gelingt, mithilfe seines ▶Immunsystems die schädlichen Eindringlinge unschädlich zu machen, wird man krank.

Krankheitsbakterien sind winzige Lebewesen (Mikroorganismen), die im Körper Giftstoffe ausscheiden und so den Stoffwechsel stören. Keuchhusten oder Scharlach werden von Bakterien hervorgerufen. Eine Abwehrreaktion des Körpers ist häufig die Erhöhung der Körpertemperatur (Fieber). Viren sind Krankheitserreger, die sich nur mithilfe von Körperzellen fortpflanzen können. Dazu schleusen sie ihr Erbgut in die Zelle ein und zwingen die Zelle, neue Viren herzustellen. Die befallene Zelle wird zerstört, wenn die neuen Viren fertig sind. Zu den Viruserkrankungen zählen die Grippe und andere Erkältungskrankheiten. Ein besonders gefährliches Virus ist das HI-Virus, das für die Krankheit Aids verantwortlich ist.

Mikroskopisch kleine Pilze befallen die Haut und zersetzen sie. Weit verbreitet sind der Fußpilz und der Nagelpilz. Tierische Parasiten wie der Bandwurm schädigen den Körper, indem sie sich von dem Wirt ernähren.

Wenn sich körpereigene Zellen verändern und ihre Aufgaben nicht mehr erfüllen, kann Krebs entstehen. Bei Krebserkrankungen teilen sich die Zellen eines Tumors (Geschwulst) immer weiter, zerstören gesundes Nachbargewebe und breiten sich über Tochtergeschwüre (Metastasen) in andere Körperregionen aus. Krebs wird u. a. durch chemische Stoffe verursacht. Zigarettenrauch kann z. B. Lungenkrebs verursachen, für Hautkrebs ist oft übermäßige Sonnenbestrahlung verantwortlich. Krebspatienten behandelt man durch Operation (Herausschneiden des Tumors), Bestrahlung (Strahlen, die kranke Zellen zerstören) oder Chemotherapie (chemische Stoffe, die Krebszellen abtöten).

Gegen viele Krankheiten wurden im Laufe der Zeit, vor allem jedoch im 20. Jh. Medikamente entwickelt. Dennoch können nicht alle Krankheiten wirksam bekämpft werden. Außerdem verändern sich Krankheitserreger, sodass die Medikamente ständig neu entwickelt werden müssen. ■

INFOBOX

Die Entdeckung des Penizillins

Der schottische Arzt Alexander Fleming (1881–1955) züchtete 1928 für verschiedene Experimente Bakterien. Durch einen Zufall bildete sich auf einer der Bakterienkulturen ein Schimmelpilz. Fleming erkannte, dass rund um den Pilz alle Bakterien zerstört waren. Die Ursache für dieses Phänomen ist ein Stoff, den die Pilze absondern, das Penizillin. Einige Jahre später konnte der für Bakterien giftige Stoff erfolgreich als Medikament eingesetzt werden. Es war das erste Antibiotikum. Für seine Entdeckung erhielt Fleming 1945 den Nobelpreis.

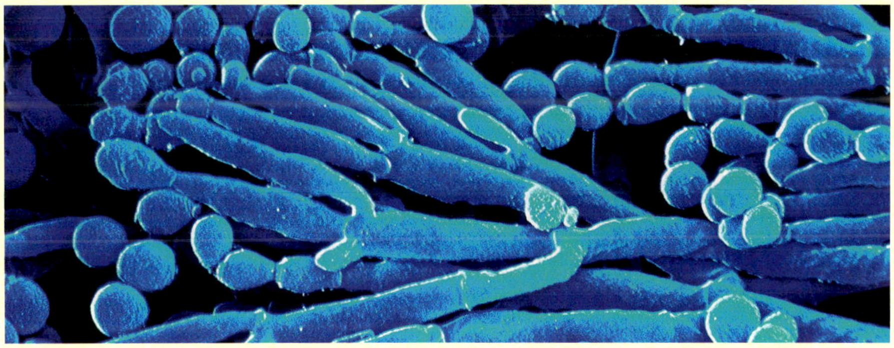

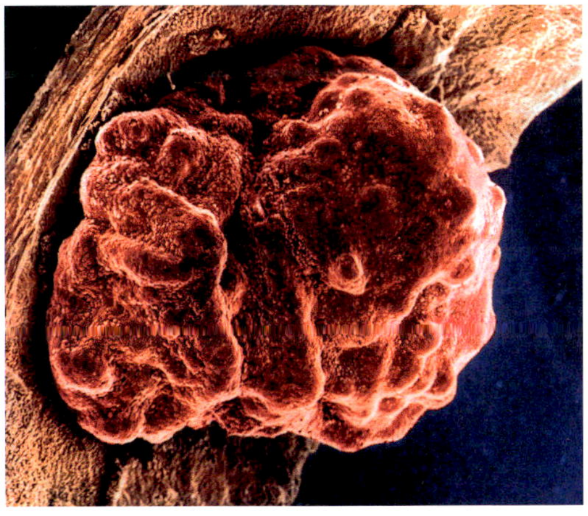

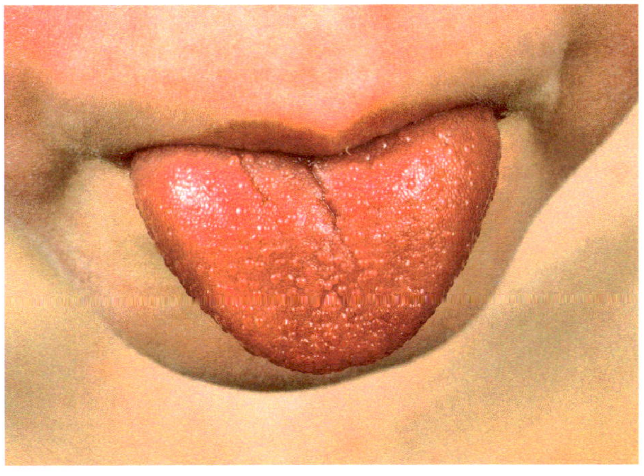

Ein **Krebstumor** (links) in der Blase. Wenn er rechtzeitig entdeckt und operativ entfernt wird, kann der Patient geheilt werden. Zu den Kinderkrankheiten zählt der **Scharlach**, den man an der »Himbeerzunge« (rechts) erkennen kann.

Muskeln

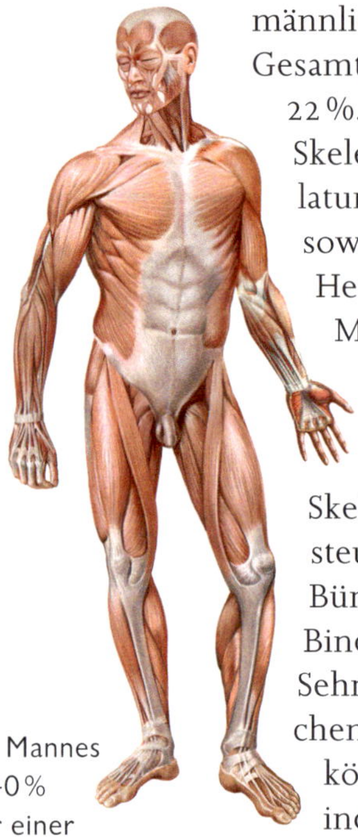

Der Körper eines Mannes besteht etwa zu 40 % aus **Muskeln**, der einer Frau zu 22 %.

Muskeln sorgen dafür, dass sich Körperteile und Organe bewegen. Die Muskelmasse des männlichen Körpers macht etwa 40 % seines Gesamtgewichts aus. Bei Frauen sind es nur 22 %. Man unterscheidet die quer gestreifte Skelettmuskulatur und die glatte Muskulatur der inneren Organe und der ▶ Haut sowie den Herzmuskel. Muskeln wie das Herz, das Zwerchfell (▶ Atmung) oder die Muskulatur des Magens können nicht beeinflusst werden. Sie werden vom Hirnstamm (▶ Gehirn) gesteuert. Im Gegensatz dazu können die etwa 500 Skelettmuskeln über unseren Willen gesteuert werden. Muskeln bestehen aus Bündeln von Muskelfasern, die von einer Bindegewebshülle umgeben sind. Über Sehnen sind sie an ihren Enden mit Knochen des Skeletts verbunden. Alle Muskeln können nur eine Bewegung hervorrufen, indem sie sich zusammenziehen (kontrahieren). Da sie nicht imstande sind, sich aus eigener Kraft wieder zu strecken, wirken bei all unseren Bewegungen jeweils zwei Muskeln oder Muskelgruppen einander entgegen. Im Oberarm sind dies z. B. der Beugemuskel (Bizeps) und der Streckmuskel (Trizeps).

Muskeln können durch Training gekräftigt werden, dabei wird Muskelmasse aufgebaut. Werden sie dagegen längere Zeit nicht betätigt, z. B. bei ▶ Krankheiten und Verletzungen, dann baut der Körper wieder Muskelmasse ab und die Muskeln werden schwächer. Überanstrengt man die Muskeln, dann entstehen schmerzhafte Entzündungen, die wir Muskelkater nennen. ■

Das Wachstum von Muskeln wird durch Training und die Einnahme bestimmter Medikamente beeinflusst. **Bodybuilder** nutzen diese Möglichkeit, um viel Muskelmasse aufzubauen.

INFOBOX

Wie viele Gerüche kann die Nase erkennen?

Geübte Nasen können rund 10 000 verschiedene Gerüche erkennen. Das gilt auch für das Erkennen von Geschmacksstoffen, denn daran ist die Nase in hohem Maße beteiligt. Während die Zunge nur süß, sauer, bitter, salzig und herzhaft (umami) unterscheiden kann, kann die Nase die unterschiedlichsten Aromen erkennen. Wir »schmecken« daher vor allem mit der Nase.

Gerüche werden von den Sinneszellen der Riechschleimhaut wahrgenommen. Die **Riechhärchen** der Nase nehmen winzige Geruchspartikel wahr, die sich in der Luft befinden.

Nase

Die Nase gehört zu den oberen Atemwegen und ist gleichzeitig unser ▶ Sinnesorgan zur Wahrnehmung von Gerüchen. Der Nasenraum ist in die äußere Nase und die Nasenhöhle unterteilt. Der Innenraum der Nase wird durch die Nasenscheidewand in zwei Hälften getrennt. An die mit Nasenhaaren besetzten Nasenvorhöfe schließen sich die beiden Hälften der Nasenhöhle an. In diese Höhle hinein ragen mehrere Lamellen, die mit Schleimhäuten überzogen sind, die sogenannten Nasenmuscheln. In der Schleimhaut befinden sich Riechzellen (Riechepithelien), die in der Atemluft befindliche Geruchsstoffe wahrnehmen können. An die Nasenhöhle schließen sich einige weitere mit Schleimhaut überzogene Räume an, die Nasennebenhöhlen. Sie werden erst im Laufe der zehn ersten Lebensjahre gebildet.

Beim Einatmen wird die Luft in der Nase erwärmt, angefeuchtet und gereinigt, bevor sie in die Lunge gelangt. Daher kann man sich besonders leicht Entzündungen des Kehlkopfes und der Bronchien zuziehen, wenn man etwa beim Schnupfen nicht durch die Nase atmen kann.

Die Nasenhöhle und die Nasennebenhöhlen wirken beim Sprechen als Resonanzräume ähnlich dem Korpus einer Geige. Daher ändert sich auch der Klang der Sprache, wenn man stark verschnupft ist und diese Hohlräume mit Sekreten gefüllt sind. ■

Nerven

Unsere Nerven haben die Aufgabe, Informationen aufzunehmen, zu verarbeiten und weiterzuleiten. Das geschieht mithilfe von elektrischen Signalen. Das Nervensystem besteht aus einer Vielzahl von Nervenzellen, den Neuronen. Sie bestehen wiederum aus einem Zellkörper und verzweigten Fortsätzen, die die elektrischen Impulse aufnehmen und weiterleiten.

Das Zentralnervensystem (ZNS) besteht aus dem ▶Gehirn und dem Rückenmark, das unter anderem für die Bewegungssteuerung von Armen und Beinen zuständig ist. Beide Gewebe sind sehr empfindlich und müssen besonders vor Verletzungen geschützt werden. Daher liegt das Gehirn in der Schädelhöhle, das Rückenmark ist in den Wirbelkanal der Wirbelsäule eingebettet.

Alle Nervenstränge außerhalb des Zentralnervensystems gehören zum peripheren Nervensystem. Es ist ein Geflecht aus Nervenleitungen, die zu den Muskeln und Organen führen. Das periphere Nervensystem besteht wiederum aus zwei Teilen. Das vegetative Nervensystem ist für die unbewusste Steuerung der inneren Organe zuständig, etwa die ▶Atmung, den Herzschlag und die ▶Verdauung. Das somatische Nervensystem ist dagegen für die bewussten Bewegungen von Muskeln zuständig, also für das Gehen, das Greifen oder die Bewegungen des Mundes. ■

Ohr

Die Ohren des Menschen sind sowohl Sitz des Gehöres als auch des Gleichgewichtsorgans. Von außen erkennt man nur die Ohrmuschel, die als Schalltrichter dient. Von der Ohrmuschel führt der Gehörgang zu den tiefer gelegenen Teilen des Ohres. Der Gehörgang, und damit das äußere Ohr, endet am Trommelfell. Dahinter liegt das Mittelohr. Es besteht aus einem luftgefüllten Hohlraum, der Paukenhöhle, in der sich die drei winzigen Gehörknöchelchen befinden. Nach ihrem Aussehen werden sie als Hammer, Amboss und Steigbügel bezeichnet. Sie übertragen den Schall vom Trommelfell auf den Eingang zum inneren Ohr.

Das Innenohr ist von einer Knochenkapsel umgeben und beherbergt ein Labyrinth aus Hohlräumen und Gängen. Es enthält zum einen das Hörorgan, die sogenannte Schnecke, die aus drei spiralförmig gewundenen Kanälen besteht. Sie sind mit Flüssigkeit gefüllt. Zum anderen befindet sich hier das ebenfalls mit Flüssigkeit gefüllte Gleichgewichtsorgan, das aus zwei Räumen und drei Bogengängen besteht. Mit ihm werden auch Beschleunigungen wahrgenommen. Der Schall wird vom Trommelfell über die Gehörknöchelchen an die Hörsinneszellen in der Schnecke weitergeleitet. Der Hörnerv übermittelt ihre Erregungen an das Gehirn. Die Ohrtrompete verbindet Mittelohr und Nasen-Rachen-Raum. ■

INFOBOX

Das absolute Gehör

Das absolute Gehör ist die Fähigkeit, die absolute Höhe eines Tones zu erkennen und den Ton zu benennen. Diese Fähigkeit ist angeboren, doch geht sie schon im Kindesalter bei den meisten Menschen wieder verloren. Sie kann jedoch durch ein Hörtraining erhalten werden. Menschen, die schon als Kind ein Musikinstrument erlernt haben, verfügen häufig über ein absolutes Gehör.

Die Zeichnung zeigt das menschliche **Ohr**. Teile des Mittelohrs und das innere Ohr sind rechts vergrößert dargestellt.

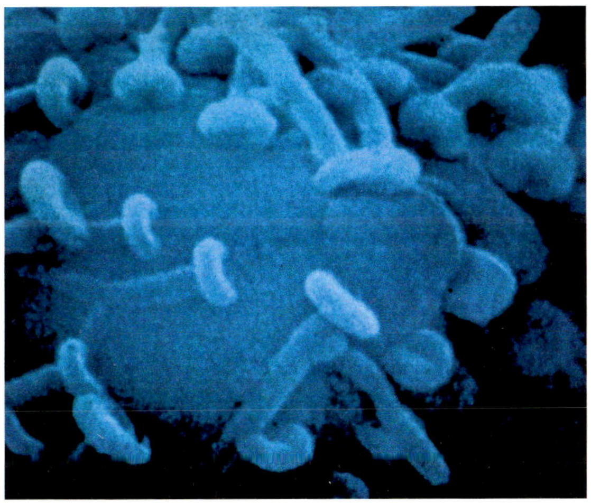

Die Verdickungen der Nervenzellen stellen die Verbindung zu anderen Körperzellen her. Sie werden **Synapsen** genannt.

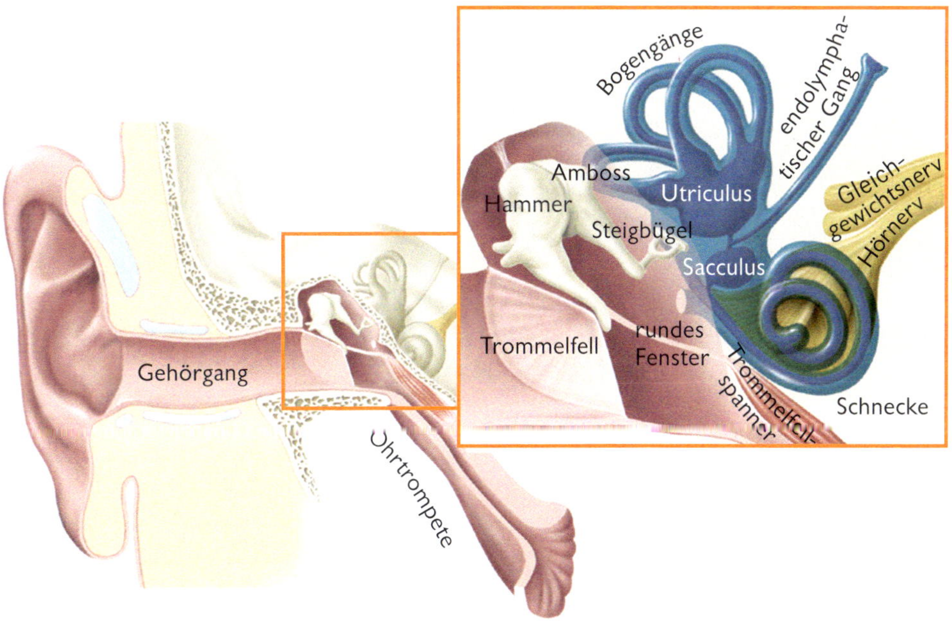

Pubertät

Pubertät ist die Entwicklungsphase eines Kindes bzw. Jugendlichen, die zur Geschlechtsreife führt. Der Beginn der Pubertät und ihr Ablauf sind individuell unterschiedlich. Bei Mädchen beginnt die Pubertät mit etwa zehn Jahren, bei Jungen mit etwa zwölf Jahren.

Die Pubertät setzt ein, sobald die Hirnanhangdrüse ▸Hormone ausschüttet, die die Keimdrüsen wachsen lassen. Die Keimdrüsen produzieren bei beiden Geschlechtern männliche wie weibliche Sexualhormone. Bei Mädchen überwiegen die weiblichen Hormone, die Östrogene, und bei Jungen die männlichen Hormone, die Testosterone.

Bei Mädchen ist der Beginn der Pubertät an einem Wachstumsschub zu erkennen. Die Brustwarzen beginnen sich zu verändern, außerdem wachsen Schamhaare und es entwickeln sich Schweißdrüsen. Die primären Geschlechtsorgane Gebärmutter, Scheide (Vagina), Schamlippen und Kitzler (Klitoris) vergrößern sich. Dann tritt zumeist die erste Menstruationsblutung ein. Das Becken und die Hüften werden nun breiter. Etwa ein Jahr nach der ersten Regelblutung findet der erste Eisprung statt. Die volle Fortpflanzungsfähigkeit ist nun erreicht.

Bei Jungen beginnt die Pubertät mit der Vergrößerung der Hoden und des Hodensacks. Außerdem bildet sich die erste Schambehaarung. Etwa ein Jahr später beginnt der Wachstumsschub des Körpers, gleichzeitig vergrößert sich der Penis. Auf dem Höhepunkt des körperlichen Wachstums zeigt sich auch die erste Körper- und Gesichtsbehaarung (Bartwuchs). Der Körper wird breitschultriger und muskulöser, außerdem entwickeln sich die Schweißdrüsen. Durch das Wachstum des Kehlkopfes kommt es zum Stimmbruch, nach dem die Stimme um etwa eine Oktave tiefer klingt. Nachdem das Wachstum der Keimdrüsen weitgehend abgeschlossen ist, beginnt der Körper, reife und bewegliche Samenzellen zu produzieren. Die volle Zeugungsfähigkeit ist nun erreicht.

INFOBOX

Der Menstruationszyklus

Bei Frauen reift etwa alle 28 Tage abwechselnd in einem der beiden Eierstöcke eine Eizelle in einem Bläschen heran, dem Follikel. Wenn der Follikel platzt, kommt es etwa in der Mitte des Zyklus zum Eisprung. Die Eizelle verlässt dann den Eierstock und wandert drei bis vier Tage durch den Eileiter in die Gebärmutter. Die Gebärmutterschleimhaut hat sich verdickt, sodass sich die befruchtete Eizelle einnisten kann. Hat keine Befruchtung stattgefunden, wird die Gebärmutterschleimhaut abgestoßen, und es kommt zur Menstruationsblutung, die etwa drei bis fünf Tage anhält. Von den 400 000 bei der Geburt angelegten Eiern kommen nur etwa 400 zur vollen Reife.

In der Pubertät verlieben sich viele Jugendliche zum ersten Mal und lernen dabei auch die **Eifersucht** kennen.

Die körperlichen Veränderungen werden oft von einer inneren Unausgeglichenheit, einem schnellen Wechsel der ▸Gefühle, Launenhaftigkeit und Lernschwierigkeiten begleitet. Da im ▸Gehirn in der Pubertät neue Nervenverbindungen geknüpft werden, verändert sich auch das ▸Denken. Die Welt wird neu entdeckt und mehr und mehr aus der Sicht eines Erwachsenen wahrgenommen. Auch sich selbst entdeckt man neu und will nun über sein Leben selbst bestimmen. Das führt zu Konflikten mit den Eltern und anderen Erwachsenen.

Auch das andere Geschlecht sieht man mit anderen Augen und findet es anziehend. Hat man bis vor Kurzem Jungen oder Mädchen noch »doof« genannt, so findet man sie nun »toll« und verliebt sich vielleicht sogar. Auch der Umgang mit diesen neuen Gefühlen, zu denen auch die Eifersucht zählt, muss nun erlernt werden. ■

Schlaf

Jeder Mensch benötigt Schlaf. Im Schlaf erholen sich Körper und Geist. Schlaf ist daher lebensnotwendig. Wenn wir nicht träumen, bewegen wir uns während des Schlafens kaum. Die Augen sind geschlossen und wir nehmen die Umwelt nur sehr stark eingeschränkt wahr. Puls, Atemfrequenz und Blutdruck sinken ab. Das ▶Immunsystem ist dafür umso aktiver. Auch das ▶Gehirn hört nicht auf zu arbeiten, sondern nutzt den Schlaf, um Erfahrungen und Erlerntes zu verarbeiten und anschließend im Langzeitgedächtnis zu speichern.

Schlaf verläuft in vier bis fünf verschiedenen Phasen vom leichten Schlaf über den Tiefschlaf bis zum REM-Schlaf. Diese Schlafphasen werden im Verlauf einer Nacht etwa drei bis fünf Mal durchlaufen. Die maximal erreichte Schlaftiefe eines jeden Durchgangs nimmt dabei gegen Morgen ab. Während des leichten Schlafes kann man noch durch leise Geräusche geweckt werden, während des Tiefschlafs braucht man schon einen lauten Wecker. Der REM-Schlaf (englisch rapid eye movement »schnelle Augenbewegung«) ist eine Schlafphase, in der sich die Augen schnell bewegen und der Mensch intensiv träumt. Träume können aber auch während der anderen Schlafphasen vorkommen. Welche Bedeutung die verschiedenen Schlafphasen genau haben, ist wissenschaftlich noch nicht geklärt.

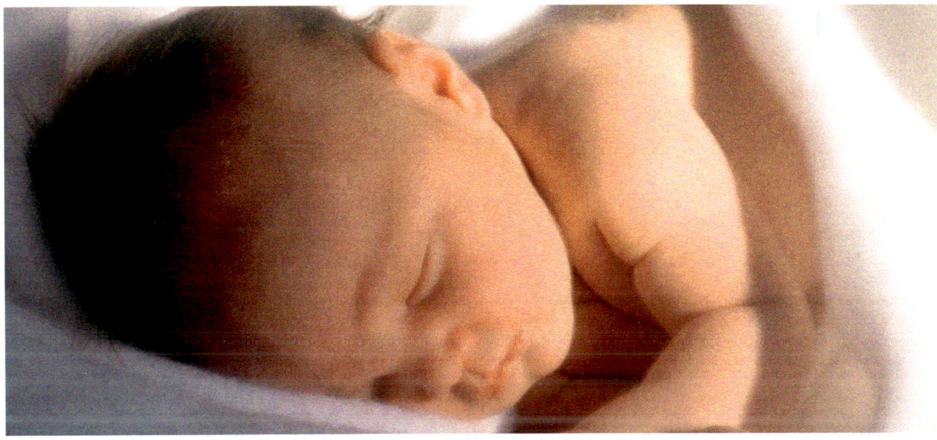

Säuglinge schlafen bis zu 16 Stunden am Tag, allerdings nicht durchgehend. Selbst in der Nacht sind es oft nur ein paar Stunden, bevor sie eine wache Phase haben.

Mit zunehmendem Lebensalter nimmt die durchschnittliche Schlafdauer ab. Während Neugeborene im Schnitt noch 16 Stunden schlafen, benötigen 10-Jährige nur noch etwa zehn Stunden Schlaf und junge Erwachsene etwa sieben bis acht Stunden. Über 50-Jährige schlafen oft nur noch etwa sechs Stunden.

Menschen besitzen einen Schlaf-Wach-Rhythmus, der meist etwas mehr als 24 Stunden umfasst. Durch äußere Einflüsse wie z. B. die Dämmerung wird er jedoch immer wieder auf 24 Stunden eingestellt. Daher spricht man auch von einer inneren Uhr. Wird dieser Rhythmus gestört, indem man beispielsweise in eine andere Zeitzone der Erde fliegt, benötigt der Körper einige Tage, bis er sich auf die anderen Nachtzeiten umgestellt hat. Probleme, die Flugreisende mit dieser Umstellung haben, nennt man Jetlag. Eine krankhafte Störung des Schlaf-Wach-Rhythmus kann zur Schlaflosigkeit führen. ■

INFOBOX

Träume

Auch wenn wir uns oft nicht mehr an unsere Träume erinnern können, träumen wir doch mehrere Male während des Schlafens – manchmal bis zu 40 Minuten lang. Oft spielen Eindrücke und Erlebnisse des vergangenen Tages eine Rolle in den Träumen. Sie tauchen oft eigenartig verzerrt auf und werden zu neuen Bildern zusammengesetzt. Die Gründe für das Träumen konnten bis heute wissenschaftlich nicht geklärt werden.

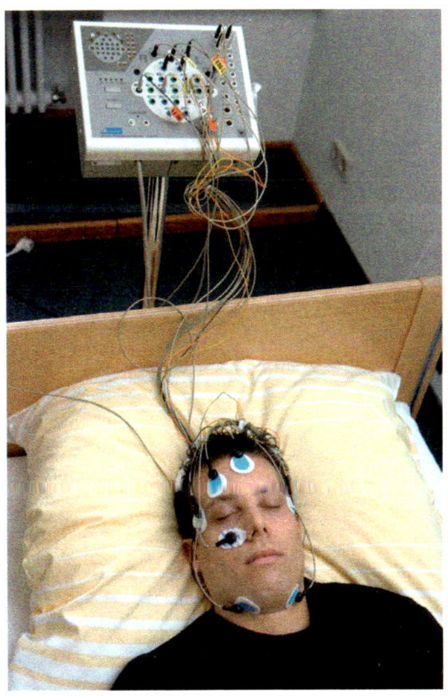

In Schlaflaboren erforschen Wissenschaftler die **Aktivitäten des Gehirns** während des Schlafs.

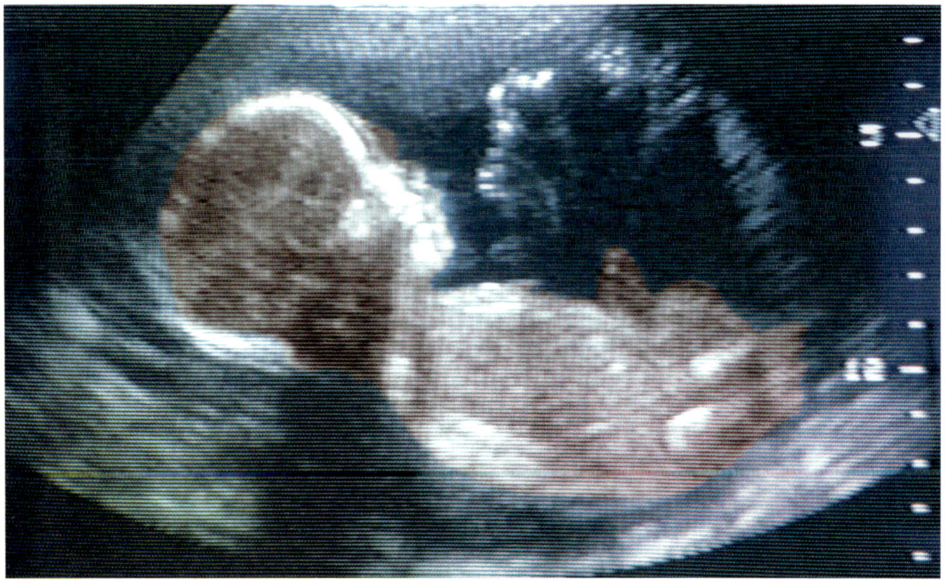

Mit einem Ultraschallgerät kann das Wachstum des **Embryos** im Bauch der Mutter vom Arzt verfolgt werden. Er kontrolliert vor allem die Lage des Kindes und den Herzschlag.

Schwangerschaft

Während der Schwangerschaft reift eine befruchtete Eizelle im Körper einer Frau zu einem Kind heran. Bei einer Frau im gebärfähigen Alter (etwa von der Pubertät bis um das 50. Lebensjahr) verlässt etwa alle vier Wochen eine reife Eizelle den Eierstock und wandert über den Eileiter in Richtung Gebärmutter. In dieser Phase kann sie von einer männlichen Samenzelle befruchtet werden. Bei der Befruchtung dringt der Kopf der Samenzelle in die Hülle der Eizelle ein und wirft seinen beweglichen Schwanz ab. Das Erbgut von Ei- und Samenzelle verschmilzt nun miteinander. So entsteht die erste Zelle eines neuen Menschen.

Die befruchtete Eizelle teilt sich mehrere Male und nistet sich in der Wand der Gebärmutter ein. Hier wächst und entwickelt sich die kleine Zellkugel weiter. Einen Monat nach der Befruchtung ist der Embryo etwa 0,5 cm groß, aber es haben sich bereits ▶Gehirn, Lunge und Leber gebildet. Nach zwei Monaten bei einer Größe von 3 bis 4 cm und einem Gewicht von 2 g schlägt bereits das Herz. Am Ende des dritten Monats sieht der Embryo, der nun etwa 9 cm lang und 14 g schwer ist, wie ein winziger Mensch aus und kann bereits strampeln. Im siebten Monat bei einem Gewicht von etwa 900 g und einer Länge von 40 cm wäre der Fötus, im Falle einer Frühgeburt, bereits außerhalb der Gebärmutter lebensfähig.

Normalerweise erfolgt die Geburt neun Monate (durchschnittlich 267 Tage) nach der Befruchtung. Das Kind ist nun etwa 3,5 kg schwer und liegt in der Regel mit dem Kopf nach unten in der Gebärmutter. Die Geburt wird durch die Wehen eingeleitet. Dabei zieht sich die Muskulatur der Gebärmutter zusammen. Das Baby wird dadurch immer weiter in den Geburtskanal geschoben und durch die immer stärker werdenden Wehen schließlich aus der Scheide herausgepresst.

Während der Entwicklung im Mutterleib ist das Kind über die Nabelschnur mit dem Mutterkuchen (Plazenta) verbunden. Über sie wird es mit allen notwendigen Nährstoffen und mit Sauerstoff versorgt. Nach der Geburt wird die Nabelschnur abgeklemmt und durchtrennt. Die ehemalige Ansatzstelle der Nabelschnur wird zum Bauchnabel. Die Plazenta wird als sogenannte Nachgeburt ebenfalls ausgeschieden. ■

INFOBOX

Wie funktioniert ein Schwangerschaftstest?

Während der Schwangerschaft wird im Mutterkuchen (Plazenta) das Schwangerschaftshormon Choriongonadotropin gebildet, das den Körper auf die neuen Aufgaben umstellt. Dieses Hormon wird in kleinen Mengen mit dem Urin ausgeschieden. Ein Schwangerschaftstest besteht aus einem Teststreifen, der mit Urin befeuchtet wird und sich verfärbt, wenn das Schwangerschaftshormon vorhanden ist.

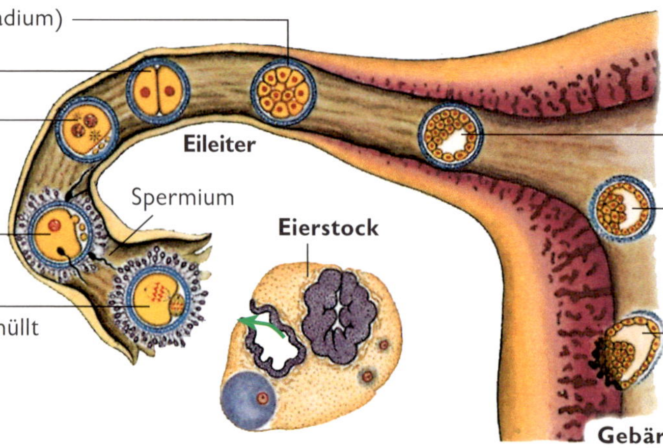

Jeden Monat wandert ein Ei vom **Eierstock** über den Eileiter in die Gebärmutter. Wird es auf dem Weg dorthin von einem Spermium befruchtet, beginnt sich das Keimbläschen (Blastocyste) zu teilen und nistet sich schließlich in der Gebärmutterschleimhaut ein.

Sexualität

Das Geschlecht (lateinisch sexus) eines Menschen wird gleich zu Beginn der ▶Schwangerschaft festgelegt, sobald die beiden Geschlechtschromosomen aufeinandertreffen. Männer und Frauen unterscheiden sich aufgrund ihrer Geschlechtsmerkmale. Die primären Geschlechtsmerkmale beim Mann sind die Hoden, der Hodensack und der Penis. Die primären Geschlechtsmerkmale der Frau sind die Eierstöcke, die Gebärmutter und die Scheide. Diese Merkmale sind bereits bei der Geburt vorhanden, entwickeln sich aber erst in der ▶Pubertät zu ihrer vollen Größe. Zu den sekundären Geschlechtsmerkmalen zählen bei der Frau die Brust und ein breites Becken, beim Mann der Bartwuchs und ein breitschultriger und muskulöser Körperbau. Die sekundären Merkmale bilden sich erst im Laufe der Pubertät aus.

Der Geschlechtsverkehr zwischen Mann und Frau dient aus biologischer Sicht dazu, sich fortzupflanzen. Er ist jedoch beim Menschen auch für den Zusammenhalt einer Partnerschaft wichtig. Der Geschlechtsverkehr beginnt mit dem Vorspiel, bei dem die Partner Zärtlichkeiten austauschen. So wird die sexuelle Erregung gesteigert. Das führt beim Mann zur Versteifung des Penis, bei der Frau wird die Vagina feucht. Wenn der Mann dann das steife (erigierte) Glied in die Scheide der Frau einführt und rhythmisch in der Vagina hin und her bewegt, kommt es auf dem Höhepunkt der Lustempfindung zum Orgasmus. Der Mann hat dann einen Samenerguss. Bei der Frau zieht sich beim Orgasmus die Scheiden- und Gebärmuttermuskulatur rhythmisch zusammen.

Wenn sich der Sexualtrieb auf einen andersgeschlechtlichen Partner richtet, spricht man von Heterosexualität. Richtet er sich auf einen gleichgeschlechtlichen Partner, spricht man von Homosexualität. Sexuelle Selbstbefriedigung nennt man Masturbation. ■

Liebe und Sexualität gehören zum Leben wie die Geburt, das Altern und der Tod.

INFOBOX

Verhütung

Um auszuschließen, dass eine Frau durch den Geschlechtsverkehr schwanger wird, können Paare verschiedene Methoden zur Empfängnisverhütung anwenden. Das sicherste Verhütungsmittel ist die Pille.

Die Frau nimmt regelmäßig Hormontabletten ein, die einen Eisprung verhindern. Die sogenannte Spirale wird vom Arzt in die Gebärmutter eingesetzt. Sie verhindert die Einnistung der Eizelle in die Gebärmutter oder sie hindert die Spermien daran, zur Eizelle zu gelangen, um sie zu befruchten. Kondome (Präservative) sind aus hauchdünnem Gummi hergestellt und werden vor dem Eindringen in die Vagina über das steife männliche Glied gestreift. Kondome dienen nicht nur zur Empfängnisverhütung, sondern auch zum Schutz vor sexuell übertragbaren Krankheiten wie Aids.

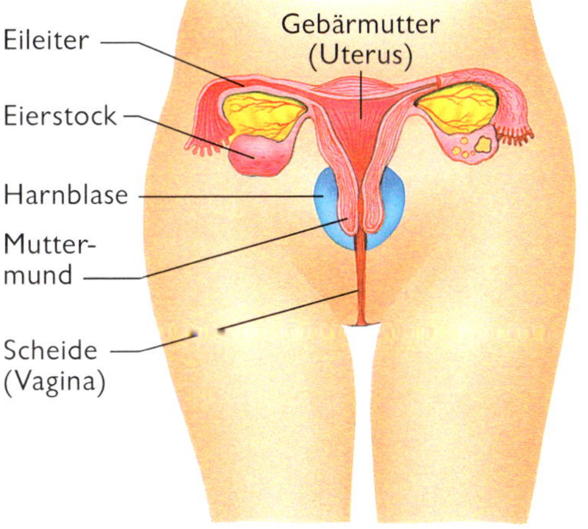

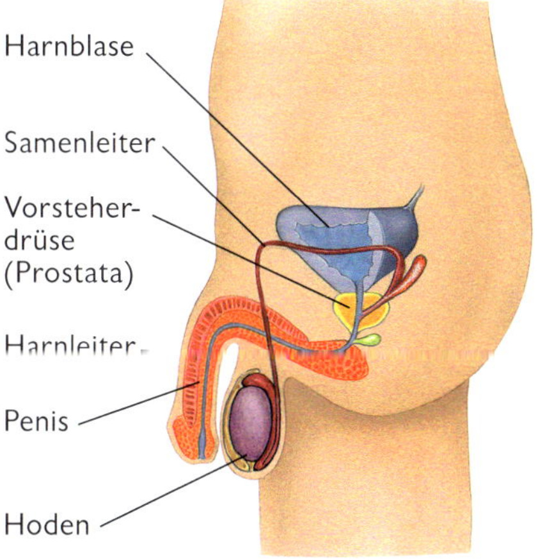

Die **Geschlechtsorgane** der Frau (links, in Vorderansicht) befinden sich im Inneren des Körpers, während die des Mannes (rechts, im Längsschnitt durch den Körper) teilweise außerhalb liegen.

Die **Gleichgewichtsorgane** sind mit sogenannten Schwerekörperchen ausgestattet, die besondere Sinneszellen im Innenohr reizen und damit dem Gehirn Auskunft über die Lage des Körpers erteilen. Bei Lageänderungen werden Korrekturbewegungen angeregt, damit die »Normallage« wieder hergestellt wird.

Sinne

Mithilfe seiner Sinnesorgane nimmt der Mensch seine Umwelt und seinen eigenen Körper wahr. Die ▸Augen (visuelle Wahrnehmung) empfangen Lichtwellen und ermöglichen dadurch, die Umgebung zu sehen. Die menschlichen Augen können nur einen begrenzten Bereich des Spektrums erkennen, ultraviolette oder infrarote Lichtwellen sehen sie nicht (▸Optik). Zwei Augen ermöglichen die dreidimensionale (räumliche) Wahrnehmung. Die ▸Ohren (auditive Wahrnehmung) nehmen Schallwellen wahr. Auch ihr Spektrum ist begrenzt. Sehr hohe und sehr tiefe Töne kann das menschliche Ohr nicht hören, während Fledermäuse sogar Ultraschall wahrnehmen können. Im Innenohr befindet sich außerdem der Gleichgewichtssinn (vestibuläre Wahrnehmung).

Die Aufgabe der Zunge ist das Schmecken (gustatorische Wahrnehmung). Geschmacksknospen erkennen die fünf Geschmacksrichtungen süß, sauer, salzig, bitter und umami (herzhaft). Die Scharfe einer Speise ist keine Geschmacksrichtung, sondern nur eine Hitzewahrnehmung, die jedoch meist als angenehm empfunden wird. Kinder haben mehr als 2000 Geschmacksknospen auf der Zunge, während alte Menschen nur noch über rund 800 verfügen. Die gustatorische Wahnehmung hängt mit der olfaktorischen Wahrnehmung der ▸Nase zusammen. Alle Aromen einer Speise außer süß, salzig, bitter, sauer und herzhaft erkennt nicht die Zunge, sondern die Nase. Die ▸Haut mit ihren empfindlichen Sinneszellen ist für das Fühlen und die Temperaturempfindung (taktile Wahrnehmung) verantwortlich.

Alle Sinnesorgane sind mit empfindlichen Sinneszellen ausgestattet, die die Wahrnehmungen in elektrische Signale umwandeln und sie über die ▸Nerven an das ▸Gehirn weiterleiten. Dort werden die Signale in unterschiedlichen Bereichen, wie etwa im Sehzentrum, zu den Sinneseindrücken weiterverarbeitet. ■

INFOBOX

Wie wirklich ist die Wirklichkeit?

Die Wahrnehmungen der Sinnesorgane werden als elektrische Signale an das Gehirn weitergeleitet. Das Gehirn verarbeitet diese Signale. Verbrennt man sich die Hand an einem heißen Backblech, wird diese Wahrnehmung als elektrisches Signal über die Nerven an das Gehirn geleitet. Dort entsteht dann erst der Schmerz. Die Wirklichkeit, wie wir sie erleben, wird also vom Gehirn aus den elektrischen Signalen zusammengesetzt (konstruiert). Die Welt ist also nicht so beschaffen, wie wir sie wahrnehmen, sondern so, wie unser Gehirn sie konstruiert.

In den **Fingerkuppen** befinden sich viele Sinneszellen. Nur so ist es möglich, Blindenschrift zu lesen.

Skelett

Das Knochengerüst eines erwachsenen Menschen besteht aus etwa 200 Einzelknochen. Beim Neugeborenen sind noch weit mehr Knochen vorhanden. Viele von ihnen wachsen jedoch später zusammen. Das Zentrum unseres Skelettes bildet die Wirbelsäule. Sie trägt den Schädel, der das empfindliche ▸Gehirn schützt. Im Brustabschnitt befindet sich der Brustkorb, der Herz und Lunge umgibt. Über den Schultergürtel ist das Armskelett mit Wirbelsäule und Brustkorb verbunden. Der Beckengürtel verbindet das Beinskelett mit der Wirbelsäule.

Durch das Skelett wird der Körper gestützt und erhält seine äußere Form. Die Knochen sind darüber hinaus die Ansatzstellen für die ▸Muskeln. Mit den Knochen, die durch Gelenke miteinander verbunden sind, ermöglichen sie unsere Bewegungen. In den Gelenken sind die Knochen von glatten Gelenkknorpeln überzogen, die zusammen mit der Gelenkschmiere die Voraussetzungen für reibungslose Bewegungen schaffen. Es gibt Kugelgelenke wie das Hüft- und das Schultergelenk, die Bewegungen in mehrere Richtungen ausführen können. Scharniergelenke wie beispielsweise in Ellbogen und Knie erlauben dagegen nur Bewegungen in einer Ebene. Die Kniescheibe ist ein kleiner Knochen, der fest mit einer Sehne verbunden ist. Im Inneren der Knochen, dem Knochenmark, wird beim erwachsenen Menschen das ▸Blut gebildet. Bei Kleinkindern geschieht dies vor allem in der Milz. ■

INFOBOX

Der Blick in das Innere des Körpers: Röntgen

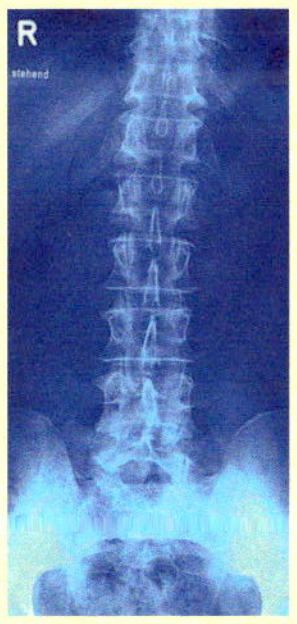

1895 entdeckte Wilhelm Conrad Röntgen (1845–1923) zufällig die nach ihm benannten Röntgen- oder X-Strahlen. Sie sind elektromagnetische Wellen, eine Art unsichtbares Licht, das den Körper durchdringen und lichtempfindliches Papier (Film, Fotoplatte) belichten kann. Da Knochen weniger gut durchdrungen werden, sind sie auf einer Röntgenaufnahme gut zu erkennen.

Ein Kind wächst in einer **Familie** auf. So lernt es Sitten, Regeln und Bräuche kennen, die auch sein Leben prägen.

Sozialisation

Der Mensch ist ein soziales Wesen, d.h., er ist darauf angewiesen, in Gesellschaft anderer Menschen zu leben. Die Entwicklung eines Menschen zum Mitglied der Gesellschaft nennt man Sozialisation. Der Mensch lernt während der Sozialisation, sich an die Regeln und typischen Verhaltensweisen der Gesellschaft anzupassen.

Die Sozialisation beginnt in den ersten Lebensjahren und endet mit dem ▸Tod. Besonders wichtig ist die erste Phase, die in der Familie stattfindet. Sie wird primäre Sozialisation genannt. Von den Familienmitgliedern lernt das Kind die ersten gesellschaftlichen Verhaltensmuster. Es lernt, wie Menschen miteinander umgehen, wie gemeinschaftlich etwa zu bestimmten Zeiten gegessen wird und wie man Konflikte löst. Die sekundäre Sozialisation findet in der Schule und im Freundeskreis statt. Hier lernt man andere gesellschaftliche Rollen kennen, die des Anführers einer Gruppe oder die des Außenseiters. Der Jugendliche löst sich langsam von den Vorbildern aus der Familie. Die tertiäre Sozialisation findet im Erwachsenenalter statt. Sie ist davon geprägt, einen Platz in der Gesellschaft und im Arbeitsleben zu finden. Anpassung und Durchsetzungsvermögen spielen hier eine große Rolle.

Die Sozialisation ist für die Bildung einer Persönlichkeit von großer Bedeutung. Wird sie gestört, kann die weitere Entwicklung eines Kindes negativ beeinflusst werden. Dies ist bei Kindern der Fall, die von ihren Eltern vernachlässigt oder misshandelt werden. ■

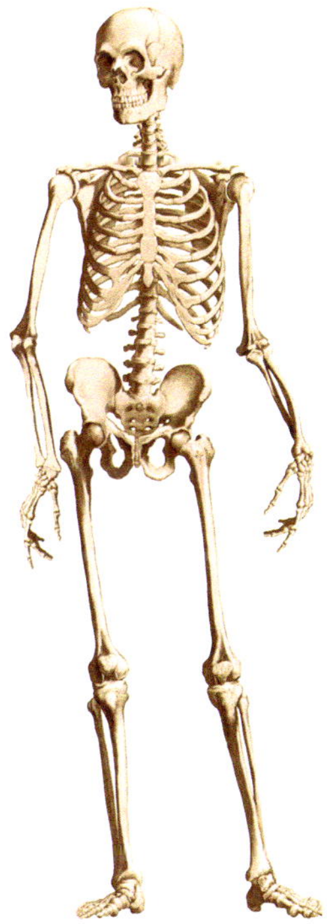

Das **Skelett** verleiht dem menschlichen Körper Stabilität und gibt den Muskeln Halt.

Stoffwechsel

Der Körper nimmt Stoffe auf, wandelt sie chemisch um und scheidet sie wieder aus. Das nennt man Stoffwechsel. Der Betriebsstoffwechsel entnimmt der Nahrung die Energie für die Arbeitsleistung, etwa um die Körpertemperatur aufrechtzuerhalten oder Bewegungen auszuführen, und ersetzt die verbrauchten Stoffe. Beim Baustoffwechsel werden die aufgenommenen Stoffe in körpereigene Stoffe umgesetzt. Die vom Körper nicht genutzten und verbrauchten Stoffe werden ausgeschieden.

Aus der Nahrung nimmt der Körper Eiweißstoffe, Kohlenhydrate und Fette auf, aus der Atemluft den Sauerstoff. Die Nährstoffe werden während der ▶Verdauung in ihre Bestandteile zerlegt, sodass sie der Körper verwerten kann. Unbrauchbare Stoffe oder giftige Endprodukte werden ausgeschieden. Der Sauerstoff wird während der ▶Atmung in Kohlendioxid umgewandelt, das über die Lungen wieder ausgeschieden wird. Den Transport der Stoffe innerhalb des Körpers übernehmen das ▶Blut und die Lymphe, eine Gewebsflüssigkeit, die im Gewebe gebildet und durch das Lymphgefäßsystem dem ▶Blutkreislauf zugeführt wird.

Am Stoffwechsel sind zahlreiche innere Organe beteiligt, vor allem die Nieren und die Leber. Die Leber nimmt Kohlenhydrate und Eiweißstoffe aus dem Blut auf und verwertet sie. Außerdem kann sie Kohlenhydrate in großer Menge speichern. Gleichzeitig filtert sie Giftstoffe aus dem Blut und sorgt dafür, dass sie abgebaut und ausgeschieden werden. Einer dieser Giftstoffe ist der Alkohol, der mithilfe eines Enzyms umgewandelt wird. Enzyme sind Proteine, die chemische Prozesse in Gang setzen oder beschleunigen. Auch andere Gifte, etwa aus Medikamenten, werden in der Leber abgebaut. Die Leber produziert außerdem den Gallensaft: Das ist ein Sekret, das die Aufspaltung von Nahrungsfetten im Darm ermöglicht.

Neben der Fortpflanzung gilt der Stoffwechsel als wichtiges Kennzeichen eines lebenden Organismus. Ohne Stoffwechsel ist Leben nicht möglich. ■

Falsche Ernährung kann zu **Übergewicht** und Stoffwechselstörungen führen. Auch die Psyche hat einen großen Einfluss auf den Stoffwechsel.

Regelmäßige Bewegung und **Sport** tragen zu einem gut funktionierenden Stoffwechsel bei.

INFOBOX

Stoffwechselerkrankungen

Wenn der Stoffwechsel gestört ist, kommt es zu Stoffwechselerkrankungen wie z. B. der Gicht. Bei dieser Krankheit wird der Stoff Purin von den Nieren nicht mehr richtig verarbeitet. Eine andere Stoffwechselerkrankung ist der Diabetes. Dabei wird das Hormon Insulin nicht mehr gebildet, sodass der Körper den Blutzuckerspiegel nicht regulieren kann. Diabetiker müssen regelmäßig ihren Blutzucker kontrollieren und Insulintabletten nehmen oder Insulin spritzen.

Tod

Alle Menschen müssen sterben. Der Tod tritt ein, wenn alle Lebensfunktionen erloschen sind. Das erste Anzeichen, dass ein Mensch gestorben ist, ist das Fehlen von ▶Atmung, Puls und Herzschlag. Erst wenn der Tod von einem Arzt festgestellt worden ist, darf ein Verstorbener bestattet werden.

Nach etwa 20 bis 30 Minuten werden rote und violette Leichenflecken sichtbar, die durch das Absinken des Blutes im Körper im Rücken und im Gesäß entstehen. Nach etwa einer Stunde setzt die Leichenstarre ein, da der Körper einen wichtigen Stoff, der die Muskeln entspannt, nicht mehr bilden kann. Sie hat nach 18 bis 20 Stunden den ganzen Körper erfasst. Unmittelbar nach dem Eintreten des Todes beginnt die Verwesung. Die Zellen des Körpers werden durch Bakterien und Pilze langsam zersetzt. Der vollständige Verfall eines menschlichen Körpers hängt von der Temperatur, der Sauerstoffzufuhr und anderen Faktoren ab. Er dauert meist mehrere Jahre.

Wenn nicht Unfälle oder schwere ▶Krankheiten zum Tod führen, kann ein Mensch über 100 Jahre alt werden. Im Alter wird jedoch das ▶Immunsystem schwächer und die Fähigkeit der Zellen, sich zu erneuern, zu regenerieren, lässt nach. Irgendwann versagen Organe oder Adern verstopfen, und der Mensch stirbt eines natürlichen Todes.

In fast allen Kulturen werden Menschen nach dem Tod begraben. **Friedhöfe** gelten als besondere und sogar heilige Orte.

Der Tod hat einen biologischen Sinn. Das gestorbene Lebewesen macht Platz für seine Nachkommen, an die es sein Erbgut weitergegeben hat. Dies ist in der Natur wichtig für die Erhaltung der Art. Der Natur kommt es ausschließlich darauf an. Der Mensch kann sich jedoch aufgrund seiner Fähigkeit zum ▶Denken die Frage stellen, warum er sterben muss und was mit ihm nach dem Tod geschieht. Darauf versuchen die Religionen eine Antwort zu geben.

Gegen Ende des Mittelalters wurde der Tod häufig als tanzendes Skelett dargestellt. Der **Totentanz** zeigt den Triumph des Todes über das Leben.

INFOBOX

Die Seele

Die Anhänger fast aller Religionen glauben, dass es unabhängig vom Körper eine Seele gibt, die das Wesen jedes Menschen ausmacht. Diese Seele halten sie im Gegensatz zum Körper für unsterblich. Sie besteht nicht aus Materie, sondern aus einem unfassbaren Stoff. Je nach Glauben lebt diese Seele in einem Paradies oder Jenseits weiter, landet in der Hölle oder wird in einem anderen Körper wiedergeboren. Manche Menschen glauben zudem, dass eine solche Seele auch als Geist herumirren kann. Philosophen des ▶Materialismus glauben hingegen nicht an ein Weiterleben einer Seele nach dem Tod. Sie sehen den Tod als ein vollständiges Ende des Wesens eines Menschen an.

Verdauung

Während der Verdauung spaltet der Körper die Nahrung in ihre Bestandteile auf, damit sie dem ▶ Stoffwechsel zur Verfügung stehen. Die Verdauung beginnt bereits im Mund. Durch das Kauen wird die Nahrung zerkleinert und mit Speichel durchmischt. Nach dem Schlucken wandert der Nahrungsbrei durch die Speiseröhre in den Magen, wo er mit der Magensäure versetzt wird, die die meisten Keime abtötet. Damit der Magen nicht selbst von der scharfen Magensäure angegriffen wird, besitzt er eine Magenschleimhaut, die einen zähen schützenden Schleim produziert. Wenn der Speisebrei aus dem Magen hinausbefördert wird, haben die verdaubaren Bestandteile einen Durchmesser von weniger als einem Millimeter.

Die nächste Station ist der Zwölffingerdarm. Er ist ein etwa 25 cm langes Teilstück des insgesamt etwa 3,75 m langen Dünndarms. Hier gelangen weitere wichtige Verdauungssäfte in den wässrigen Speisebrei. Besondere Sekrete neutralisieren die Magensäure im Nahrungsbrei wieder. Die Dünndarmschleimhaut hat unzählige winzige Falten, die sich in das Darminnere stülpen und ihrerseits noch von viel kleineren Ausstülpungen, den sogenannten Darmzotten, überzogen sind. Die Darmzotten nehmen die in kleinste Bestandteile aufgespalteten Nährstoffe, Wasser, die Mineralstoffe und die Vitamine in das ▶ Blut auf.

Der übrig gebliebene Speisebrei gelangt schließlich vom Dünndarm in den etwa 1,25 m langen Dickdarm. Dieser entzieht dem Brei noch etwas Wasser und einige Mineralstoffe. Schließlich sammeln sich die unverwertbaren festen Bestandteile im letzten Teil des Dickdarmes, im Mastdarm, an. Von hier werden sie durch den After als Kot ausgeschieden. Der Darmausgang, auch Anus genannt, wird durch den Schließmuskel verschlossen. ■

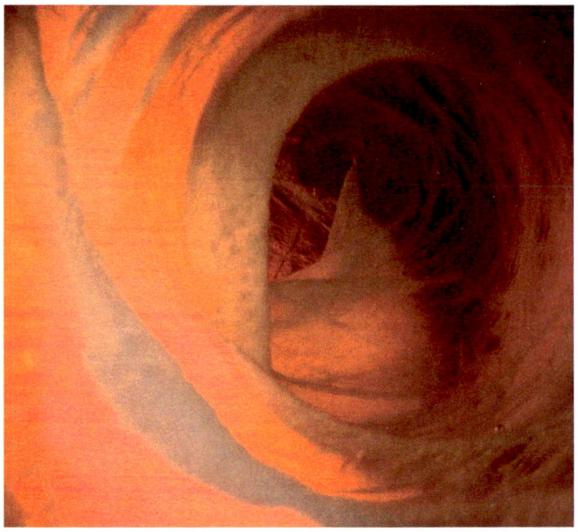

Im **Dünndarm** werden dem Nahrungsbrei die meisten Nährstoffe entzogen. Das Blut verteilt sie dann im ganzen Körper.

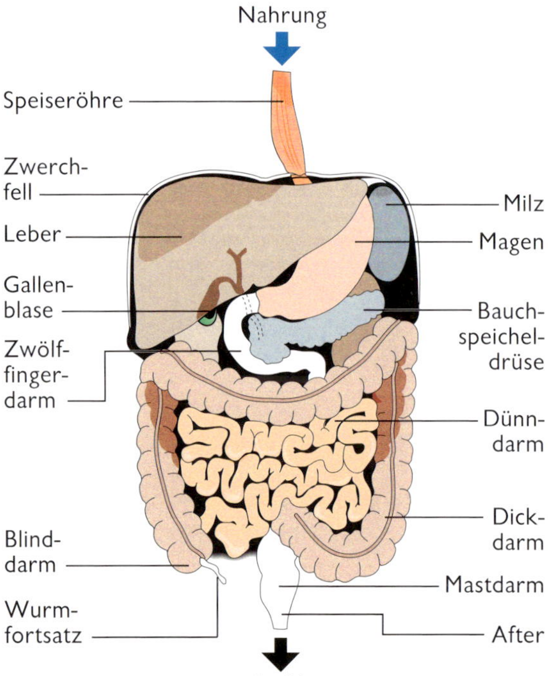

Quelle: Solodkoff

Der Verdauungskanal des Menschen ist 5–6 m lang und führt vom Mund zum After. Bis die Nahrung das **Verdauungssystem** ganz durchlaufen hat, können 24–36 Stunden vergehen.

INFOBOX

Die Darmflora

Im Darm des Menschen leben rund 100 Billionen Bakterien, die an der Verdauung der Nahrung beteiligt sind. Forscher schätzen, dass es 500 bis 1000 verschiedene Arten sind. Die Bakterien zersetzen Teile der Nahrung, sodass der Darm Nährstoffe daraus aufnehmen kann. Außerdem scheiden sie die lebensnotwendigen Vitamine B_{12} und K aus und bekämpfen Krankheitserreger. Sie sind somit ein wichtiger Teil des ▶ Immunsystems.

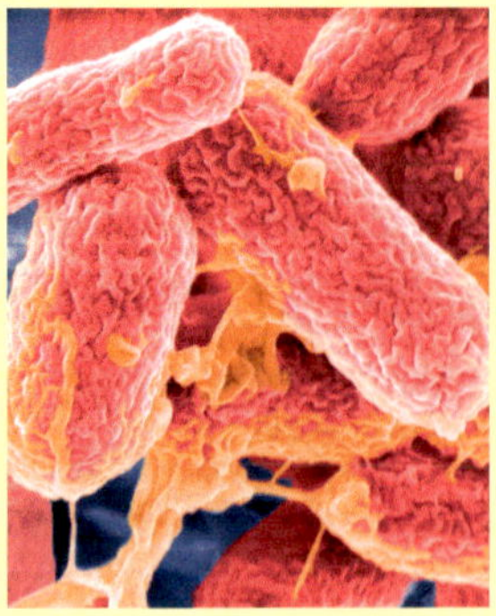

Vererbung

Jedes Lebewesen besitzt einen Bauplan, der Genom genannt wird. Alle Merkmale wie Augenfarbe, Körpergröße oder die Anfälligkeit für Krankheiten sind im Genom festgelegt, das man auch Erbgut oder Erbanlagen nennt. Das Genom besteht aus Genen, die für bestimmte Eigenschaften zuständig sind, etwa für die Haarfarbe. Der Mensch besitzt etwa 25 000 dieser Gene, deren Informationen von den Eltern an die Kinder vererbt werden.

Die Gene bestehen aus einer Säure, der Desoxyribonukleinsäure (DNA). Sie ist ein langes, fadenförmiges Molekül, das aus vier Bausteinen zusammengesetzt ist. Sie tragen die Namen Adenin, Guanin, Cytosin und Thymin und bilden eine Art Schrift, in der der Bauplan geschrieben ist. Das DNA-Molekül hat die Form einer doppelten Spirale, die zu einem Chromosom genannten Gebilde in Form eines X oder Y aufgewickelt ist.

Das Erbgut des Menschen ist auf 46 Chromosomen verteilt. Sie befinden sich im Zellkern jeder Zelle und lassen sich in 23 Paare sortieren. 22 Paare bestehen aus jeweils gleichartigen Chromosomen. Das 23. Paar besteht bei Männern aus einem X- und einem Y-Chromosom und bei Frauen aus zwei X-Chromosomen. Es bestimmt das Geschlecht und wird daher Geschlechtschromosom genannt. Bei der Befruchtung einer Eizelle durch ein Spermium erhält die entstehende Zelle des neuen Menschen je eine Hälfte der Chromosomenpaare bzw. des Erbgutes von der Mutter und die andere Hälfte vom Vater.

Nicht alle Eigenschaften werden gleich vererbt. Einige (dominante) Erbinformationen setzen sich gegen andere (rezessive) durch. Da die braune Augenfarbe dominant, die blaue jedoch rezessiv ist, hat das Kind einer blauäugigen Mutter und eines braunäugigen Vaters braune Augen. Nur wenn Vater und Mutter blauäugig sind, hat auch das Kind blaue Augen. Entdeckt wurden diese Regeln von Gregor Mendel (1822–1884), der untersuchte, wie Blütenfarben vererbt werden.

Die Gentechnik hat das menschliche Genom inzwischen entschlüsselt. Wissenschaftler hoffen, in Zukunft erblich bedingte Krankheiten bekämpfen zu können, indem sie die für die Krankheiten verantwortlichen Gene verändern. ■

INFOBOX

Zum Verwechseln ähnlich: Eineiige Zwillinge

Einige Tage nachdem die Samenzelle die Eizelle befruchtet hat, kann es vorkommen, dass sich die Zellen des Embryos noch einmal komplett teilen. Statt einem wachsen nun zwei Embryonen im Mutterleib heran. Sie haben exakt die gleichen Erbanlagen, das gleiche Geschlecht und sehen sich zum Verwechseln ähnlich. Zweieiige Zwillinge sind aus zwei befruchteten Eizellen entstanden. Sie sind sich nicht ähnlicher als Geschwister normalerweise.

Sie haben nicht dasselbe Erbgut und können unterschiedlichen Geschlechts sein.

Das **DNA-Molekül** hat die Form einer doppelten Spirale und wird »Doppelhelix« genannt.

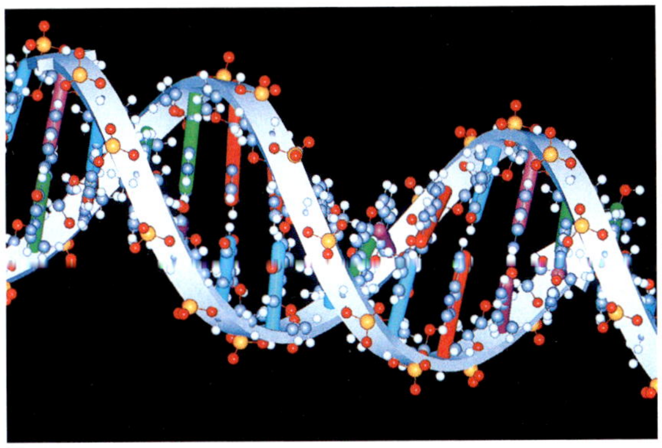

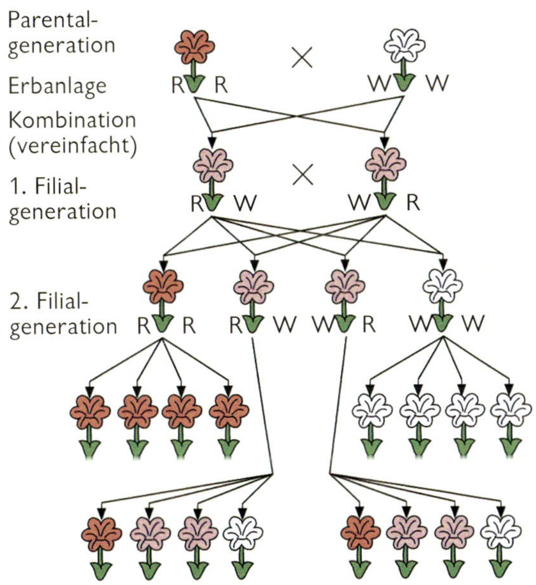

Gregor Mendel stellte die **mendelschen Regeln** auf. Eine rote und eine weiße Blume (Parentalgeneration) geben bei der Fortpflanzung nur je eins ihrer Geschlechtschromosomen weiter. Es entstehen in der ersten Tochtergeneration (Filialgeneration) rosa Blüten. Da die rosa Blumen rotes und weißes Erbgut besitzen, entstehen in der dritten Generation rote, weiße und rosa Blumen.

RESTAURACE

Geschichte

Erst seit der Erfindung der Schrift vor rund 8000 Jahren in den Hochkulturen gibt es verlässliche Quellen darüber, welche Ereignisse und Erfahrungen die Menschen prägten. Im Altertum schufen Ägypter, Griechen und Römer die politischen und kulturellen Grundlagen des heutigen Europa. Gegensätzliche Weltanschauungen und das Machtstreben einzelner Herrscher und Staaten führten immer wieder zu Revolutionen und Kriegen, wie z. B. dem Ersten und Zweiten Weltkrieg. Äußerst wechselhaft war auch die Geschichte Deutschlands vom 1871 gegründeten Kaiserreich über die Weimarer Republik, die Zeit des Nationalsozialismus und die deutsche Teilung hinweg bis hin zur Wiedervereinigung 1990.

König Ludwig XIV. von Frankreich war ein typischer Vertreter des Absolutismus. Er prägte den Ausspruch »Der Staat bin ich« (Gemälde von Hyacinthe Rigaud, 1694).

Absolutismus

Der Absolutismus ist eine Staatsform, die im 17. Jh. in Frankreich entstanden ist (▶Herrschaftsformen). Im Zentrum des Staates stand der König, der für sich in Anspruch nahm, im Auftrag Gottes zu handeln. Unterstützt wurde er von der Kirche, die den ersten Stand der Gesellschaft bildete. Der zweite Stand waren die Adeligen, deren Macht vom König stark eingeschränkt wurde. Den dritten Stand stellten die Bürger und Handwerker, die nur wenig Einfluss besaßen, jedoch Steuern zahlen mussten. Diese Gelder verwendete der König unter anderem, um sein großes Heer zu finanzieren, das auch in Friedenszeiten einsatzbereit war. Die einzelnen Provinzen des Landes wurden von Intendanten regiert, die die Steuern eintrieben und dem König gegenüber unmittelbar verantwortlich waren.

König Ludwig XIV. (1638–1715) ließ in Versailles bei Paris ein prunkvolles Schloss bauen, wo alle Mitglieder des Hochadels anwesend sein und an den höfischen Festen teilnehmen mussten. Nur dann erhielten sie Geld vom König, der sie auf diese Weise von sich abhängig machte. Außerdem kontrollierte der König die Wirtschaft und erließ die Gesetze. Eine ▶Gewaltenteilung gab es nicht. Viele Herrscher Europas folgten dem Vorbild König Ludwigs XIV. und regierten ihre Länder ebenfalls absolutistisch, darunter Österreich, Preußen und Russland.

Das Zeitalter des Absolutismus endete 1789 mit der ▶Französischen Revolution. ■

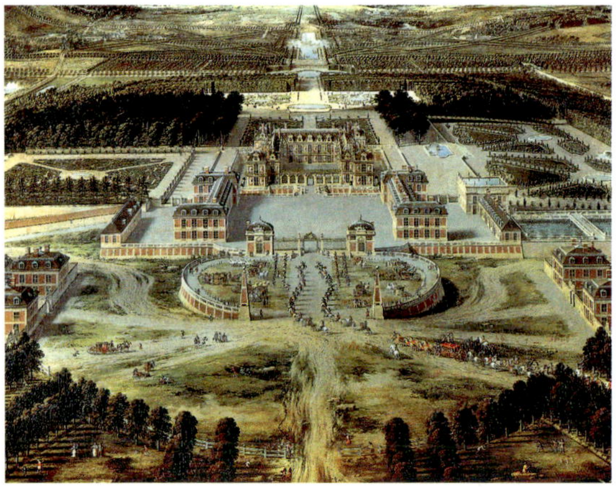

Das Schloss von **Versailles** war Zentrum des absolutistischen Frankreich (Gemälde von Pierre Patel, 1668).

Das Denkmal von Johann Gottfried Schadow in Berlin zeigt den preußischen König **Friedrich II.**

aufgeklärter Absolutismus

Im 18. Jh. verbreiteten sich die Ideen der ▶Aufklärung in Europa. Philosophen wie der Franzose Voltaire und der Deutsche Immanuel Kant stellten die Vernunft in den Mittelpunkt des Denkens und kritisierten überholte Traditionen. Mit diesen Ideen befassten sich auch einige Könige. Aus dem ▶Absolutismus wurde ein aufgeklärter Absolutismus. Zwar wurde die ▶Herrschaftsform der Monarchie nicht abgeschafft. Friedrich II. von Preußen (1712 bis 1786), genannt »der Große«, sah sich aber z. B. nicht mehr, wie etwa Ludwig XIV. von Frankreich, als von Gott eingesetzter Herrscher, sondern als oberster und erster Diener seines Staates. Obwohl er weiterhin große Macht besaß, setzte er es sich als Aufgabe, den Staat zu reformieren und zu modernisieren. Er zog sich aus der Gesetzgebung zurück und sorgte dafür, dass alle Menschen von den Gerichen weitgehend gleich behandelt wurden. So konnte der König seine Macht nicht mehr missbrauchen und missliebige Untertanen verhaften lassen. Friedrich führte außerdem die Glaubensfreiheit und die Schulpflicht ein und schaffte die Folter weitgehend ab. Dennoch erhielten die Bürger keine Möglichkeit, sich in irgendeiner Form an politischen Entscheidungen zu beteiligen. ■

Ab Beginn der 1950er-Jahre ließ das **Wirtschaftswunder** die Entbehrungen der Kriegszeit in Vergessenheit geraten (links). Ende der 1960er-Jahre gingen **Studenten** gegen die herrschende Politik auf die Straße wie 1968 in Berlin (rechts).

Das Grundgesetz von 1949 erklärte die schwarz-rot-goldene **Flagge** und den Bundesadler zu Staatssymbolen der Bundesrepublik Deutschland.

Bundesrepublik Deutschland

Nach dem Ende des ▶Zweiten Weltkriegs wurde das Deutsche Reich von den vier Siegermächten USA, Großbritannien, Frankreich und UdSSR besetzt und in vier Zonen eingeteilt. Die UdSSR erhielt Ostdeutschland (die spätere ▶DDR), die übrigen Siegermächte teilten sich Westdeutschland. Im aufkommenden ▶Kalten Krieg zwischen der UdSSR und den westlichen Siegermächten beschlossen Letztere, ihre drei Zonen zu einem neuen deutschen ▶Staat zu vereinigen. Nachdem ein Parlamentarischer Rat das ▶Grundgesetz ausgearbeitet hatte, wurde am 23. Mai 1949 die Bundesrepublik Deutschland gegründet. Die Hauptstadt war Bonn. Schon im August 1949 fanden die ersten Wahlen zum ▶Bundestag statt, in den Abgeordnete von elf Parteien einzogen. Erster ▶Bundeskanzler wurde Konrad Adenauer (CDU). Sein Nachfolger war von 1963 bis 1966 der vormalige Wirtschaftsminister Ludwig Erhard (CDU).

Mit der Unterstützung der USA erholte sich die Wirtschaft schnell, sodass bald von einem regelrechten Wirtschaftswunder die Rede war. Die Menschen genossen den wachsenden Wohlstand, verdrängten jedoch ihre Mitverantwortung für den Krieg und den Holocaust während des ▶Nationalsozialismus. Diese Einstellung kritisierte die jüngere Generation Ende der 1960er-Jahre und forderte eine Aufarbeitung der Geschichte. Studenten gingen in ganz Europa auf die Straße, um gegen den Krieg der USA mit Vietnam zu protestieren, aber auch gegen die herrschenden politischen und gesellschaftlichen Zustände in Deutschland. Willy Brandt (SPD), der 1969 Kurt Georg Kiesinger (CDU) als Bundeskanzler ablöste, strebte Reformen und eine Aussöhnung mit den östlichen Ländern an, ebenso sein Nachfolger Helmut Schmidt (SPD).

1982 wurde Helmut Kohl (CDU) Bundeskanzler. Sein Ziel war vor allem die weitere Einigung Europas (▶Europäische Union) und die Schaffung des Euro als gemeinsame europäische Währung. Nach dem Zusammenbruch des kommunistischen Ostblocks nutzten er und andere Politiker die Chance und erreichten am 3. Oktober 1990 die ▶Wiedervereinigung der beiden deutschen Staaten. Kohls Nachfolger wurde 1998 Gerhard Schröder (SPD). Nach der Bundestagswahl 2005 wurde mit Angela Merkel (CDU) erstmals eine Frau deutsche Bundeskanzlerin. ■

AUF EINEN BLICK

20. Juni 1948	**Währungsreform**
23. Mai 1949	**Gründung**
14. August 1949	**Wahl zum 1. Bundestag**
7. Dezember 1970	**Willy Brandts Kniefall in Warschau**
1. Oktober 1982	**Beginn der Ära Kohl**
9. November 1989	**Öffnung der Mauer**
3. Oktober 1990	**Wiedervereinigung**

Die **Mauer** trennte Berlin, hier am Brandenburger Tor, zwischen 1961 und 1989 in einen Ost- und einen Westteil.

DDR

Nach der Gründung der ▶Bundesrepublik Deutschland beschloss die UdSSR zusammen mit ostdeutschen Politikern, in der von ihr besetzten Zone ebenfalls einen deutschen ▶Staat zu errichten. Am 7. Oktober 1949 trat die Verfassung der Deutschen Demokratischen Republik (DDR) in Kraft. Trotz seines Namens war der neue Staat kein demokratischer, denn die Sozialistische Einheitspartei Deutschlands (SED) regierte das Land mit diktatorischen Mitteln nach dem Vorbild der UdSSR und dem Ideal des ▶Kommunismus. Der Osten der ebenfalls geteilten Stadt Berlin wurde zur Hauptstadt ernannt. Um die Bevölkerung gezielt überwachen zu können, gründete man 1950 das Ministerium für Staatssicherheit, »Stasi« genannt. Fast alle Betriebe und Fabriken wurden verstaatlicht und Großgrundbesitzer enteignet. Statt einer freien Marktwirtschaft, wie in der Bundesrepublik, wurde eine sozialistische Planwirtschaft errichtet. D.h., die Produktion und Verteilung von Waren richtete sich nicht nach der Nachfrage auf dem Markt, sondern wurde im Voraus vom Staat auf eine bestimmte Zeit festgelegt (▶Wirtschaftskreislauf). Als immer mehr Menschen mit dem System unzufrieden waren, kam es am 17. Juni 1953 zu einem Volksaufstand, der blutig niedergeschlagen wurde. Um die stärker werdende Abwanderung in den Westen zu verhindern, ließ die DDR-Führung unter Walter Ulbricht 1961 mitten durch Berlin eine Mauer ziehen und Grenzbefestigungen errichten.

Trotz verschiedener Anstrengungen gelang es der DDR nicht, mit der wirtschaftlichen Entwicklung der Bundesrepublik Deutschland mitzuhalten. Daran konnte auch Erich Honecker nichts ändern, der von 1971 bis 1989 Staatsratsvorsitzender war. Nach Massenprotesten kam es 1989 zu einer friedlichen Revolution und zur ▶Wiedervereinigung der beiden deutschen Staaten. ■

Auch die **Flagge der DDR** trug die Farben Schwarz, Rot und Gold. Hammer und Zirkel, von Kornähren umkränzt, versinnbildlichten den »Arbeiter- und Bauernstaat«.

AUF EINEN BLICK

21. April 1946	**Gründung der SED**
7. Oktober 1949	**Gründung**
17. Juni 1953	**Volksaufstand**
13. August 1961	**Bau der Mauer**
3. Mai 1971	**Beginn der Ära Honecker**
4. September 1989	**Beginn der Montagsdemonstrationen in Leipzig**
9. November 1989	**Öffnung der Mauer**

Deutsches Kaiserreich

Kaiser Wilhelm II. regierte das Deutsche Reich von 1888 bis 1918.

Vor der Reichsgründung bestand Deutschland aus verschiedenen Königreichen und Fürstentümern, die miteinander verbündet waren. Eines dieser Bündnisse war ab 1866 der Norddeutsche Bund, der aus 19 Königreichen und Fürstentümern sowie drei freien Reichsstädten bestand. Angeführt wurde er vom Königreich Preußen und dessen König Wilhelm I. Bundeskanzler und Außenminister war Otto von Bismarck. Im Juli 1870 kam es zu Spannungen mit Frankreich, das dem Bund schließlich den Krieg erklärte. Bismarck konnte die süddeutschen Länder Baden, Bayern und Württemberg als Verbündete gewinnen. Nach dem Sieg über Frankreich nutzte er die Gelegenheit und ließ Wilhelm I. am 18. Januar 1871 im Schloss von Versailles zum Kaiser über den Norddeutschen Bund, die süddeutschen Staaten und Elsass-Lothringen ausrufen. Damit war das Deutsche Reich, der erste deutsche Nationalstaat, gegründet. Berlin, die Hauptstadt Preußens, wurde Reichshauptstadt. Die unterschiedlichen Währungen der Länder wurden durch die Mark ersetzt.

Die Abschaffung der zahlreichen innerdeutschen Grenzen und der technische Fortschritt führten während des Kaiserreichs zu einem Wandel der Gesellschaft. Aus einem landwirtschaftlich geprägten Land wurde eine Industrienation. Die Bevölkerung wuchs in nur 40 Jahren von 42 Millionen auf 65 Millionen Menschen an, von denen fast ein Viertel in den Großstädten lebte. Um die Rechte der Industriearbeiter zu stärken, gründeten sich Gewerkschaften und die Sozialdemokratische Partei Deutschlands (SPD), die von Bismarck bekämpft wurde. Bismarck schuf allerdings auch die Rentenversicherung, um die Arbeiter im Alter zu versorgen.

Auf Kaiser Wilhelm I. folgte 1888 Friedrich III., der jedoch nach nur 99 Tagen im Amt verstarb, sodass sein Sohn Wilhelm II. Kaiser wurde. Er entließ Bismarck und versuchte, Deutschland zur Weltmacht zu formen, indem er z. B. in Afrika Kolonien erwarb (▸Imperialismus) und seine Armee aufrüstete. Seine völlig falsche Einschätzung der Lage in Europa war 1914 mitverantwortlich für den Ausbruch des ▸Ersten Weltkriegs. Mit seiner Abdankung 1918 endete das Kaiserreich. ■

BIOGRAFIE

Otto von Bismarck

Otto von Bismarck (1815–1898) war Ministerpräsident und Außenminister des Königreichs Preußen, bevor er 1871 zum ersten Kanzler des Deutschen Kaiserreichs ernannt wurde. Er sorgte für umfassende Reformen des jungen Staates und führte ab 1883 die Kranken-, Unfall- und Rentenversicherung für Arbeiter ein, durch die deren Situation wesentlich verbessert wurde. Er legte damit den Grundstein für den heutigen Sozialstaat. Außenpolitisch hatte er es sich zum Ziel gesetzt, den Frieden in Europa zu erhalten. 1890 wurde er von dem neuen, jungen Kaiser Wilhelm II. entlassen, der lieber unbeschränkt selbst regieren wollte.

Erster Weltkrieg

Zu Beginn des 20. Jh. wetteiferten Deutschland, Großbritannien und Frankreich um die Vormachtstellung in Europa. Dieser Konkurrenzkampf, bei dem auch der ▶Imperialismus eine wichtige Rolle spielte, wurde auch auf militärischem Gebiet ausgetragen, d.h., die Staaten rüsteten immer weiter auf. Am 28. Juni 1914 ermordete ein Attentäter den österreichischen Kronprinzen Franz Ferdinand und seine Frau bei einem Staatsbesuch in Sarajevo in Serbien. Daraufhin erklärte Österreich Ungarn dem Nachbarland den Krieg. Verpflichtungen aus unterschiedlichen Staatsbündnissen führten dazu, dass Russland, Großbritannien und Frankreich Serbien beistanden; sie bildeten die sogenannten Entente-Mächte. Deutschland und Österreich-Ungarn kämpften als sogenannte Mittelmächte. Bald folgten weitere Länder, darunter 1917 die USA aufseiten der Entente.

Als die Kriegserklärung verkündet wurde, waren die meisten Deutschen überzeugt davon, dass man in wenigen Wochen siegen würde. Zunächst sollte Frankreich erobert werden, um anschließend Polen zu besetzen und Russland zurückzudrängen. Der Vormarsch der deutschen Armee blieb jedoch in Frankreich stecken, wo sich die Gegner bis Kriegsende einen Stellungskrieg lieferten. Allein bei der Schlacht um Verdun von Februar bis Dezember 1916 starben rund 350 000 Soldaten. Zum ersten Mal in der Geschichte kamen in diesem Krieg moderne Waffen wie Geschütze, neuartige Maschinengewehre, Panzer, Flugzeuge und U-Boote zum Einsatz. Auch vor Giftgas schreckte man nicht zurück.

Nach der ▶kommunistischen Revolution im Oktober 1917 in Russland verhandelte die neue Führung Russlands mit den Mittelmächten und verzichtete zugunsten eines Friedensvertrages auf große Gebiete. An der Westfront und anderen Kriegsschauplätzen von Afrika bis Asien ging der Krieg noch bis November 1918 weiter, bevor die Mittelmächte so geschwächt waren, dass sie einen Waffenstillstand aushandeln mussten. Mit dem im Juni 1919 unterschriebenen Friedensvertrag von Versailles, der die Mittelmächte zu hohen Entschädigungszahlungen verpflichtete, endete der Erste Weltkrieg, der insgesamt fast zehn Millionen Menschen das Leben kostete. ■

Die **Schlacht um Verdun** kostete 350 000 Menschen das Leben. Für die Gebeine der nicht identifizierten Soldaten wurde 1932 dort ein Beinhaus errichtet.

Französische Soldaten kämpften 1916 in den **Schützengräben** vor Verdun.

AUF EINEN BLICK

28. Juni 1914	**Attentat von Sarajevo**
1. August 1914	**Kriegserklärung Deutschlands**
21. Februar 1916	**Beginn der Schlacht um Verdun**
6. April 1917	**Kriegseintritt der USA**
3. November 1918	**Waffenstillstand**
28. Juni 1919	**Vertrag von Versailles**

Französische Revolution

Ende des 18. Jh. führte der ▶ Absolutismus in Frankreich zu einer Verarmung großer Teile der Bevölkerung, vor allem jedoch der Bauern und Handwerker. Immer mehr Bürger, darunter Händler, Anwälte und Besitzer von Handarbeitsbetrieben (Manufakturen), hatten trotz der hohen Steuern, die sie zahlen mussten, keinen politischen Einfluss. Die Macht besaßen alleine der König, der hohe Adel und die Vertreter der Kirche. Aber die kritischen Stimmen mehrten sich. Vor allem die Philosophen der ▶ Aufklärung, z. B. Voltaire, Charles de Montesquieu und Jean-Jacques Rousseau, forderten eine Beteiligung der Bürger an der Regierung.

Als sich durch Missernten und eine schwere Wirtschaftskrise die Situation des dritten Standes weiter verschlechterte, verweigerten wohlhabende Bürger dem König die Gefolgschaft und beriefen am 17. Juni 1789 eine Nationalversammlung ein mit dem Ziel, aus der ▶ Herrschaftsform der Monarchie eine Republik zu machen. Am 14. Juli stürmten aufgebrachte Bürger mit der Losung »Freiheit, Gleichheit, Brüderlichkeit« die Bastille, ein altes Pariser Gefängnis. Da sich viele Soldaten und Polizisten mit den Revolutionären verbündeten, gab es vonseiten des Königs und des Adels keine ernste Gegenwehr.

Am 26. August verkündete die Nationalversammlung die Erklärung der Menschen- und Bürgerrechte, in der die Freiheit und Gleichheit aller vor dem Gesetz hervorgehoben wurde. König Ludwig XVI. wurde verhaftet und 1793 hingerichtet. Nach seinem Tod gründeten die Revolutionäre den Wohlfahrtsausschuss, der gegen politische Gegner vorgehen sollte, denn immer mehr Bürger waren mit den inzwischen erreichten Veränderungen unzufrieden. Leiter wurde zunächst Georges Danton, später Maximilien de Robespierre, dessen Schreckensherrschaft Hunderte von Menschen zum Opfer fielen, die er für Gegner der Revolution hielt. Schließlich fürchteten sich sogar die Abgeordneten des noch jungen ▶ Parlaments vor ihm und ließen ihn 1794 hinrichten. Während der bürgerlichen Herrschaft des Direktoriums beruhigte sich die Lage, allerdings hatte der neue französische Staat auch außerhalb Feinde, gegen die er sich militärisch verteidigen musste. Einer der erfolgreichsten Generäle war Napoléon Bonaparte, der 1799 an die Macht kam und die Revolution beendete. ■

AUF EINEN BLICK

17. Juni 1789	**Gründung der Nationalversammlung**
14. Juli 1789	**»Sturm auf die Bastille«**
21. Januar 1793	**Ende der Monarchie Hinrichtung Ludwigs XVI.**
März 1793	**Gründung des Wohlfahrtsausschusses**
1795–1799	**Herrschaft des Direktoriums**
9. November 1799	**Staatsstreich Napoleons I.**

1789 erstürmte die Bevölkerung von Paris die **Bastille** (links). Damit begann die Französische Revolution (Gemälde von Jean Pierre Houel). 1793 wurde der entmachtete **König Ludwig XVI.** in Paris öffentlich enthauptet (rechts).

Tempel- und Festungsanlagen wie die **Akropolis** von Athen bildeten das Zentrum jeder größeren griechischen Polis.

AUF EINEN BLICK

ab 1300 v. Chr.	**Ausbau Athens zur Stadt (Polis)**
776 v. Chr.	**Erste Olympische Spiele**
ab 650 v. Chr.	**Aufstieg Spartas**
334–333 v. Chr.	**Perserfeldzug Alexanders**
323 v. Chr.	**Tod Alexanders**
146 v. Chr.	**Griechenland wird römische Provinz**

griechische Antike

Ab etwa 1200 v. Chr. wuchsen in Griechenland kleine Siedlungen zu größeren Städten zusammen, die schließlich eigene Stadtstaaten bildeten. Diese wurden von Adeligen und von den Bürgern selbst regiert, wobei nur freie Bürger und ausschließlich Männer Ämter übernehmen und sich an Abstimmungen beteiligen konnten. Einen solchen Stadtstaat nannte man Polis. Die bedeutendsten Poleis waren Athen, Korinth und Sparta. Zu den Einrichtungen einer Polis gehörten eine Akropolis, d.h. eine Festungsanlage, in der sich auch die Tempel befanden, und die Agora, der Marktplatz, der auch für Versammlungen genutzt wurde. Im Laufe der Zeit gründeten sich rund um das Mittelmeer weitere griechische Städte wie Syrakus auf Sizilien oder Ephesus in Kleinasien.

Obwohl sich viele der Stadtstaaten untereinander bekriegten, erlebten Kunst, Kultur und Wissenschaft einen bis dahin unbekannten Aufschwung. Um 850 v. Chr. entwickelten die Griechen aus der ▸Schrift der Phönizier ihr eigenes Schriftsystem, in dem jedem Laut ein Zeichen zugeordnet wurde und das nun leicht zu erlernen war. In den Schulen lehrten berühmte Philosophen wie Sokrates, Platon und Aristoteles, Wissenschaftler wie Eratosthenes von Kyrene berechneten den Erdumfang und schufen die Grundlagen der späteren Naturwissenschaft. Aus religiösen Feiern zu Ehren des Gottes Dionysos entwickelte sich das Theater (▸antike Literatur), das sich in jeder Polis großer Beliebtheit erfreute. 776 v. Chr. fanden die ersten Olympischen Spiele statt, an denen Athleten aus ganz Griechenland teilnahmen.

Die größte äußere Bedrohung Griechenlands ging von Persien aus, gegen das die griechischen Städte mehrmals Krieg führten. Der erfolgreichste Feldherr war Alexander der Große (356–323 v. Chr.), der nicht nur Persien, sondern auch Ägypten und Teile Indiens eroberte und so für kurze Zeit ein Weltreich schuf. 146 v. Chr. wurde Griechenland Teil des ▸Römischen Reiches. ■

BIOGRAFIE

Alexander der Große

Alexander der Große (356–323 v. Chr.) war der Sohn Philipps II. von Makedonien. Nach der Ermordung seines Vaters bestieg er 336 v. Chr. den Thron. Er unterwarf und vereinte die griechischen Stadtstaaten und begann 334 v. Chr. mit der Eroberung des Perserreichs, des damals größten Reiches der Welt. Da er ein geschickter Feldherr war, besiegte er die zahlenmäßig überlegene persische Armee. Seine Eroberungszüge führten ihn bis nach Ägypten und Indien.

In Peru entstand um 1200 die Hochkultur der Inka. Im 15. Jh. errichteten sie an einem Berghang die Stadt **Machu Picchu** (links). Rund 4000 Jahre älter sind die Pyramiden und die **Sphinx von Gizeh** (rechts), die bekanntesten Zeugnisse der ägyptischen Hochkultur.

Hochkulturen

Gesellschaften oder Kulturkreise verschiedener historischer Epochen, die politisch, sozial, wirtschaftlich und kulturell einen besonders hohen Entwicklungsstand erreicht hatten, werden Hochkulturen genannt.

Die Menschen einer solchen Gesellschaft besaßen bereits ein gut organisiertes Gemeinwesen mit Herrschern oder Priestern an der Spitze, die mithilfe von Beamten ein Reich verwalteten. Statt wie ihre Vorfahren in kleinen Siedlungen zu wohnen, gründeten sie Städte, betrieben planmäßig Landwirtschaft, schufen Bewässerungssysteme für ihre Felder und legten Vorräte an. Ihre Häuser errichteten sie aus Stein und brachten es in der Gestaltung von Gefäßen, Waffen und Schmuck zu hoher Kunstfertigkeit. Mit ihren Produkten trieben sie Handel. Armeen sorgten für ihre Sicherheit. Künstler schufen Statuen und Wandmalereien, Gelehrte beobachteten den Himmel, erstellten Kalender und entwickelten die ersten Schriftsysteme. Der Zusammenhalt einer Hochkultur entstand nicht nur aufgrund der Macht eines Herrschers, sondern auch durch den gemeinsamen Glauben an Götter, die, wie man dachte, das Schicksal bestimmten.

Eine der frühesten Hochkulturen war die der Sumerer, die um etwa 4000 v. Chr. in Mesopotamien (Vorderasien) entstanden ist. Die von den Sumerern erfundene Keilschrift ist eine der ältesten der Welt. In ihr wurde z. B. das Gilgameschepos verfasst, eines der frühesten literarischen Werke (▶ antike Literatur). Das sumerische Reich bestand bis 2000 v. Chr. Ebenfalls eine Hochkultur war das ägyptische Reich, das von ungefähr 3150 bis 30 v. Chr. existierte. Noch heute zeugen die Pyramiden von Gizeh von den Leistungen der Ägypter.

Im ▶ Mittelalter errichteten in Mittel- und Südamerika etwa die Inka, Maya und Azteken Hochkulturen. ■

AUF EINEN BLICK

ca. 4000–2000 v. Chr.	**Sumerer**
ca. 3150–30 v. Chr.	**Ägypter**
ca. 2800–1800 v. Chr.	**Induskultur**
ca. 1500–400 v. Chr.	**Olmeken**
ca. 750 v. Chr.–395 n. Chr.	**Römisches Reich**
ca. 1200–1532 n. Chr.	**Inka**
ca. 1300–1521 n. Chr.	**Azteken**

Die lebensgroßen, aus Ton gefertigten **Wächterfiguren** im Grabmal des Kaisers Qin Shi Huangdi (3. Jh. v. Chr.) sind Zeugnisse der frühen chinesischen Hochkultur.

Aus den **Kolonien** kamen billige Rohstoffe nach Europa, z. B. Tee aus Ceylon (heute Sri Lanka) nach Großbritannien.

Imperialismus

Imperialismus ist das Bestreben eines Staates, andere Länder zu erobern, zu beherrschen und so ein möglichst großes Reich (lateinisch »imperium«) zu schaffen. So betrachtet waren auch Julius Cäsar, Alexander der Große und Napoléon Bonaparte Imperialisten.

Wenn Historiker von Imperialismus sprechen, meinen sie jedoch meist den Zeitraum zwischen 1870 und 1914. Damals haben die europäischen Großmächte sowie Japan und die USA Kolonien gegründet. Das waren Gebiete in Übersee (etwa Afrika, Indien oder China), die von den europäischen Mächten beherrscht und regiert wurden. Die Kolonien wurden errichtet, weil die Mutterländer Zugang zu billigen Rohstoffen haben, neue Absatzmärkte für die heimischen Produkte schaffen, aber auch den eigenen politischen Einflussbereich ausweiten wollten. So gelang es etwa Großbritannien, rund ein Viertel der Welt unter seine Kontrolle zu bringen.

Das ▶Deutsche Kaiserreich fing erst sehr spät damit an, Kolonien in Afrika und Asien zu gründen. Dazu gehörten etwa Kamerun, Togo, Deutsch-Ostafrika (heute Tansania, Burundi und Ruanda), Deutsch-Südwestafrika (heute Namibia und ein Teil Botswanas) und Kiautschou in China. Wie die anderen imperialistischen Länder ging auch Deutschland rücksichtslos gegen die Einheimischen vor, wenn sie sich gegen die Fremdherrschaft auflehnten. ■

industrielle Revolution

Bis ins 18. Jh. war ein Großteil aller Menschen Bauern, die Zahl der Handwerker, Händler oder Beamten lag wesentlich niedriger. In großen Werkstätten, den Manufakturen, wurden bestimmte Güter in Handarbeit hergestellt. So saßen Weber z. B. an Webstühlen, Bücher wurden an Druckstöcken hergestellt. Einfache Maschinen wurden von Wind- und Wassermühlen angetrieben, die jedoch nur an Flüssen oder windreichen Orten gebaut werden konnten.

Als Thomas Newcomen 1712 die Dampfmaschine erfand, die von James Watt ab 1769 entscheidend verbessert wurde, änderte sich die Art der Produktion grundlegend. Die Dampfmaschine konnte Energie jederzeit und überall zur Verfügung stellen. An den Rändern der Städte entstanden die ersten richtigen Fabriken, in denen Werkzeuge oder Textilien in großen Stückzahlen preisgünstig hergestellt wurden. Der technische Fortschritt machte den Menschen in vielen Bereichen nun überflüssig. In anderen, etwa im Bergbau oder der Stahlindustrie, wurde er dafür umso mehr gebraucht. So bildete sich als neuer gesellschaftlicher Stand die Arbeiterklasse. Immer mehr Menschen zogen in die Städte. Lebten in Deutschland 1870 nur 5 % der Bevölkerung in Großstädten, waren es 1890 bereits 50 %. Die Entwicklung zur Industriegesellschaft vollzog sich so schnell, dass sie industrielle Revolution genannt wird. ■

INFOBOX

Kinderarbeit

Die Bergwerke und Fabriken, die im Zuge der industriellen Revolution entstanden, benötigten viele Arbeitskräfte. Da nicht genügend erwachsene Arbeiter verfügbar waren, setzte man in großer Zahl Kinder ein. Die jüngsten waren oft gerade einmal vier Jahre alt. Zur Schule gehen konnten sie kaum, da sie bis zu 16 Stunden am Tag arbeiten mussten, wofür sie kaum Geld bekamen. Erst Mitte des 19. Jh. wurde die Kinderarbeit nach und nach verboten.

Dank Erfindungen wie der **Spinnmaschine** (hier in einer englischen Fabrik um 1840) konnten Waren günstig und in großen Mengen produziert werden.

Als 1961 die Berliner Mauer gebaut wurde, zogen am **Checkpoint Charlie**, einem Grenzübergang mitten in der Stadt, Panzer auf.

Kalter Krieg

Im ▶Zweiten Weltkrieg hatten die USA und die UdSSR gemeinsam gegen das Deutsche Reich und seine Verbündeten gekämpft. Nach Kriegsende verschärften sich die Gegensätze zwischen den beiden Staaten. Während die USA ein demokratischer Staat wie der unsere mit einer Marktwirtschaft und unabhängigen Medien sind, war die UdSSR ein kommunistisches Land mit einer Planwirtschaft und ohne Pressefreiheit. Die USA verfügten ab 1945, die UdSSR ab 1949 über Atombomben. Da jede Seite der anderen militärisch überlegen sein wollte, begannen sie um die Wette zu rüsten und unterstützten bei Kriegen wie in Korea (1950–1953) und Vietnam (1965–1975) die jeweiligen Kriegsgegner von beiden Seiten. Zu direkten kriegerischen Auseinandersetzungen zwischen den USA und der UdSSR kam es zwar nie – daher die Bezeichnung »Kalter Krieg« –, aber die Gefahr bestand stets, so etwa 1959, als die USA Raketen in der Türkei stationierten, oder 1962, als die UdSSR dasselbe in Kuba tat.

Mit dem Zusammenbruch der UdSSR und der Ostblockstaaten ab 1989 endete schließlich der Kalte Krieg. ■

Kommunismus

Der Begriff Kommunismus steht für eine Gesellschaft ohne Klassen und soziale Unterschiede, in der alle Produktionsmittel, von den landwirtschaftlichen Nutzflächen bis zu den Fabriken, dem Volk gehören. Der Gewinn aus der gesamten Produktion wird gerecht unter allen Menschen aufgeteilt. So zumindest haben es sich die Begründer des Kommunismus, die deutschen Philosophen Karl Marx und Friedrich Engels, im »Kommunistischen Manifest« von 1848 vorgestellt.

Erreicht werden soll der Kommunismus durch eine Revolution, die von der Arbeiterklasse, dem Proletariat, getragen wird. Als sich die soziale Lage in Europa im Zuge der ▶industriellen Revolution veränderte, waren viele Menschen von dieser Idee begeistert. In Russland kam es 1917 zur ersten erfolgreichen kommunistischen Revolution, bei der das alte Zarenreich beseitigt wurde. Statt des angestrebten gerechten Staates entstand jedoch nur die ▶Herrschaftsform der Diktatur, an deren Spitze zunächst Wladimir Iljitsch Lenin und später Jossif Stalin standen, die rücksichtslos gegen ihre Gegner vorgingen. Auch in China, Rumänien, Kuba, Nordkorea und anderen Ländern gründeten sich kommunistische Staaten, die jedoch die Erwartungen der meisten Menschen nicht erfüllen konnten. In der UdSSR und den übrigen Ostblockstaaten wurde der Kommunismus ab 1989 wieder abgeschafft. ■

BIOGRAFIE

Karl Marx

Der deutsche Philosoph Karl Marx (1818–1883) war einer der Begründer des Kommunismus. Ab 1845 verfasste er in London sein wichtigstes Werk: »Das Kapital«. Darin beschreibt er die Wirtschaftsordnung des Kapitalismus und kritisiert, dass die Unternehmer, denen Kapital und Maschinen gehören, immer höhere Gewinne erzielen, während die Arbeiter ausgebeutet werden.

Nach der **Oktoberrevolution** (hier in Sankt Petersburg) wurde in Russland der erste kommunistische Staat errichtet.

Einer der bedeutendsten Herrscher des Mittelalters war **Karl der Große**, der 800 zum Kaiser gekrönt und 1165 sogar heiliggesprochen wurde (Fensterbild aus dem Straßburger Münster um 1200). Karl förderte Kunst und Wissenschaft und versammelte zahlreiche Gelehrte an seinem Hof in Aachen.

Mittelalter

Das Mittelalter begann etwa mit dem Jahr 500 und endete um 1450 mit der ▶Reformation und der ▶Renaissance. Das Mittelalter wird auch als »christliches Zeitalter« bezeichnet, da das Ende der Antike und des Weströmischen Reiches mit der Christianisierung ganz Europas zusammenfiel. Missionare und Ritter verbreiteten den christlichen Glauben, häufig zwangen sie Menschen auch mit Waffengewalt zur Taufe. Gleichzeitig geriet viel von dem Wissen, das die Römer und die Griechen erworben hatten, in Vergessenheit. Während die meisten Bürger Roms und Griechenlands lesen und schreiben konnten, waren fast alle Menschen des Mittelalters Analphabeten. Fast ausschließlich Vertreter der Kirche, Adelige und Hofbeamte beherrschten die Schrift. Bücher der ▶mittelalterlichen Literatur wurden von Hand geschrieben und waren auf Latein verfasst, einer Sprache, die nur Gebildete verstanden.

An der Spitze der Gesellschaft standen der Kaiser, die Könige der verschiedenen Reiche und die Vertreter der römischen Kirche, deren Oberhaupt der Papst war. Alles Land gehörte den Königen, die es an Adelige als Lehen vergaben. Die Adeligen konnten die Güter nutzen, als Gegenleistung mussten sie dem König Treue schwören und mit ihm in den Krieg ziehen. Bewirtschaftet wurde das Land jedoch von den Bauern, die oftmals Leibeigene waren, über die die adeligen Lehnsherren nach Belieben verfügen durften. Leibeigene konnten also über ihr Leben nicht frei entscheiden. Diese Form der Gesellschaft nennt man Feudalismus. Neben den Bauern gab es auch Handwerker und Händler, die ihre Häuser im Schutz von Burgen errichteten und daher Bürger genannt wurden. Aus diesen Ansiedlungen entwickelten sich im Laufe des Mittelalters große Städte wie Nürnberg oder Hamburg.

Das christliche Europa wurde durch muslimische Heere bedroht, die ab dem Jahr 711 Teile Spaniens und Portugals eroberten, jedoch bis 1492 wieder vertrieben wurden. Papst Urban II. rief 1095 zum ersten Kreuzzug auf, um die Heilige Stadt Jerusalem von den Muslimen zurückzuerobern. 1453 eroberten die Osmanen die oströmische Hauptstadt Konstantinopel. Mit der Renaissance begann schließlich die Neuzeit. ■

AUF EINEN BLICK

ca. 500	**Zerfall des Weströmischen Reiches**
622	**Beginn der Ausbreitung des Islam**
800	**Krönung Karls des Großen zum Kaiser**
1096–1099	**Erster Kreuzzug**
1347–1353	**Pestepidemie**
1453	**Eroberung Konstantinopels durch die Osmanen, Ende des Oströmischen Reiches**

Im Mittelalter hatte die Kirche einen sehr starken Einfluss auf die Politik. Das zeigen die **Kreuzzüge**. Der französische König Ludwig IX. brach 1248 mit seinem Heer nach Ägypten auf (Buchmalerei um 1350).

Nahostkonflikt

Der Nahostkonflikt ist eine Folge der Gründung des Staates Israel im Jahr 1948. Seit etwa 1880 waren immer mehr Juden nach Palästina eingewandert, das sie gemäß ihrem Glauben als Urheimat ansahen. Das Gebiet gehörte bis zum Ende des ▶ Ersten Weltkriegs zum Osmanischen Reich und wurde anschließend von Großbritannien verwaltet. Die Verfolgung der Juden durch den ▶ Nationalsozialismus führte ab 1933 zu einer Einwanderungswelle. 1947 stimmten die Vereinten Nationen für die Gründung eines palästinensischen und eines israelischen Staates. Meinungsverschiedenheiten über die Grenzen und andere Bedingungen führten jedoch zu bewaffneten Auseinandersetzungen und schließlich zu einem Krieg der arabischen Nachbarländer Ägypten, Syrien, Irak, Libanon und Transjordanien gegen den gerade gegründeten Staat Israel.

Dank militärischer Hilfe aus dem Ausland konnte Israel diesen Krieg gewinnen und große Teile Palästinas erobern, die von der UNO nicht als israelisches Staatsgebiet vorgesehen waren. Mehr als 700 000 Palästinenser flohen und lebten danach vorwiegend in Flüchtlingslagern. Die Palästinensische Befreiungsbewegung setzte sich zum Ziel, auf dem Boden Palästinas einen eigenen Staat zu errichten. Weitere Kriege wie der Sechstagekrieg (1967) und der Jom-Kippur-Krieg (1973) folgten und verschärften den Konflikt zwischen Israel und seinen arabischen Nachbarn. Trotz internationaler Bemühungen und Friedenskonferenzen konnte er bis heute nicht gelöst werden. Radikale Palästinensergruppen wie die Hamas bekämpfen den Staat Israel mit Selbstmordattentaten und Raketenangriffen. Die Gründung eines Palästinenserstaates ist noch immer nicht erfolgt, weil zu viele Bedingungen nach wie vor strittig sind. ■

Mit einer rund 700 km langen und bis zu 8 m hohen Mauer versucht sich **Israel** seit 2002 vor palästinensischen Terroranschlägen zu schützen.

AUF EINEN BLICK

14. Mai 1948	**Gründung des Staates Israel**
1948–1949	**Israelischer Unabhängigkeitskrieg gegen arabische Staaten**
2. Juni 1964	**Gründung der PLO**
5.–10. Juni 1967	**Sechstagekrieg**
Oktober 1973	**Jom-Kippur-Krieg**
26. März 1979	**Israelisch-ägyptischer Friedensvertrag**
4. Mai 1994	**Gaza-Jericho-Abkommen**
25. Januar 2006	**Wahlsieg der Hamas**

Ein Jugendlicher schwenkt die **palästinensische Fahne** vor zwei israelischen Panzern.

BIOGRAFIE

Jassir Arafat

Jassir Arafat (1929–2004) war der Führer der palästinensischen Befreiungsorganisation (PLO). Zunächst wollte er mit Gewalt die Abschaffung des Staates Israel erreichen, setzte sich dann jedoch ab 1989 für eine friedliche Lösung des Nahostkonflikts ein. 1994 erhielt er gemeinsam mit den israelischen Politikern Shimon Peres und Jitzhak Rabin den Friedensnobelpreis.

Nationalsozialismus und Faschismus

BIOGRAFIE

Adolf Hitler

Adolf Hitler (1889–1945) war unter anderem Postkartenmaler, bevor er 1919 der späteren NSDAP beitrat. Als Redner, der viele Menschen begeisterte, stieg er rasch zum Führer der Partei auf. Sein politisches Programm, das er nach 1933 in die Tat umsetzte, hatte er bereits 1925/26 in seinem Buch »Mein Kampf« bis ins Kleinste dargelegt.

Nationalsozialismus und Faschismus sind ähnliche Weltanschauungen (Ideologien), die im Zuge des ▶Ersten Weltkriegs in Europa entwickelt wurden. Allerdings bauen sie auf Ideen und politischen Vorstellungen auf, die aus dem 19. Jh. stammen oder noch älter sind. Beide Ideologien richten sich radikal gegen die ▶Herrschaftsform der Demokratie und den ▶Kommunismus. Der Nationalsozialismus vertritt außerdem einen stark antisemitischen Standpunkt, d. h., er sieht die Juden als den größten inneren wie äußeren Feind Deutschlands an. Der Begriff des Faschismus wurde in Italien geprägt, doch verwendet man ihn auch für ähnlich ausgerichtete politische Bewegungen in der ganzen Welt, z. B. die Diktatur in Spanien von 1936 bis 1975.

Beide Ideologien verlangen eine Gesellschaft, die nach dem sogenannten Führerprinzip aufgebaut ist. An der Spitze steht ein Diktator mit großer Machtfülle – in Deutschland war dies Adolf Hitler, in Italien Benito Mussolini (1883–1945), in Spanien Francisco Franco (1892–1975). Ihm unterstanden die Minister und Generäle, die wiederum ihre Untergebenen befehligten. Schon Kinder wurden nach den Gesichtspunkten der Ideologie erzogen und die persönliche Freiheit wurde zugunsten der »Volksgemeinschaft« eingeschränkt. Auch die Wirtschaft hatte sich dem Staat zu unterwerfen.

Adolf Hitler und die von ihm geführten Nationalsozialisten waren davon überzeugt, dass die Deutschen bzw. die Angehörigen der »weißen Rasse«, die »Arier«, anderen Völkern überlegen seien und daher über sie herrschen sollten. Als Gegner der Arier wurden die Juden angesehen, die die Nationalsozialisten nicht nur aus Deutschland vertreiben, sondern vollständig vernichten wollten. Mehr als sechs Millionen von ihnen wurden in Konzentrationslager verschleppt und dort ermordet. Man nennt dies Holocaust oder Schoah.

Mithilfe von Aufmärschen, Rundfunksendungen und Propagandafilmen wurde die nationalsozialistische Weltanschauung vermittelt. Die meisten Menschen glaubten der Propaganda und verehrten Adolf Hitler wie einen religiösen Führer. Es gab aber auch solche, die Widerstand gegen die menschenverachtende Weltanschauung und die Verbrechen der Nationalsozialisten leisteten, darunter Jugendliche und Studenten wie die Mitglieder der »Weißen Rose«. Sie wurden hingerichtet, weil sie Flugblätter gegen die Nazis verteilt hatten. Mit der Niederlage Deutschlands im ▶Zweiten Weltkrieg endete auch die Zeit des Nationalsozialismus. ■

In der **Reichspogromnacht** vom 9. auf den 10. November 1938 wurden in ganz Deutschland jüdische Geschäfte und Synagogen verwüstet wie hier die Synagoge in Bielefeld.

Die Nationalsozialisten verschleppten Menschen aus rassischen, religiösen oder politischen Gründen in **Konzentrationslager**. Rund 56 000 Menschen starben allein im KZ Buchenwald (bei Weimar) an den unmenschlichen Haftbedingungen.

Nationalversammlung

1848 gab es noch keinen deutschen Staat, sondern nur den Deutschen Bund, eine lose Vereinigung von 34 Fürstentümern und vier Reichsstädten. Schon lange hatten demokratisch gesonnene Bürger und Studenten einen Nationalstaat gefordert, wie ihn die Franzosen oder Briten längst besaßen. Außerdem forderten sie demokratische Reformen.

Als in Frankreich im Februar 1848 der König durch eine Revolution gestürzt wurde, kam es im März auch in deutschen und österreichischen Städten zu Aufständen. Die Revolutionäre forderten Bürgerrechte und eine Nationalversammlung frei gewählter Abgeordneter. Den Fürsten blieb nichts anderes übrig als nachzugeben. Das erste frei gewählte ▶Parlament des Deutschen Bundes tagte in der Paulskirche in Frankfurt am Main und hatte die Aufgabe, die Verfassung für einen deutschen Nationalstaat auszuarbeiten. Die insgesamt 809 Abgeordneten waren meist Juristen oder Hochschulprofessoren, darunter auch die bekannten Sprachforscher und Märchensammler Jacob und Wilhelm Grimm. Die Nationalversammlung beschloss, den König von Preußen zum Kaiser zu ernennen, seine Macht jedoch zu begrenzen. Der König lehnte diesen Vorschlag ab und schickte Truppen in die Fürstentümer, um die Revolution zu beenden. Daher musste die Nationalversammlung ihre Arbeit schon 1849 wieder einstellen. Viele Grundgedanken ihrer Verfassung finden sich allerdings im ▶Grundgesetz der ▶Bundesrepublik Deutschland wieder. ■

Am 18. Mai 1848 trat die Nationalversammlung in der **Frankfurter Paulskirche** zusammen.

Auf der **Wartburg** bei Eisenach übersetzte der Reformator Martin Luther 1521/22 das Neue Testament der Bibel ins Deutsche.

Reformation

Zu Beginn des 16. Jh. befand sich die katholische Kirche in einer Krise. Mehrere Versuche, Missstände wie Vetternwirtschaft unter den Bischöfen oder den unmoralischen Lebenswandel vieler Geistlicher zu beheben, waren gescheitert. Darüber hinaus hatte der Papst beschlossen, im Vatikan den Petersdom, die größte Kirche der Welt, bauen zu lassen. Um das Geld dafür aufzutreiben, wurde in Deutschland mit Ablassbriefen gehandelt. Mit ihnen konnten sich die Gläubigen von der erwarteten Strafe für ihre Sünden mit Geld freikaufen.

Gegen diese und andere Gepflogenheiten der Kirche wandte sich der Augustinermönch Martin Luther mit seinen 95 Thesen, die er 1517 veröffentlichte. Luther wollte den Menschen einen unmittelbaren Weg zu Gott und dem Glauben weisen – ohne Papsttum und Kirche. Um dies zu ermöglichen, übersetzte er 1521 die Bibel ins Deutsche, damit jeder Gläubige sie selbst lesen konnte. Bis dahin gab es fast nur lateinische Bibeln. Dank des Buchdrucks fand Luthers Bibel schnell weite Verbreitung. Viele Fürsten stimmten dem Reformator zu und lösten sich von der katholischen Kirche, nicht zuletzt, um ihr keine Steuern mehr zahlen zu müssen. So entstand in vielen Fürstentümern eine neue Kirche, die reformiert bzw. protestantisch genannt wurde. Dem Papst fehlte die Macht, die Spaltung der Kirche aufzuhalten, und so verbreitete sich die Reformation in ganz Europa. ■

BIOGRAFIE

Martin Luther

Martin Luther (1483–1546) stellte den Menschen in ein neues Verhältnis zu Gott. Der Glaube allein und das Vertrauen in die Gerechtigkeit Gottes bewirken nach Luther Gottes Gnade. Die Autorität des Papstes lehnte er ab, da sie nur menschlich und darum fehlbar sei. Ausschließlich die Heilige Schrift sollte Maßstab christlichen Handelns sein.

Etwa 2 m hoch sind diese Steine, **Menhire** genannt, bei Carnac in der Bretagne. Sie stammen aus der Jungsteinzeit und dienten vermutlich religiösen Zwecken.

Vorgeschichte

Die Vorgeschichte ist der sehr lange Zeitraum von der Erfindung der ersten Steinwerkzeuge vor rund 2,4 Millionen Jahren bis zum Beginn der Geschichtsschreibung. Da aus dieser Zeit keine schriftlichen Zeugnisse vorhanden sind, versuchen Archäologen, die Entwicklung der Menschheit aus Funden von Knochen, Werkzeugen, Waffen, Kleidungsstücken, Höhlenmalereien und Resten von Siedlungen nachzuvollziehen. Allgemeingültige Datierungen bestimmter Stufen dieser Entwicklung sind allerdings nicht möglich, da sie in den verschiedenen Regionen der Welt unterschiedlich verlaufen ist.

Vor rund 2,4 Millionen Jahren begann in Ostafrika der Homo habilis, ein Vorfahre des heutigen Menschen, mit der Herstellung von einfachen Faustkeilen und anderen Steinwerkzeugen. Man nennt diese Phase der Menschheitsgeschichte daher auch Steinzeit. Der Homo erectus entwickelte sich vor 1,8 Millionen Jahren und nutzte bereits das Feuer. Er verließ Afrika und erreichte Europa und Asien.

Vor rund 300 000 Jahren entwickelte sich in Europa der Neandertaler (Homo sapiens neandertalensis), der Steinklingen herstellte und seine Toten mit aufwendigen Grabbeigaben bestattete. Vor ungefähr 40 000 Jahren rottete der moderne Mensch (Homo sapiens sapiens) den Neandertaler in Europa aus, teilweise vermischte er sich mit ihm. Der moderne Mensch verfeinerte die Technik der Steinbearbeitung und schuf Höhlenmalereien.

Vor rund 8000 Jahren begann die Jungsteinzeit, in der sich die Menschen von Jägern und Sammlern, die als Nomaden umherzogen, zu Bauern wandelten. Sie legten Siedlungen an, züchteten Tiere und ▶Nutzpflanzen, erfanden das Rad und die Keramik und lernten, Metalle wie Kupfer, Bronze und Eisen zu bearbeiten. Daher nennt man die auf die Steinzeit folgenden Phasen der Menschheitsgeschichte Bronze- und Eisenzeit. In einigen Regionen entstanden große Steingräber und Kultstätten, die zugleich der Himmelsbeobachtung und der Bestimmung der Jahreszeiten dienten, z. B. Stonehenge im heutigen England. ■

AUF EINEN BLICK

ca. 2 400 000–8000 v. Chr.	**Altsteinzeit (Paläolithikum)**
ca. 10 000–4500 v. Chr.	**Mittelsteinzeit (Mesolithikum)**
ca. 8000–3000 v. Chr.	**Jungsteinzeit (Neolithikum)**
ca. 3000–1000 v. Chr.	**Bronzezeit**
ab ca. 1200 v. Chr.	**Eisenzeit**
ab ca. 450 v. Chr.	**Geschichtsschreibung**

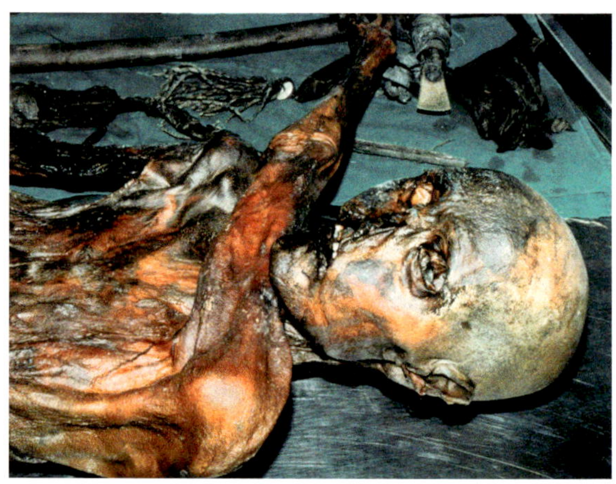

»Ötzi« zog 3300 v. Chr. durch die Südtiroler Alpen. Die Untersuchung seiner Mumie gab Aufschluss über den Alltag in der Jungsteinzeit.

Weimarer Republik

Die drängenden Probleme der Weimarer Republik spiegeln sich auch in den **Wahlplakaten** wider (links ein Plakat der NSDAP, rechts eines der Zentrumspartei zur Reichstagswahl 1932).

Die Weimarer Republik war der erste demokratische deutsche ▶Staat. Er wurde nach dem Ende des ▶Ersten Weltkriegs und dem Zusammenbruch des ▶Deutschen Kaiserreichs 1919 gegründet. Der Sozialdemokrat Philipp Scheidemann rief in Berlin die Republik aus. Mithilfe des Militärs gelang es der SPD, kommunistische Revolutionäre daran zu hindern, selbst einen Staat zu gründen. Rosa Luxemburg und Karl Liebknecht, die Anführer der Kommunisten, wurden 1919 ermordet. Da sich die Abgeordneten in Berlin nicht sicher fühlten, tagte die Nationalversammlung in Weimar und gab so der Republik ihren Namen. Sie verabschiedete eine demokratische Verfassung und rief zu den ersten freien ▶Wahlen auf.

Zeitweise zogen zur Zeit der Weimarer Republik bis zu 17 Parteien in den Reichstag ein, doch nur ein Teil davon verfolgte demokratische Ziele. Rechte und Linke, Anhänger der Monarchie sowie viele Offiziere und Adelige waren Gegner der Demokratie. Immer wieder unternahmen die radikalen Rechten Versuche, die Demokratie zu beseitigen. Drückend waren die Bedingungen des Friedensvertrags von Versailles, der Deutschland zu Geldzahlungen an die Siegermächte des Ersten Weltkriegs verpflichtete. Wirtschaftskrisen und Inflation (Anstieg der Preise bei fallendem Wert des Geldes) führten zu Armut und hoher Arbeitslosigkeit. An Industriestandorten wie dem Ruhrgebiet oder Hamburg kam es in der Folge zu Unruhen.

Trotz der politisch schwierigen Lage blühte die Kultur auf. Deutschland wurde zu einem bedeutenden Theater- und Filmland, wo fast so viele Filme gedreht wurden wie in Hollywood. Stars dieser Zeit waren etwa Marlene Dietrich und Gustaf Gründgens.

Ende der 1920er-Jahre erschütterten schwere Wirtschaftskrisen das Land. Die Massenarbeitslosigkeit führte dazu, dass sich immer mehr Menschen den radikalen Parteien zuwandten: der Kommunistischen Partei (KPD) auf der linken und der Nationalsozialistischen Deutschen Arbeiterpartei (NSDAP) auf der rechten Seite, deren Anhänger sich teilweise blutig bekämpften. 1933 ernannte der Reichspräsident Paul von Hindenburg den Führer der NSDAP, Adolf Hitler, zum Reichskanzler. Damit endete die Weimarer Republik und die Herrschaft des ▶Nationalsozialismus in Deutschland begann. ■

INFOBOX

Die Dolchstoßlegende

Nach dem Ersten Weltkrieg verbreiteten national gesinnte Offiziere und rechte Politiker die Legende, dass die deutsche Armee nicht an der Kriegsfront besiegt, sondern durch die revolutionäre Tätigkeit von Sozialdemokraten und Juden in der Heimat zur Aufgabe gezwungen und somit »von hinten erdolcht« worden sei.
Die Nationalsozialisten nutzten ab 1919 die Dolchstoßlegende propagandistisch als Kampfparole gegen die Weimarer Republik und deren Regierungen. Heute weiß man, dass die Armee gegen Kriegsende längst am Ende ihrer Kräfte angelangt war, was die Legende widerlegt.

Während der **Inflation** stiegen nur die Zahlen auf den Banknoten – die Kaufkraft des Geldes hingegen sank.

Schon die Menschen der Vorzeit erbauten Anlagen, mit denen sich der Lauf der Gestirne und damit die Zeit messen ließ, wie hier im südenglischen **Stonehenge**.

Wiedervereinigung

Nach dem Fall der Berliner Mauer am 9. November 1989 forderten immer mehr Politiker eine Wiedervereinigung der beiden nach dem ▶Zweiten Weltkrieg entstandenen deutschen Staaten. Nach den ersten freien ▶Wahlen zur Volkskammer der ▶DDR im März 1990 trafen sich Vertreter beider deutscher ▶Parlamente, um einen Einigungsvertrag auszuhandeln. Zunächst wurde eine Wirtschafts-, Währungs- und Sozialunion beschlossen und die D-Mark in der DDR eingeführt. Nachdem auch die ehemaligen Siegermächte USA, Großbritannien, Frankreich und UdSSR ihre Zustimmung erteilt hatten, konnte die Wiedervereinigung vollzogen werden. Am 3. Oktober 1990 trat der Einigungsvertrag in Kraft. Damit endete die 40-jährige Teilung Deutschlands. Das ▶Grundgesetz wurde zur gemeinsamen Verfassung und die ehemalige Reichshauptstadt Berlin zur Hauptstadt der neuen ▶Bundesrepublik Deutschland ernannt. ■

Am **9. November 1989** tanzten die Menschen auf der Berliner Mauer, die fast dreißig Jahre lang ein Symbol der deutschen Teilung war.

Zeitrechnung

Schon vor Millionen von Jahren haben sich die Menschen Gedanken darüber gemacht, wie sich die Jahreszeiten berechnen lassen, um z. B. den besten Zeitpunkt für die Aussaat bestimmen zu können. Aus der immer gleichen Wiederholung der Jahreszeiten leiteten sie das Jahr ab. Die Phasen des ▶Mondes bestimmten die Dauer eines Monats, während der Stand der ▶Sonne die Zeit in Tage einteilte. Eine Zeitrechnung, die die Jahre zählte, entwickelte sich jedoch erst mit den ▶Hochkulturen. Doch waren diese Rechnungen nicht überall gleich. Denn die verschiedenen Jahreszählungen setzten meist mit einem für die jeweilige Kultur oder Gesellschaft wichtigen Ereignis ein. So begann die Zeitrechnung in der griechischen ▶Antike mit den ersten Olympischen Spielen (776 v. Chr.). Die christliche Zeitrechnung, die sich in weiten Teilen der Welt schließlich durchsetzte, beginnt mit Christi Geburt, die islamische hingegen mit der Übersiedlung des Propheten Mohammed nach Medina im Jahr 622. Das Jahr 2007 unserer Zeitrechnung entspricht also dem Jahr 1428 des islamischen Kalenders. ■

INFOBOX

Dendrochronologie

Die Dendrochronologie ist eine Methode, mit der Archäologen das Alter von Bauwerken und Gegenständen aus Holz bestimmen können. An den Jahresringen, die sich im Holz abzeichnen, lässt sich die Wachstumsgeschichte des ursprünglichen Baumes ablesen. Durch Vergleiche kann man so feststellen, wann ein Baum in einer bestimmten Region gewachsen ist, aus dem z. B. der Stiel einer Axt oder ein Pfahl gefertigt wurde.

Zweiter Weltkrie

NEN BLICK

mber 1939	**Überfall auf Polen und Kriegsbeginn**
22. April 1941	**Beginn des Russlandfeldzugs**
2. Februar 1943	**Kapitulation der 6. Armee in Stalingrad**
6. Juni 1944	**Invasion in der Normandie**
8. Mai 1945	**Bedingungslose Kapitulation**
6. August 1945	**Abwurf der Atombombe auf Hiroshima**
2. September 1945	**Kapitulation Japans**

Schon bevor Adolf Hitler 1933 an die Macht kam, hatte er den Plan gefasst, die Folgen des ▶Ersten Weltkriegs rückgängig zu machen und das Deutsche Reich insbesondere nach Osteuropa auszudehnen. Die dort lebenden Menschen sollten entweder vertrieben oder versklavt werden. Sofort nach seinem Regierungsantritt begann er damit, die Wehrmacht aufzurüsten. Österreich und das tschechische Sudetenland konnten noch ohne Krieg an das Deutsche Reich angeschlossen werden. Mit dem Angriff Deutschlands auf Polen begann am 1. September 1939 schließlich der Zweite Weltkrieg.

Die Verbündeten Deutschlands waren Italien und Japan; zusammen nannte man sie die Achsenmächte. Ihnen gegenüber standen die Alliierten, zu denen Großbritannien, Frankreich und ab 1941 auch die USA gehörten. Bereits zuvor hatte sich Hitler mit Stalin, dem Führer der UdSSR, darauf geeinigt, Polen untereinander aufzuteilen. Dafür eroberte die deutsche Wehrmacht ab 1940 die Niederlande, Luxemburg, Belgien und Frankreich. Auch Dänemark, Norwegen, Jugoslawien und Griechenland wurden besetzt. In den eroberten Gebieten begann man sofort mit der Verfolgung und Vernichtung der Juden (Holocaust) und möglicher Gegner. Trotz eines Nichtangriffspakts mit Stalin stieß die Wehrmacht 1941 in die UdSSR vor und eroberte große Teile des Landes, erlitt aber Anfang 1943 in der Schlacht um Stalingrad eine schwere Niederlage, die den Wendepunkt des Krieges darstellte. Die Rote Armee der UdSSR drang nun siegreich immer weiter nach Westen vor. Nachdem die Japaner 1941 den Flottenstützpunkt Pearl Harbor auf Hawaii bombardiert hatten, traten auch die USA in den Krieg ein. Im Juni 1944 landeten die Alliierten in der Normandie und eroberten Frankreich zurück. Gleichzeitig stieß die Rote Armee auf Berlin vor. Am 30. April 1945 beging Hitler in seinem Bunker in Berlin Selbstmord. Am 8. Mai kapitulierte die Wehrmacht. Das Deutsche Reich war besiegt, während der Krieg im Pazifik noch bis Ende August 1945 andauerte. Nachdem die USA zwei Atombomben über Hiroshima und Nagasaki abgeworfen hatten, kapitulierten schließlich auch die Japaner.

Der Zweite Weltkrieg kostete fast 60 Millionen Menschen das Leben. Mit rund 22 Millionen hatte die UdSSR die meisten Opfer zu beklagen. Zu den Folgen des Krieges zählen der ▶Kalte Krieg sowie die Gründung der ▶Bundesrepublik Deutschland und der ▶DDR im Jahre 1949. ■

Am 1. September 1939 marschierte die deutsche **Wehrmacht** in Polen ein (links). Damit begann der Zweite Weltkrieg. Im Verlauf des Krieges wurden auch viele deutsche Städte durch **Bombenangriffe** zerstört (rechts).

JVC
EXPERIENCE
THE WORLD'S FIRST
HD-ILA
DIGITAL REAR PROJECTION TV BY JVC
JVC JVC
THE PERFECT EXPERIENCE
CLEARCHANNEL
STARBUCKS COFFEE
NASDAQ WEL
GOOGLE
AUGUST 19
TIMES SQUARE

Politik und Wirtschaft

Seit es Gesellschaften und Staaten gibt, gibt es auch Politik. Die Politik dient dazu, das Leben der Menschen in einem Staat zu regeln. Es gibt verschiedene Staatsformen und Regierungssysteme von der Diktatur bis zur Demokratie. Zum politischen System zählen Parlament, Regierung, Parteien und Interessenverbände. Wirtschaftliche Prozesse sorgen dafür, dass wir mit Produkten und Dienstleistungen versorgt werden. Ohne die Wirtschaft kann kein Staat existieren.

Alle Bürger tragen mit ihrem Einkommen zum **Bruttonationaleinkommen** bei.

Börse

An der Börse werden Aktien und andere Wertpapiere gehandelt. Das sind Urkunden, die dem Inhaber bescheinigen, dass er Anteile an einem Unternehmen besitzt. Er wird dadurch Miteigentümer der Firma, die Aktiengesellschaft (AG) genannt wird. Wertpapiere können auch die Teilhabe an einem Handel mit Zucker, Getreide oder anderen Waren verbriefen. An der Börse werden jedoch nicht die Waren selbst gehandelt, sondern nur die Besitzdokumente.

Börsenmakler kaufen und verkaufen Aktien. Die Preise der Aktien richten sich nach Angebot und Nachfrage. Sie werden Kurse genannt und auf einer Tafel angezeigt. Wird eine Aktie von vielen Anlegern gekauft, steigt ihr Kurs an der Börse. Werden viele dieser Aktien verkauft, sinkt der Kurs. Bei Anlegern gefragt sind Aktien von erfolgreichen Unternehmen, die Gewinn machen und deren Kurs steigt. Meist ist dies jedoch nur schwer vorauszusehen. Daher geht jeder Anleger an der Börse ein Risiko ein. Irrt er sich und der Kurs seiner Aktie sinkt, verliert er Geld. Verkauft er seine Aktien hingegen zu einem höheren Preis, als er sie eingekauft hat, kann er viel Geld verdienen.

Die größte Börse in Deutschland ist die Wertpapierbörse in Frankfurt am Main, die seit 1585 besteht. Sie ermittelt aus den 30 wichtigsten deutschen Aktien einen Mittelwert, den DAX. Der DAX gibt Auskunft über die Entwicklung des Wertpapierhandels und der Wirtschaft in Deutschland. ■

Bruttonationaleinkommen

Alles ▶Geld, was die Bürger und Unternehmen eines Landes innerhalb eines Jahres verdienen, alle Produkte, die sie erzeugen, und alle Leistungen, die sie erbringen, nennt man zusammengerechnet das Bruttonationaleinkommen. Dazu zählt auch das Einkommen, das Bürger im Ausland verdient haben, nicht aber das Geld, das im Inland arbeitende Ausländer erwirtschaftet und dann ins Ausland überwiesen haben. Mithilfe des Bruttonationaleinkommens können Politiker und Wirtschaftsforscher die wirtschaftliche Leistungsfähigkeit eines Landes mit der anderer Länder vergleichen. Das Bruttonationaleinkommen der ▶Bundesrepublik Deutschland beträgt ungefähr 2900 Milliarden Euro im Jahr. Damit steht Deutschland hinter den USA und Japan auf dem dritten Platz in der Welt. Bis 1999 wurde das Bruttonationaleinkommen Bruttosozialprodukt genannt. ■

Im **Börsensaal**, dem sogenannten Parkett, verfolgen Börsenmakler die Kurse und handeln mit Aktien.

Bundeskanzler

Der Bundeskanzler oder die Bundeskanzlerin ist in Deutschland der Leiter der ▶Bundesregierung. Dies ist das mächtigste Amt in der ▶Bundesrepublik Deutschland. In der offiziellen Rangfolge bei Staatsempfängen und Feiern, dem sogenannten Protokoll, steht er jedoch hinter dem ▶Bundespräsidenten und dem Präsidenten des Bundestags an dritter Stelle. Sein Amtssitz ist das Bundeskanzleramt in Berlin.

Der Bundeskanzler bestimmt maßgeblich, welche politischen Entscheidungen die von ihm geführte Regierung trifft. Er hat die sogenannte Richtlinienkompetenz. Vor dem Bundestag ist er für diese Politik verantwortlich und muss sie regelmäßig in einer Regierungserklärung darlegen und begründen. Im Falle eines Krieges ist der Bundeskanzler der Oberbefehlshaber über die Bundeswehr.

Jeder Bürger, der volljährig ist, kann Bundeskanzler werden. Er muss keiner politischen Partei angehören oder Mitglied des Bundestags sein. Bislang sind jedoch alle Kanzler Parteipolitiker und Abgeordnete gewesen. Der Kanzlerkandidat kann sich nicht selbst zur Wahl aufstellen, sondern wird vom Bundespräsidenten vorgeschlagen. Der Bundeskanzler wird vom ▶Bundestag für vier Jahre gewählt. Hat das Parlament kein Vertrauen mehr in ihn, kann er vorzeitig durch das konstruktive Misstrauensvotum vom Bundestag zum Rücktritt gezwungen werden. Gleichzeitig wird dann ein neuer Bundeskanzler gewählt. Er kann seine Amtszeit auch selbst durch Rücktritt beenden. Wird nach vier Jahren ein neuer Bundestag gewählt, der sich erneut für ihn entscheidet, bleibt er für vier weitere Jahre Kanzler. Nach seiner ▶Wahl stellt der Bundeskanzler seine Regierung zusammen, die auch Bundeskabinett genannt wird und aus den Ministern besteht.

Auch die Regierung in Österreich wird von einem Bundeskanzler angeführt, der vergleichbare Aufgaben hat wie der deutsche Bundeskanzler. Der Schweizer Bundeskanzler ist dagegen der Leiter der Bundeskanzlei und dient den sieben Mitgliedern des Bundesrates als Berater und Verwalter der Amtsgeschäfte. ■

Das neue **Bundeskanzleramt** in der Nähe des Bundestags und des Brandenburger Tors in Berlin ist seit 2001 Amtssitz des Bundeskanzlers.

2005 wurde Angela Merkel als erste Frau in Deutschland **Bundeskanzlerin**.

AUF EINEN BLICK

Deutsche Bundeskanzler

1949–1963	**Konrad Adenauer**	1974–1982	**Helmut Schmidt**
1963–1966	**Ludwig Erhard**	1982–1998	**Helmut Kohl**
1966–1969	**Kurt Georg Kiesinger**	1998–2005	**Gerhard Schröder**
1969–1974	**Willy Brandt**	seit 2005	**Angela Merkel**

Österreichische Bundeskanzler (seit 1945)

1945	**Karl Renner**	1983–1986	**Fred Sinowatz**
1945–1953	**Leopold Figl**	1986–1997	**Franz Vranitzky**
1953–1961	**Julius Raab**	1997–2000	**Viktor Klima**
1961–1964	**Alfons Gorbach**	2000–2007	**Wolfgang Schüssel**
1964–1970	**Josef Klaus**	seit 2007	**Alfred Gusenbauer**
1970–1983	**Bruno Kreisky**		

Das **Schloss Bellevue** ist der erste Amtssitz des Bundespräsidenten.

Bundespräsident

Der Bundespräsident ist das Staatsoberhaupt der ▶Bundesrepublik Deutschland. Er repräsentiert Deutschland im Ausland und bei Staatsempfängen. Obwohl er meistens einer Partei angehört, ist sein Amt überparteilich. Er hat zwei Amtssitze, das Schloss Bellevue in Berlin und die Villa Hammerschmidt in Bonn. Ist der Bundespräsident verhindert, wird er vom Präsidenten des ▶Bundesrats vertreten.

Der Bundespräsident wird von der Bundesversammlung für fünf Jahre gewählt und kann nur einmal wiedergewählt werden. Die Bundesversammlung setzt sich zusammen aus allen Mitgliedern des ▶Bundestags und noch einmal der gleichen Anzahl von Mitgliedern, die von den Volksvertretungen der Länder bestimmt werden. Zum Bundespräsidenten kann jeder Deutsche gewählt werden, der mindestens 40 Jahre alt ist.

Der Bundespräsident schlägt dem Bundestag den ▶Bundeskanzler zur Wahl vor, ernennt und entlässt ihn sowie die Minister. Er prüft, ob die Gesetze, die Bundestag und Bundesrat verabschiedet haben, verfassungsgemäß sind, und unterzeichnet sie. Nur so können sie in Kraft treten. Falls er der Ansicht ist, dass sie mit der Verfassung nicht übereinstimmen, kann er seine Unterschrift verweigern. Er kann den Bundestag in Ausnahmefällen auflösen, z. B. wenn der Bundeskanzler mit einem Antrag an das Parlament, ihm das Vertrauen auszusprechen (Vertrauensfrage), scheitert. Außerdem kann der Bundespräsident Strafgefangene begnadigen oder Bürger für besondere Verdienste für das Land mit dem Bundesverdienstkreuz auszeichnen.

In Österreich hat der Bundespräsident vergleichbare Aufgaben. In der Schweiz gibt es kein Staatsoberhaupt. Der Bundespräsident ist der Vorsitzende der sieben Bundesräte. ■

AUF EINEN BLICK

Deutsche Bundespräsidenten

1949–1959	**Theodor Heuss**	1984–1994	**Richard von Weizsäcker**
1959–1969	**Heinrich Lübke**	1994–1999	**Roman Herzog**
1969–1974	**Gustav Heinemann**	1999–2004	**Johannes Rau**
1974–1979	**Walter Scheel**	seit 2004	**Horst Köhler**
1979–1984	**Karl Carstens**		

Österreichische Bundespräsidenten (seit 1945)

1945–1950	**Karl Renner**	1974–1986	**Rudolf Kirchschläger**
1951–1957	**Theodor Körner**	1986–1992	**Kurt Waldheim**
1957–1965	**Adolf Schärf**	1992–2004	**Thomas Klestil**
1965–1974	**Franz Jonas**	seit 2004	**Heinz Fischer**

Bundespräsident Horst Köhler begrüßt bei einem **Staatsbesuch** Queen Elizabeth II.

INFOBOX

Imperatives Mandat

Ein Bundestagsabgeordneter ist bei einer Abstimmung laut Grundgesetz nur seinem Gewissen verpflichtet. Er hat ein sogenanntes freies Mandat (lateinisch »Auftrag«). Mitglieder des Bundesrates sind dagegen an die Beschlüsse ihrer Landesregierungen gebunden, selbst wenn sie sie persönlich nicht befürworten. Sie haben ein imperatives Mandat. In Österreich hingegen gilt im Bundesrat wie auch im Nationalrat das freie Mandat.

Nachdem in den Bundesratsausschüssen über die neuen Gesetze beraten wurde, wird bei den Sitzungen des **Bundesrats** abgestimmt.

Bundesrat

Im deutschen Bundesrat sitzen Mitglieder der Landesregierungen der 16 Bundesländer. In der Regel sind dies die Ministerpräsidenten und einige Minister. Je nach Größe und Bevölkerungszahl entsenden die Bundesländer zwischen drei und sechs Vertreter in den Bundesrat. Insgesamt hat der Bundesrat 69 Mitglieder. Er tagt im Preußischen Herrenhaus in Berlin.

Der Bundesrat ist eine wichtige demokratische Einrichtung der ▶Bundesrepublik Deutschland. Im ▶Grundgesetz in Artikel 50 sind seine Aufgaben klar festgelegt: »Durch den Bundesrat wirken die Länder bei der Gesetzgebung und Verwaltung des Bundes und in Angelegenheiten der Europäischen Union mit.« Im Bundesrat wird also nicht über alle wichtigen politischen Fragen debattiert und abgestimmt, wie im ▶Bundestag, sondern nur über Gesetze, die die Bundesländer betreffen. Der Bundestag kann nur Gesetze verabschieden, die für den Bund gelten. Sobald jedoch ein Gesetz die Hoheit der Länder berührt, muss auch im Bundesrat darüber abgestimmt werden. So ist dafür gesorgt, dass die ▶Bundesregierung nicht über die Bundesländer bestimmen kann. Die Länder sind an der Macht beteiligt. Dieses System nennt man ▶Föderalismus.

Die Sitzungen des Bundesrats werden vom Bundesratspräsidenten geleitet, der sein Amt für ein Jahr innehat. Er ist immer der Ministerpräsident eines der 16 Bundesländer, die reihum den Bundesratspräsidenten stellen. Der Bundesratspräsident ist zugleich auch der Stellvertreter des Bundespräsidenten für den Fall, dass das Staatsoberhaupt seine Amtsgeschäfte nicht ausüben kann.

Die Mitglieder des Bundesrats stimmen nicht geheim, sondern öffentlich und meist per Handzeichen über neue Gesetze ab. Alle Länder müssen ihre Stimmen einheitlich abgeben. Die Mitglieder unterliegen dem sogenannten imperativen Mandat. Ein Gesetz ist angenommen, wenn die absolute Mehrheit, also mindestens 35 Stimmen, für ein Gesetz abgegeben werden. Vor jeder Abstimmung werden die Gesetzesentwürfe in den Ausschüssen des Bundesrats beraten. ■

Das **Preußische Herrenhaus** in Berlin ist seit der Wiedervereinigung der Tagungsort des Bundesrats.

Das neue Amtsgebäude des **Bundesinnenministeriums** steht in Berlin.

Bundesregierung

Die Bundesregierung der ▶Bundesrepublik Deutschland besteht aus 15 Ministern und wird vom ▶Bundeskanzler geleitet. Falls der Kanzler seine Amtsgeschäfte nicht ausführen kann, übernimmt sein Stellvertreter, der Vizekanzler, oder ein anderer Minister der Bundesregierung die Leitung.

Nach seiner Wahl schlägt der Bundeskanzler dem ▶Bundespräsidenten die Minister vor, der sie dann ernennt. Ein Minister muss nicht Mitglied des Bundestags oder einer Partei sein. Die Gesamtheit der Minister wird auch Kabinett genannt. Die Bundesregierung bespricht in ihren Sitzungen alle wichtigen Entscheidungen und Gesetzesvorhaben. Dabei hört sich der Bundeskanzler die Argumente seiner Minister an, die die Interessen ihres Bereichs – Ressort genannt – vertreten. Möchte etwa der Verteidigungsminister neue Flugzeuge für die Bundeswehr erwerben, muss der Finanzminister das Geld dafür bereitstellen. Wenn dieser jedoch sparen will, müssen die Minister einen Kompromiss finden. Sie stimmen dann ab. Das letzte Wort hat jedoch der Kanzler.

Der Finanzminister erfüllt eine besonders wichtige Aufgabe innerhalb der Regierung, denn er ist für den Staatshaushalt zuständig. Er stellt zunächst fest, welche finanziellen Mittel die Bundesregierung benötigt, um ihre Pläne umzusetzen. Anschließend lässt er berechnen, ob die Steuereinnahmen ausreichen, um die veranschlagten Kosten zu decken. Ist dies nicht der Fall, müssen die Pläne geändert, Kredite aufgenommen oder die Steuern erhöht werden. Über den Haushaltsplan, der für ein oder zwei Jahre gilt, wird im Bundestag abgestimmt.

Eine weitere wichtige Aufgabe der Bundesregierung ist die Ausarbeitung neuer Gesetze. Die Gesetzesentwürfe werden zumeist in den Ministerien erarbeitet und durch die Bundesregierung in den Gesetzgebungsprozess in Bundestag und Bundesrat eingebracht. Der Bundestag stimmt dann über die Gesetze ab. Wenn die Rechte der Bundesländer betroffen sind, müssen die Gesetzesvorschläge auch vom ▶Bundesrat genehmigt werden. ■

INFOBOX

Die 15 Bundesministerien

Die deutschen Ministerien sind das Innen-, das Außen-, das Finanz-, das Verteidigungs-, das Justiz- und das Gesundheitsministerium, das Ministerium für Wirtschaft und Technologie, das Ministerium für Familie, Senioren, Frauen und Jugend, das Ministerium für Arbeit und Soziales, das Ministerium für Ernährung, Landwirtschaft und Verbraucherschutz, das Ministerium für Verkehr, Bau und Stadtentwicklung, das Ministerium für Umwelt, Naturschutz und Reaktorsicherheit, das Ministerium für Bildung und Forschung, das Ministerium für besondere Aufgaben und das Ministerium für wirtschaftliche Zusammenarbeit und Entwicklung.

An einer **Kabinettssitzung** nehmen alle Minister einer Regierung teil. Den Vorsitz führt der Bundeskanzler.

Bundesrepublik Deutschland

Die Bundesrepublik Deutschland wurde am 23. Mai 1949 gegründet. Ihre staatliche Ordnung bestimmt das ▶Grundgesetz, das in anderen Ländern Verfassung heißt. Nach Artikel 20 des Grundgesetzes ist sie ein freiheitlicher demokratischer und sozialer Bundesstaat. Die Staatsgewalt geht vom Volk aus, das heißt, dass Volksvertreter in freien und geheimen ▶Wahlen in die Parlamente – von den Landtagen bis zum ▶Bundestag – gewählt werden. Als Rechtsstaat schützt die Bundesrepublik die Freiheit des Einzelnen vor der Staatsgewalt. Die Gesetze gelten für alle Bürger gleichermaßen und Recht kann vor Gericht eingeklagt werden. Dank der ▶Gewaltenteilung sind Legislative, Exekutive und Judikative unabhängig.

Das Land besteht aus 16 Bundesländern und ist ein föderaler Staat (▶Föderalismus). Das Staatsoberhaupt ist der ▶Bundespräsident, der alle fünf Jahre von der Bundesversammlung gewählt wird. Leiter der ▶Bundesregierung ist der ▶Bundeskanzler, der vom Bundestag gewählt wird. Sämtliche Gesetze werden vom Bundestag und zum Teil auch vom ▶Bundesrat beschlossen.

Die Hauptstadt der Bundesrepublik ist seit der ▶Wiedervereinigung Berlin. Von 1949 bis 1990 war Bonn Hauptstadt der Bundesrepublik Deutschland und Berlin (Ost) die Hauptstadt der ▶DDR.

Die Flagge der Bundesrepublik trägt die Farben Schwarz-Rot-Gold. Die Nationalhymne ist seit 1991 die dritte Strophe des Deutschlandlieds. Nationalfeiertag ist der 3. Oktober, der als »Tag der deutschen Einheit« begangen wird. Mit 82,5 Millionen Einwohnern ist Deutschland das bevölkerungsreichste Land der ▶Europäischen Union. Dank seines hohen ▶Bruttonationaleinkommens zählt Deutschland zu den reichsten Ländern der Welt. Kein Land der Welt verkauft mehr Produkte ins Ausland. ■

Eine Satellitenaufnahme zeigt die Bundesrepublik Deutschland, wie sie vom Weltall aus zu sehen ist. Das **Staatsgebiet** ist 357 092 km^2 groß, womit Deutschland auf Platz 61 in der Welt liegt.

Die **Staatsordnung** der Bundesrepublik Deutschland ist demokratisch, da das Volk in freien und geheimen Wahlen über die Abgeordneten abstimmt, die in die Parlamente einziehen. Im Mittelpunkt stehen der frei gewählte Bundestag, der den Bundeskanzler wählt, und die Landtage, die die Ministerpräsidenten wählen.

INFOBOX

Das Lied der Deutschen – die deutsche Nationalhymne

Den Text der deutschen Nationalhymne dichtete August Heinrich Hoffmann von Fallersleben 1841. Es ist die dritte Strophe seines »Deutschlandliedes«, das ein Aufruf war, aus den damals noch vielen kleinen deutschen Staaten einen Nationalstaat zu machen. Die Hymne lautet: »Einigkeit und Recht und Freiheit für das deutsche Vaterland! Danach lasst uns alle streben brüderlich mit Herz und Hand! Einigkeit und Recht und Freiheit sind des Glückes Unterpfand – blüh im Glanze dieses Glückes, blühe, deutsches Vaterland!« Die Melodie stammt von Joseph Haydn.

Bundesländer und die Anzahl ihrer Stimmen im Bundesrat

Baden-Württemberg	6
Bayern	6
Berlin	4
Brandenburg	4
Bremen	3
Hamburg	3
Hessen	5
Mecklenburg-Vorpommern	3
Niedersachsen	6
Nordrhein-Westfalen	6
Rheinland-Pfalz	4
Saarland	3
Sachsen	4
Sachsen-Anhalt	4
Schleswig-Holstein	4
Thüringen	4

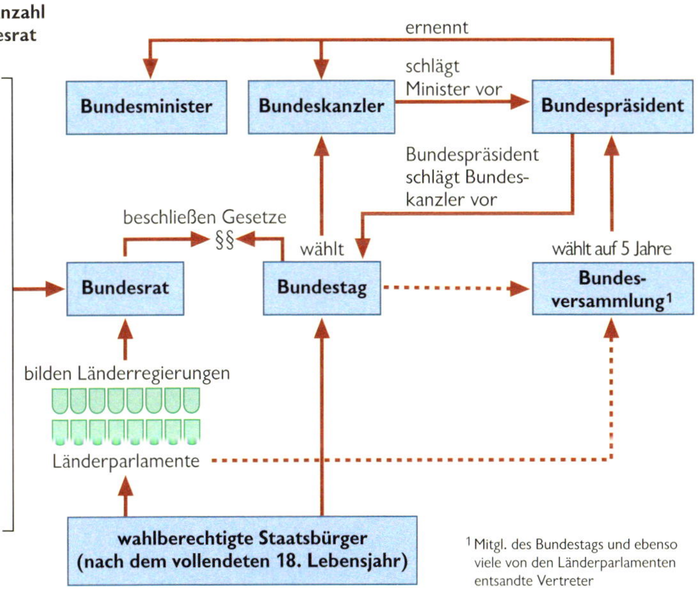

[1] Mitgl. des Bundestags und ebenso viele von den Länderparlamenten entsandte Vertreter

Föderalismus

Es gibt zwei grundlegende Möglichkeiten, politische Macht in einem ▶Staat zu verteilen: Zentralismus und Föderalismus. In zentralistisch regierten Staaten wie etwa Frankreich oder Spanien gibt es nur eine oder wenige Stellen, die Entscheidungen treffen. Selbst wenn diese Entscheidungen eine entfernte Region des Landes betreffen, so hat diese kein oder nur ein geringes Mitbestimmungsrecht. Dagegen besteht ein föderalistischer Staat wie beispielsweise die ▶Bundesrepublik Deutschland, die Schweiz oder die USA aus mehreren Bundesländern, Kantonen oder Bundesstaaten. Es gibt zwar eine Regierung, die für das ganze Land zuständig ist, doch kann sie viele Entscheidungen nur gemeinsam mit den Regierungen und Parlamenten der Bundesländer treffen. In Deutschland ist die ▶Bundesregierung für viele Bereiche, etwa Bildung und Kultur, nicht zuständig, sondern ausschließlich die Bundesländer. Viele neue Gesetze bedürfen außerdem der Zustimmung des ▶Bundesrats. Die Macht ist dadurch zwischen den politischen Institutionen auf der Ebene des Bundes und der Ebene der Länder verteilt. ■

Die Bundesrepublik Deutschland besteht aus 16 **Bundesländern**, die jeweils eigene Landesregierungen und -parlamente sowie Landesgesetze besitzen.

Geld

Geld ist ein Zahlungsmittel, das gegen Waren oder Dienstleistungen eingetauscht wird. Dieser Tausch funktioniert nur, wenn der Wert des Geldes allgemein anerkannt wird. Für den bleibenden Wert des Geldes ist die Zentralbank verantwortlich, die vom Staat mit dieser Aufgabe betraut wird. Für den Euro in den Ländern der Europäischen Union ist die Europäische Zentralbank zuständig. Sie gibt Münzen und Banknoten heraus und kontrolliert die Geldmenge, die im Umlauf ist.

Münzen und Papiergeld werden Bargeld genannt. Daneben gibt es jedoch auch das sogenannte Buchgeld. Das ist z. B. das Guthaben bei einer Bank, das auf einem Kontoauszug erscheint. Es kann von der Bank jederzeit als Bargeld ausgezahlt werden. Bei einer Überweisung oder Zahlung mit einer Kreditkarte wird jedoch nur das Buchgeld weitergeleitet, nicht der entsprechende Wert in Bargeld.

Spart man Geld bei einer Bank, erhält man Zinsen. Die Bank kann das Geld anderen Kunden leihen. Sie nehmen einen Kredit auf und bezahlen der Bank dafür als Leihgebühr Zinsen. Das Geld, das die Bank erhält, ist größer als der Zins, den sie selbst für das gesparte Geld bezahlt. Die Differenz ist der Gewinn der Bank. ■

INFOBOX

Kreditkarten

Mit einer Kreditkarte kann man weltweit in Hotels oder Geschäften bargeldlos zahlen. An der Kasse wird die Karte von einem Lesegerät erkannt. Anschließend bestätigt man mit einer Unterschrift auf einer Rechnung den Kauf. Die Rechnung wird zunächst von dem Kreditunternehmen bezahlt, von dem die Kreditkarte stammt. Es gewährt dem Käufer einen Kredit. Dafür erhält das Unternehmen eine Provision und bucht den Rechnungsbetrag später vom Konto des Käufers ab.

Die Gewaltenteilung ist die Grundlage jeder modernen Demokratie. Die **Polizei** (links) gehört zur Exekutive, während die **Richter** (Mitte) zur Judikative zählen. Die **Gesetze** (rechts) werden von der Legislative erlassen.

Gewaltenteilung

Zur Zeit des ▶Absolutismus besaß der König die gesamte Macht. Er konnte nach Belieben regieren und Gesetze erlassen. Richter und Polizei führten seine Anweisungen aus. Häufig missbrauchte er seine Macht und ließ z. B. missliebige Untertanen verhaften. Um diese Willkür zu beenden, forderten Demokraten, den Staat so zu organisieren, dass die drei Staatsgewalten Gesetzgebung, Justiz und Polizei voneinander unabhängig sind. Verwirklicht wurde dies nach der ▶Französischen Revolution in der Verfassung von 1791.

Alle demokratischen Staaten sehen die Gewaltenteilung in ihren Verfassungen vor. Im ▶Grundgesetz der Bundesrepublik Deutschland ist sie im Artikel 20 verankert. Die Gewaltenteilung verteilt die Macht im Staat auf verschiedene unabhängige Organe. Die Legislative ist die gesetzgebende Gewalt. In Deutschland wird ein Gesetz von der Regierung vorgeschlagen und im ▶Bundestag und ▶Bundesrat per Abstimmung angenommen oder abgelehnt. Ist es angenommen worden, muss auch noch der ▶Bundespräsident zustimmen.

Für die Einhaltung der Gesetze ist die Exekutive zuständig, die ausführende Gewalt. Dazu gehören neben der ▶Bundesregierung und den Landesregierungen die Verwaltungen von Städten und Gemeinden, die Finanzämter, die Landratsämter, die Landesverwaltungen und die Polizei. Ein Mitglied der Legislative, also ein Abgeordneter, kann einem Polizisten oder Finanzbeamten keine Befehle erteilen. Begeht ein Abgeordneter eine Straftat, wird er verhaftet wie jeder andere Bürger und muss sich vor Gericht verantworten.

Für die Rechtsprechung ist die Judikative zuständig, also Staatsanwälte und Richter. Nicht die Polizei selbst darf Straftäter verurteilen und bestrafen, sondern nur Richter, die unabhängig ihre Urteile fällen. Richter und Polizisten müssen sich an die Gesetze halten, die der Bundestag und die Landtage, also die Legislative, erlassen haben. So hat jedes Staatsorgan nur einen Teil der Macht und kann von den anderen Organen kontrolliert werden.

Als vierte Gewalt wird häufig die Presse bezeichnet. Sie ist zwar keine staatliche Einrichtung, besitzt aber eine wichtige Kontrollfunktion. Aufgrund der Pressefreiheit dürfen Journalisten bei ihren Recherchen nicht vom Staat verfolgt werden. ■

INFOBOX

Die Bill of Rights

Ein wichtiger Schritt auf dem Weg zur Demokratie und zur Gewaltenteilung war die 1689 in England verabschiedete »Bill of Rights« (»Gesetz der Rechte«). Dieses Staatsgrundgesetz schränkte die Rechte des Königs erheblich ein und und garantierte den Abgeordneten uneingeschränkte Redefreiheit im Parlament. Der König konnte ohne die Zustimmung des Parlaments keine Steuern mehr erhöhen. Auch der Unterhalt des stehenden Heeres war in Friedenszeiten von der Billigung des Parlaments abhängig. Die Macht des Königs wurde fortan vom Parlament kontrolliert. Somit wurde der Bürger vor Willkürherrschaft und Machtmissbrauch geschützt.

Die Hamburger dieser amerikanischen **Fast-Food-Kette** (links) kann man überall auf der Welt kaufen – auch in Sankt Petersburg. Produkte europäischer Firmen werden wegen der niedrigen **Lohnkosten** oft in asiatischen Ländern gefertigt (rechts).

Globalisierung

Seit der Antike denken Herrscher, Händler und Gelehrte in globalen (weltumfassenden) Maßstäben. Herrscher wie Alexander der Große oder Dschingis Khan schufen Weltreiche, und Händler brachten auf internationalen Handelswegen wie der Seidenstraße Waren von China nach Europa. Durch die Entdeckung Amerikas im 15. Jh. wurde der weltweite Handel weiter ausgebaut. Immer mehr Menschen reisten in andere Länder. Ganze Kontinente wurden besiedelt und weltweit operierende Firmen gegründet. Telegrafie, ▶Telefon, ▶Rundfunk und ▶Fernsehen sorgten dafür, dass Nachrichten innerhalb weniger Minuten um die Welt gehen.

Seit 20 Jahren hat sich dieser Vorgang beschleunigt. Dank des Internets werden immer mehr Nachrichten noch schneller übermittelt. Überweisungen an Banken in der ganzen Welt dauern nur noch Sekunden, Industrieprodukte werden in immer mehr Ländern hergestellt. Neue Kinofilme sind fast auf der ganzen Welt zu sehen, und Bücher wie »Harry Potter« erscheinen auch in China und anderen Ländern. Popsongs werden über Nacht weltweit bekannt. Millionen von Menschen reisen täglich in andere Länder, um dort zu arbeiten oder Urlaub zu machen. Diese Beschleunigung wurde mit dem Schlagwort »Globalisierung« belegt, weil Politiker, Konzerne und Künstler verstärkt global, also weltumspannend, denken und handeln.

Wirtschaftsabkommen erleichtern es Konzernen, ihre Produkte in Ländern mit geringem Lohn kostengünstig herzustellen. Die Menschen in Osteuropa oder Asien haben jedoch oft keine Arbeitslosen- oder Rentenversicherung und verdienen sehr wenig. In den Industrieländern wie Deutschland dagegen werden Arbeiter entlassen, weil ihre Arbeit zu teuer geworden ist. Ein Nachteil der Globalisierung ist auch, dass immer mehr kulturelle Besonderheiten wie Musikformen oder Rezepte für Speisen verloren gehen, weil große Konzerne die Menschen weltweit mit dem gleichen Angebot an Produkten versorgen. Auch Infektionskrankheiten wie Aids oder die Grippe breiten sich schneller aus. ■

INFOBOX

Globalisierungsgegner

Gegner der Globalisierung haben sich in den letzten Jahren zu Organisationen wie »attac« oder »WEED« zusammengeschlossen. Sie fordern, dass nicht nur die Wirtschaft global wird, sondern auch die Rechte der Arbeitnehmer, und dass der Umweltschutz weltweit beachtet wird. Menschenrechtsorganisationen fordern, dass nicht nur Normen für Industrieprodukte weltweit gelten, sondern auch die Menschenrechte. Denn in vielen Ländern, die westlichen Konzernen als Handelspartner oder Produktionsorte dienen, wie etwa China, gelten die in Europa oder den USA selbstverständlichen Menschen- und Bürgerrechte nicht. Besonders heftig wird die Kinderarbeit in einigen Ländern kritisiert.

Grundgesetz

Das Grundgesetz ist die Verfassung der ▶Bundesrepublik Deutschland. Die Verfassung legt die staatliche Grundordnung fest, indem sie die Staatsform, die Aufgaben der Verfassungsorgane wie z. B. des ▶Bundestags, der Landtage, des ▶Bundesrats, der ▶Bundesregierung und anderer parlamentarischer Einrichtungen regelt. In der Verfassung sind außerdem die Grundrechte der Bürger niedergelegt. Alle übrigen Gesetze eines Staates müssen sich nach der Verfassung richten. Sie ist die Grundlage für das Zusammenleben der Bürger in allen Bereichen.

Das Grundgesetz beginnt mit einer Vorbemerkung – Präambel genannt – die erklärt, dass Deutschland ein gleichberechtigter Teil der europäischen Staatengemeinschaft ist und das Grundgesetz für alle Deutschen gilt. Bis 1990 war hier noch das Ziel vermerkt, sich für die ▶Wiedervereinigung einzusetzen. Die ersten Paragrafen des Grundgesetzes erklären die Grundrechte. Dazu zählen die Menschenwürde und die Meinungsfreiheit, die garantiert, dass jeder seine Meinung öffentlich frei äußern kann. Die Pressefreiheit erlaubt es den Medien, Politiker zu kritisieren, ohne mit einer Bestrafung rechnen zu müssen. Die Glaubensfreiheit erlaubt es jedem, seine Religion frei zu wählen. Dank der Versammlungsfreiheit können sich Menschen fast überall versammeln, diskutieren, politisch aktiv werden und etwa auch demonstrieren. Eigentum darf vom Staat nicht ohne einen zwingenden Grund enteignet werden. Die Polizei darf ein Haus nur im Notfall oder aufgrund eines richterlichen Befehls betreten.

Die **Versammlungsfreiheit** ist ein im Grundgesetz garantiertes Grundrecht.

Das Grundgesetz ist schwerer zu ändern als andere Gesetze. Für eine Änderung ist die Zustimmung von zwei Dritteln der Stimmen des Bundestags und zwei Dritteln des Bundesrats erforderlich. Die Achtung der Menschenwürde, der Menschenrechte, die Grundrechtsbindung der staatlichen Gewalt und die Paragrafen über den Aufbau des Staates dürfen nicht geändert werden.

Das Grundgesetz der Bundesrepublik Deutschland gilt seit dem 24. Mai 1949. Verfasst wurde es nach dem ▶Zweiten Weltkrieg von Beamten und Politikern, die nach dem Ende der Herrschaft der ▶Nationalsozialisten die Grundlage für einen neuen und demokratischen Staat schaffen wollten. Sie nannten das Grundgesetz nicht Verfassung, weil sie diesen Begriff für die spätere Verfassung eines wiedervereinigten Deutschlands vorbehalten wollten. ■

INFOBOX

Das Bundesverfassungsgericht

Das Bundesverfassungsgericht ist das höchste Gericht in Deutschland. Es hat seinen Sitz in Karlsruhe und ist allen anderen Verfassungsorganen gegenüber selbstständig und unabhängig. Es besteht aus 16 Richtern, die auf zwölf Jahre vom Bundestag und Bundesrat gewählt werden. Beim Bundesverfassungsgericht kann jeder Bürger Verfassungsbeschwerde einlegen, wenn er seine Grundrechte vom Staat verletzt sieht oder ein Gesetz seiner Meinung nach gegen das Grundgesetz verstößt. Das Bundesverfassungsgericht kann mit seinem Urteil ein Gesetz außer Kraft setzen und die Urteile anderer Gerichte aufheben. Auch das Staatsoberhaupt oder ein Regierungsmitglied können beim Bundesverfassungsgericht wegen Verletzung der Verfassung angeklagt werden.

Herrschaftsformen

Die älteste Herrschaftsform eines ▶ Staates ist die Monarchie. Das ist die Alleinherrschaft einer besonders legitimierten Person, des Monarchen. Die Monarchie war die Herrschaftsform in den meisten ▶ Hochkulturen, im ▶ Mittelalter und im ▶ Absolutismus. Auch heute gibt es noch Monarchien, z. B. den Vatikan. Der Papst wird zwar von seinen Kardinälen gewählt, doch ist er der alleinige Herrscher im Staat. Man nennt diese Form der Monarchie Wahlmonarchie. Tritt dagegen ein Sohn oder eine Tochter die Nachfolge des Königs an, spricht man von Erbmonarchie. Diese Herrschaftsform gilt heute noch in Saudi-Arabien. Auch das ▶ Deutsche Kaiserreich war eine Erbmonarchie. Das Volk hat keine Macht und kann nicht einen anderen Herrscher wählen. Die Grundrechte gelten nicht.

Auch in der Diktatur hat eine Person oder eine Gruppe uneingeschränkte Macht. Diktaturen finden sich in kommunistisch regierten Staaten (▶ Kommunismus) wie etwa der ehemaligen ▶ DDR, der ehemaligen Sowjetunion, in China, Nordkorea oder Kuba.

In einer Diktatur ist die ▶ Gewaltenteilung aufgehoben, die Opposition wird unterdrückt und die Grundrechte der Bürger sind eingeschränkt. Häufig gibt es zwar ▶ Wahlen, jedoch meistens nur eine Partei. Auch die Möglichkeit, sich zwischen unterschiedlichen Kandidaten zu entscheiden, gibt es oft nicht. Deutschland war während des ▶ Nationalsozialismus von 1933 bis 1945 eine Diktatur.

INFOBOX

Anarchie

Im 19. Jh. entwickelten einige Philosophen die Idee, dass Menschen auch ohne Herrschaft und ohne Staat zusammenleben können. Ihre individuelle Freiheit sollte nicht durch den Zwang, den eine staatliche Ordnung oder Gesetze ausüben, eingeschränkt werden. Menschen sollen nicht über Menschen herrschen, sondern das Zusammenleben sollte nach den Grundsätzen von Gerechtigkeit, Gleichheit und Brüderlichkeit verwirklicht werden. Alle Konflikte sollten ohne Gewalt gemeinschaftlich gelöst werden. Diese Art der Herrschaftslosigkeit nennt man Anarchie (von griechisch anarchós »führerlos«). Bis heute ist diese Gesellschaftsform jedoch in keinem Land verwirklicht worden.

In der Militärdiktatur wie etwa in Myanmar (Birma) oder Pakistan regiert eine Gruppe von Offizieren ein Land. Die Militärs kommen meist durch einen Putsch an die Macht, bei dem sie die bisherige Regierung mit Waffengewalt vertreiben.

Im Gegensatz zu Monarchie und Diktatur ist eine Demokratie die »Herrschaft des Volkes«. Es wählt in regelmäßigen Abständen die Regierungen und ▶ Parlamente. Die Regierung muss Verfassung und Gesetz sowie die Rechte der Bürger, vor allem die Grundrechte, achten. Außerdem herrscht Gewaltenteilung. Demokratien sind etwa die ▶ Bundesrepublik Deutschland, die übrigen Länder der ▶ Europäischen Union und die USA. Die moderne Demokratie hat sich erst nach der Epoche der ▶ Aufklärung durchgesetzt. ■

Bundeskanzlerin Angela Merkel unterhält sich während eines **Staatsbesuchs** mit dem König von Saudi-Arabien (links). Das rechte Bild zeigt eine **Militärparade** in einem sozialistischen Land, die die Macht des Staates demonstrieren soll.

Die UNO kann eine internationale **Friedenstruppe** (links) entsenden, die in Krisengebieten für Sicherheit sorgt. Das **Rote Kreuz** (rechts) versorgt Flüchtlinge mit Lebensmitteln und Medikamenten.

internationale Organisationen

Die Vereinten Nationen (UNO/UN) sind die größte internationale Organisation. Sie wurden 1945 nach dem Ende des ▸Zweiten Weltkriegs gegründet zur Erhaltung des Weltfriedens, um die internationale Zusammenarbeit zu fördern und die Menschenrechte durchzusetzen. Die UNO hat 192 Mitglieder, darunter auch die Bundesrepublik Deutschland. Ihr Sitz befindet sich in New York. Ein besonderes Organ der UNO, das ständig tagt, ist der Sicherheitsrat mit fünf ständigen Mitgliedern (USA, Russland, Großbritannien, Frankreich, China). Er soll auf die Beilegung von internationalen Streitigkeiten hinwirken und bei Bedrohung des Weltfriedens friedliche, notfalls auch militärische Sanktionen beschließen. Das Hauptorgan der Rechtsprechung ist der Internationale Gerichtshof in Den Haag.

Die UNO hat mehrere Unterorganisationen. UNICEF kümmert sich um die Gesundheit, Ernährung und Erziehung von Kindern vor allem in den ärmeren Ländern. Das UNEP ist die Umweltschutzorganisation der UNO. Die UNESCO setzt sich für die Erhaltung von Baudenkmälern, kulturellen Einrichtungen, für Forschung und Bildung ein.

Die NATO (Nordatlantikpakt) ist ein Verteidigungsbündnis, das 1949 zu Beginn des ▸Kalten Krieges als Gegengewicht gegen die militärische Macht der Sowjetunion und ihrer Verbündeten gegründet wurde. Ihr gehören 26 Länder an, darunter die USA, Frankreich, Polen und seit 1955 auch Deutschland. Ihr Sitz ist in Brüssel. Ein Ziel der NATO ist die Friedenssicherung, ein weiteres, im Falle eines bewaffneten Angriffs auf ein Mitgliedsland diesem zu helfen. Seit den Anschlägen vom 11. September 2001 in den USA bekämpft die NATO den internationalen ▸Terrorismus. Auch deutsche Soldaten sind an Einsätzen in Afghanistan und anderen Ländern beteiligt.

Die größte nicht staatliche internationale Organisation ist das Rote Kreuz. Es wurde von dem Schweizer Henri Dunant 1863 gegründet und kümmert sich besonders um Kranke und Verletzte in Krisen- und Kriegsgebieten und stellt ihnen oft Lebensmittel und Medikamente zur Verfügung. Das Schutzzeichen, ein rotes Balkenkreuz auf weißem Feld, ist in den islamischen Ländern durch den roten Halbmond ersetzt.

Die 1971 in Kanada gegründete Umweltschutzorganisation Greenpeace macht mit oft unkonventionellen Aktionen weltweit auf die Umweltverschmutzung und -zerstörung aufmerksam. Die Menschenrechtsorganisation Amnesty International versucht, Menschen in allen Staaten der Erde zu helfen, die aus weltanschaulich-religiösen oder politischen Gründen inhaftiert wurden. Zugleich wendet sie sich gegen die Todesstrafe und die Anwendung der Folter. ■

AUF EINEN BLICK

Internationale Organisationen

UNO Vereinte Nationen

UNICEF Kinderhilfswerk der Vereinten Nationen

UNEP Umweltprogramm der Vereinten Nationen

NATO Nordatlantisches Verteidigungsbündnis

AI Amnesty International

WWF World Wide Fund For Nature (größte Umweltschutzorganisation der Welt)

OECD Organisation für wirtschaftliche Zusammenarbeit und Entwicklung

Oft wird auch das Gebäude, in dem diese Versammlung tagt, als Parlament bezeichnet. Das **britische Parlament** tagt im Palace of Westminster am Nordufer der Themse (links). Die Sitzungen finden im **Unterhaus** (House of Commons) und im Oberhaus (House of Lords) statt.

Parlament

Ein Parlament (zu französisch parler »sprechen«) ist eine Volksvertretung, also eine Versammlung von gewählten Abgeordneten oder Parlamentariern. Jeder demokratische ▶Staat verfügt über ein Parlament. Die Anzahl der Abgeordneten, die in ein Parlament gewählt werden können, ist gesetzlich geregelt. Die Plätze, die zur Verfügung stehen, werden Sitze genannt. Die meisten Abgeordneten gehören einer ▶Partei an, deren Mitglieder im Parlament in einer Gruppe zusammensitzen. Dabei bilden die Abgeordneten meist einen Halbkreis um ein Rednerpult in der Mitte des Versammlungsraums.

INFOBOX

Die Opposition

Diejenigen Parteien und Abgeordneten, die nicht an der Bildung der Regierung beteiligt sind, nennt man die Opposition. Ihre Aufgabe ist es, die Arbeit der Regierung zu kontrollieren und zu kritisieren. Bei Debatten im Bundestag macht sie Gegenvorschläge und bringt eigene Gesetzesentwürfe ein. Sie zeigt somit den Bürgern, dass es auch noch andere Möglichkeiten gibt, Probleme zu lösen. Dadurch zwingt sie die Regierung, ihre Entscheidungen gut zu begründen und nicht leichtfertig zu fällen. Die verschiedenen Parteien, aus denen die Opposition besteht, sind sich jedoch keineswegs in allen Fragen einig. Oft kritisieren sie nicht nur die Regierung, sondern sich auch gegenseitig.

Die Aufgabe eines Parlaments besteht darin, den Regierungschef zu wählen und Gesetzesvorschläge der Regierung zu diskutieren. Nach der Debatte, in der die Abgeordneten ihre Meinungen über das neue Gesetz vortragen können, stimmen sie ab. Bei einer Mehrheit wird das Gesetz angenommen. Aber auch andere wichtige Entscheidungen der Regierung werden im Parlament besprochen, etwa der Einsatz von Soldaten im Ausland oder Verträge mit anderen Staaten. Besonders bedeutsam ist die jährliche Bewilligung des Staatshaushalts. Im Staatshaushalt wird festgelegt, wie viel Geld der Staat für den Straßenbau, für die Rüstung oder für soziale Aufgaben ausgeben wird. Die Bürger können die Debatten und Abstimmungen im Radio und Fernsehen verfolgen.

Der deutsche ▶Bundestag in Berlin ist das Parlament der ▶Bundesrepublik Deutschland. Die Volksvertretungen der 16 Bundesländer heißen Landtag, Abgeordnetenhaus (Berlin) oder Bürgerschaft (Bremen, Hamburg). Der ▶Bundesrat ist jedoch kein Parlament, denn er wird nicht vom Volk gewählt. Das erste frei gewählte Parlament Deutschlands war im Jahr 1848 die ▶Nationalversammlung in der Frankfurter Paulskirche.

Das Parlament der ▶Europäischen Union in Straßburg ist die Volksvertretung aller EU-Mitgliedsstaaten. ■

Partei

In einer Partei schließen sich Bürger zusammen, um für eine politische oder soziale Überzeugung einzutreten. Die Parteien treten bei ▸Wahlen gegeneinander an und kämpfen um die Stimmen der Bürger. Je mehr Stimmen sie bekommen, desto mehr Abgeordnete können sie ins ▸Parlament entsenden. In einer Demokratie (▸Herrschaftsformen) treten mehrere Parteien gegeneinander an. Während des ▸Nationalsozialismus gab es dagegen nur eine Partei, alle anderen waren verboten. Auch in sozialistischen Staaten wie China oder Nordkorea ist nur eine Partei zugelassen.

Die Parteien der ▸Bundesrepublik Deutschland legen ihre politischen Ziele selbst fest. Diese müssen mit dem ▸Grundgesetz übereinstimmen und werden in einem Parteiprogramm festgehalten, über das auf einem Parteitag von den Mitgliedern abgestimmt wird. Jeder Wähler kann die Programme lesen und sich daraufhin für eine Partei entscheiden. Geleitet wird eine Partei von einem Parteivorsitzenden und einem Vorstand aus führenden Parteimitgliedern. Sie halten politische Reden und erklären der Öffentlichkeit die Ziele der Partei. Für den Wahlkampf brauchen die Parteien Geld, das aus Spenden, Mitgliederbeiträgen und Steuermitteln stammt.

Die 2005 in den ▸Bundestag gewählten Parteien sind die SPD, die CDU/CSU, Bündnis 90/Die Grünen, die FDP und Die Linke. Die Parteien SPD und CDU/CSU werden Volksparteien genannt, da sich ihre Programme an eine breite Wählerschicht richten. ■

Ein Treffen dreier **Regierungschefs**, die drei verschiedene demokratische Systeme vertreten: Bundeskanzler Helmut Kohl (parlamentarische Demokratie), Premierministerin Margaret Thatcher (konstitutionelle Monarchie) und Präsident Ronald Reagan (präsidiale Demokratie).

Regierungssysteme

In der ▸Herrschaftsform der Demokratie gibt es zwei Regierungssysteme: das parlamentarische und das präsidentielle. Die ▸Bundesrepublik Deutschland hat ein parlamentarisches Regierungssystem. Das Volk wählt das ▸Parlament, das wiederum den Regierungschef, also den ▸Bundeskanzler wählt. Dieser kann durch das konstruktive Misstrauensvotum auch wieder abgewählt werden. Staatsoberhaupt ist nicht der Bundeskanzler, sondern der ▸Bundespräsident, der jedoch fast keine Macht besitzt.

Im präsidentiellen Regierungssystem wie in den USA gibt es zwei Wahlen. Das Volk wählt hier auch die Abgeordneten für den Kongress, das Parlament der USA. Dieser wählt jedoch nicht den Präsidenten. Er wird vom Volk in einer zweiten Wahl gewählt. So kann es vorkommen, dass die Partei des Präsidenten im Parlament nicht die Mehrheit hat. Dann ist das Regieren schwierig. Der Präsident ist Regierungschef und Staatsoberhaupt zugleich und kann nicht vom Parlament abgewählt werden. ■

INFOBOX

Rechts, links oder Mitte?

Die Bezeichnungen »rechts«, »links« oder »Mitte« sagen etwas über die politische Richtung von Parteien. Als »links« werden Parteien bezeichnet, die sozialistisch orientiert sind, rechte Parteien sind eher bürgerlich konservativ. Zur Mitte gehören Parteien, die bürgerlich-fortschrittlich sind. Diese Einteilung entstand während der Französischen Revolution. Als sich die französische Nationalversammlung 1789 gründete, nahmen die Vertreter des ersten und zweiten Standes rechts vom Parlamentspräsidenten Platz, die Vertreter des dritten Standes, also die Bürger, links. Die Bürger waren die Fortschrittlichen und Revolutionäre. Die Adeligen und Geistlichen der beiden ersten Stände wollten die alten Verhältnisse bewahren. Diese Sitzordnung wurde von vielen Parlamenten übernommen.

CSU CDU FDP Die Liberalen BÜNDNIS 90 DIE GRÜNEN SPD DIE LINKE.

Der Staat der **Vatikanstadt** in Rom ist mit nur 552 Staatsbürgern der kleinste anerkannte Staat der Erde.

Staat

Ein Land mit einem Staatsgebiet, einer Bevölkerung (Staatsvolk), einer Regierung und Verwaltung (Staatsgewalt), das von anderen Ländern anerkannt wird, ist ein Staat. Alle Mitglieder eines Staatsvolks haben dieselbe Staatsangehörigkeit, die durch einen Pass bescheinigt wird. Die Größe des Landes oder des Staatsterritoriums ist nicht entscheidend. Russland, der größte Staat der Welt, umfasst z. B. den halben asiatischen Kontinent, während der Vatikan noch nicht einmal 0,5 km^2 groß ist. Derzeit gibt es 193 international anerkannte Staaten. Es kommen ständig neue hinzu, wenn sich etwa Regionen von Ländern abspalten und für unabhängig erklären. Auf diese Weise ist der einstige Staat Jugoslawien zwischen 1991 und 2006 in sechs unabhängige Staaten zerfallen. Staaten können sich auch vereinigen. Die ▶Bundesrepublik Deutschland und die ▶DDR waren vor ihrer ▶Wiedervereinigung unabhängige Staaten. Ob ein Staat von anderen Staaten und den Vereinten Nationen anerkannt wird, hängt nicht von seiner ▶Herrschaftsform ab, sondern von der geschichtlichen Entwicklung, der Volkszugehörigkeit und dem Willen der Bürger.

Die Bürger eines Staates haben Rechte und Pflichten, die in der Verfassung – in Deutschland dem ▶Grundgesetz – und in den Gesetzen niedergelegt sind. Die Bürger müssen Steuern zahlen, um die Ausgaben des Staates etwa für Straßen, Schulen und eine Armee zu finanzieren. In den meisten Ländern müssen zumindest die männlichen Bürger Wehrdienst leisten. ■

INFOBOX

Staat ohne Religion: Laizismus

In einigen Staaten, vor allem den islamischen Staaten Saudi-Arabien oder Iran, hat die Religion großen Einfluss auf das öffentliche Leben und die Regierung. Religiöse Führer treffen politische Entscheidungen. Findet dagegen eine Trennung von Staat und Religion statt, nennt man das Laizismus. Er ist etwa in Frankreich oder der Türkei verwirklicht. Die Bundesrepublik Deutschland ist kein rein laizistischer Staat. So ist Religion z. B. ein Schulfach.

Verbände

Verbände sind Vereinigungen von Bürgern, die bestimmte Interessen verfolgen und in der Öffentlichkeit bekannt machen wollen. Als Verband können sie wirkungsvoller arbeiten, als wenn sie einzeln auftreten würden. Im Gegensatz zu ▶Parteien nehmen Verbände nicht an ▶Wahlen teil. Wirtschaftliche Interessen vertreten die Gewerkschaften, die sich für die Rechte der Arbeitnehmer einsetzen. Ihnen gegenüber stehen die Arbeitgeberverbände, die die Interessen der Unternehmen vertreten. Es gibt auch Verbände, die die Interessen einer Berufsgruppe vertreten, wie z. B. den Deutschen Bauernverband oder den Hartmannbund, der sich für die Interessen der Ärzte einsetzt. Auch das Deutsche Rote Kreuz und der Deutsche Sportbund sind Verbände.

Um die Interessen ihrer Mitglieder durchzusetzen, können die Verbände ihre Forderungen in Pressekonferenzen öffentlich machen. Die Journalisten berichten dann in Zeitungen oder im Fernsehen darüber. Die Gewerkschaften können zudem Demonstrationen veranstalten und Streiks organisieren. Häufig versuchen Verbandsmitglieder Einfluss auf Minister und Abgeordnete von ▶Parlamenten oder Richter und hohe Verwaltungsbeamte zu nehmen. Viele Abgeordnete sind gleichzeitig Mitglied in einem Verband und berücksichtigen dessen Interessen bei Abstimmungen. Diese Art der Einflussnahme auf politische Entscheidungen wird Lobbyismus genannt. ■

Gewerkschaftsmitglieder der IG Metall bereiten eine Demonstration vor.

Vor jeder Wahl findet ein **Wahlkampf** statt, bei dem sich die Parteien und Kandidaten der Öffentlichkeit vorstellen und erklären, warum man sie wählen soll. Mit großen Wahlplakaten werben die Parteien um die Gunst der Wähler.

Wahl

In einer Demokratie (▸Herrschaftsformen) werden wichtige Ämter aufgrund einer Wahl vergeben. Gewählt werden in der ▸Bundesrepublik Deutschland die Mitglieder des deutschen ▸Bundestags, der Landtage, der Kreistage, die Gemeinde- und Stadträte, die Bürgermeister und Landräte und die Abgeordneten des Europaparlaments. Jeder Bürger ist wahlberechtigt, sofern er die deutsche Staatsbürgerschaft besitzt und volljährig (18 Jahre alt) ist. Dieses aktive Wahlrecht kann ihm nur entzogen werden, wenn er eine schwere Straftat begangen hat. Das gilt auch für das passive Wahlrecht, also das Recht, gewählt zu werden.

Eine Wahl nach demokratischen Grundsätzen ist allgemein, unmittelbar, frei, gleich und geheim. Allgemein ist sie, weil jeder volljährige Bürger wählen darf, unabhängig etwa von seinem Geschlecht oder seiner Religionszugehörigkeit. Unmittelbar ist sie, weil die Stimme direkt einem Kandidaten oder einer ▸Partei zugutekommt. Frei ist sie, weil jeder Wähler ohne Kontrolle entscheiden kann, ob und wen er wählt. Gleich ist sie, weil jede Stimme das gleiche Gewicht hat. Geheim ist sie, weil die Wahl in einer Wahlkabine stattfindet, sodass niemand feststellen kann, für welchen Kandidaten sich ein Wähler entscheidet.

Der **Stimmzettel** für die Bundestagswahl wird in Wahlkabinen angekreuzt.

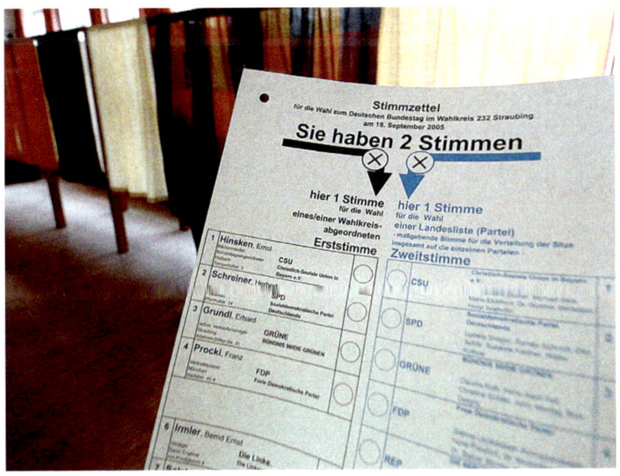

Bei der Wahl wird auf einem Stimmzettel ein Kandidat oder eine Partei angekreuzt. Der Stimmzettel wird anschließend in eine Wahlurne geworfen. Nach der Wahl werden die Stimmzettel von einer unabhängigen Kommission ausgezählt. Ein Kandidat kann als Abgeordneter in ein ▸Parlament einziehen, wenn er die meisten Stimmen erhalten hat. Weitere Abgeordnete werden von den gewählten Parteien in die Parlamente entsandt, die Listenplätze genannt werden. Bei einer Bundestagswahl hat jeder Bürger zwei Stimmen. Auf dem Stimmzettel stehen rechts die Namen der Kandidaten, die mit der Erststimme direkt gewählt werden können, und links die Namen von Parteien, denen die Wähler ihre Zweitstimme geben können.

Erringt eine Partei mehr als die Hälfte der Sitze in einem Parlament, besitzt sie die absolute Mehrheit und kann alleine die Regierung bilden. Erreicht nach einer Wahl keine Partei die absolute Mehrheit, schließen sich mindestens zwei Parteien zu einer Koalition zusammen, die dann über eine regierungsfähige Mehrheit verfügt. ■

INFOBOX

Die Fünfprozenthürde

Damit im Bundestag oder einem Landtag nicht viele kleine Parteien einziehen, die das Regieren sehr erschweren würden, gibt es die Fünfprozenthürde. Sie besagt, dass eine Partei mindestens fünf Prozent der Wählerstimmen erhalten muss, um in ein Parlament einziehen zu können. Von dieser Regelung sind jedoch Kandidaten, die in einem Wahlkreis die meisten Erststimmen erhalten, ausgeschlossen. Sie erwerben ein Direktmandat.

Wirtschaftskreislauf

Alle Bereiche der Wirtschaft hängen voneinander ab. Man spricht daher von einem Wirtschaftskreislauf, in dem die privaten Haushalte, Unternehmen, Banken und der Staat Geld und Güter (Produkte und Dienstleistungen) austauschen.

Ein Unternehmen stellt ein Produkt her oder bietet eine Dienstleistung an. Die benötigten ▶Rohstoffe stammen aus Bergwerken, Ölquellen oder aus der Landwirtschaft. Ein Teil ist recycelter Abfall. Die Produkte werden von Ingenieuren entwickelt und von Arbeitern gebaut, die dafür einen Lohn erhalten. Dieses Geld fließt den privaten Haushalten als Einkommen zu. Die Arbeitnehmer geben dieses Geld als Konsumenten für Produkte oder Dienstleistungen aus. Ausgetauscht werden Güter und Dienstleistungen auf Märkten. Der Preis richtet sich in der Marktwirtschaft nach dem Angebot und der Nachfrage. Die Käufer möchten Waren zu einem möglichst niedrigen Preis kaufen, die Verkäufer oder Unternehmen einen möglichst hohen Preis erzielen. Ist die Nachfrage nach Produkten und Dienstleistungen größer als das Angebot, steigt der Preis. Ist die Nachfrage dagegen geringer als das Angebot, sinkt der Preis.

Indem die Konsumenten Dienstleistungen und Waren kaufen, fließt das Geld im Wirtschaftskreislauf zurück zu den Unternehmen. Die kaufen davon neue Rohstoffe und bezahlen damit ihre Mitarbeiter. Unternehmen und Angestellte zahlen Steuern an den Staat, von denen die Ausgaben für Verwaltung, Straßen und Schulen bestritten werden. Auch dieses Geld fließt in den Wirtschaftskreislauf zurück, denn der Staat beauftragt Bauunternehmen oder Handwerksbetriebe, und die Verwaltungsangestellten kaufen die Produkte der Unternehmen.

Verdienen Unternehmen oder Angestellte mehr Geld, als sie benötigen, bringen sie es zu einer Bank, die Zinsen für das Guthaben zahlt. Gleichzeitig verleiht die Bank ▶Geld an Unternehmen, die sich vergrößern wollen, oder private Haushalte, die ein Haus bauen wollen. So sind auch die Banken Teil des Wirtschaftskreislaufs.

Viele Produkte werden heute nicht mehr als Abfall entsorgt, sondern wiederverwertet. Papier, Glas oder Autos z. B. scheiden so nicht aus dem Kreislauf aus. Nur ein kleiner Teil landet auf Deponien oder in Müllverbrennungsanlagen. In einen gut funktionierenden Wirtschaftskreislauf sind alle Bürger eines Landes eingebunden. Wenn Unternehmen und Staat jedoch nicht alle Menschen beschäftigen können, kommt es zu Arbeitslosigkeit. ■

INFOBOX

Wirtschaftsformen

Im Lauf der Geschichte haben sich zwei Wirtschaftsformen herausgebildet. Bei der in allen westlichen und den meisten anderen Ländern üblichen Marktwirtschaft regelt der Markt über die Nachfrage der Konsumenten das Angebot. Bei der Planwirtschaft oder Zentralverwaltungswirtschaft, die in kommunistischen Ländern üblich ist, bestimmt der Staat Art, Menge und Preis der hergestellten Produkte. Da sich die Nachfrage jedoch nicht genau vorhersagen lässt, kann es zu Engpässen oder einem Überangebot kommen.

Der einfachste Wirtschaftskreislauf besteht aus dem **Produzenten** und dem **Konsumenten**. Der Autofabrikant (links) produziert die Fahrzeuge, die der Konsument kauft. Das Geld des Konsumenten (rechts) fließt zum Produzenten, der damit seine Angestellten bezahlt und weitere Autos produziert.

Wirtschaftssektoren

Die Wirtschaft eines Landes besteht aus unterschiedlichen Bereichen oder Sektoren. Den ältesten Bereich nennt man den Primärsektor. Zu ihm gehören die Landwirtschaft, die Forstwirtschaft, die Fischerei und der Bergbau. Unternehmen dieses Sektors liefern die Rohstoffe für Produkte. Sämtliche Lebensmittel stammen wie vor Jahrtausenden aus der Landwirtschaft. Im Gegensatz zu früher arbeiten heute jedoch weniger Menschen im Primärsektor. Die Rohstoffe aus der Landwirtschaft und den anderen Betrieben werden von der Industrie und dem Handwerk verarbeitet. Diese Betriebe gehören zum zweiten oder Sekundärsektor. Die Industrie ist der Wirtschaftssektor, der die täglich benötigten Produkte wie Autos, Jeans oder Computer herstellt. Die Arbeit wird von Industriearbeitern und Robotern in Fabriken erledigt, die große Stückzahlen produzieren. Viele der Produkte, die früher von Handwerkern hergestellt wurden, z. B. Schuhe oder Brot, werden heute von der Industrie gefertigt. Zum Sekundärsektor zählt man auch die Energie- und Wasserversorgung.

Zum dritten Sektor, dem Tertiärsektor, gehören alle Unternehmen, die Dienstleistungen erbringen. Sie stellen keine Waren her, sondern erbringen Leistungen, die zur Befriedigung menschlicher Bedürfnisse dienen. Dienstleister sind z. B. Friseure, Ärzte oder Restaurants. Der Handel übernimmt den Vertrieb und Verkauf der landwirtschaftlichen, handwerklichen und industriellen Produkte. Die Menschen kaufen sie im Supermarkt, Bioladen oder einem Fachgeschäft. Auch den Transport von Waren gibt der Handel bei Speditionen in Auftrag, die Containerschiffe um die Welt schicken und Lastwagen kreuz und quer durch Europa fahren lassen.

Im vierten oder Quartärsektor fasst man Unternehmen zusammen, die mit Informationen, Daten und Wissen zu tun haben wie z. B. Tageszeitungen, das Fernsehen oder Forschungseinrichtungen. Dieser Sektor wächst auf der ganzen Welt. Deshalb sagt man, dass sich moderne Gesellschaften zu Informations- oder Wissensgesellschaften wandeln. ■

Hier sind Beispiele aus drei der vier **Wirtschaftssektoren** zu sehen. Während die Landwirtschaft, das Handwerk und die Industrie Produkte herstellen, sind Dienstleistungen Tätigkeiten, die der Befriedigung menschlicher Bedürfnisse dienen (von oben nach unten).

INFOBOX

Die Wissensgesellschaft

Dank Internet, Telefon oder E-Mail ist es so einfach wie nie zuvor, Daten schnell auszutauschen und Informationen zu erlangen. Immer mehr Menschen haben einen leichten Zugang zu immer mehr Informationen. In den modernen Industrieländern wie den USA oder Deutschland wird das für viele Berufe immer wichtiger. Während die Industrie ihre Produkte in Ländern mit niedrigem Lohn herstellen lässt, werden hier diese Produkte erdacht und konstruiert. So wird aus der Industriegesellschaft eine Wissensgesellschaft.

Technik und Naturwissenschaft

Die Geschichte der Technik beginnt mit den ersten Werkzeugen, die Menschen in der Steinzeit verwendeten. Aus den Faustkeilen und Stöcken sind unsere modernen Maschinen geworden, ohne die wir nicht mehr leben können. Schiffe, Autos und Flugzeuge bringen uns an jeden Ort der Erde. Mit Raumschiffen können wir die Erde sogar verlassen. Telefon, Fernsehen und Internet bringen uns die Welt ins Wohnzimmer und an den Arbeitsplatz. Wissenschaftler verschiedener Disziplinen sorgen dafür, dass die technische Entwicklung immer weitergeht und neue Geräte entwickelt werden.

Sobald ein Flugzeug mit **Überschallgeschwindigkeit** fliegt, können sich die Schallwellen nur nach hinten ausbreiten. Vorn verdichten sie sich zur Schallmauer. Hinter dem Flugzeug entsteht ein Unterdruck, in dem Wasser zu einer Wolkenscheibe kondensiert (links). Eine **Fledermaus** (rechts) ortet ihre Beute mithilfe von Ultraschallwellen.

Akustik

Die Akustik ist die Wissenschaft vom Schall. Töne und Geräusche breiten sich als Schallwellen in gasförmigen, flüssigen und festen Stoffen aus. Das Gehör (▶Ohr) nimmt diese Schallwellen wahr. Im Vakuum, etwa im Weltraum, können sich keine Schallwellen ausbreiten. Deshalb herrscht dort Stille.

Je höher ein ▶Ton ist, desto größer ist die Anzahl der Schwingungen pro Sekunde oder die Frequenz. Die Einheit der Frequenz ist Hertz (Hz). Wir Menschen können nur einen bestimmten Frequenzbereich wahrnehmen, der Hörschall genannt wird. Er liegt zwischen 60 Hz und 20 000 Hz. Sehr hohe Töne, die Menschen nicht hören können, heißen Ultraschall, sehr tiefe Töne Infraschall. Manche Tiere wie z. B. Fledermäuse können Ultraschall aussenden und hören. Schallwellen, die auf einen festen Körper auftreffen, üben auf diesen einen Druck aus, den sogenannten Schalldruck. Er wird in Dezibel (dB) gemessen. Die Schmerzgrenze des Menschen liegt bei 130 dB. So viel wird beim Start eines Düsenflugzeugs erreicht.

Nähert sich uns eine Schallquelle, etwa ein Krankenwagen mit Sirene, so erhöht sich die Frequenz für den Hörer, die Töne klingen höher. Entfernt sich die Schallquelle, klingen sie tiefer. Man nennt dies den Dopplereffekt.

Akustiker untersuchen die Entstehung und Ausbreitung von Schall sowie seine Wirkung auf das Gehör. Aufgrund ihrer Ergebnisse werden Hörgeräte oder Lautsprecher konstruiert. Außerdem suchen sie nach technischen Lösungen, um Autos, Eisenbahnen und Flugzeuge möglichst geräuscharm zu bauen. ■

AUF EINEN BLICK

Einheiten der Akustik

Frequenz: Hertz (Hz)

Schalldruck:
Dezibel (dB)

Schallgeschwindigkeit:
Meter pro Sekunde (m/s)
– in trockener Luft: 343 m/s
– in Wasser: 1480 m/s

anorganische Chemie

Die anorganische Chemie befasst sich mit den chemischen Elementen und Verbindungen, die keine Kohlenstoffketten oder -ringe enthalten. Zu diesen Verbindungen zählen z. B. die Salze wie das Kochsalz, das die Chemiker Natriumchlorid (NaCl) nennen. Eine andere Gruppe sind die Metalle, die etwa 80 % aller bekannten Elemente bilden. Metalle sind z. B. Aluminium, Kupfer, Blei, Natrium und Eisen. Halbmetalle besitzen sowohl metallische als auch nichtmetallische Eigenschaften. Dazu gehören das Silizium und das Germanium, aus denen z. B. Computerchips hergestellt werden. Zu den Nichtmetallen gehören der Sauerstoff, der Stickstoff, der Wasserstoff und die Halogene (Chlor, Brom, Jod). Eine häufige Verbindung aus dieser Gruppe ist das Wasser (H_2O), das aus Sauerstoff und Wasserstoff besteht. Carbonate (Kreide, Kalkstein) und Kohlendioxid (CO_2) enthalten zwar Kohlenstoff, gehören aber dennoch zu den anorganischen Stoffen. ■

INFOBOX

Kristallografie

Ein Teilbereich der anorganischen Chemie ist die Kristallografie, die sich mit Elementen und Verbindungen befasst, die Kristalle bilden. Kristalle bestehen aus einem gleichförmigen Gitter, wie am Eiskristall etwa einer Schneeflocke leicht zu erkennen ist. Auch das Kochsalz ist ein Kristall. Viele Mineralien, darunter der Bergkristall (Foto), der Amethyst oder der Diamant, sind Kristalle.

Antriebe

Ein Antrieb ist eine Kraft, eine Apparatur oder eine Maschine, die zur Fortbewegung von Fahrzeugen oder zur Bewegung von Maschinen genutzt wird. Handelt es sich um eine Kraft oder ▶ Energie, wird der Antrieb meistens auch nach dieser benannt. Ein Fahrrad wird beispielsweise mit Muskelkraft angetrieben. Um die Kraft nutzen zu können, ist eine Apparatur notwendig, nämlich Pedale, zwei Zahnräder und eine Kette, oft auch Kettenantrieb genannt. Die Windkraft braucht ebenfalls Apparaturen, um genutzt werden zu können. Bei einem Segelschiff sind dies Masten, Segel und die Takelage, bei einer Windmühle die Flügel. Wasserkraft kann ebenfalls ein Mühlrad und einen Mühlstein, aber auch einen Generator antreiben.

Neben diesen Antrieben, die Naturkräfte nutzen, gibt es auch Antriebe, die ihre Energie aus der Verbrennung von Holz, ▶ Kohle, Öl oder anderen Treibstoffen beziehen. Die erste Maschine dieser Art war die Dampfmaschine, die im 18. Jh. von Thomas Newcomen und James Watt entwickelt wurde. Der in einem Kessel erzeugte Wasserdampf bewegt einen Kolben in einem Zylinder vor und zurück und treibt so über eine Pleuelstange ein Schwungrad an. Im Gegensatz zur Dampfmaschine, bei der der Brennstoff außerhalb der Maschine, nämlich unter dem Druckkessel, verbrannt wird, erfolgt bei einem Ottomotor die Verbrennung im Motor selbst. Bei dem 1884 von Nicolaus Otto (1832–1891) entwickelten Ottomotor wird ein Gemisch aus Luft und Gas oder vergastes Benzin durch eine Zündkerze elektrisch entzündet und bewegt bei der Explosion den Kolben.

Die meisten Flugzeuge fliegen heute mit Düsenantrieb. Ein Düsentriebwerk saugt mit einem Rotor Luft an, verdichtet sie und spritzt Kerosin in die heiße Luft, das explosionsartig verbrennt. Die nach hinten ausströmenden Explosionsgase sorgen für den Schub, der das Flugzeug vorwärtsbewegt. Während ein Düsentriebwerk den Sauerstoff der Luft benötigt, ist ein Raketentriebwerk (▶ Raumfahrt) davon unabhängig und funktioniert daher im Weltraum. Der Elektroantrieb benötigt keinen Brennstoff, sondern elektrische Energie. Elektromotoren finden sich in vielen Haushaltsgeräten, z. B. Waschmaschinen, treiben aber auch Industriemaschinen, Baumaschinen und sogar manche Autos an. ■

INFOBOX

James Watt

1765 gelang es dem schottischen Mechaniker James Watt (1736–1819), die von Thomas Newcomen erfundene Dampfmaschine entscheidend zu verbessern. Watt sorgte dafür, dass der heiße Dampf nicht innerhalb des Kolbens, sondern außerhalb abgekühlt wurde. Außerdem wurde der Kolben seiner Maschine nicht nur von einer, sondern abwechselnd von beiden Seiten mit Dampfdruck im Zylinder bewegt. Diese neuartige Dampfmaschine konnte nun in Fabriken eingesetzt werden, um Arbeits- und Werkmaschinen, etwa Webstühle, anzutreiben. Mit ihr begann die ▶ industrielle Revolution.

Windmühlen (links) dienten bis ins 19. Jh. als Antrieb für eine ganze Reihe von Maschinen, etwa Wasserpumpen oder Mahlwerke. Der amerikanische **Spaceshuttle** (rechts) wird von drei Raketentriebwerken angetrieben.

Carl Benz (rechts im Bild) baute das erste **Automobil** und nutzte den Zweitaktmotor als Antrieb.

Das Large Binocular Telescope auf dem Mount Graham in Arizona (USA) ist eines der modernsten **Teleskope** der Welt.

Astronomie und Kosmologie

Seit der Vorgeschichte beobachten Menschen den Himmel und die Gestirne. Oft wurden die Sonne, der Mond und die Sterne als Götter gesehen, die täglich über den Himmel wanderten. Viele ▶Hochkulturen bauten Sternwarten, um den Lauf der Gestirne und den Beginn der ▶Jahreszeiten vorhersagen zu können. Die Menschen im ▶Mittelalter sahen die Erde als Mittelpunkt des Universums an, umgeben von einer Art Kristallkugel, auf der sich die Himmelskörper bewegen. Erst im 16. und 17. Jh. führten die Entdeckungen von Johannes Kepler, Nikolaus Kopernikus und Galileo Galilei zu einem veränderten Weltbild. Die Forscher erkannten dank des von Galilei verwendeten Fernrohrs, dass sich die Erde und die anderen Planeten um die ▶Sonne drehen und das Weltall wesentlich größer ist als bislang angenommen. Das war die Geburtsstunde der Astronomie als Wissenschaft. Immer bessere und größere Fernrohre wurden nun konstruiert. Der Astronom Wilhelm Herschel entdeckte 1781 mit einem selbst gebauten Teleskop den Planeten Uranus. Herschel beobachtete auch die ▶Milchstraße und versuchte, die Bewegung des ▶Sonnensystems zu erkennen. Dank der Erfindung der Fotografie waren die Astronomen bald nicht mehr darauf angewiesen, Zeichnungen der beobachteten Himmelskörper anzufertigen, sondern konnten sie auf Fotos festhalten. Während Astronomen sich vor allem mit Himmelskörpern wie Sternen, Planeten, Monden, Kometen und Galaxien befassen, erforscht die Kosmologie die Entstehung des Weltalls.

Zu Beginn des 20. Jh. entdeckten die Astronomen, dass die Sterne ▶Energie vorwiegend aus der Kernfusion beziehen. Bei der Kernfusion auf unserer Sonne etwa wird Wasserstoff in Helium umgewandelt. Zusätzlich zu den großen astronomischen Teleskopen setzte man ab 1931 Radioteleskope ein, die die von den Sternen ausgesandte Radiostrahlung empfangen können. Die ▶Raumfahrt bot schließlich die Möglichkeit, den Mond, die Planeten und Kometen mithilfe von Satelliten zu erforschen. Mit dem Hubble-Weltraumteleskop wurden ab 1990 Sterne und Planeten vom Weltraum aus beobachtet. Die Kosmologen nutzen die Entdeckungen der Astronomie und die ▶Relativitätstheorie und entwickelten die Theorie vom Urknall, aus dem sich vor 14 Milliarden Jahren das ▶Weltall gebildet haben soll. ■

Mit dem **Hubble-Weltraumteleskop** können weit entfernte Sterne und Galaxien ohne störende Einflüsse der Atmosphäre fotografiert werden.

INFOBOX

Exoplanetologie

Ein Teilgebiet der Astronomie ist die Exoplanetologie. Sie befasst sich mit extrasolaren Planeten, also Planeten, die sich außerhalb unseres Sonnensystems befinden. Seit 1995 wurden rund 250 Exoplaneten entdeckt, die um ferne Sonnen kreisen. Nur einer von ihnen mit dem Namen Gliese 561 c hat eine ähnliche Größe und Temperatur wie die Erde. Mit neuen Methoden wollen Astronomen nun herausfinden, ob auf einigen dieser Planeten Leben möglich wäre.

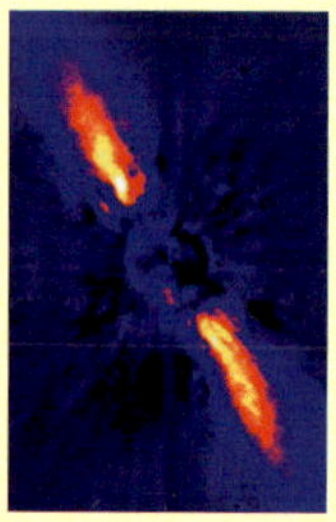

Tonnenschwere **Flugzeuge** fliegen aufgrund der Form der Tragflächen.

Auftrieb

Der Auftrieb ist eine Kraft, die auf Gegenstände wirkt, die sich in einem Gas oder einer Flüssigkeit befinden. Sie bewirkt, dass der Gegenstand die Schwerkraft überwindet und nach oben steigt oder in einer bestimmten Höhe schwebt. Es gibt zwei verschiedene Gründe für das Wirken des Auftriebs. Statischer Auftrieb entsteht, wenn der Gegenstand spezifisch leichter ist als das Gas oder die Flüssigkeit, die er verdrängt. Ein Beispiel dafür ist das Schiff, das sofort untergehen würde, bestünde es aus massivem Stahl. Der Schwimmkörper ist jedoch hohl und enthält sehr viel Luft, die leichter ist als Wasser. Das Schiff verdrängt eine Menge Wasser, die ein geringeres Volumen besitzt als das Schiff. Ein Unterseeboot kann mittels Wassertanks und Druckluft spezifisch leichter und schwerer werden und somit den Auftrieb verändern.

Das **Schiff** schwimmt, weil sein Volumen größer ist als das des verdrängten Wassers.

Ähnlich verhält es sich bei einem Gasballon oder Luftschiff. Sie werden mit Wasserstoff oder Helium gefüllt, sehr leichten Gasen, die eine geringere Dichte als die Luft aufweisen, nach oben steigen und dabei den Ballon mit nach oben nehmen. Bei einem Heißluftballon wird die Ballonhülle mit heißer Luft gefüllt, die ebenfalls eine geringere Dichte besitzt als die kühlere Umgebungsluft und dadurch leichter ist. Durch ein Erhitzen der Luft, Ablassen von Gas oder den Abwurf von Ballast kann bei Luftschiffen und Ballons der Auftrieb wie beim U-Boot reguliert werden. Der statische Auftrieb ist auch dafür verantwortlich, dass Öl auf dem Wasser schwimmt oder der Rauch eines Feuers aufsteigt.

Die zweite Art des Auftriebs ist der dynamische Auftrieb. Er wird durch die Form und die Bewegung eines Gegenstandes bewirkt. So können Vögel, Insekten und Flugzeuge fliegen, obwohl sie schwerer als Luft sind. Beim Flugzeug führt die Form der Flügel zu einem Unterdruck auf der Flügeloberseite, da der Weg der Luft um den Flügel an der Oberseite weiter ist als an der Unterseite. Der Unterdruck zieht den Flügel nach oben. Vögel oder Insekten pumpen durch ihren Flügelschlag die Luft von oben nach unten und können deshalb fliegen. Der dynamische Auftrieb wird durch die Veränderung der Geschwindigkeit und den Winkel verändert, den die Flügel oder Tragflächen gegenüber der Luft einnehmen. U-Boote nutzen mit den Tiefenrudern zusätzlich zu dem statischen auch den dynamischen Auftrieb.

BIOGRAFIE

Archimedes

Archimedes von Syrakus (um 287–212 v. Chr.) war ein griechischer Mathematiker und Physiker. Von ihm ist die Geschichte überliefert, dass er in eine bis zum Rand mit Wasser gefüllte Badewanne gestiegen ist. Dabei hat er bemerkt, dass das überlaufende Wasser ungefähr dem Volumen seines Körpers entspricht. Mit dem Schrei »Heureka!« (»Ich habe es gefunden!«) soll er nach seiner Entdeckung nackt auf die Straße gelaufen sein.

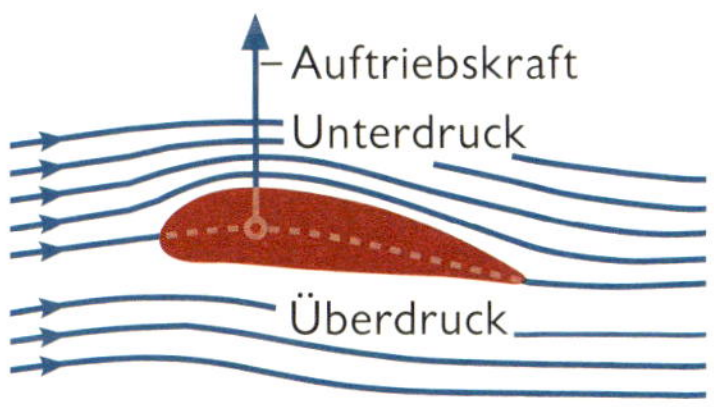

Da der Weg der Luft über die **Tragfläche** länger ist als auf der Unterseite, entsteht dort ein Unterdruck. Dieser Auftrieb hebt das Flugzeug in die Luft.

AUF EINEN BLICK

Die wichtigsten Maßeinheiten

Länge: Meter (m)
Masse: Kilogramm (kg)
Volumen: Liter (l) oder Kubikmeter (m^3)
Zeit: Stunden (h)
Temperatur: Celsius (°C, Europa) oder Fahrenheit (°F, England und USA), Kelvin (absolute Temperatur)
Radioaktivität: Becquerel (Bq)
Energie: Joule (J)
Frequenz: Hertz (Hz)
Druck: Pascal (Pa)
Kraft: Newton (N)

Bionik

Die Bionik ist ein noch sehr junges Verfahren, um neue Technologien und Produkte zu entwickeln. Das Wort Bionik wurde aus den Begriffen »Biologie« und »Technik« zusammengesetzt und sagt bereits viel über das Verfahren aus. Die Forscher auf diesem Gebiet versuchen nämlich, technische Probleme zu lösen, indem sie in der Natur nach entsprechenden Lösungen suchen. Die Biologie dient also als Vorbild für technische Entwicklungen. Obwohl sich Forscher erst seit dem Jahr 1960 gezielt mit der Bionik befassen, ist sie eigentlich schon lange bekannt. So sieht man den Gleitern vieler Flugpioniere wie beispielsweise Otto Lilienthal oder Igo Etrich an, dass sie in ihrer Form Vogelflügeln nachempfunden sind.

Der modernen Bionik verdanken wir die Nutzung des Lotuseffekts. Manche Pflanzen, wie der Lotus oder viele Kohlarten, werden nicht nass. Das Wasser perlt einfach von ihren Blättern ab. Sie besitzen winzige Noppen, mit denen sich das Wasser dank seiner Oberflächenspannung nicht verbinden kann. Es bildet kleine Kugeln, die vom Blatt rollen. So kann sich auch Schmutz auf diesen Blättern nicht festsetzen. Nach diesem Vorbild wurden Glasscheiben und Farbanstriche entwickelt, die ebenfalls Schmutz und Wasser abweisen. ■

Aufgrund des **Lotuseffekts** haftet nicht einmal Alleskleber auf einem Lotusblatt.

Einheiten

Wer eine physikalische Größe messen will, benötigt die entsprechende Maßeinheit. Nur so kann man die eigene Messung mit anderen vergleichen. Die Einheit muss überall auf der Welt gelten oder in andere Einheiten umzurechnen sein. Die ersten Einheiten wurden schon in der Steinzeit und von den ersten ▶ Hochkulturen geschaffen. Oft gab es an verschiedenen Orten unterschiedliche Einheiten. Im Mittelalter war in jeder Stadt am Rathaus ein Längenmaß eingemauert, nach dem jeder seine Messgeräte anfertigen konnte.

Heute wird gesetzlich vorgeschrieben die Masse in Kilogramm, die Länge in Meter, das Volumen in Liter oder Kubikmeter und die Zeit in Stunden angegeben. Die meisten Einheiten sind nach Wissenschaftlern benannt. Unsere Temperatureinheit heißt z. B. nach dem schwedischen Forscher Anders Celsius, der an ihrer Entwicklung maßgeblich beteiligt war. Die Leistung einer Maschine wird in Watt gemessen, nach James Watt (1736–1819), dem Weiterentwickler der Dampfmaschine. Die elektrische Spannung wird in Volt angegeben, nach dem italienischen Physiker Alessandro Volta (1745–1827). Maßeinheiten werden auf einer Skala oder digital angegeben. Um einen Wert zu ermitteln, benötigt man ein Messgerät, wie z. B. ein Thermometer, mit dem die Temperatur gemessen wird. ■

INFOBOX

Celsius, Fahrenheit und Kelvin

Die bei uns für die Temperaturmessung gebräuchliche Celsiusskala geht auf den Schweden Anders Celsius (1701–1744) zurück. Auf dieser Skala liegt der Gefrierpunkt von Wasser bei 0 Grad, der Siedepunkt bei 100 Grad. Die heute in fast allen Ländern vorgeschriebene und wissenschaftlich gängige Einheit für die Temperatur ist jedoch Kelvin. Die Kelvinskala wurde 1848 von dem irischen Physiker Lord Kelvin (1824–1907) entwickelt. Der absolute Nullpunkt entspricht –273,14 °C. 0 °C entspricht 273,15 K, da die Kelvin- und die Celsiusskala die gleiche Einteilung besitzen. In den USA ist auch die Einheit Fahrenheit weit verbreitet, benannt nach dem Deutschen Daniel Fahrenheit (1686–1736). Der Gefrierpunkt des Wassers liegt bei 32 °F.

Elektrizität

Elektrizität ist eine Form von ▶Energie, die von positiv und negativ geladenen, atomaren Teilchen ausgeht. Diese Teilchen (Protonen und Kationen = positiv, Elektronen und Anionen = negativ) können elektromagnetische Felder bilden, sie können als elektromagnetische Welle auftreten, etwa als Radiowelle, Lichtstrahl oder Röntgenstrahl, und sie können sich als Ströme durch leitende Stoffe wie Metalle oder Wasser bewegen. In der Natur tritt Elektrizität besonders auffällig als Blitz in Erscheinung, der durch Reibung in Gewitterwolken entsteht. Wird der Unterschied zwischen negativer und positiver Ladung innerhalb einer Wolke zu groß, so entlädt sich diese Spannung in einem Blitz. Auch in unserem Körper gibt es Elektrizität. Elektrische Signale wandern durch die Zellen unseres Nervensystems und werden als Informationen im ▶Gehirn verarbeitet. Ohne sie könnten wir weder fühlen noch denken.

Elektrizität wird jedoch auch künstlich erzeugt, indem andere Energieformen in elektrischen Strom umgewandelt werden. Die erste künstliche Energiequelle war die Batterie. Sie wurde um das Jahr 1800 von dem italienischen Physiker Alessandro Volta (1745–1827) gebaut. Sie nutzt chemische Energie. Eine andere Art von Stromerzeuger ist der Generator. Generatoren verwandeln Bewegungen in Strom. Moderne Generatoren in Kraftwerken werden meist mit Wasserkraft, mit Windkraft oder mit Dampfkraft angetrieben, wobei der Dampf durch die Verbrennung von Öl, Kohle, Gas oder durch Atomkraft erzeugt wird. Entwickelt wurde der Generator ab 1860 von dem Ungarn Ányos Jedlik und dem Deutschen Werner von Siemens. Erste größere Kraftwerke wurden bereits Ende des 19. Jh. gebaut, um Straßen mit elektrischem Licht zu versorgen und Maschinen zu betreiben. Am Anfang der Entwicklung musste erst geklärt werden, ob Gleichstrom (die Polung bleibt gleich) oder Wechselstrom (die Polung wechselt ständig) am besten für die Übertragung geeignet ist. Da Wechselstrom leichter hergestellt werden kann, hat er sich durchgesetzt.

Ohne die elektrische Energie wäre unsere moderne Industriegesellschaft nicht vorstellbar, denn Beleuchtung, Kältetechnik, Fließbänder, ▶Roboter, ▶Computer, viele Maschinen und unsere Haushaltsgeräte werden mit elektrischer Energie betrieben. Eine moderne Art, Energie zu erzeugen, sind Solarzellen, die Sonnenlicht ohne Generator in Strom umwandeln. ■

In **Hochspannungsleitungen** fließt der Strom vom Kraftwerk zu Umspannwerken, die den Strom in Erdkabeln an die Haushalte verteilen.

Hat ein Mensch Kontakt zu einem **Hochspannungsgenerator**, wird er so stark aufgeladen, dass die Haare zu Berge stehen. Dieses Experiment ist jedoch ungefährlich.

AUF EINEN BLICK

Einheiten der Elektrizität

Leistung: Watt (W)
Spannung: Volt (V)
Stromstärke: Ampere (A)
elektrischer Widerstand: Ohm (Ω)
Induktion: Tesla (magnetische Flussdichte)

Elektronik

Die Elektronik ist ein Teilgebiet der Elektrotechnik und befasst sich mit elektronischen Bauteilen. Elektronische Bauteile befinden sich heute im Telefon, im Auto, in der Waschmaschine, in Ladenkassen, in Bankautomaten und vielen anderen Geräten. Dort sorgen elektronische Prozesse für die Steuerung und Regelung von Motoren und die Ausführung sowie die Speicherung von Programmen. Ohne Elektronik kann kein moderner Industriebetrieb mehr arbeiten, könnte kein Kraftwerk Strom erzeugen und kein Haushalt funktionieren. Zumindest in den Industrieländern sind die Menschen in fast allen Lebensbereichen auf elektronische Geräte angewiesen.

Der **Transistor** (rechts im Bild) hat die gleiche Leistung wie eine Elektronenröhre, verbraucht jedoch viel weniger Energie und ist um ein Vielfaches kleiner.

Das erste brauchbare elektronische Bauteil war die Elektronenröhre, die zeitgleich von dem Amerikaner Lee de Forrest (1873–1961) und dem Österreicher Robert von Lieben (1878–1913) erfunden wurde. Sie diente vor allem zur Verstärkung von elektrischen Signalen und wurde in Sendeanlagen, Radios und Verstärkern eingebaut. Auch heute kommen sie noch immer in einigen Geräten zum Einsatz, etwa in Verstärkern für Elektrogitarren. Ohne die Elektronenröhren wäre die Erfindung des ▶Fernsehens, des ▶Rundfunks und anderer Technologien nicht möglich gewesen. Auch die ersten ▶Computer wurden mit Elektronenröhren bestückt, die jedoch sehr viel ▶Energie benötigen und einen Großteil davon als Wärme abgeben.

INFOBOX

Was sind Chips?

Chips oder Mikrochips sind winzige elektronische Bauteile, die nicht mehr aus gelöteten Leiterplatten bestehen. Stattdessen werden die benötigten Transistoren, Widerstände und Kondensatoren auf Trägerplättchen durch verschiedene Verfahren aufgetragen. Auf der Größe eines Streichholzkopfes haben so mehrere Hundert Millionen Transistoren Platz. Nur so können kleine Handys oder Mikrocomputer gebaut werden. Entwickler arbeiten ständig daran, die Chips weiter zu verkleinern.

In einer staubfreien Fabrik wird auf einem sogenannten **Wafer** eine Vielzahl von Chips gleichzeitig hergestellt und später zerteilt.

Die moderne Elektronik begann 1947 mit der Entwicklung der ersten brauchbaren Transistoren, die wie Elektronenröhren elektrische Signale verstärken und als Schalter eingesetzt werden. Im Gegensatz zur Röhre sind sie jedoch wesentlich kleiner und benötigen weniger Energie. Durch den Einsatz von Transistoren konnten elektronische Geräte immer kleiner werden. Eingebaut werden sie ebenfalls in Radios, Fernseher und Computer. Transistoren bestehen aus Stoffen, deren elektrische Leitfähigkeit von der Temperatur und einer elektrischen Steuerspannung abhängig ist. Diese Stoffe, zu denen das Silizium und das Germanium gehören, nennt man daher Halbleiter. Ein normaler Transistor hat drei Anschlüsse, die die Namen Kollektor, Basis und Emitter tragen. Über Basis und Emitter läuft ein Stromkreis, der einen weiteren Stromkreis steuert, der über Emitter und Kollektor läuft.

Im Allgemeinen werden passive Bauteile wie Widerstände, Spulen und Kondensatoren und aktive Bauteile wie der Transistor auf einer sogenannten Platine oder Leiterplatte aus Kunststoff befestigt und miteinander zu elektronischen Schaltkreisen verbunden. Die Leiterbahnen einer Platine werden im Fotodruck hergestellt oder durch Masken aufgedampft – häufig in mehreren Ebenen. Auch die Hauptplatine eines Computers, Mainboard oder Motherboard genannt, ist eine solche Leiterplatte. Ihr zentrales Bauteil ist der Hauptprozessor, ein Mikrochip.

Elemente

Chemische Elemente sind Grundstoffe, die mit chemischen Methoden nicht weiter zerlegt werden können. Zu diesen Elementen gehören Gase wie Sauerstoff und Stickstoff, aus denen größtenteils unsere Atmosphäre besteht, aber auch Metalle wie Eisen, Blei und Gold. Jedes Element besteht aus Atomen, die alle die gleichen chemischen Eigenschaften aufweisen. Sie verhalten sich also gegenüber anderen Elementen immer gleich. Atome wiederum sind Bausteine der Materie, die aus einem positiv geladenen Atomkern und einer negativ geladenen Elektronenhülle aufgebaut sind. Der Atomkern setzt sich aus den positiv geladenen Protonen und den elektrisch neutralen Neutronen zusammen. Bei einem Atom im Normalzustand entspricht die Anzahl der positiven Protonen der Anzahl der negativen Elektronen. Alle Atome, die die gleiche Anzahl an Protonen (Kernladungszahl) aufweisen, gehören zum gleichen Element. So haben alle Wasserstoffatome ein Proton, während alle Sauerstoffatome acht Protonen besitzen.

Für alle chemischen Elemente wurden ab 1896 Symbole aus ein oder zwei Buchstaben eingeführt, die weltweit verwendet werden. Wasserstoff, das leichteste Element, trägt den Buchstaben H, Sauerstoff O und Eisen Fe. Die Elemente tragen Kernladungszahlen (Ordnungszahlen) von 1 (Wasserstoff) bis 118 (Ununoctium). Nach diesen Kernladungszahlen sind die Elemente im sogenannten Periodensystem geordnet. Bislang sind 118 Elemente bekannt, wobei es sich bei allen Elementen mit einer Kernladungszahl über 94 sowie bei den Elementen 43, 61 und 93 um künstlich hergestellte und daher instabile Elemente handelt. Aber auch einige Elemente mit niedrigerer Kernladungszahl sind instabil und kommen auf der Erde nur in sehr geringen Mengen vor.

Die Elektronenhülle um ein Atom kann man sich aus mehreren Schalen aufgebaut vorstellen. In ihnen halten sich die Elektronen auf. Jede Schale kann dabei nur eine bestimmte Anzahl an Elektronen aufnehmen. Die Elektronen der jeweils äußersten Schale bezeichnet man als Außenelektronen. Elemente mit der gleichen Anzahl an Außenelektronen weisen ähnliche chemische Eigenschaften auf, sie verhalten sich also bei chemischen Abläufen immer gleich.

Die Atome eines Elements oder verschiedener Elemente können miteinander Verbindungen eingehen, die man Moleküle nennt. Moleküle bilden sich, da die Atome danach streben, einen stabilen Zustand der äußersten Elektronenschalen herzustellen. Ein sehr häufiges Molekül ist das Wasser, bestehend aus zwei Wasserstoffatomen und einem Sauerstoffatom (H_2O).

INFOBOX

Das Periodensystem

Das Periodensystem ist eine Tabelle, in der die Elemente angeordnet sind. In den senkrechten Spalten, den Gruppen, nimmt von oben nach unten die Anzahl der mit Elektronen besetzten Schalen zu. In jeder Gruppe weist die äußere Schale die gleiche Anzahl an Elektronen auf. Die Elemente einer Gruppe besitzen ähnliche physikalische und chemische Eigenschaften, sie verhalten sich also bei chemischen Vorgängen ähnlich. In den waagrechten Zeilen, den Perioden, sind die Elemente nach aufsteigender Kernladungszahl (Ordnungszahl) angeordnet. Bei ihnen nimmt die Anzahl der Elektronen in der äußeren Schale von links nach rechts jeweils um ein Elektron zu.

Je nach Druck und Temperatur können chemische Stoffe verschiedene **Aggregatzustände** annehmen. Wasser z.B. kommt auf der Erde fest als Eis, flüssig als Wasser und gasförmig als Wasserdampf in den Wolken vor.

Ein **Diamant** (links) besteht wie die Mine eines Bleistifts aus dem Element Kohlenstoff. **Schwefel** (rechts) ist eines der häufigsten Elemente und kommt in der Natur auch als Kristall vor.

Die Mathematik berechnet Wahrscheinlichkeiten. Die Zahl, die ein Würfel nach jedem Wurf anzeigt, lässt sich nicht vorausberechnen. Lediglich die **Wahrscheinlichkeit** lässt sich angeben.

INFOBOX

Eine frühe Rechenmaschine

Der Abakus ist eines der ältesten Rechengeräte. Er wurde vor mehr als 3000 Jahren in China erfunden. Auf Stangen, die von einem Rahmen gehalten werden, kann man mehrere Steine hin- und herbewegen. Der Abakus sieht zwar einfach aus, man kann mit ihm aber selbst komplizierte Aufgaben wie das Ziehen von Wurzeln lösen. Das vielseitige Gerät war von der Antike bis zum Barock in ganz Europa und Asien in Gebrauch und wird heute noch von vielen Händlern in ganz Asien verwendet. In dem Moskauer Kaufhaus GOM war er noch bis in die 1980er-Jahre an jeder Kasse in Betrieb.

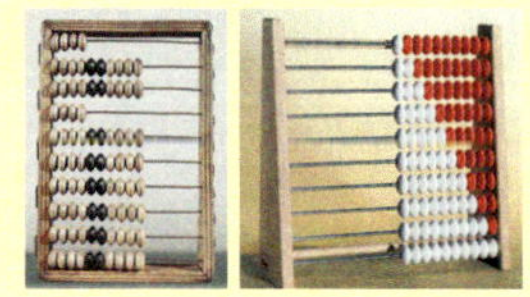

Mathematik

Die Mathematik ist eine Wissenschaft, die sich mit Zahlen, Figuren und Rechenwegen befasst. Sie unterscheidet sich von anderen Wissenschaften, die bestimmte Bereiche untersuchen, wie z. B. der Biologie, die die Lebewesen erforscht, oder der Soziologie, die das Zusammenleben der Menschen untersucht. Die Mathematik befasst sich dagegen mit Zeichen, die sich Mathematiker eigens für diesen Zweck ausgedacht haben. Denn Zahlen und Berechnungsformeln für Figuren oder mathematische Probleme gibt es so in der Natur nicht. Sie sind ein künstlich geschaffenes Hilfsmittel, das vielfältig eingesetzt werden kann. Daher wird die Mathematik auch nicht zu den Naturwissenschaften gezählt, sondern zu den Strukturwissenschaften. Sie haben sich aus der Naturphilosophie entwickelt.

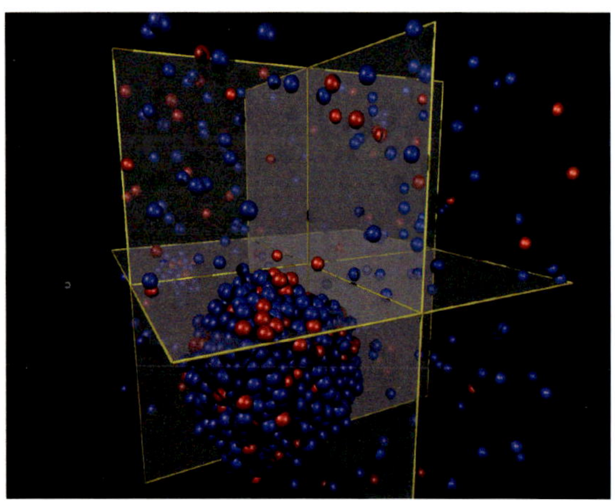

Die Mathematik kommt in vielen wissenschaftlichen Disziplinen zur Anwendung. Mit ihrer Hilfe kann man auch Vorgänge in der Natur am Computer nachbilden. Bei diesen sogenannten **Simulationen** berechnen beispielsweise Chemiker, wie sich etwa das Edelgas Argon beim Übergang vom gasförmigen zum festen Zustand verhält.

Die Mathematik ist eine der ältesten Wissenschaften. Ihre Grundlagen wurden von den ▶Hochkulturen, vor allem im ▶antiken Griechenland, entwickelt.

Die Mathematik besteht aus verschiedenen Teilgebieten. Die Arithmetik behandelt das Rechnen mit Zahlen wie die Addition, die Subtraktion, die Multiplikation und die Division. Die Geometrie befasst sich mit Figuren und Körpern. Die Algebra beschäftigt sich mit Gleichungen. Mithilfe der Stochastik oder Wahrscheinlichkeitsrechnung lässt sich berechnen, wie groß die Wahrscheinlichkeit ist, dass ein bestimmtes Ereignis eintrifft, etwa ein Sechser im Lotto oder der Ausbruch eines Vulkans.

Die Mathematik kommt in fast jeder Wissenschaft in irgendeiner Form zur Anwendung. Viele Wissenschaften wie die Physik, die Astronomie, die Elektrotechnik oder die Wirtschaftswissenschaften sind ohne die Mathematik nicht denkbar. Denn sie liefert Methoden, mit denen Entfernungen, Größen oder Mengen erfasst, verglichen und in eine Beziehung zueinander gebracht werden können. Jede Maßeinheit wie Gramm oder Meter wird erst durch Zahlen zur physikalischen Größe und unterliegt den Regeln der Mathematik. Da fast alle Wissenschaften die Mathematik benötigen, wird sie auch Universalwissenschaft genannt.

Mechanik

Die Mechanik ist ein Teilgebiet der Physik, das die Bewegung von Körpern erforscht sowie die Kräfte, die auf Körper einwirken. Die mathematischen Gesetze der Mechanik wurden zuerst von Galileo Galilei (1564–1642) und Isaac Newton (1643–1727) entdeckt und beschrieben. Galilei führte Versuche mit Pendeln, Kugeln und schiefen Ebenen durch und stellte fest, dass im Vakuum, also ohne Luftwiderstand, alle Körper gleich schnell fallen, egal wie sie aussehen und wie schwer sie sind. Außerdem stellte er fest, dass sich der Fall beschleunigt. Seine Beobachtungen fasste er zu den sogenannten Fallgesetzen zusammen. Daneben beobachtete er mit selbst gebauten Fernrohren die Planeten und befasste sich mit den Gesetzen ihrer Bewegungen.

Newton fasste die Beobachtungen Galileis und die Theorien der Astronomen Johannes Kepler (1571–1630) und Nikolaus Kopernikus (1473–1543) zu den drei Gesetzen der Bewegung zusammen. Das erste Gesetz wird Trägheitsprinzip genannt und besagt, dass ein Körper im Zustand der Ruhe verharrt oder eine geradlinige unbeschleunigte Bewegung beibehält, solange die Summe aller Kräfte, die auf den Körper einwirken, gleich null ist. Nur eine Kraft von außen kann den Körper in Bewegung versetzen oder von seiner Bahn abbringen. Das zweite Gesetz besagt, dass die Beschleunigung einer Masse eine entsprechende Kraft benötigt und sich die Masse in gerader Linie in die Richtung bewegt, die die Kraft vorgegeben hat. Ein schwerer Stein braucht also mehr Kraft als ein leichter, um die gleiche Bewegung zu vollziehen. Außerdem fliegt der Stein in die Richtung, die die werfende Hand vorgibt. Das dritte Gesetz besagt, dass Kräfte immer paarweise auftreten als gleich große Kraft und Gegenkraft (»Aktions- und Reaktionsprinzip«). Drückt ein Luftballon Luft aus seiner Öffnung nach hinten, wird der Ballon gleichzeitig in die Gegenrichtung vorwärtsbewegt.

Newtons Bewegungsgesetze waren hervorragend geeignet, um die Bewegungen der Planeten zu erklären und zu berechnen. Bis zum Beginn des 20. Jh. wurden sie als allgemeingültig angesehen. Erst durch die ▶ Relativitätstheorie wurde klar, dass die Bewegungsgesetze bei sehr großen Geschwindigkeiten und auch für die ▶ Quantenphysik keine Gültigkeit haben. ■

Ein Fallschirmspringer fällt aufgrund der **Schwerkraft** auf die Erde. Er nutzt mit seinem Schirm den Luftwiderstand, um langsamer zu fallen. Im Vakuum würde er genauso schnell fallen wie eine Eisenkugel oder eine Feder.

AUF EINEN BLICK

Einheiten der Mechanik

Masse eines Körpers (m): Kilogramm (kg)
Zeit (t): Sekunden (s)
Strecke, die zurückgelegt wird (s): Meter (m)
Geschwindigkeit (v): Meter pro Sekunde (m/s)
Kraft (F): Newton (N)
Beschleunigung (a): Meter pro Sekunde im Quadrat (m/s^2)

Mithilfe von **Flaschenzügen** wie hier an Bord eines Segelschiffs (links) kann man schwere Lasten mit wenig Kraftaufwand in die Höhe ziehen. Bei einem **Kettenkarussell** (rechts) wirkt die Fliehkraft.

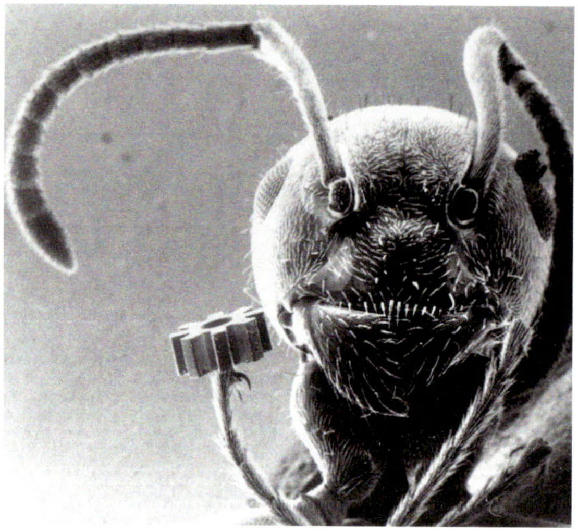

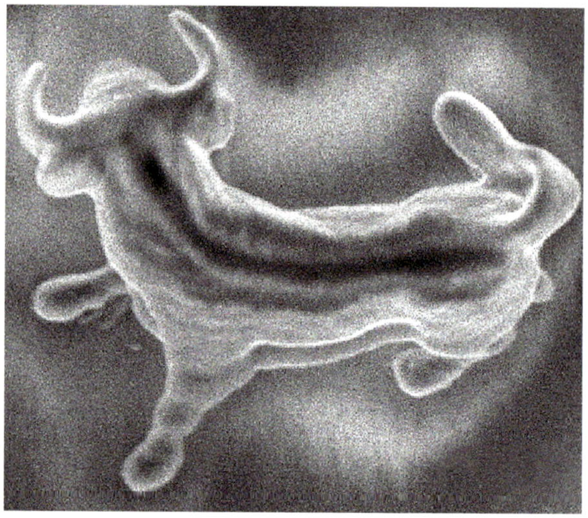

Der Größenvergleich mit einer Ameise zeigt, welche winzigen Zahnräder für **Miniaturmaschinen** bereits hergestellt werden können (links). Japanische Forscher haben eine winzige **Stierskulptur** in der Größe eines roten Blutkörperchens modelliert.

Nanotechnologie

Die Nanotechnologie befasst sich mit technischen Entwicklungen, die zwischen 0,1 und 100 Nanometer groß sind. Ein Nanometer ist ein millionstel Millimeter. Die nanotechnologischen Produkte, die Physiker, Chemiker und Ingenieure entwickeln, sind also so klein, dass sie mit bloßem Auge nicht zu sehen sind. Erfunden wurde der Begriff von dem japanischen Physiker Nori Taniguchi (1912–1999), der 1974 vorhergesagt hat, dass in Zukunft winzige technische Produkte gebaut werden können, die Atom für Atom zusammengesetzt werden. Diese Prognose wurde von vielen Wissenschaftlern als zu gewagt angesehen, da es nicht einmal ein Mikroskop gab, mit dem man Atome betrachten konnte. Das änderte sich jedoch, als 1982 die Münchner Physiker Gerd Binning und Heinrich Rohrer das Rastertunnelmikroskop erfanden. Mithilfe dieses besonderen Mikroskops gelang es 1990 Wissenschaftlern einer amerikanischen Computerfirma, den Namen ihrer Firma aus 35 Atomen des Edelgases Xenon auf einen Nickelkristall zu schreiben. Dieses Experiment sollte die Möglichkeiten der Nanotechnologie demonstrieren.

Mittlerweile arbeiten Forscher an unterschiedlichen Nanoprodukten. Bereits zum Einsatz kommen besondere Oberflächenbeschichtungen etwa für Flugzeugflügel. Winzige Nanoteilchen sorgen dafür, dass die Luft die Flügel besser umströmt und sich hinter ihnen weniger Wirbel bilden. Nanoteilchen können auch die Haftung von Farben auf glatten Oberflächen verbessern, da sie in winzige Vertiefungen eindringen, in die herkömmliche Farbe nicht gelangt. Mediziner wollen mithilfe der Nanotechnologie neuartige Medikamente herstellen. Nanoteilchen sollen z. B. Wirkstoffe über den Blutkreislauf gezielt zu Tumoren bringen. Auch bei der Verbindung von elektronischen Bauteilen wie Chips und menschlichen Nervenzellen kann die Nanotechnologie mitwirken. Auf diese Weise sollen Blinden künstliche elektronische Augen eingesetzt werden, deren Signale an den Sehnerv übermittelt werden.

Die Nanotechnologie wird als Zukunftstechnologie angesehen, die zu einer weiteren ▸industriellen Revolution führen könnte. ■

INFOBOX

Nanoroboter

Nanoroboter oder Nanobots zählen zu den Zielen der Nanotechnologie. Sie könnten z. B. mit einer Spritze in die Blutbahn injiziert werden, um dort Krankheitserreger zu jagen. Sie könnten selbsttätig Tumorzellen finden und zerstören. Nach Verletzungen oder Knochenbrüchen könnten sie mithelfen, das betroffene Gewebe zu reparieren.
Kritiker befürchten hingegen, dass die winzigen Maschinen eines Tages nicht mehr zu beherrschen sein könnten und zu einer Gefahr für die Menschheit werden. Außerdem könnten Nanoroboter auch als unsichtbare und schwer zu bekämpfende Waffe eingesetzt werden.

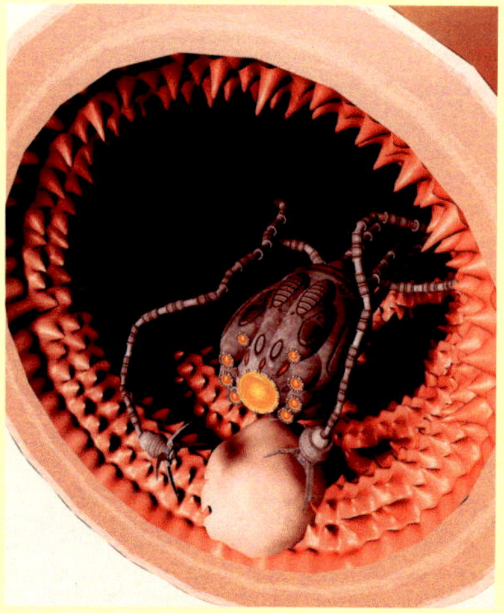

Optik

Die Optik ist ein Teilgebiet der Physik und befasst sich mit den Eigenschaften des Lichts und seiner Wirkung auf die Materie und das menschliche ▶Auge. Mit dem Auge beginnt auch die Geschichte der Optik. Euklid (ca. 365–300 v. Chr.) und andere Forscher waren davon überzeugt, dass vom menschlichen Auge Sehstrahlen ausgehen, die die Umwelt abtasten. Nur der Philosoph Aristoteles (384–322 v. Chr.) war anderer Ansicht und glaubte, dass das Licht von der Umwelt selbst ausgeht und in das Auge gelangt.

Im 13. Jh. setzten Mönche erstmals Linsen als Sehhilfen ein. Holländische Linsenschleifer entwickelten im 17. Jh. die ersten Mikroskope, mit denen man Bakterien sehen konnte. Gleichzeitig baute der holländische Brillenmacher Hans Lipperhey (1570–1619) das erste Fernrohr, das von Galileo Galilei (1564–1642) weiterentwickelt und zur Beobachtung der Planeten verwendet wurde. Der englische Augenarzt Thomas Young (1773–1829) bewies, dass das Licht eine Welle ist. James Clerk Maxwell (1831–1879) erkannte bald darauf, dass Licht eine elektromagnetische Welle ist.

INFOBOX

Mit Linsen neue Welten erforschen

Durch die Fortschritte in der Optik im 16. Jh. entdeckten Forscher Welten, die kein Mensch zuvor gesehen hatte. Galileo Galilei beobachtete mit Fernrohren Himmelskörper. Zum ersten Mal betrachtete ein Mensch den Mond, den Saturn oder den Planeten Jupiter genauer. Galilei konnte beweisen, dass die Erde und die anderen Planeten um die Sonne kreisten (heliozentrisches Weltbild). Dies widersprach jedoch der jahrhundertealten Lehre der Kirche, wonach die Erde der Mittelpunkt des Universums ist (geozentrisches Weltbild). Der niederländische Brillenmacher Antoni van Leeuwenhoek (1632–1723) betrachtete Speichel unter Vergrößerungslinsen und entdeckte winzige Lebewesen, die er Bazillen nannte. Auch kleine Käfer konnte man unter der Linse nun riesengroß betrachten.

Wassertröpfchen in der Luft bewirken, dass sich das Sonnenlicht in die **Spektralfarben** auffächert.

Sie wird von einem Prisma gebrochen und in ein sogenanntes Spektrum, also einzelne Farbbestandteile, zerlegt. Die Spektralfarben Rot, Orange, Gelb, Grün, Blau, Violett werden sichtbar. Zusammen ergeben sie weißes Licht. Wassertröpfchen in der Luft können das Licht ebenso in die Spektralfarben zerlegen, sodass sich ein Regenbogen bildet. Linsen können Licht bündeln, während ein Spiegel Licht reflektiert. Die meisten optischen Geräte vom Fotoapparat über den Feldstecher bis zum Mikroskop verwenden daher Spiegel und Linsen, um die Lichtwellen so zu lenken, wie sie benötigt werden.

Ganz neue Möglichkeiten schuf der 1960 erfundene Laser, ein Strahl aus parallelen Lichtstrahlen. Heute gibt es eine Vielzahl optischer Geräte, deren Einsatzgebiet von der Medizin bis zur digitalen Fotografie reicht. ■

Licht wird auch in der Medizin eingesetzt. Mit **Laserstrahlen** lassen sich Gallensteine zertrümmern.

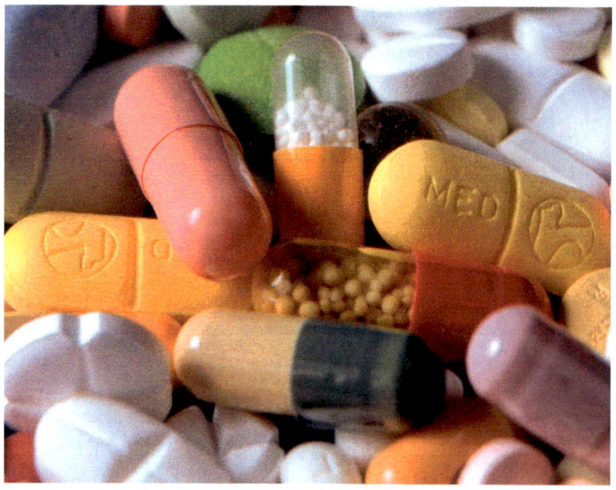

Ohne die Erkenntnisse der organischen Chemie könnten viele **Medikamente** nicht hergestellt werden.

organische Chemie

Die organische Chemie ist ein Teilgebiet der Chemie, das sich nur mit bestimmten, ketten- oder ringförmigen Verbindungen des ▸Kohlenstoffs befasst.

Ein Kohlenstoffatom (Symbol: C) kann mit einem bis vier weiteren Kohlenstoffatomen Bindungen eingehen. Dadurch entstehen einfache oder verzweigte Kohlenstoffketten sowie Kohlenstoffringe. An den nicht mit weiteren Kohlenstoffatomen besetzten Bindungsstellen gehen diese Moleküle Bindungen mit anderen Elementen ein, vor allem mit Wasserstoff, mit Sauerstoff und mit Stickstoff. Alle Lebewesen bestehen aus diesen Kohlenstoffverbindungen. Organische Moleküle können sehr groß und räumlich sehr komplex sein. Bis heute sind mehr als 19 Millionen verschiedener organischer Substanzen bekannt. Zu den natürlichen organischen Verbindungen zählen die in Lebewesen vorkommenden Fettsäuren, die Kohlenhydrate und die Eiweißstoffe.

Der Begriff »organische Chemie« stammt aus dem 19. Jh., als man annahm, dass organische Verbindungen nur von lebenden Organismen hergestellt werden können. Erst später fanden Chemiker heraus, dass sich viele Kohlenstoffverbindungen auch künstlich herstellen lassen. Dazu gehören Kunststoffe, Kunstfasern, viele Farbstoffe, Lacke, Schmierstoffe sowie Medikamente und Lebensmittel wie künstliche Aromastoffe. Der Ausgangsstoff für viele Kunststoffe ist das Erdöl, das wiederum aus organischen Ablagerungen vor Millionen von Jahren entstanden ist. ■

INFOBOX

Kohlenwasserstoffe

Kohlenwasserstoffe sind eine eigene Gruppe von Kohlenstoffverbindungen, die aus Kohlenstoff und Wasserstoff bestehen. Da es viele Kombinationsmöglichkeiten dieser beiden Elemente gibt, findet man viele verschiedene Kohlenwasserstoffe. Dazu gehören Gase wie Methan, aber auch Benzin oder Heizöl. Viele Kohlenwasserstoffe sind leicht brennbar und werden daher als Treibstoffe und Energieträger eingesetzt.

Quantenphysik

Die Quantenphysik ist ein Teilgebiet der Physik, das sich mit dem Verhalten von Elementarteilchen beschäftigt, also den Teilchen, aus denen Atome bestehen, wie z. B. Elektronen. Entwickelt wurde die Quantenphysik zu Beginn des 20. Jh., als einige Physiker feststellten, dass sich Elementarteilchen nicht so verhalten, wie sie es den Gesetzen der ▸Mechanik zufolge tun müssten. So fand man heraus, dass Licht je nach Art des Experiments mal als Welle und mal als Teilchen nachgewiesen werden kann. Außerdem ist es unmöglich, den genauen Ort, an dem sich ein Elektron befindet, und seine Bewegung zu bestimmen. Wirft man einen Stein, kann man genau berechnen, wo er auftreffen wird, sofern man sein Gewicht, seine Geschwindigkeit und die Windverhältnisse kennt. Bei einem Elektron ist das nicht möglich. Es lässt sich nur eine gewisse Wahrscheinlichkeit für die Bahn eines Elektrons vorhersagen. Wie der Quantenphysiker Werner Heisenberg (1901–1976) feststellte, liegt der Grund dafür nicht in den zu ungenauen Messgeräten, sondern in den natürlichen Eigenschaften des Elektrons. Die klassischen Berechnungsmethoden der Mechanik gelten für Elementarteilchen nicht. Vor allem für die Atomphysik, aber auch für die ▸Astronomie und die Kosmologie ist die Quantenphysik von großer Bedeutung. ■

Der Kern eines **Atoms** besteht aus Protonen und Neutronen. Die Bahnen der Elektronen, die um den Kern kreisen, kann man nicht berechnen. In einer besonderen Versuchsanlage lassen sich jedoch ihre Spuren sichtbar machen.

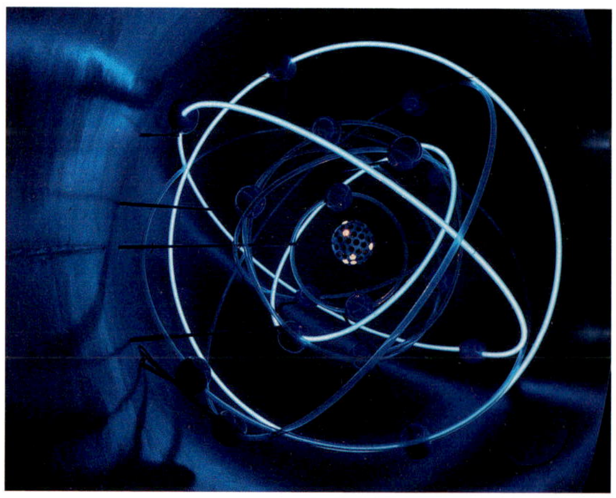

BIOGRAFIE

Marie Curie

Marie Curie, 1867 als Maria Salomea Skłodowska in Warschau geboren, studierte in Paris, wo sie den Physiker Pierre Curie (1856–1906) kennenlernte und 1895 heiratete. Beide entdeckten 1898 die Elemente Radium und Polonium und nannten sie »radioaktiv«. 1903 erhielt Marie Curie den Physiknobelpreis, 1911 auch den Nobelpreis für Chemie.

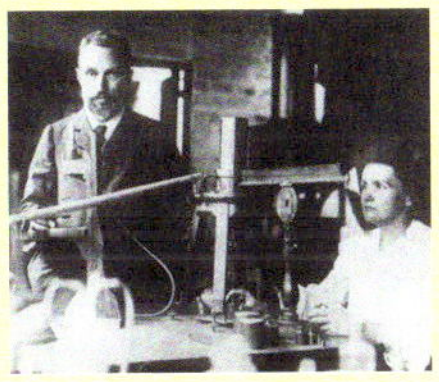

In einem **Atomkraftwerk** wird die Wärme, die beim radioaktiven Zerfall entsteht, genutzt, um Wasserdampf zu erzeugen, der einen Stromgenerator antreibt.

Radioaktivität

Außer dem Wasserstoffatom besteht jeder Atomkern aus Protonen und Neutronen. Dabei ist die Anzahl der Protonen eines chemischen Elements immer gleich. Der Atomkern eines Kohlenstoffatoms besteht immer aus sechs Protonen. Die Anzahl der Neutronen ist jedoch unterschiedlich, sodass es verschiedene Sorten von Kohlenstoffatomen gibt, die Isotope oder Nuklide genannt werden. Das häufigste in der Natur vorkommende Isotop des Kohlenstoffs ist ^{12}C (sprich: C zwölf). Es heißt so, weil es außer aus den sechs Protonen noch aus sechs Neutronen besteht. Rund 99 % des Kohlenstoffs auf der Erde bestehen aus dem stabilen Isotop ^{12}C. Andere Isotope dagegen, wie etwa ^{11}C oder ^{14}C, haben mehr oder weniger Neutronen, als sie benötigen, um stabil zu sein. Sie zerfallen irgendwann. Dabei wandeln sich die Atome nach und nach in andere Elemente um und geben hierbei energiereiche Teilchen ab. Das nennt man Radioaktivität.

Bei einem einzelnen Atom lässt sich der Zeitpunkt des Zerfalls nicht vorhersagen. Nur bei einer größeren Menge ist dies möglich. Daher wird der Zeitraum angegeben, der vergeht, bis die Hälfte aller Atome zerfallen ist. Dieser Zeitraum ist die Halbwertszeit. Manche Isotope haben eine Halbwertszeit von wenigen Sekunden, andere eine von Millionen von Jahren. Entdeckt wurde die Radioaktivität Ende des 19. Jh. von Ernest Rutherford (1871 bis 1937), Antoine Henri Becquerel (1852 bis 1908), Marie Curie (1867–1934) und anderen Forschern, die den Vorgang allerdings nicht erklären konnten. Erst Otto Hahn (1879 bis 1968) und Lise Meitner (1878–1968) entdeckten 1938, als sie Uran mit Neutronen beschossen, dass das Metall in Barium und andere Spaltstoffe umgewandelt wurde. Das Uranatom war also gespalten worden. Die künstliche Spaltung von Atomkernen wird seitdem für den Bau von Atombomben und in Kernkraftwerken eingesetzt. Dabei kommt es zu einer Kettenreaktion, bei der die freigesetzten Neutronen eines Zerfalls andere Atome treffen, die sich dann ebenfalls spalten. Die bei einem Zerfall oder einer Spaltung freigesetzten atomaren Teilchen werden als Strahlung bezeichnet. In hohen Dosen ist sie tödlich oder kann Krebs verursachen. ■

INFOBOX

Urananreicherung

Für Kernkraftwerke und Kernwaffen benötigt man das Metall Uran. Natürliche Uranvorkommen bestehen zu 99,3 % aus dem Isotop ^{238}U und zu 0,7 % aus dem Isotop ^{235}U. Kernkraftwerke benötigen jedoch Uran, das mindestens 3 % ^{235}U enthält, damit die Kettenreaktion abläuft. Für Atombomben wird sogar ein Anteil von mehr als 90 % benötigt. Daher wird in besonderen Anlagen der Anteil an ^{235}U erhöht. Dieser Vorgang wird Urananreicherung genannt.

Dieses international gültige Gefahrenschild signalisiert Gefahr durch **radioaktive Strahlung**.

Die **Internationale Raumstation** (ISS) befindet sich in rund 340 km Höhe über der Erdoberfläche (rechts). Sie dient als Weltraumlabor, in dem viele Experimente durchgeführt werden können. Die Landung auf dem **Mond** (links) war einer der Höhepunkte in der Geschichte der Raumfahrt.

Raumfahrt

Die Erde zu verlassen und in den ▶Weltraum zu fliegen, ist ein alter Traum der Menschheit. Schon im ▶antiken Griechenland wurden Geschichten von Seeleuten geschrieben, die durch Stürme in die Luft gerissen und zum ▶Mond getragen werden. Im 17. Jh. verfasste der französische Schriftsteller Cyrano de Bergerac (1619–1655) einen Roman über eine Reise zum Mond, die er selbst erlebt haben will. Als Raumfahrzeug stellt er sich einen eisernen Kasten vor, der von Kriegsraketen angetrieben wird. Auch Jules Verne (1828–1905) schilderte in zwei Romanen einen Flug zum Mond. Seine Astronauten werden mit einer Kanonenkugel ins All geschossen.

Zu Beginn des 20. Jh. erkannten Forscher wie der Russe Konstantin Ziolkowski (1857 bis 1935) und der Raketenforscher Hermann Oberth (1895–1989), dass Raumfahrt tatsächlich möglich ist, sofern man eine mit flüssigen Treibstoffen angetriebene Rakete verwendet. Nach ihren Berechnungen wurde 1942 in Deutschland während des ▶Nationalsozialismus tatsächlich eine Rakete gebaut, die den Weltraum erreichen konnte. Doch die »Vergeltungswaffe 2« (V2) genannte Rakete diente nicht der Erforschung des Alls, sondern wurde abgeschossen, um London und andere Städte während des ▶Zweiten Weltkriegs zu bombardieren. Sie wurde von KZ-Häftlingen zusammengebaut, von denen Tausende dabei umkamen. Von Anfang an waren also die Raumfahrt und militärische Interessen sehr eng miteinander verknüpft.

Nach dem Ende des Zweiten Weltkriegs setzten Amerikaner und Russen mithilfe deutscher Ingenieure die Entwicklung fort, denn im ▶Kalten Krieg sollten Erfolge in der Raumfahrt die Überlegenheit und Macht des jeweiligen Landes demonstrieren. Im Oktober 1957 schoss die Sowjetunion mit Sputnik 1 den ersten Satelliten in eine Umlaufbahn. Im April 1961 startete Juri Gagarin (1934–1968) als erster Mensch ins All und bewies, dass Menschen tatsächlich dort leben können. Die erste bemannte Landung auf dem Mond gelang jedoch den Amerikanern. Im Juli 1969 betrat Neil Armstrong (*1930) als erster Mensch den Mond. Seit 1998 umkreist die Internationale Raumstation ISS, die 2010 fertiggestellt sein soll, die Erde.

Neben der bemannten gibt es auch die unbemannte Raumfahrt, die mit Raumsonden wie der Pioneer- oder Voyagersonde seit 1957 das Sonnensystem erforscht. Außerdem übertragen Kommunikationssatelliten Telefongespräche und Fernsehprogramme, während Wettersatelliten das ▶Klima erforschen und Wetterdaten zur Erde funken. Navigationssysteme, die Autofahrer, Piloten und Schiffskapitäne benutzen, erhalten ihre Positionsdaten ebenfalls von Satelliten. Neben zivilen Satelliten gibt es auch militärische wie z. B. Spionagesatelliten. ■

AUF EINEN BLICK

Daten der Raumfahrt

Erster Satellit: Sputnik 1, 1. Oktober 1957

Erster Mensch im All: Juri Gagarin, 12. April 1961

Erste Frau im All: Valentina Terschkowa, 16. Juni 1963

Erster Weltraumspaziergang: Alexei Leonow, 18. März 1965

Erste bemannte Mondlandung: 20. Juli 1969

Erste Landung einer Sonde auf der Venus: Venera 7, 15. Dezember 1971

Erste Landung einer Sonde auf dem Mars: Viking 1, 20. Juli 1976

Raumsonde erreicht den Jupiter: Voyager 1, 5. März 1979

Baubeginn der ISS: 1998

BIOGRAFIE

Albert Einstein

Albert Einstein wurde 1879 in Ulm geboren und studierte in Zürich Physik. Er veröffentlichte 1905 die spezielle Relativitätstheorie, die ihn weltberühmt machte. 1921 erhielt er den Nobelpreis für Physik, jedoch nicht für die Relativitätstheorie, wie oft vermutet wird, sondern für die Erklärung des fotoelektrischen Effekts. 1933 floh er vor den Nationalsozialisten aus Deutschland nach Amerika, wo er bis zu seinem Tod 1955 lebte und als Professor arbeitete.

Schwarze Löcher wurden von Albert Einstein vorhergesagt, aber erst später von Astronomen entdeckt. Aufgrund ihrer immensen Masse ziehen sie Licht und Materie an.

Relativitätstheorie

Die Vorstellung, dass Raum und Zeit feste und unveränderliche Größen sind, galt seit den Gesetzen, die Galileo Galilei und Isaac Newton für die ▶ Mechanik aufgestellt hatten. Doch Ende des 19. Jh. fanden Wissenschaftler heraus, dass die Eigenschaften von elektromagnetischen Wellen, zu denen auch das Licht gehört, nicht mit den Gesetzen der Mechanik zu vereinbaren sind.

So ist die Geschwindigkeit des Lichts im Vakuum des Weltraums immer gleich. Bislang war man aber davon ausgegangen, dass sich Geschwindigkeiten addieren. Joggt ein Passagier mit 10 km/h auf einem mit 20 km/h fahrenden Schiff, so bewegt er sich für einen im Hafen stehenden Beobachter mit 30 km/h. Halten aber der Jogger und der Beobachter je eine Taschenlampe, so ist das Licht aus beiden Lampen genau gleich schnell, obwohl sich der Jogger bewegt und sein Licht also schneller sein müsste. Die spezielle Relativitätstheorie, die Hendrik Antoon Lorentz (1853–1928) 1899 entwickelte und Albert Einstein 1905 ausformte, bot die Lösung für dieses physikalische Problem. Raum und Zeit sind relativ. Daraus folgt, dass es keine Gleichzeitigkeit gibt. Dasselbe Ereignis findet für zwei Beobachter, die sich unterschiedlich schnell bewegen, zu verschiedenen Zeitpunkten statt. Raum und Zeit lassen sich demnach nicht voneinander trennen. Daher spricht Einstein auch von einer Raumzeit, die das Universum ausmacht. Einsteins berühmte Formel $E = m \cdot c^2$ (Energie ist gleich Masse mal Lichtgeschwindigkeit hoch zwei) besagt, dass Masse in Energie umgewandelt werden kann.

In der 1916 veröffentlichten allgemeinen Relativitätstheorie befasste sich Einstein mit der Schwerkraft oder Gravitation, einer der vier ▶ Wechselwirkungen. Er wies nach, dass die Masse eines Sterns oder eines Planeten die Raumzeit krümmt. Dies bestätigte erneut, dass Raum und Zeit keine unveränderlichen Größen sind, sondern von der Gravitation abhängen. ■

INFOBOX

Schwarze Löcher krümmen Raum und Zeit

Schwarze Löcher haben oft nur einige Hundert Meter Durchmesser, jedoch so viel Masse und deshalb so viel Gravitation, dass kein Licht nach außen dringt. Außerdem saugen sie Materie von benachbarten Sternen auf. Raum und Zeit werden durch ein schwarzes Loch extrem gekrümmt. Könnte man ein schwarzes Loch auf die Erde bringen, würde es auch dort dank seiner immensen Schwerkraft den Raum krümmen und ein Gebäude würde eine gebogene Form erhalten.

Wärmelehre

Die Wärmelehre oder Thermodynamik ist ein Teilgebiet der Physik, das sich mit der Wärmeenergie und ihrer Umwandlung in verschiedene Energieformen befasst. Die Wärmelehre wurde im 19. Jh. entwickelt. Der Physiker Hermann von Helmholtz (1821–1894) formulierte 1847 das grundlegende Gesetz der Thermodynamik, den Energieerhaltungssatz. Er besagt, dass in einem abgeschlossenen System Energie weder erzeugt werden noch verloren gehen kann. Die Energiemenge bleibt immer gleich. Es ist lediglich möglich, eine Energieform in eine andere umzuwandeln.

Wenn man im Alltag etwa vom Energieverbrauch eines Autos spricht, ist das im physikalischen Sinn also falsch. Ein Auto verbraucht nämlich keine Energie, sie wird im Motor lediglich von chemischer Energie, die im Benzin vorhanden ist, in kinetische Energie (Bewegungsenergie) und thermische Energie (Energie sich bewegender Atome oder Wärmeenergie) umgewandelt. Diese beiden Energien gehen nicht verloren, sondern bleiben als Wärme, die an die Luft, die Bremsen und den Straßenbelag abgegeben wird, erhalten. Dort stehen sie dem Auto allerdings nicht mehr zu Verfügung. Bei einem Unfall wird die kinetische Energie schlagartig in Verformungsenergie oder über diese ebenfalls in Wärme umgewandelt. Die Wärme wird wiederum von der Luft gespeichert und kann auf andere Gegenstände übertragen werden oder chemische Prozesse mit Energie versorgen. Sie kann auch in den Weltraum abgestrahlt werden. Verbraucht worden ist sie auf keinen Fall, nur der Tank ist irgendwann leer.

Die im heißen Kaffee gespeicherte **Energie** wird als Wärme an die Umgebungsluft, die Tasse und den Löffel abgegeben.

Die Wärmelehre hat eine große Bedeutung für verschiedene Wissenschaften, vor allem jedoch für die meisten Bereiche der Technik. Nur mit genauer Kenntnis der Wärmelehre lassen sich moderne Motoren und Maschinen herstellen. Auch Architekten wenden bei der Wärmeisolation von Häusern die Gesetze der Thermodynamik an. Chemiker können mit ihr erklären, wie und warum bestimmte chemische Reaktionen, etwa Verbrennungen, ablaufen. Auch Biologen nutzen die Thermodynamik, da Leben ohne Energie und Energieumwandlung nicht möglich ist. ■

In diesem **Kraftwerk** wird Erdgas genutzt, um Wasserdampf zu erzeugen, der Turbinen antreibt. So wird die im Gas gespeicherte chemische Energie in Wärme und schließlich in elektrischen Strom umgewandelt.

INFOBOX

Perpetuum mobile

Ein Perpetuum mobile (lateinisch »dauernd beweglich«) ist ein Gerät, das sich aus eigener Energie heraus bewegt und möglicherweise auch noch gleichzeitig Energie liefert, mit der Arbeit verrichtet werden kann. Seit dem Mittelalter suchen immer wieder Forscher nach einem solchen Gerät. Doch die Suche wird nie zum Erfolg führen, da der Energieerhaltungssatz den Bau unmöglich macht. Denn ein Perpetuum mobile würde ja keine Energie benötigen, jedoch Energie liefern. Es würde also Energie aus dem Nichts erzeugen. Bis heute ist es noch keinem Erfinder geglückt, eine solche Maschine, die den Gesetzen der Physik widerspricht, zu bauen.

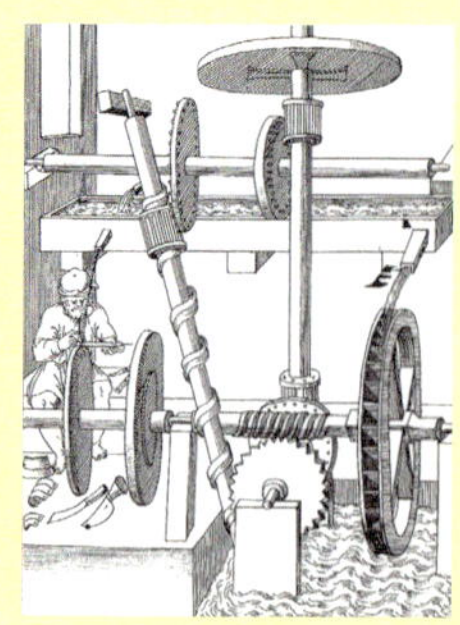

Wechselwirkungen

Alle in der Natur und im Universum vorkommenden Kräfte werden von der Physik auf vier Grundkräfte zurückgeführt. Sie werden Wechselwirkungen genannt und sind noch nicht umfassend erforscht.

Die stärkste dieser vier Kräfte ist die starke Wechselwirkung oder starke Kernkraft. Sie sorgt für den Zusammenhalt von Elementarteilchen. Aus ihnen bestehen die Neutronen und die Protonen, die wiederum die Atomkerne bilden. Die starke Wechselwirkung sorgt also im Wesentlichen für den Zusammenhalt der Materie, aus der jedes Lebewesen, jeder Planet und Stern wie die ▶Sonne aufgebaut ist.

Ebenfalls im atomaren Bereich wirkt die schwache Wechselwirkung oder schwache Kernkraft. Sie ist für den Zerfall von Neutronen in den Atomkernen verantwortlich. Bei dem Zerfall werden Elektronen als Strahlung frei. Die schwache Wechselwirkung ist entscheidend an der Kernfusion in der Sonne beteiligt, bei der Wasserstoff in mehreren Schritten in Helium umgewandelt wird. Starke und schwache Kernkraft haben nur eine sehr kurze und begrenzte Reichweite, die nicht über den atomaren Bereich hinausgeht.

Die elektromagnetische Wechselwirkung erzeugt alle elektromagnetischen Wellen, also auch das Licht, Magnetfelder, Röntgenstrahlen, Elektrizität. Die Reichweite dieser Kraft ist unbegrenzt. So können Lichtstrahlen das ganze Universum durchqueren und Raumsonden über Millionen von Kilometern Signale zur Erde funken.

Die drei ersten Grundkräfte werden von der ▶Quantenphysik beschrieben, die herausgefunden hat, dass die Kräfte durch besondere Elementarteilchen, die Bosonen, übertragen werden. Alle drei Wechselwirkungen lassen sich abschirmen oder aufheben. Eine Wand lässt keinen Lichtstrahl hindurch, während Blei radioaktive Strahlung aufhält.

Die vierte Grundkraft, die Schwerkraft oder Gravitation, wird von der ▶Relativitätstheorie beschrieben. Aufgrund der Schwerkraft zieht jede Masse eine andere Masse an. Die Schwerkraft sorgt z. B. dafür, dass wir nach einem Sprung immer wieder auf der Erde landen. Ohne sie würde außerdem die Erde ihre Bahn um die Sonne verlassen und ins All fliegen. Die Schwerkraft hat eine unendliche Reichweite, sodass sie auch die Milchstraße zusammenhält. Sie wirkt immer und auf jede Materie und Energie. Selbst Lichtstrahlen kann sie ablenken. Sie ist zwar die schwächste aller vier Kräfte, denn sie ist von der Masse abhängig. Ist jedoch genügend Masse vorhanden, bildet sie daraus Sterne und Planeten. Wie sie übertragen wird, ist jedoch noch nicht bekannt. Auch abschirmen lässt sie sich nicht, sie durchdringt alles, ihre Wirkung kann nicht aufgehoben werden.

Die vier Grundkräfte sind die Ursache für alles, was auf der Erde und im Weltall passiert – ob sich im Weltall aus einer Gaswolke ein neuer Stern bildet oder im Wohnzimmer ein Streichholz angezündet wird. ■

INFOBOX

Die Weltformel

Das große Ziel der Physik ist es, alle vier Grundkräfte mit nur einer Formel, der »Weltformel«, zu beschreiben. Bis heute ist das nicht gelungen. Die Gravitation wird von der Relativitätstheorie beschrieben, die drei anderen Kräfte von der Quantenphysik. Relativitätstheorie und Quantenphysik konnte noch kein Forscher verbinden. Auch Werner Heisenberg, der 1958 die »heisenbergsche Weltformel« vorstellte, fand keine Lösung.

Die **Magnetschwebebahn** wird mithilfe von Magnetfeldern auf einer eisernen Schiene schwebend bewegt.

INFOBOX

Newton und die Gravitation

Der englische Wissenschaftler und Philosoph Sir Isaac Newton (1643–1727) formulierte 1686 das Gravitationsgesetz. Der Legende nach soll Newton in seinem Garten unter einem Apfelbaum gesessen und beobachtet haben, wie ein Apfel zu Boden fällt. Dieses alltägliche Ereignis soll ihn auf die Idee gebracht haben, sich intensiv mit der Schwerkraft zu befassen.

Religion und Philosophie

Religiöse Vorstellungen bildeten zu allen Zeiten die Grundlage menschlicher Gesellschaften. Die frühen Stammesvölker glaubten, dass alle Teile der Natur von Göttern und Geistern bewohnt sind, denen sie Opfer darbrachten. Die antiken Griechen und Römer sowie die Germanen verehrten viele Götter, während Juden, Christen und Muslime nur einen Gott kennen. Wie die Religion versucht auch die Philosophie Antworten auf grundsätzliche Fragen des Daseins zu geben, bedient sich dabei aber der menschlichen Vernunft als Mittel zur Erkenntnis. In den asiatischen Kulturen gehen religiöse und philosophische Anschauungen oft ineinander über.

Der griechische Gott **Apollon** war für die Künste und Wissenschaften zuständig und wird oft mit einer Lyra dargestellt.

antike Mythologie

Im Gegensatz zu Juden, Christen und Muslimen, für die es nur einen Gott gibt, verehrten die alten Griechen viele Götter. Diese bildeten eine große Familie und wohnten auf dem Olymp, einem mit Schnee bedeckten, hohen Berg. Die zwölf Hauptgötter entsprechen den zwölf Monaten des Jahres. Als Vater aller Götter und Menschen galt Zeus. Er war der oberste Gott und z. B. für das Wetter verantwortlich. Seine Frau heißt Hera und galt als Beschützerin der Ehe. Ihr gemeinsamer Sohn ist der Kriegsgott Ares. Ihm wurden vor jedem Kriegszug die Waffen geweiht. Fast genauso mächtig wie Zeus war sein Bruder Poseidon, der Meeresgott. Er besaß die Gabe, sich in andere Lebewesen zu verwandeln. Hades herrschte als Gott der Unterwelt über die Seelen der Verstorbenen. Sein Name brachte angeblich Unglück und wurde daher nur selten genannt.

Die alten Griechen glaubten daran, dass ihr Schicksal von den Göttern bestimmt wird. Wenn sie Erfolg hatten oder ihnen etwas zustieß, sahen sie darin die Erfüllung einer göttlichen Vorsehung. Diese Vorstellung spiegelt sich auch in ihren Dramen und Epen wider (▸ antike Literatur). Außerdem glaubten sie, dass unter den Göttern oft große Uneinigkeit herrschte und sie sogar gegeneinander oder auch gegen Menschen kämpften.

Die Römer verehrten dieselben Götter wie die Griechen, gaben ihnen jedoch andere Namen. Zeus hieß bei ihnen z. B. Jupiter, die griechische Göttin der Liebe und der Schönheit, Aphrodite, wurde zu Venus, Ares zu Mars. Nach ihm ist der erste Monat des altrömischen Kalenders benannt. Der Glaube sah auch Opfergaben an die Götter vor, die nach einem ganz bestimmten Ritual dargebracht werden mussten, da die Römer fürchteten, sonst bestraft zu werden. Zu Ehren der Götter errichteten sie ihnen in Rom einen gemeinsamen Tempel auf dem Forum Romanum. ■

AUF EINEN BLICK

Griechische/römische Götter

Zeus/Jupiter	Göttervater
Hera/Juno	seine Frau
Ares/Mars	Kriegsgott
Poseidon/ Neptunus	Meeresgott
Aphrodite/ Venus	Göttin der Liebe und Schönheit
Apollon/Apollo	Gott der Kunst
Artemis/Diana	Göttin der Jagd
Athene/Minerva	Göttin der Weisheit
Hermes/ Mercurius	Götterbote und Gott der Diebe
Hades/Pluto	Gott der Unterwelt

Der Titan **Atlas** aus der griechischen Mythologie trägt das Himmelsgewölbe auf seinen Schultern.

Aufklärung

Zu Beginn des 17. Jh. war die Gesellschaft in drei Stände aufgeteilt: die Vertreter der Kirche (der Klerus), den Adel und den »dritten Stand«, zu dem Bürger, Handwerker und freie Bauern zählten. Klerus und Adel teilten sich die Macht und beriefen sich darauf, dass dies von Gott so gewollt sei. Die Bürger hatten hingegen kaum etwas zu sagen. Gegen diese Ordnung regte sich nun Kritik. Wissenschaftler wollten endlich forschen können, ohne befürchten zu müssen, von Kirche und Staat gemaßregelt zu werden. Sie forderten, dass nicht der Glaube, sondern allein die Vernunft das Sagen haben sollte.

Einer der ersten Philosophen dieser Bewegung, die man Aufklärung nannte, war der Franzose René Descartes (1596–1650). Er forderte die Menschen dazu auf, sich ihres Verstandes zu bedienen, um sich selbst und die Welt zu ergründen. Kritik an der Macht des Adels und der Kirche äußerte Voltaire (1694 bis 1778) und wurde damit zu einem Wegbereiter der ▸Französischen Revolution. Andere Philosophen verkündeten die Gleichheit aller Menschen und kritisierten das Standesdenken und die Politik des ▸Absolutismus. Sie wollten die Menschen darüber aufklären, dass man selbstständig aus der Vernunft heraus handeln soll. Der Philosoph Immanuel Kant (1724–1804) lieferte eine treffende Definition der Aufklärung: »Aufklärung ist der Ausgang des Menschen aus seiner selbst verschuldeten Unmündigkeit. Unmündigkeit ist das Unvermögen, sich seines Verstandes ohne Anleitung eines anderen zu bedienen. Selbstverschuldet ist diese Unmündigkeit, wenn die Ursache derselben nicht am Mangel des Verstandes, sondern der Entschließung und des Mutes liegt, sich seiner ohne Leitung eines anderen zu bedienen. Sapere aude! Habe Mut, dich deines eigenen Verstandes zu bedienen! ist also der Wahlspruch der Aufklärung.« Vor allem die Bürger fühlten sich durch solche Aussagen dazu berufen, mehr Macht einzufordern. In Frankreich führte die Aufklärung nach der Französischen Revolution zur Trennung von Staat und Kirche und zur Erklärung der Menschenrechte. Das heißt, dass der Staat die Freiheit eines jeden Bürgers schützen und die Gleichheit aller vor dem Gesetz gewährleisten sollte. Diese Auffassung setzte sich nach und nach auch in anderen Ländern durch. Damit bildet die Aufklärung die Grundlage für die modernen, demokratischen Staaten Europas. ■

INFOBOX

Fundamentalismus: Vermischung von Religion und Politik

Fundamentalisten sind Angehörige einer Glaubensgemeinschaft, die die heiligen Schriften, auf denen ihr Glaube beruht (die Thora im Judentum, die Bibel im Christentum und der Koran im Islam), wörtlich auslegen und ihre religiösen Grundsätze zu solchen des Staates erheben möchten. Errungenschaften der Aufklärung wie die Trennung von Kirche und Staat lehnen sie ab. Vor allem in Ländern außerhalb des west- und mitteleuropäischen Kulturkreises, in denen es keine Aufklärung gab, findet man oft eine Vermischung von Religion und Politik. 1979 rief Ayatollah Khomeini im Iran die »Islamische Republik« aus, die nach religiösen Grundsätzen gestaltet werden sollte. Aber auch Fundamentalisten in den USA und Europa stellen die Religion über die moderne Auffassung des Staates und der Wissenschaft. Kreationisten z. B. fordern, dass im Biologieunterricht die biblische Schöpfungsgeschichte und Darwins Evolutionstheorie gleichberechtigt vermittelt werden sollen.

BIOGRAFIE

Immanuel Kant

Der deutsche Philosoph Immanuel Kant (1724–1804) verbrachte fast sein gesamtes Leben in seiner Geburtsstadt Königsberg (damals Ostpreußen, heute Russland). 1781 veröffentlichte er sein Hauptwerk, die »Kritik der reinen Vernunft«, das zugleich als bedeutendstes Werk der Aufklärung und Grundstein der modernen Philosophie gilt. Darin versucht Kant, die unvereinbar erscheinenden Positionen des Rationalismus (der Vernunftlehre) und des Empirismus (der Erfahrungslehre) zusammenzuführen.

Mit der Aufklärung erstrahlte in Europa das **»Licht der Vernunft«**, oft dargestellt durch die aufgehende Sonne (Radierung von Daniel Chodowiecki, 1791).

Buddhistische **Mönche** in Tibet bei einer Zeremonie.

Buddhismus

Der Buddhismus ist eine Religion mit weltweit 500 Millionen Anhängern. Sie wurde von Siddhartha Gautama (563–483 v. Chr.) gegründet, einem indischen Königssohn, der dem Wohlstand entsagte, um ein Leben als Bettelmönch zu führen. Mit 35 Jahren hatte er eine Erleuchtung und begann zu predigen. Von da an nannte er sich »Buddha«, das bedeutet »der Erleuchtete«.

Im Buddhismus gibt es keinen ▶Gott. Nach Ansicht Buddhas kann sich jeder, der seiner Lehre folgt, selbst erlösen. Im Mittelpunkt stehen dabei die »vier edlen Wahrheiten«: 1. Glück ist vergänglich und das Leben ist Leiden. 2. Das Leiden entsteht, weil die Menschen mehr wollen, als sie besitzen. 3. Das Leiden ist zu Ende, wenn die Menschen ihre Gier überwinden. 4. Es gibt einen Weg zum Glück, den »achtfachen Pfad«. Gelingt es dem Menschen nicht, sich von Gier zu befreien, wird er in einem anderen Körper wiedergeboren (Reinkarnation). Wenn alle Gier überwunden ist, kann der Mensch glücklich sein und Mitgefühl für andere Menschen, Tiere und Pflanzen empfinden. Das ist die Voraussetzung, um nach dem Tod ins Nirwana zu gelangen. Wer dort ist, muss nicht mehr wiedergeboren werden und hat das Leiden überwunden.

Im 3. Jh. v. Chr. wurden Die Glaubens- und Lebensregeln des Buddhismus, der sich zunächst über ganz Asien verbreitete, im »Pali-Kanon« zusammengefasst, einer Sammlung philosophischer Texte, die auch die Reden des Buddha enthält.

BIOGRAFIE

Buddha

Der Königssohn Siddhartha Gautama (563–483 v. Chr.) brach mit 29 Jahren auf, um sein Land kennenzulernen. Er entdeckte, dass Mangel, Krankheit und Tod den Alltag der Menschen bestimmten, und beschloss herauszufinden, wie sich dieses Leid beenden ließe. Unter einer Pappelfeige meditierend, überkam ihn eine Erleuchtung (Bodhi). Von da an predigte er als Buddha und lehrte die Menschen, in ihrem Leben einen »mittleren Pfad« zwischen Luxus und Entsagung zu finden.

INFOBOX

Meditation

Unter Meditation versteht man verschiedene geistige Übungen, die vor allem der Beruhigung und Konzentration dienen. Übersetzt bedeutet der Begriff etwa »Nachdenken« oder »zur Mitte ausrichten«. Besonders in den asiatischen Religionen spielt die Meditation eine große Rolle. Mit ihrer Hilfe sollen die Gläubigen sich z. B. von allen Gedanken frei machen, um zu einem unbeschwerten Lebensgefühl und schließlich zu einer Erleuchtung zu finden, durch die sie mit der Welt eins werden.

Die **Buddhastatue** im Kotokuin-Tempel in Kamakura wurde 1252 errichtet.

Christentum

Mit über zwei Milliarden Anhängern ist das Christentum die größte Religion der Welt. Die Gläubigen verehren Jesus Christus (etwa 3 v. Chr. – 30 n. Chr.) als den Sohn Gottes. Von ihm berichten die Evangelien im Neuen Testament der Bibel. Jesus zog als Prediger durch Palästina und erklärte den Menschen, dass Gott sie immer liebe und sie diese Liebe weitergeben sollten: »Liebe deinen Nächsten wie dich selbst.« Jedem, der an ihn glaubte, versprach er ein ewiges Leben nach dem Tod. Besonders kümmerte sich Jesus um die Armen und Kranken. Durch diese Haltung gewann er viele Anhänger, machte sich aber auch Feinde. Denn Jesus bezeichnete sich selbst als »Messias«, d.h. als den von Gott gesandten Retter, der in den heiligen Schriften der Juden vorhergesagt wird. Die jüdischen Hohepriester ließen ihn daher von den römischen Besatzern verhaften. Er wurde zum Tode verurteilt und in Jerusalem gekreuzigt. Nach christlichem Glauben ist er jedoch drei Tage danach von den Toten auferstanden.

Das Christentum ist monotheistisch, d.h., die Christen glauben nur an einen einzigen Gott, der allerdings drei Wesenheiten vereint: den Vater und Schöpfer der Welt, den Sohn (Jesus Christus) und den Heiligen Geist, der in allen Dingen und Lebewesen ist. Man nennt dies Dreieinigkeit oder Trinität. Wie für das Judentum und den Islam gelten auch für die Christen die Zehn Gebote als wichtigste Regeln des Zusammenlebens.

Innerhalb des Christentums gibt es drei große Bewegungen: den Katholizismus, den Protestantismus und die orthodoxe Kirche. Oberhaupt der rund eine Milliarde Katholiken ist der Papst. Er gilt als direkter Nachfolger des Apostels Petrus, den Jesus selbst mit der Gründung der Kirche beauftragt hat. Ab Beginn des Mittelalters verbreiteten sich die orthodoxen Kirchen über Südost- und Osteuropa. Die größte ist die russisch-orthodoxe Kirche mit 60 Millionen Anhängern. Im 16. Jh. spalteten sich die Protestanten von der katholischen Kirche ab. Allen christlichen Kirchen gemeinsam sind Rituale wie die Aufnahme neuer Mitglieder durch die Taufe und die Feier des Abendmahls (Eucharistie), die an den letzten Abend Jesu im Kreis seiner Jünger erinnert. Wichtige Feste des Christentums sind Weihnachten (Geburt Jesu), Karfreitag (Kreuzigung), Ostern (Auferstehung) und Pfingsten (Aussendung der Jünger Jesu durch den Heiligen Geist, um den Glauben zu verbreiten).

BIOGRAFIE

Jesus Christus

Jesus war der Sohn eines Zimmermanns mit Namen Josef und dessen Frau Maria aus Nazareth in Galiläa (heute Israel). Seine Mutter soll ihn als Jungfrau geboren haben, gezeugt durch den Heiligen Geist. Das berichten zwei der vier Evangelien (griechisch »frohe Botschaft«) im Neuen Testament der Bibel, in denen das Leben Jesu beschrieben wird. Ab dem Jahr 28 trat Jesus als Wanderprediger auf. Er versprach den Menschen, sie von ihren Sünden zu erlösen, damit sie in das Reich Gottes, das nach dem Ende der Welt anbrechen soll, aufgenommen würden. Christen sehen Jesu Tod am Kreuz und seine Auferstehung am dritten Tag nach seinem Kreuzestod als Bekräftigung dieses Versprechens an.

Christen glauben, dass **Jesus** mit seinem Tod am Kreuz die Menschen erlöst hat.

Die **Grabeskirche** in Jerusalem wurde angeblich an derselben Stelle errichtet, an der Jesus gekreuzigt worden ist.

Daoismus und Konfuzianismus

Im Daoismus steht das Symbol der zwei ineinandergreifenden Wellen für **Yin und Yang**.

Der Daoismus ist eine Religion und Philosophie, die vor rund 2500 Jahren in China entstanden ist. Seitdem wurde sie immer wieder verändert und ergänzt. Als ihr Gründer gilt Laozi (auch Laotse genannt), der im 6. Jh. v. Chr. gelebt haben soll. Von ihm stammt das grundlegende Werk des Daoismus, das »Daodejing« (das »Buch vom Dao und De«). Als Dao bezeichnen die Daoisten das Prinzip, nach dem die Welt aufgebaut ist. Übersetzen ließe sich der Begriff etwa als »Weltgesetz« oder »Weltgeist«. Nach dieser Vorstellung beruht die Welt auf Gegensätzlichkeiten (Yin und Yang), die ineinander übergehen und sich gegenseitig bedingen. Das De beschreibt das Wirken des Dao in der Welt, denn jedes Lebewesen und jedes Ding hat sein eigenes Dao, das es zu entdecken gilt. Für die Daoisten kommt es darauf an, sich des De zu bedienen, um die Gegensätze der Welt und ihrer selbst miteinander in Einklang zu bringen. Um das De zu erlangen, bedienen sie sich verschiedener Formen der körperlichen und der geistigen Übung (Meditation). Güte und Mitleid im Umgang mit anderen Lebewesen sind wichtige Werte im Daoismus. Die Menschen sollen einander Vorbilder sein und im Einklang mit der Natur leben.

Der Konfuzianismus wurde etwa zur selben Zeit von dem chinesischen Philosophen Kong Tse (auch Konfuzius genannt; 551–479 v. Chr.) begründet. Er ermahnte die Menschen, ausgewogen und in Harmonie miteinander zu leben. Liebe, Rechtschaffenheit, Gewissenhaftigkeit, Ehrlichkeit und so zu handeln, dass es allen nützt und niemandem schadet, sind die fünf Grundtugenden seiner Lehre. Besonderen Wert legte er auf die Bewahrung von Traditionen und Riten. Dazu gehört die Verehrung der Gottheiten ebenso wie ein höflicher Umgang mit den Mitmenschen, Respekt gegenüber Eltern und Vorgesetzten und Treue gegenüber dem Herrscher.

Kong Tse lehrte seine Schüler, indem er Gespräche mit ihnen führte. Da er selbst keine schriftlichen Aufzeichnungen hinterließ, hat seine Lehre im Laufe der Zeit verschiedene Deutungen erfahren. In manchen asiatischen Ländern wurde sie zeitweise sogar zum Gesetz oder zur Staatsreligion erhoben. Viele seiner angeblichen Aussprüche, die sich auf allgemeine Lebenserfahrungen und den Alltag beziehen, sind nicht nur in China gern und oft zitierte Weisheiten. So lässt sich fast jedes Ereignis mit einem Zitat von ihm kommentieren oder erklären. ■

Junge **Priester** in Taipeh feiern den Geburtstag des Konfuzius.

BIOGRAFIE

Konfuzius

Kong Tse (551–479 v. Chr.), bei uns bekannter unter dem Namen Konfuzius, interessierte sich schon früh für die chinesischen Traditionen. Zunächst war er als kleiner Beamter tätig, später als Minister seines Heimatstaates im Osten Chinas, den er jedoch unter anderem aus politischen Gründen verließ. 496 v. Chr. ging er auf Wanderschaft und vertiefte dabei seine kulturellen Kenntnisse. Darauf fußt auch seine Lehre, die alle Chinesen durch ein gemeinsames System von Werten und Tugenden vereinen sollte. Angeblich hat Konfuzius auch Laozi, den legendären Gründer des Daoismus, gekannt, weshalb die Philosophien beider in manchen Punkten sehr ähnlich seien.

In der germanischen Mythologie hat die Welt die Form einer **Esche**.

germanische Mythologie

Bevor die germanischen Völker ab dem 5. Jh. zum ▶Christentum bekehrt wurden, hatten sie ihre eigenen Religionen. Einen einheitlichen Glauben gab es allerdings nicht, sondern unterschiedliche Schöpfungsgeschichten und Vorstellungen. Unser heutiges Wissen darüber stützt sich auf die Edda, eine isländische Sammlung von Dichtungen aus dem 9. bis 11. Jh., auf das etwa ebenso alte Beowulfepos aus England, auf archäologische Funde sowie Berichte antiker Geschichtsschreiber.

Der Edda zufolge wurde die Welt durch den Gott Odin (auch Wotan genannt) und seine Brüder Vili und Ve erschaffen. Sie erschlugen den Riesen Ymir, aus dessen Körper sie die Welt formten. Aus seinem Blut entstanden die Ozeane, aus den Knochen und Zähnen die Berge, aus dem Schädel der Himmel und aus den Haaren die Pflanzen. Die Welt war unterteilt in drei Bereiche, die in der gewaltigen Esche Yggdrasil angesiedelt waren. In ihrem Wipfel befand sich Asgard, der Sitz der Götter (Asen). Sie bildeten die ersten Menschen: aus einer Ulme (Embla) die Frau und aus einer Esche (Ask) den Mann. Das Reich der Menschen hieß Midgard und war aus den Augenbrauen des Riesen erschaffen worden. Es nimmt den mittleren Teil Yggdrasils ein. In den Wurzeln befindet sich das Totenreich der Göttin Hel. Das Leben der Menschen und Götter wurde von drei Schicksalsgöttinnen (Nornen) bestimmt, die auch die Weltesche pflegten. Am Ende aller Zeiten soll es zu einem Kampf zwischen Asen und Riesen kommen, der zum Weltuntergang (Ragnarök) führt.

Die Germanen verehrten die Götter, indem sie ihnen Opfer darbrachten, darunter auch Menschenopfer wie z. B. Kriegsgefangene gegnerischer Stämme. Außerdem glaubten sie daran, dass jedem Lebewesen und jedem Ding eine Kraft oder ein Geist innewohnt, den man beschwören kann. ■

AUF EINEN BLICK

Götter der Germanen

Odin (Wotan)	höchster Gott
Frigg (Frija)	Göttin der Ehe und Odins Frau
Balder	Gott des Lichtes und Odins Sohn
Hermodr	Götterbote und Odins Sohn
Jörd	Erdgöttin und Geliebte Odins
Thor (Donar)	Donnergott und Jörds und Odins Sohn

Der germanische Held **Sigurd** (Siegfried) tötet den Drachen Fafnir (norwegisches Holzrelief aus dem 12. Jh.).

Adam, der erste Mensch, empfängt seine Seele von Gott (Deckengemälde von Michelangelo in der Sixtinischen Kapelle in Rom, 1508–1512).

Gott

Ein Gott ist ein höheres Wesen, das im Mittelpunkt einer Religion steht und oft als Schöpfer der Welt verehrt wird. Der Glaube an einen Gott (Monotheismus) oder mehrere Götter (Polytheismus) hat seit der Vorgeschichte eine sehr große gesellschaftliche Bedeutung, denn die Pflege derselben Religion stärkt den Zusammenhalt einer Gemeinschaft. Dabei werden den Göttern unterschiedliche Eigenschaften zugeschrieben, z. B. dass sie unsterblich und allmächtig seien und über das Schicksal der Menschen bestimmten, denen sie fürsorglich und gnädig, aber auch zornig und grausam gegenübertreten. Ägypter, Griechen, Römer, Germanen und andere Völker der Antike glaubten an viele Götter, von denen jeder für einen anderen Bereich des Lebens oder der Natur zuständig war. ▸Judentum, ▸Christentum und ▸Islam kennen hingegen nur einen Gott, für den es jedoch unterschiedliche Bezeichnungen gibt, im Islam z. B. Allah, im Judentum Jahwe. Die heiligen Schriften dieser drei Religionen verbieten es, sich ein Bild von Gott zu machen. Dadurch unterscheiden sie sich deutlich von den polytheistischen Religionen. Eine große Rolle spielen die Götterbilder hingegen im ▸Hinduismus, da Brahman, wie das höchste Wesen dort genannt wird, mehrere Erscheinungsformen annehmen kann.

Gläubige beten zu ihrem Gott, um ihn um Hilfe zu bitten oder zu preisen, und verehren ihn durch Gottesdienste und Rituale, die an besonderen Stätten oder in Gotteshäusern (z. B. Tempel, Kirchen, Synagogen oder Moscheen) stattfinden. Diese Rituale wie auch den Umgang miteinander gestalten sie nach den heiligen Schriften ihrer Religion (z. B. Bibel und Koran), von denen sie glauben, dass Gott selbst sie ihnen durch seine Auserwählten, Propheten genannt, mitgeteilt hat. Da die Anhänger jeder Religion ihren Gott meist für den einzig wahren halten, kommt es immer wieder zu Konflikten zwischen den einzelnen Glaubensgemeinschaften.

Neben dem Glauben an einen Gott als Wesenheit gibt es den Pantheismus, in dem Gott mit der Natur gleichgesetzt wird. ■

Brahman, der Gott der Hindus, wird oft mit vier Gesichtern dargestellt.

INFOBOX

Atheismus und Agnostizismus

Menschen, die nicht an die Existenz eines Gottes oder einer göttlichen Kraft glauben, nennt man Atheisten (»Gottlose«). Umfragen haben ergeben, dass dazu etwa 21 % der in Deutschland lebenden Menschen gehören. Die meisten von ihnen sind der Überzeugung, dass die Welt ohne das Zutun eines Gottes entstanden ist und der Mensch ein Ergebnis der Evolution ist. Andere wiederum vertreten die Ansicht, dass die Existenz eines Gottes oder generell des Übersinnlichen weder bewiesen noch ausgeschlossen werden kann, für das Leben der Menschen allerdings auch nicht von Belang ist. Diese Weltanschauung nennt man Agnostizismus (»Nicht-Wissen«).

INFOBOX

Platons Höhlengleichnis

Um zu erklären, was die Welt der Ideen ist, forderte Platon seine Schüler dazu auf, sich eine Höhle vorzustellen, in der Menschen seit ihrer Geburt angekettet stehen. Hinter ihnen und damit außer Sichtweite brennt ein Feuer, an dem Gegenstände vorbeigetragen werden, die ihre Schatten an die Wände werfen. Diese Schatten halten die Menschen für die wirkliche Welt, da ihnen die Dinge, die die Schatten erzeugen – also die Welt der Ideen –, verborgen bleiben.

griechische Philosophie

Im 6. Jh. v. Chr. begannen griechische Denker damit, die Grundlagen und die Zusammensetzung der Welt zu erforschen. Auch der Vorgang des Denkens selbst wurde von ihnen hinterfragt. Mathematik, Physik, Astronomie und andere naturwissenschaftliche Disziplinen, aber auch die sogenannten schöngeistigen Disziplinen wie Kunst, Literatur und Musik wurden noch nicht getrennt voneinander gesehen, sondern waren alle Bestandteil der Philosophie. Übersetzt bedeutet der Begriff »Liebe zur Weisheit«. Zu den frühesten Philosophen zählen Pythagoras, Euklid und Heraklit. Sie entwickelten den Begriff der Logik, der »Kunst des Denkens«, die von Heraklit als eine Art allgegenwärtige Gesetzmäßigkeit beschrieben wurde.

Als die griechischen Stadtstaaten ihre Blütezeit erlebten, trafen sich die Denker und Philosophen auf dem Marktplatz, der Agora, um zu diskutieren. Einer von ihnen war Sokrates (ca. 470–399 v. Chr.), der es liebte, den Bürgern von Athen Fragen nach dem Sinn des Lebens zu stellen. Durch diese Gespräche (Dialoge) wollte er den Menschen zur Selbsterkenntnis verhelfen. Sokrates hatte ein positives Menschenbild, d.h., er ging von der Annahme aus, dass niemand von Grund auf schlecht ist oder etwas Schlechtes tun möchte. Seine Erkenntnisse wurden von seinem Schüler Platon (427–347 v. Chr.) aufgezeichnet und blieben so erhalten. Platon gründete in Athen eine Philosophenschule (Akademie). Seiner Ansicht nach teilte sich die Welt in die erfahrbare Wirklichkeit und eine ihr zugrunde liegende, jedoch unsichtbare »Welt der Ideen«, in der nicht nur alle Dinge, die auch in Wirklichkeit existieren, sondern auch alle Dinge, die noch nicht existieren, vorgebildet sind. Auch den Menschen fasste er als zweigeteilt auf, nämlich in einen vergänglichen Körper und eine unvergängliche Seele.

Aristoteles (384–322 v. Chr.) war ein Schüler Platons und entwickelte dessen Lehre weiter. Im Gegensatz zu Platon sah er die Philosophie nicht als eine Disziplin an, die alle anderen enthielt, und teilte sie daher in ihre einzelnen Bereiche (Disziplinen) auf. Als wichtigsten sah er die Metaphysik (»das, was hinter der Natur steht«) an, die sich mit der Frage nach den ersten Prinzipen und den Ursachen des Seins befasst. Weitere Wissenschaften in seinem Sinne waren Physik, Ethik, Politik und Poetik (die Lehre von der Dichtkunst). Aristoteles verfasste mehrere Schriften, die vor allem im Mittelalter, in der Renaissance, im Barock und in der Aufklärung als unverzichtbare Grundlagenwerke galten. Sie prägten das europäische Denken in vielerlei Hinsicht.

Die **Philosophenschule** von Athen, wie sie sich der Maler Raffael 1510 vorstellte.

deutsche S

Deutsch gehört
schen ▶Sprach
zwei Jahrtausen
manischen Stäm
die wir heute v
Germanen, etw
Aber auch and
wicklung des D
lem das Lateini
Eroberern in d
Ihm haben wir
matik, aber auc
wie »Fenster«, »

Die früheste
stand im Zuge
500 und wird A
veränderten sic
land bestimmte
»p« wurde »f«, a
te man nun »P
In Norddeutsc
derlanden fand
statt. Dort ent
nen Formen c
englischen Spr
aus den andau
rungen eine n
wickelt: die m
der das Nibelu
verfasst wurde

Als Martin L
Bibel ins Deu
nen Sprachstil
schen verstand

INFO

Das län

Als das längste
Sprache gilt de
sellschaft aus c
die »Donaudar
betriebswerkb
ses Wort hat 7
Lange Wörter
ren Wörtern z
Komposita (Ei
können nach c
Wörter gebild
allerdings kau

Literatur und Sprache

Nicht alle Sprachen, die heute gesprochen werden, sind Schriftsprachen. Aber diejenigen, die sich der Schrift bedienen, besitzen meist auch eine eigene Literatur. Am Anfang der europäischen Literatur wurden Mythen und Sagen, die bis dahin nur mündlich überliefert worden waren, aufgezeichnet, um sie für die Nachwelt zu bewahren. Daraus entwickelten sich in der Antike die drei grundlegenden literarischen Gattungen: erzählende Texte, Gedichte und Dramen. Die Geschichte der Literatur wird in Epochen gegliedert wie Klassik, Romantik, Realismus oder Expressionismus. Immer wieder erlangen Werke über den eigenen Sprachraum hinaus große Bedeutung und werden zur Weltliteratur.

Der legendäre **König Artus** und die Ritter der Tafelrunde waren beliebte Figuren der mittelalterlichen Literatur (links). Das hektische Treiben in Großstädten wie hier 1925 auf dem Alexanderplatz in Berlin (rechts) ist ein häufiges Motiv **moderner Literatur**.

INFOBOX

Die Minne

Zur Zeit Walthers von der Vogelweide verstand man unter Minne nicht Liebe im heutigen Sinn, sondern eine Form der geistigen Verehrung. Oft verlangte die angesprochene Frau, meist eine verheiratete Adelige, besondere Dienste von ihrem Verehrer, der so seine Minne unter Beweis stellen sollte, etwa in Form von Minneliedern. Für den Minnesänger kam es nicht darauf an, diese Frau für sich zu gewinnen, sondern vor allem darauf, besser zu singen als andere.

mittelalterliche Literatur

Im ▶Mittelalter konnten nur wenige Menschen lesen und schreiben. Das waren vor allem Vertreter der Kirche. Viele Schriften sind in Latein verfasst, ab dem 8. Jh. schrieben Autoren aber auch literarische Texte in Alt- und später Mittelhochdeutsch.

Ab 1100 war der Minnesang weit verbreitet. Minnelieder sind kunstvolle Gedichte, die ein Ritter zu Ehren einer adeligen Frau vortrug. Damit konnte er beweisen, dass er Gefühl und Bildung besaß. Der Minnesang war Teil der höfischen Kultur. Einer der bekanntesten Autoren ist Walther von der Vogelweide (etwa 1170–1230).

Artusromane sind Erzählungen, die um den sagenumwobenen britischen König Artus und die Ritter seiner Tafelrunde kreisen. Wie der Minnesang stammt auch der Artusroman aus dem französischen Sprachraum und erlebte seine Blütezeit zwischen 1170 und 1220. Thema und Aufbau der Erzählungen waren stets ähnlich: Ein Ritter zieht in die Welt hinaus, erlebt zahlreiche Abenteuer und ist Gewissensprüfungen ausgesetzt, die ihn geistig und moralisch reifen lassen. Oft verspielt er zunächst sein Ansehen, um es danach mühsam zurückzugewinnen. Bekannte Artusromane sind »Erec« und »Iwein« von Hartmann von Aue und »Parzival« von Wolfram von Eschenbach (beide etwa 1160–1220). Eines der bekanntesten epischen Werke des Mittelalters ist das Nibelungenlied aus dem 13. Jahrhundert. Im Gegensatz zum Artusroman und den meisten mittelalterlichen Texten ist es nicht christlich geprägt, sondern beruht auf germanischen Sagen.

Moderne

Die Auswirkungen der ▶industriellen Revolution prägten das Lebensgefühl der Menschen im ausgehenden 19. Jh. entscheidend. Mit dem technischen Fortschritt änderte sich die Welt rasant und wurde immer komplizierter. Hinzu kam der ▶Erste Weltkrieg mit einem nie gekannten Ausmaß an Schrecken. Mit den herkömmlichen literarischen Techniken konnten diese Welt und dieses Zeitalter – die Moderne – nicht mehr beschrieben werden. Also suchten die Autoren nach neuen Möglichkeiten.

Die Moderne beginnt um 1890 mit dem Naturalismus, einer literarischen Strömung, die den Menschen als Opfer der Gesellschaft und des technischen Fortschritts zeigt. Ein typischer Vertreter ist Gerhart Hauptmann (1862 bis 1946). Chaos und Sinnlosigkeit des modernen Lebens gab zu Beginn des 20. Jh. der ▶Expressionismus eine literarische Formung. Dieser Strömung wird auch der Prager Autor Franz Kafka (1883–1924) zugerechnet, dessen Figuren in unbegreifliche Situationen geraten, weil vertraute Lebensregeln plötzlich nicht mehr gelten. Alfred Döblin (1878–1957) erzählt in seinem Roman »Berlin Alexanderplatz« die Geschichte des Verbrechers Franz Biberkopf, der ein ehrlicher Mensch werden will, schließlich aber scheitert.

Der irische Schriftsteller James Joyce (1882 bis 1941) lässt die Hauptfigur seines Romans »Ulysses« ähnlich wie Odysseus durch Dublin irren und erzählt deren Leben im Laufe eines einzigen Tages. Für ihn wie auch für die Figuren anderer Autoren ist die Welt zum Labyrinth geworden. ■

Nachkriegsliteratur

In der Zeit des ▶Nationalsozialismus waren viele deutsche Künstler gezwungen, aufgrund ihrer Herkunft oder ihrer politischen Einstellung das Land zu verlassen. Viele, die blieben, wurden durch das Regime verfolgt oder mit Berufsverbot belegt, so etwa Erich Kästner (1899–1974), der seit den 1920er-Jahren für seine politischen und gesellschaftskritischen Gedichte, aber auch Jugendbücher wie »Emil und die Detektive« bekannt war.

Ein großer Teil der Exilautoren kehrte nach dem ▶Zweiten Weltkrieg nach Deutschland zurück, unter ihnen auch berühmte Schriftsteller wie etwa Bertolt Brecht und Alfred Döblin. Junge Schriftsteller wie Alfred Andersch, Heinrich Böll, Wolfgang Borchert, Günter Grass, Wolfgang Koeppen, Siegfried Lenz und Arno Schmidt wollten vor allem die Situation im Deutschland der Nachkriegszeit schildern. Viele ihrer Geschichten waren geprägt von Erlebnissen aus dem Krieg und der Rückkehr in die zerbombten Städte. Deshalb nennt man diese Texte Trümmerliteratur. Einer ihrer wichtigsten Vertreter ist Wolfgang Borchert (1921–1947). Sein Drama »Draußen vor der Tür« handelt von einem Kriegsheimkehrer, der aus der Gefangenschaft kommt und feststellen muss, dass ihm die eigene Heimat fremd geworden ist.

1947 gründete der Schriftsteller Hans Werner Richter eine Autorenvereinigung, die sich regelmäßig traf, um ihre Texte zu besprechen: die »Gruppe 47«. Zu ihr gehörten auch Heinrich Böll (1917–1985) und Günter Grass (geb. 1927). Böll erhob die politische und gesellschaftliche Entwicklung der jungen ▶Bundesrepublik Deutschland zum Thema seiner Romane. Er kritisierte, dass Persönlichkeiten des Nationalsozialismus in der Bundesrepublik wieder wichtige Positionen in Wirtschaft und Politik erhalten konnten und alte Überzeugungen weiterlebten.

Die Schriftsteller in der ▶DDR konnten nicht frei Kritik an Politik und Gesellschaft ihres Landes äußern. Offiziell wurden sie dazu angehalten, mit ihren Werken vor allem den Aufbau des Sozialismus zu unterstützen. Kritische Autoren wie Uwe Johnson (1934–1984) verließen daraufhin das Land, andere wie Wolf Biermann (geb. 1936) wurden ausgebürgert. ■

Der Kleinwüchsige Oskar Matzerath aus dem Roman »Die Blechtrommel« von Günter Grass ist eine der bekanntesten Gestalten der **Nachkriegsliteratur** (Szene aus der Verfilmung von 1979).

INFOBOX

Die Kurzgeschichte

Die Kurzgeschichte ist eine literarische Gattung, die im 19. Jh. in den USA aufkam. Bei diesen »Shortstorys« handelt es sich um Texte von geringem Umfang, deren Handlung sich auf nur wenige Figuren konzentriert und zielstrebig auf ein bestimmtes, überraschendes oder erschütterndes Ereignis hinerzählt wird. Der Schluss bleibt meistens offen. Als Anfang der 1920er-Jahre in Deutschland immer mehr Zeitungen und Magazine erschienen, erwiesen sich Kurzgeschichten dafür als ideale Form, da sie schnell zu lesen waren und trotzdem spannende und anregende Unterhaltung boten. Seit 1945 ist die Kurzgeschichte eine der beliebtesten literarischen Gattungen.

Sogenannte Trümmerfrauen, hier im zerstörten Berlin 1946, bereiteten den Wiederaufbau der Städte vor. Die Verwüstungen, die der Zweite Weltkrieg auch in Deutschland hinterlassen hatte, waren das Thema der **Trümmerliteratur**.

Die Sage von der **Lorelei**, die vom Rheinfelsen bei St. Goarshausen aus die Schiffer ins Verderben lockt, war ein typischer Stoff der Romantik.

Romantik

Ihren Namen verdankt die literarische Bewegung volkstümlichen Texten aus dem französischen Sprachraum, die in romanischer Sprache, d.h. der Sprache des Volkes (im Gegensatz zum Lateinischen des Adels und der Kirche), verfasst waren und deshalb als primitiv galten. Die Epoche der Romantik umfasst etwa den Zeitraum von 1790 bis 1830. Schon im Begriff deutet sich ein grundlegender Unterschied zur ▶Klassik an: Während Goethe und Schiller sich an Vorbildern der Antike orientierten, wollten die Romantiker die Sprache und das Leben des Volkes ergründen und wiedergeben. Viele romantische Schriftsteller wie die Brüder Jacob und Wilhelm Grimm (1785–1863 und 1786–1859) oder Ludwig Bechstein (1801–1860) sammelten Märchen und Sagen. Andere Autoren erfanden neue, sogenannte Kunstmärchen. Wilhelm Hauff (1802 bis 1827) schrieb etwa »Zwerg Nase« und »Kalif Storch«, der dänische Schriftsteller Hans Christian Andersen (1805–1875) »Die kleine Meerjungfrau« und »Des Kaisers neue Kleider«.

In der Romantik herrschte eine große Vielfalt an Themen, Formen und Weltanschauungen. Allen Romantikern gemeinsam war die Sehnsucht nach einer Welt, die nicht nur mithilfe des Verstandes und der Vernunft erklärbar ist. Ein Symbol dieser Sehnsucht war die blaue Blume, ein Sinnbild für die Versöhnung von Mensch und Natur, das auf den Dichter Novalis (1772–1801) zurückgeht. Kurze, oft absichtlich unvollendete Erzählungen (Fragmente), die sich von den abgeschlossenen Romanen anderer Autoren unterscheiden sollten, sind ein Merkmal der Romantik, ebenso die eindrückliche Darstellung der Gefühlswelt – vor allem der Liebe, aber auch der Melancholie, Angst und Todessehnsucht. Literarische Schauplätze sind häufig geheimnisvolle und unheimliche Orte wie Ruinen, zerklüftete Täler und dunkle Wälder, in denen Wanderer und Edelmänner merkwürdige Abenteuer und übernatürliche Erscheinungen erleben.

Viele Romantiker sahen im anbrechenden wissenschaftlich-technischen Zeitalter, das sie das »Maschinenzeitalter« nannten, eine große Gefahr. So handelt etwa der Roman »Frankenstein oder der moderne Prometheus« der englischen Dichterin Mary Shelley (1797 bis 1851) von einem Arzt, der einen künstlichen Menschen erschafft, welcher sich am Ende gegen seinen Schöpfer wendet. E. T. A. Hoffmann (1776–1822) beschreibt in seiner Erzählung »Der Sandmann« einen Maschinenmenschen in Gestalt einer Frau, in die sich der ahnungslose Held verliebt. Als er seinen Irrtum erkennt, wird er wahnsinnig und stürzt sich zu Tode.

Weitere bekannte Autoren der Romantik sind Heinrich von Kleist (1777–1811), Clemens Brentano (1778–1842) und Joseph von Eichendorff (1788–1857). ■

INFOBOX

Märchen

Märchen sind volkstümliche Erzählungen, die im Gegensatz zur Sage oder Legende keinen historischen oder religiösen Bezugspunkt haben. Erst in der Romantik wurden die über Jahrhunderte mündlich überlieferten Märchen gesammelt und aufgeschrieben. Typische Figuren des Volksmärchens sind Könige und Prinzessinnen, aber auch einfache Leute, z.B. Handwerker, die Abenteuer oder Prüfungen bestehen und sich gegen böse Mächte durchsetzen müssen. Das Schöne an diesen Märchen ist: Sie gehen immer gut aus – zumindest für die Guten. Auf Kunstmärchen hingegen trifft dies nicht zu.

Peter Schlemihl, die Titelfigur einer Märchenerzählung von Adelbert von Chamisso (1813), verkauft dem Teufel seinen Schatten (Illustration von Adolf Schroedter, 1836).

Schrift

In der Frühzeit der Menschheit wurden Erfahrungen und Wissen mündlich an die jeweils nächste Generation weitergegeben. Das änderte sich vor rund 33 000 Jahren in der ▶Steinzeit mit der Höhlenmalerei, die es gestattete, das Wissen auch bildlich zu gestalten und zu bewahren. Die Möglichkeiten der bildlichen Darstellung waren allerdings sehr beschränkt. Mit der Entstehung der ersten ▶Hochkulturen suchten die Menschen daher nach neuen Wegen, ihr Wissen zu sichern. Für die Verwaltung einer Stadt oder für einen geregelten Handel musste ein anderes System gefunden werden. Die Lösung bestand darin, vereinfachte Bilder oder Bildzeichen (Symbole) für Gegenstände und Handlungen zu verwenden. Diese Zeichen wurden in Holz, Knochen oder Stein geritzt.

Die älteste bislang bekannte Schrift stammt aus der Vinčakultur, die vor rund 7000 Jahren in Serbien existierte. Vor rund 6000 Jahren entwickelten die Sumerer die Keilschrift aus Bildzeichen. Zunächst diente sie nur dazu, Listen für den Handel und die Lagerung von Getreide zu führen. Andere Kulturen haben diese Keilschrift, die mit Holzgriffeln in weichen Ton geritzt wurde, übernommen. Nur die Herrscher, Priester und Verwaltungsbeamten beherrschten das Schreiben. Das gilt auch für die vor mehr als 5000 Jahren in Ägypten erfundenen Hieroglyphen, die zwar wie Bildzeichen aussehen, tatsächlich aber für Konsonanten (Mitlaute) stehen. Die Ägypter meißelten sie in Stein und schrieben sie mit Tusche auf Papyrus.

Computertastaturen können an die jeweiligen Schriftsysteme angepasst werden. Hier eine Kombination aus lateinischen und arabischen Buchstaben.

Japanische Schriftzeichen werden in Spalten von oben nach unten und diese wiederum von rechts nach links angeordnet. Die Kunst des Schreibens, **Kalligrafie** genannt, gelangte in Japan zu besonderer Blüte.

Aus den Hieroglyphen entwickelten sich im Lauf der Zeit Schriftsysteme, die Silben oder Laute darstellten.

Vor rund 3500 Jahren erfanden die Phönizier, ein Handelsvolk, das im heutigen Libanon lebte, das erste Alphabet, von dem alle anderen Alphabete im europäischen Raum abstammen. Der Vorteil des phönizischen Alphabets war, dass man nicht 5000 Zeichen wie bei den Hieroglyphen oder 600 wie bei der Keilschrift benötigte, sondern nur 22 Buchstaben, die für bestimmte Laute standen. Die Griechen entwickelten diese Schrift weiter und lehrten sie in Schulen, sodass fast alle Menschen die Möglichkeit hatten, lesen und schreiben zu lernen. Aus dem griechischen Alphabet entstand das lateinische, das wir heute noch verwenden. ■

INFOBOX

Der Stein von Rosette

Der Stein von Rosette wurde 1799 in Ägypten gefunden. Er enthält einen Erlass ägyptischer Priester aus dem Jahr 196 v. Chr. Das Besondere an ihm ist, dass dieser Erlass gleich in drei Schriften eingemeißelt wurde, in demotischer und griechischer Schrift sowie in ägyptischen Hieroglyphen. So war es den Forschern möglich, die bis dahin als nicht entzifferbar geltenden Hieroglyphen zu übersetzen. Der Stein ist heute im British Museum in London ausgestellt.

INFOBOX

Babylonisches Sprachengewirr

In der Bibel ist zu lesen, dass die Menschen einst in Babylon einen Turm errichten wollten, der bis in den Himmel reichen sollte. Als Gott das sah, wurde er zornig und gab

jedem von ihnen eine andere Sprache, sodass sie sich nicht mehr miteinander verständigen konnten und von ihrem überheblichen Vorhaben ablassen mussten. Tatsächlich hat man sich immer wieder darum bemüht, eine gemeinsame Sprache für alle Menschen zu finden. So entstanden Kunstsprachen wie Esperanto, die jedoch keine große Verbreitung fanden. Im Mittelalter war Latein die Sprache der Gelehrten und des Klerus. Heute gilt Englisch als Verkehrssprache, mit der man sich in weiten Teilen der Welt verständigen kann.

Mittels **Gebärdensprache** können auch stumme und gehörlose Menschen kommunizieren.

Sprachen

Wann der Mensch gelernt hat zu sprechen, weiß man nicht genau. Wissenschaftler gehen davon aus, dass bereits der Homo erectus, der vor rund 1,85 Millionen Jahren in der ▶Steinzeit lebte, sprechen konnte. Dieser Mensch konnte z. B. den Weg zu einem besonders ergiebigen Jagdrevier so genau beschreiben, dass andere Mitglieder des Stammes ihn finden konnten, ohne jemals zuvor dort gewesen zu sein.

Mithilfe der Sprache können Erfahrungen weitergegeben, aber auch ▶Gefühle, Wünsche und Gedanken gegenüber anderen zum Ausdruck gebracht werden. Außerdem schafft Sprache die Möglichkeit, die erlebte Welt zeitlich zu ordnen. Man kann erzählen, was gestern passiert ist, aber auch, was man morgen unternehmen will. Dadurch unterscheidet sich der Mensch wesentlich vom Tier. Eine Sprache zu sprechen, ist nicht angeboren – sie muss erst erlernt werden. Nur die körperlichen Voraussetzungen, wie die Stimmbänder und die Sprachzentren im ▶Gehirn, sind von Geburt an vorhanden. Im Laufe der Geschichte haben die Menschen viele verschiedene Sprachen entwickelt. Ungefähr 6500 werden heute weltweit noch gesprochen. Allerdings werden es immer weniger. Rund die Hälfte davon wird wahrscheinlich in naher Zukunft aussterben.

Sprachen, die sich ähnlich sind, bezeichnet man als Sprachfamilie. Die ▶deutsche Sprache gehört, ebenso wie die englische, italienische, französische und spanische, zur indogermanischen Sprachfamilie, die aus 220 Sprachen besteht. Mit fast 2,7 Milliarden Sprechern stellt sie die größte Sprachfamilie dar, gefolgt von der sino-tibetischen Sprachfamilie, zu der das Chinesische gehört, mit rund 1,3 Milliarden.

Sprachen, die nicht mehr gesprochen werden, nennt man tote Sprachen. Dazu gehören auch Latein und Altgriechisch. Diese Sprachen haben jedoch auf die Entwicklung der europäischen Kultur und der heutigen Sprachen einen so großen Einfluss gehabt, dass sie nach wie vor in Schulen unterrichtet werden. Ihre genaue Aussprache ist jedoch nicht mehr bekannt. ■

AUF EINEN BLICK

Sprachen und ihre Sprecher

Sprachfamilie	Sprachen	Sprecher
Indogermanisch	282	2 640 000 000
Sino-Tibetisch	343	1 288 000 000
Niger-Kongo	1386	354 000 000
Afroasiatisch	354	347 000 000
Austronesisch	1144	295 600 000
Drawidisch	27	220 000 000
Turksprachen	41	150 000 000

(Quelle: Fachhochschule Gießen)

Weltliteratur

Zur **Frankfurter Buchmesse** kommen jedes Jahr Verlage und Autoren aus aller Welt.

Literarische Werke, die nicht nur für ein Land von Bedeutung sind, sondern für viele Länder oder sogar die Menschen der ganzen Welt, nennt man Weltliteratur. Dieser Begriff, der von Johann Wolfgang von Goethe geprägt wurde, beruht auf der Vorstellung, dass es Erfahrungen und Themen gibt, die allgemein menschlich sind, d. h. alle Menschen zu jeder Zeit betreffen und sie miteinander verbinden, wie z. B. die Liebe oder der Kampf um Macht. Welche Werke zur Weltliteratur zählen, ist jedoch nicht klar zu bestimmen.

Um die Bedeutung (Relevanz) eines literarischen Werkes festzustellen, kann man untersuchen, welchen Einfluss es auf die Werke von Autoren anderer Sprachen und Kulturkreise ausgeübt hat. Auch die Feststellung, dass sich ein Buch über lange Zeit in anderen Ländern gut verkauft hat oder ein Theaterstück immer wieder aufgeführt wurde, kann ein Hinweis auf dessen Relevanz sein.

Großen Einfluss auf Autoren in aller Welt haben beispielsweise die Texte der Weimarer ▸Klassik ausgeübt, etwa Goethes »Faust«-Dramen. Die Theaterstücke von William Shakespeare, z. B. »Hamlet«, »Romeo und Julia« oder »Macbeth«, erfreuen sich bis heute weltweit großer Beliebtheit. Als einer der meistgelesenen Autoren aller Zeiten gilt der Franzose Jules Verne (1828–1905), der Begründer der Gattung Science-Fiction. Seine Bücher, z. B. die Geschichte des Kapitäns Nemo und seines Unterseeboots »Nautilus« in »20 000 Meilen unter dem Meer«, sind in 220 Sprachen übersetzt und mehrmals verfilmt worden. Die Auswahl dieser herausragenden oder mustergültigen Werke, die häufig auch im Unterricht gelesen werden, nennt man Kanon.

Zur **Weltliteratur** zählen Bücher, die sich in aller Welt großer Beliebtheit erfreuen, so wird »Harry Potter« z. B. auch in China gelesen.

Der Nobelpreis für Literatur gilt als die wichtigste internationale Auszeichnung für Schriftsteller. 2006 erhielt ihn der Türke Orhan Pamuk (geb. 1952), dessen Werke in mehr als 30 Sprachen übersetzt wurden. Er nennt unter anderem den Literaturnobelpreisträger Thomas Mann als eines seiner Vorbilder. In seinen Romanen wie »Die weiße Festung« oder »Das schwarze Buch« setzt er sich mit der Geschichte der Türkei auseinander. Oft schildert er Menschen, die versuchen, ihre alten Traditionen in der modernen Welt zu bewahren. Die Probleme, die sich daraus ergeben, sind nicht nur typisch für die Türkei, sondern auch für viele andere Länder und Regionen. Damit erfüllt Pamuks Werk eine wichtige Voraussetzung dafür, als Weltliteratur angesehen zu werden. ■

INFOBOX

Buchmarkt

Die größte Buchmesse der Welt ist die Frankfurter Buchmesse. Im Jahr 2007 präsentierten dort 7448 Aussteller aus 108 Ländern insgesamt 391 653 neue Titel. Diese beeindruckenden Zahlen verdeutlichen das enorme Angebot auf dem Buchmarkt. Die Inhalte und Themen der Bücher sind so unterschiedlich, dass kaum noch eindeutige literarische Strömungen oder Trends erkennbar sind. Feststellen lässt sich allerdings, dass sowohl die Zahl der Veröffentlichungen als auch die der Autoren immer noch ansteigt. Zugleich wird es dadurch für die einzelnen Schriftsteller und ihre Werke schwieriger, sich gegen die Konkurrenz zu behaupten.

Musik

Schon die Menschen der Steinzeit begleiteten mit Musik ihre kultischen Handlungen. Bis in die Neuzeit hinein war die europäische Musik stark beeinflusst von der Kirchenmusik. Mit der Renaissance und dem Barock trat die weltliche Musik stärker in den Vordergrund, z. B. in Gestalt der Oper und der Kammermusik. Zur Zeit der Klassik und der Romantik wurde Musik zum öffentlichen Ereignis, Musiker und Dirigenten von Orchestern wurden zu gefeierten Stars. Großer Beliebtheit erfreute sich ab Beginn des 20. Jh. der Jazz, aus dem sich schließlich die Rock- und Popmusik entwickelte.

Am japanischen Kaiserhof spielen **Gagaku-Musiker** auf Querflöten, Oboen und Mundorgeln.

außereuropäische Musik

Jedes Land und jede Kultur hat eine eigene musikalische Tradition. Diese Traditionen sind so unterschiedlich wie die ▸Sprachen, die die Menschen sprechen. Dass die Musik, die außerhalb des europäischen und amerikanischen Kulturkreises gespielt wird, für unsere Ohren oft fremd klingt, liegt an den Instrumenten und vor allem dem Vorrat an Tönen, die verwendet werden. Denn während die europäische klassische Musik auf einen Tonvorrat von zwölf Halbtönen pro Oktave zurückgreift, haben z. B. die Tonleitern der indischen Musik 22, andere asiatische hingegen nur fünf Töne.

Eine der ältesten musikalischen Traditionen besitzen die Ureinwohner Australiens, die Aborigines. Sie hat sich in den vergangenen 30 000 Jahren kaum verändert. Ihre Lieder handeln von alten Sagen und werden beispielsweise zur Geburt oder beim Tod eines Stammesmitglieds vorgetragen und vom Didgeridoo begleitet. Instrumente, mit denen Melodien gespielt werden können, gibt es bei den Aborigines nicht.

Auch die indische Musik hat eine lange Tradition. Ein Solist spielt Sitar (ein Saiteninstrument) oder Santur (eine Art Hackbrett) oder er singt, wobei er von einer Tambura (einer Laute) begleitet wird. Die Töne, die man verwenden darf, werden von Ragas vorgeschrieben. Das sind Melodietypen, mit denen man verschiedene Stimmungen ausdrücken kann. Auf ihrer Grundlage improvisiert der Musiker, d. h., er liest nicht von einem Notenblatt ab, was er spielen soll, sondern erfindet seine Melodien beim Spielen selbst. Auch in der arabischen Musik werden solche Melodietypen (hier Maqam genannt) verwendet. Der Gesang wird begleitet von einer Laute, der Ud, und der Nej-Flöte, beispielsweise bei religiösen Festen oder auch bei Bauchtänzen.

Traditionelle afrikanische Musik wird bei religiösen Zeremonien oder Feiern gespielt. Dabei kommen vor allem Trommeln und Melodieinstrumente zum Einsatz wie die Kalimba, bei der mehrere Metallzungen mit den Daumen angeschlagen werden, oder die Kora, eine Kürbisharfe.

In Japan, China und Korea ist das Gagaku verbreitet, eine traditionelle Musik, die mit Flöten, Oboen, Mundorgel, Gong und Trommel gespielt wird. In Indonesien treten Gamelan-Orchester auf, die vor allem aus Gongs verschiedener Größe bestehen. ■

Die **Vina** (oben) ist ein indisches Saiteninstrument, dessen Körper aus einer Bambusröhre und zwei Kürbissen besteht. Die ursprüngliche **Marimba** (rechts) ist ein Xylofon, das vor allem in Afrika, Mittel- und Südamerika zu finden ist. Flaschenkürbisse dienen dabei als Resonanzkörper.

INFOBOX

Das Didgeridoo

Das Didgeridoo besteht aus einem bis zu 2 m langen Eukalyptusast oder aus Bambus. Der Ast wird ausgehöhlt, geglättet und manchmal bemalt. Der Musiker bläst mit zusammengepressten Lippen, spricht oder singt in das Instrument und ahmt dabei Tier- und Naturgeräusche nach.

Ballett

Beim Ballett wird auf der Bühne eine Geschichte von Musik begleitet durch Tanzbewegungen erzählt. Das Wort stammt aus dem Italienischen und bedeutet »Tänzchen«.

Eines der ersten Ballette ereignete sich 1533 bei der Hochzeit des französischen Königs Heinrich II. mit Katharina von Medici. Die Braut ließ die Hofgesellschaft einschließlich ihres Gemahls in prachtvolle Gewänder kleiden und in kleinen Gruppen einfache Schrittfolgen tanzen. Von da an erfreute sich der Tanz bei Festen am französischen Hof größter Beliebtheit. König Ludwig XIV., der selbst ein guter Tänzer war und seinen Beinamen »Sonnenkönig« nach der gleichnamigen Rolle erhielt, die er 1653 in einer Ballettdarbietung tanzte, gründete 1661 eine Ballettschule, die »Académie Royale de Danse«. Sie hatte zum einen die Aufgabe, professionelle Tänzer auszubilden. Zum anderen erfanden die Tanzmeister, die Choreografen genannt werden, dort neue Tänze und Tanzschritte und zeichneten sie auf, sodass ihre Ballette auch von anderen Ballettkompanien aufgeführt werden konnten. Seitdem ist Französisch die internationale Ballettsprache.

Am Anfang wurden die Frauenrollen von Männern getanzt, die Masken trugen. Ende des 17. Jh. ließ man jedoch auch Frauen zu. Eine der ersten Solotänzerinnen, Primaballerina genannt, verkürzte den langen Tanzrock, damit die Zuschauer ihre Beinarbeit bewundern konnten. Beliebt wurde nun der »Pas des deux«, eine Szene, die die Ballerina mit ihrem männlichen Partner tanzt.

Im 19. Jh. wurde Sankt Petersburg zum Zentrum des Balletts. Für den Zarenhof schrieb Peter Tschaikowsky die Musik zu den heute noch aufgeführten Balletten »Dornröschen«, »Nussknacker« und »Schwanensee«. Ein berühmtes neueres Ballett ist z. B. »Le Sacre du printemps« von Igor Strawinsky. Im 20. Jh. lösten neuere Formen wie der Ausdruckstanz oder der Jazzdance das klassische Ballett ab. ■

Das Ballett **»Schwanensee«** von Peter Tschaikowsky erzählt von einer Prinzessin, die in einen Schwan verwandelt wurde und von einem Prinzen erlöst werden muss (Szene aus einer Aufführung des Mariinskij-Balletts aus Sankt Petersburg 1999).

Moderne **Ballettinszenierungen** verzichten häufig auf traditionelle Kostüme.

INFOBOX

Spitzentanz und Tutu

Die italienische Ballerina Marie Taglioni war im 19. Jh. eine der gefeiertsten Tänzerinnen. Um ihre Bewegungen eleganter wirken zu lassen, tanzte sie nicht mehr auf der Fußsohle, sondern nur noch auf den Zehenspitzen. Viele Ballerinen folgten ihrem Beispiel. Bis heute ist der Spitzentanz typisch für das Ballett. Marie Taglioni erfand auch das »Tutu« genannte Spitzenröckchen, das zum Standardkostüm der Ballerinen wurde.

Im **Barock** wurde Musik hauptsächlich an Königs- und Fürstenhöfen gespielt. Gambe, Violine und Basslaute waren häufig verwendete Instrumente (Gemälde von François Puget, 1688).

Barock

Das Barock ist eine Epoche in der Musik, der Kunst und der Literatur zwischen 1600 und 1750, die in das Zeitalter des ▶Absolutismus fällt. Musik wurde damals meist bei prunkvollen Festen an den Königs- und Fürstenhöfen aufgeführt. Dort war vor allem die ▶Oper beliebt, die Anfang des 17. Jh. in Italien entstanden war. Als einer der bedeutendsten Komponisten gilt Georg Friedrich Händel, der über 40 Opern schrieb. Auch das ▶Ballett und Konzerte wurden an den Höfen geschätzt.

Hatte das Orchester bis dahin vor allem dazu gedient, die Sänger zu begleiten, entwickelte sich im Barock eine eigenständige Instrumentalmusik. Zu den neuen Formen dieser Orchestermusik gehört das Concerto grosso, bei dem mehrere Solisten, meist Streicher, und das volle Orchester abwechselnd spielen. Der Italiener Antonio Vivaldi schrieb die ersten Solokonzerte für Geige und Orchester. Viele Instrumente, die während der ▶Renaissance beliebt waren, wie Zinken und Gamben, kamen nun aus der Mode. Stattdessen schrieben die Komponisten vor allem Werke für Geigen, Bratschen und Celli, Flöte oder Oboe. Typisch für die Barockmusik ist der Generalbass, eine tiefe Instrumentalstimme, zu der auf dem Cembalo oder der Orgel Akkorde gespielt werden, die die Solostimmen begleiten.

Außer an den Höfen erklang Musik im Zeitalter des Barock vor allem während des Gottesdienstes in der Kirche. Johann Sebastian Bach schrieb zahlreiche Werke der ▶Kirchenmusik, darunter Kantaten, Passionen und viele Stücke für Orgel. ■

BIOGRAFIE

Johann Sebastian Bach

Johann Sebastian Bach (1685 bis 1750) zählt heute mit seinen rund 1000 Musikwerken zu den einflussreichsten Komponisten des Barock. Nach seinem Tod geriet sein Werk für einige Zeit in Vergessenheit. Erst seit Felix Mendelssohn Bartholdy im Jahr 1829 Bachs »Matthäuspassion« wiederaufführte, fand sein Gesamtwerk größere Verbreitung und Beachtung.

Harmonie

Das Wort Harmonie stammt aus dem Griechischen und bedeutet »Einklang«. Die Lehre vom Zusammenklang der Töne wird Harmonik genannt. Den Abstand zwischen zwei Tönen bezeichnet man als Intervall. Das kleinste Intervall ist die Prime, der Einklang zweier gleich hoher Töne (z. B. C–C). Die Sekunde ist ein ganzer Tonschritt (z. B. C–D), die Terz umfasst drei Tonstufen (z. B. C–E), die Oktave acht (z. B. C–C). Drei oder mehr zusammenklingende Töne nennt man einen Akkord. Klingt ein Intervall oder Akkord ausgeglichen, so spricht man von Konsonanz. Enthält ein Klang eine Spannung, spricht man von Dissonanz. Die Komponisten des ▶Mittelalters und der Renaissance verwendeten ausschließlich Konsonanzen, während Dissonanzen nur ausnahmsweise erlaubt waren. Seit dem 19. Jh. und vor allem in der ▶Neuen Musik und im ▶Jazz verwenden Komponisten und Musiker häufig Dissonanzen. ■

Schon der griechische Philosoph **Pythagoras** (etwa 570–510 v. Chr.) soll die Gesetze der Harmonie erforscht haben (Holzschnitt aus dem 15. Jh.).

In der Preservation Hall in **New Orleans** (links) begann um 1900 die Geschichte des Jazz. Der amerikanische Jazzmusiker **Duke Ellington** (am Klavier) und sein Orchester waren auch in Europa populär (rechts).

Jazz

Jazz ist eine Musikrichtung, die um 1900 im Süden der USA entstanden ist. Sie vereint Elemente aus der Volksmusik der Afroamerikaner und der europäischen Musik, von der sie sich vor allem in Rhythmus und Tonbildung unterscheidet. Jazz kann sowohl von einzelnen als auch von mehreren Musikern gemeinsam bis hin zu größeren Ensembles (Big Bands und Orchester) gespielt werden. Oft gibt z. B. ein Schlagzeug oder ein Bassinstrument einen ▶Rhythmus vor, während sich die Melodien erst beim Spielen selbst entwickeln, d. h. improvisiert werden. Im Laufe der Zeit bildeten sich verschiedene Grundmuster (sogenannte Standards), die immer wieder aufgegriffen werden. Im Prinzip kann man Jazz mit jedem Instrument spielen, klassische Jazzinstrumente sind jedoch Trompete, Klarinette, Saxofon, Posaune, Tuba, Klavier, Schlagzeug, Gitarre und Kontrabass.

Typisch für die Jazzmusik ist das Verreißen und Schleifen der Töne, z. B. durch den Zug der Posaune oder das schrille Überblasen der Klarinette, des Saxofons und der Trompete. Der Rhythmus soll die Hörer zur Bewegung oder zum Tanzen anregen und kann auch innerhalb ein und desselben Stückes wechseln. Einzelne Instrumente treten manchmal für ein Solo in den Vordergrund und werden dann von den übrigen Musikern nur sparsam begleitet. Dies verleiht der Musik einen individuellen Charakter.

Im Laufe der Zeit hat Jazz zahlreiche Stilrichtungen ausgeprägt und wird heute von Musikern in der ganzen Welt gespielt, so auch seit den 1920er-Jahren in Deutschland. Nach dem Ende des Zweiten Weltkriegs brachten amerikanische Soldaten aktuelle Jazzmusik aus den USA zu uns, vor allem den Swing. Besonders beliebt waren die Swingorchester von Glenn Miller und Duke Ellington sowie der Sänger und Trompeter Louis Armstrong. Von den deutschen Jazzmusikern wurde der Posaunist Albert Mangelsdorff international besonders bekannt dadurch, dass er während des Spiels in sein Mundstück hineinsang und so außergewöhnliche Töne erzeugte.

Ab Ende der 1950er-Jahre lösten der Rock 'n' Roll und der Beat den Jazz als beliebteste Tanzmusik ab. ■

BIOGRAFIE

Miles Davis

Der amerikanische Trompeter Miles Davis (1926 bis 1991) hat den Jazz nach 1945 wie kein anderer Musiker beeinflusst. Mit seiner unverwechselbaren Spielweise prägte er im Laufe seiner fast fünfzigjährigen Karriere die Stilrichtungen Bebop, Hardbop und Free Jazz. Außerdem war er maßgeblich beteiligt an der Entwicklung von Cool Jazz und Jazzrock, einer Verbindung (englisch »fusion«) des Jazz mit dem Rock 'n' Roll.

Kammermusikalische Abende fanden im 19. Jh. häufig in **Salons** vor einem kleinen Publikum statt.

Kammermusik

Im 16. Jh. entstand in Italien eine Art musikalischer Darbietung, die vor allem in adeligen Kreisen gepflegt wurde und sich als Gegenbewegung zur Kirchenmusik verstand. Da sie zunächst nicht öffentlich, sondern in den Privaträumen, den Kammern, eines Adeligen vor wenigen ausgesuchten Gästen aufgeführt wurde, nannte man sie Kammermusik. Diese Musik war ruhig und feierlich und diente zur Untermalung von Empfängen oder als Konzertmusik. Natürlich hatten in den Kammern keine großen Orchester Platz, sondern nur kleine Besetzungen, z. B. in Form von Streichquartetten. Diese bestehen aus zwei Violinen, einer Viola und einem Cello, wobei die einzelnen Instrumente während eines Stückes häufig auch als Solostimmen hervor- oder gegeneinander antreten. Der Dichter Johann Wolfgang von Goethe sprach deshalb einmal davon, dass man bei einem Streichquartett hören könne, wie sich »vier vernünftige Leute miteinander unterhalten«.

Um 1800, zur Zeit Joseph Haydns, Ludwig van Beethovens und Wolfgang Amadeus Mozarts, wurde das Streichquartett oft auch durch ein Klavier ergänzt. Man spricht dann von einem Klavierquintett. Da die Kompositionen immer anspruchsvoller wurden, spielten die Gastgeber bei den Kammermusikabenden schließlich nicht mehr selbst, sondern engagierten sich professionelle Künstler. Auch der Aufführungsrahmen änderte sich: Kammermusik wurde in großen Sälen vor großem Publikum gespielt. Verstärkt traten nun auch größere Besetzungen wie Sextette (sechs Musiker), Oktette (acht Musiker) oder Nonette (neun Musiker) auf. Auch Blasinstrumente wie Oboe, Flöte oder Fagott wurden für die Kammermusik eingesetzt. Im 20. Jh. verschmolz die Kammermusik mit verschiedenen Musikgattungen. So entstanden Kammersinfonie, Kammerkonzert und die Kammeroper. Ensembles, die diese Werke spielen, bestehen meist nur aus wenigen Musikern, die solistisch spielen. ■

Das **Streichquartett**, bestehend aus zwei Geigen, einer Bratsche und dem Violoncello (hier das Alban-Berg-Quartett aus Wien), ist eine typische Besetzung für Kammermusik.

BIOGRAFIE

Joseph Haydn

Der österreichische Komponist Joseph Haydn (1732–1809) gilt als »Vater« der klassischen Sinfonie und des Streichquartetts. Er war der Lehrer Ludwig van Beethovens und mit Wolfgang Amadeus Mozart befreundet, mit dem er oft auch zusammen musizierte. Haydn komponierte außerdem die Hymne »Gott erhalte Franz den Kaiser«, deren Melodie er in einem Satz des sogenannten »Kaiserquartetts« bearbeitete. Mit dem Text »Das Lied der Deutschen« von August Heinrich Hoffmann von Fallersleben unterlegt, ist sie seit 1922 deutsche Nationalhymne.

Kirchenmusik

Als Kirchenmusik bezeichnet man Musik, die im Rahmen eines Gottesdienstes gespielt oder gesungen wird. Ihre Geschichte reicht bis in die Anfänge des ▶Christentums zurück. Aber erst als Ende des 6. Jh. Papst Gregor I. eine neue Gottesdienstordnung (Liturgie) erließ, begann man damit, die bis dahin verwendeten Melodien und Texte zu sammeln und zu vereinheitlichen. Die Lieder waren in Latein, der Sprache der Kirche, verfasst und wurden einstimmig im Chor gesungen. Zusammen nennt man sie gregorianischen Choral. Im 9. Jh. entwickelte sich die Mehrstimmigkeit, und die Singstimmen wurden auch von Musikinstrumenten begleitet, wie z. B. der Laute und der Harfe. Im 14. Jh. war die Orgel in Kirchen schon weit verbreitet. Im Zeitalter des ▶Barock schrieben Komponisten wie Johann Sebastian Bach und Georg Friedrich Händel Sonaten, d. h. aus mehreren Sätzen bestehende Stücke, die meist von Orgel oder Cembalo in Begleitung von Streich- oder Blasinstrumenten gespielt wurden.

Nach der ▶Reformation entwickelte sich die Kirchenmusik in verschiedene Richtungen. Die katholische Kirche behielt ihre Liturgie weitgehend bei, während die Protestanten vor allem deutschsprachige Choräle und Kirchenlieder einführten. Protestantische Komponisten schufen geistliche Werke, die auch außerhalb des Gottesdienstes in Konzerten aufgeführt wurden, darunter das Oratorium und die Passion. Ein Oratorium ist ein längeres Musikwerk für Chor und Orchester, das eine Geschichte aus der Bibel nacherzählt, ohne sie, wie in der Oper, auf einer Bühne mit Sängern vorzuführen. Eine Passion wie z. B. die »Matthäuspassion« von Johann Sebastian Bach stellt den Leidensweg Jesu Christi (▶Christentum) dar.

Im 20. Jh. setzte man in protestantischen Kirchen auch moderne Musik wie z. B. ▶Jazz, ▶Rock- und Popmusik oder Reggae als Kirchenmusik ein. In den USA entwickelten farbige Sänger den Gospel als neue Form des Kirchenchors, der oft von einer Band begleitet wird. ■

Die **Kirchenorgel** ist seit dem 14. Jh. das führende Instrument der Kirchenmusik (hier die Orgel in der Kirche Sankt Nicolai in Cuxhaven-Altenbruch aus dem 18. Jh.).

Kirchenmusik wie Bachs **»Weihnachtsoratorium«** wird auch mit Chor und Orchester aufgeführt.

BIOGRAFIE

Martin Luther

Der Augustinermönch und Reformator Martin Luther (1483–1546) legte großen Wert darauf, dass die Gläubigen sich aktiv am Gottesdienst beteiligen konnten. Deshalb war das Kirchenlied für ihn von besonderer Bedeutung. Er komponierte selbst Kirchenlieder, schrieb neue Texte zu bekannten Melodien und übersetzte alte Lieder in die Sprache seiner Zeit. 1524 erschien sein evangelisches Gesangbuch, das auch außerhalb Deutschlands weite Verbreitung fand und die Entwicklung der geistlichen Musik in ganz Europa beeinflusste.

Zur Zeit der Klassik wurden **öffentliche Konzerte** zum festen Bestandteil des gesellschaftlichen Lebens (Ausschnitt aus einem kolorierten Kupferstich von Reinier Vinkeles, 1791).

Klassik

Zwischen 1781 und 1827 war Wien der Mittelpunkt der europäischen Musik. Dort lebten und arbeiteten Joseph Haydn, Wolfgang Amadeus Mozart und Ludwig van Beethoven. Haydn war schon 1740 Chorknabe am Stephansdom gewesen und lebte ab 1795 wieder in Wien. Nach vielen Reisen ließ sich 1781 auch Mozart dort nieder. Beethoven reiste 1787 erstmals nach Wien, um Schüler von Mozart zu werden, musste jedoch schon nach zwei Wochen wieder abreisen, da seine Mutter krank wurde. 1792 kehrte er zurück und wurde Schüler Haydns. Die Musik dieser drei Komponisten nennt man »Wiener Klassik« oder kurz nur »Klassik«.

In der vorangegangenen Epoche des ▶Barock waren Komponisten meist als Kapellmeister oder Musiker bei einem Fürsten angestellt. Einerseits ermöglichte ihnen das ein finanziell abgesichertes Leben, andererseits konnten sie jedoch nicht völlig frei ihrer Kunst nachgehen, da sie in erster Linie die musikalischen Wünsche ihres Arbeitgebers erfüllen mussten. Haydn, Mozart und Beethoven hingegen wagten es, sich zunehmend unabhängig zu machen und ein Leben als selbstständige Komponisten zu führen. Um dies zu erreichen, reisten sie durch Europa und führten ihre Werke öffentlich auf. Auf diese Weise waren sie bald so bekannt, dass sie von den Eintrittsgeldern, Konzertauftritten sowie Auftragskompositionen und Spenden reicher Adeliger und Bürger leben konnten. Die Tatsache, dass nun nicht mehr nur für Fürstenhöfe komponiert wurde, sondern für eine breitere Öffentlichkeit, veränderte auch die Musik. Libretti, d.h. die Textbücher für ▶Opern, wurden mehr und mehr auf Deutsch verfasst, z.B. Mozarts »Zauberflöte«. Die ▶Melodien der Opern wurden eingängiger, die Geschichten volkstümlicher und oft auch humorvoller.

Außer Opern schufen die drei Komponisten zahlreiche Werke der ▶Kammermusik und Sinfonien für großes Orchester. Pauken und Trompeten wurden nun vermehrt eingesetzt, während man das leise Cembalo, das ein Bestandteil aller barocken Kompositionen war, durch das Klavier ersetzte, dessen Mechanik gegen Ende des 18. Jh. verbessert wurde, sodass die Töne kräftiger und wandlungsfähiger klangen. Ein neues Instrument war auch die Klarinette, für die Mozart ein eigenes Konzert schrieb. Sinfonien waren reine Instrumentalwerke, die aus meist vier Sätzen bestanden und gegenüber der Chor- und der ▶Kirchenmusik immer mehr an Bedeutung gewannen. Haydn schrieb weit über 100 Sinfonien, Mozart 50 und Beethoven neun, die heute zu den am häufigsten aufgeführten Werken der klassischen Musik gehören. Aus Beethovens 9. Sinfonie stammt die Europahymne »Ode an die Freude«, die ein Gedicht von ▶Friedrich Schiller vertont. ■

BIOGRAFIE

Wolfgang Amadeus Mozart

Wolfgang Amadeus Mozart (1756–1791) stammte aus Salzburg. Schon mit sechs Jahren komponierte er eigene Werke und unternahm mit seinem Vater Leopold Mozart (im Bild rechts) zahlreiche, zum Teil mehrjährige Konzertreisen als Pianist. Nachdem er sich 1781 endgültig in Wien niedergelassen hatte, verdiente er seinen Lebensunterhalt mit Klavierunterricht, Kompositionen und Auftritten als Pianist. Seine Opern und Orchesterwerke erfreuen sich bis heute größter Beliebtheit. Kurz vor seinem 36. Geburtstag starb er in Wien und wurde in einem einfachen namenlosen Grab beigesetzt.

BIOGRAFIE

Ludwig van Beethoven

Ludwig van Beethoven (1770 bis 1827) wurde in Bonn geboren. 1795 trat er erstmals in Wien als Pianist auf. Er verdiente seinen Lebensunterhalt mit dem Verkauf seiner Kompositionen. Mit 49 Jahren wurde Beethoven taub und konnte daher als Konzertpianist nicht mehr auftreten. Aber er komponierte weiter. Die 9. Sinfonie schrieb er, ohne sie je gehört zu haben.

Melodie

Eine Melodie ist eine Folge von Tönen verschiedener Höhe, die meist durch einen bestimmten ▶Rhythmus geprägt ist. Melodien können nur aus wenigen Tönen bestehen. Es gibt allerdings auch sehr lange Melodien. Der Komponist Richard Wagner versuchte sogar, in seinen ▶Opern eine »unendliche Melodie« zu komponieren. Eine Melodie kann zum wiederkehrenden Grundgedanken eines Werkes werden. Dann spricht man von einem Thema. Eine Tonfolge, die immer in einem bestimmten Zusammenhang wiederkehrt, z.B. beim Auftritt einer bestimmten Figur in einer Oper, nennt man Leitmotiv.

Einfache und eingängige Melodien, die aus wenigen Tönen bestehen und die sich jeder Hörer schnell merken kann, sind häufig in Opern, in Schlagern oder in der ▶Popmusik zu finden. Es gibt jedoch auch komplizierte Melodien, die man oft hören muss, bevor sie sich einprägen, z.B. im ▶Jazz und in der ▶Neuen Musik.

Die Melodie wird von einem oder mehreren Solisten gespielt oder gesungen. Manche Melodien, wie z.B. die gregorianischen Gesänge des ▶Mittelalters, werden einstimmig und ohne musikalische Begleitung vorgetragen. Wird die Melodie von einem Chor, einer Band oder einem Orchester begleitet, kommt zur Melodie die ▶Harmonie hinzu. ■

INFOBOX

Das Lied

Wenn ein Komponist einen Text – in der Regel ein Gedicht – vertont, muss er sich bei der Komposition der Melodie nach der Betonung der Silben und dem Inhalt des Textes richten. Ein solches Musikstück nennt man Lied. In Liedern kommen oft Gefühle und Stimmungen zum Ausdruck, manchmal erzählen sie aber auch Geschichten. Volkslieder, die zum Zeitvertreib oder bei der Arbeit gesungen wurden, gab es schon lange, bevor sie aufgeschrieben wurden. Die ersten von Dichtern und Komponisten verfassten Kunstlieder traten hingegen erst im 16. Jh. auf. Die Blütezeit des deutschen Liedes war die ▶Romantik. Aus dieser Zeit stammen viele berühmte Liedsammlungen wie z.B. »Die Winterreise« von Franz Schubert oder »Dichterliebe« von Robert Schumann.

Mittelalter und Renaissance

Mittelalterliche Musik ist zu einem großen Teil ▶Kirchenmusik. Während des Gottesdienstes sang man Lieder auf Latein, die einstimmig waren und nicht von Instrumenten begleitet wurden. Erst im 9. Jh. wurde in den Klöstern die mehrstimmige (polyfone) Musik entwickelt. Die Mitglieder eines Chores sangen nun nicht mehr alle die gleiche Melodie, sondern fügten ▶Harmonien hinzu, d.h. weitere Stimmen, die höher oder tiefer klangen. Etwa gleichzeitig zu dieser Entwicklung entstand die ▶Notenschrift.

Die wichtigste Form der weltlichen Musik war der Minnesang, der etwa 1150 aufkam. Minnesänger waren Ritter, die als Boten und Spielmänner von Hof zu Hof zogen. Ihre Lieder dienten der Verehrung von meist adeligen Frauen, beinhalteten später aber auch andere, z.B. politische Themen.

In der Renaissance ab dem 14. Jh. entstand das Madrigal, ein Chorstück aus vier bis sechs Stimmen, aus dem sich im Barock z.B. das Oratorium und die ▶Oper entwickelten.

Typische Musikinstrumente waren die Sackpfeife (ähnlich dem Dudelsack), das Krummhorn, das Rankett (eine Art kleines Fagott), die Gambe (ähnlich dem Violoncello) und die Laute (eine Vorform der Gitarre). ■

Im Mittelalter entwickelte sich die Musik, die während des Gottesdienstes von Mönchen gesungen wurde, vor allem in den **Klöstern** (Buchmalerei aus dem Jahr 1497).

Nur wenige mittelalterliche **Musikinstrumente** haben sich erhalten. Das meiste über sie weiß man durch Darstellungen in Buchmalereien oder Skulpturen. Beliebt waren die Doppelflöte und die Mandora (Ausschnitt aus einem Fresko von Simone Martini, Assisi, 1322–26).

Streichinstrumente wie das **Cello** nennt man auch Chordafone, **Blasinstrumente** wie Querflöten, Oboen und Klarinetten Aerofone. Links der russische Cellist Mstislaw Rostropowitsch, rechts die Holzbläsergruppe des Gewandhausorchesters Leipzig.

Musikinstrumente

Schon in der ▶Steinzeit benutzten die Menschen Gegenstände, um Töne und Geräusche zu erzeugen und damit ihre Stammesgenossen z.B. vor Gefahren zu warnen oder Geister und Götter zu beschwören. Die meisten vorgeschichtlichen und antiken Musikinstrumente waren Trommeln, Saiteninstrumente oder Knochenflöten. Das erste Saiteninstrument war der Bogen: Anstatt damit Pfeile zu verschießen, zupfte man die Sehne. Tonkrüge dienten als Trommeln. Schilfrohre oder ausgehöhlte Knochen wurden wie Flöten geblasen. Die ersten Musikinstrumente, d.h. Gegenstände, die ausschließlich zum Musizieren dienten, entstanden vor rund 4500 Jahren in den ▶Hochkulturen des Orients. Dabei handelte es sich um Harfen, Leiern und Trommeln. Die Ägypter erfanden Instrumente wie z.B. Lauten, Becken, Trompeten und Pfeifen. Während der ▶griechischen Antike kamen Sackpfeifen und Klanghölzer hinzu. Erst ab dem Mittelalter wurden Tasteninstrumente wie Orgel, Cembalo und Klavier entwickelt. Heute gibt es eine unüberschaubare Fülle an Musikinstrumenten.

Die ▶Töne, die man zum Musizieren benötigt, lassen sich auf verschiedene Weise erzeugen. Musikinstrumente können somit in fünf Arten unterschieden werden:

Idiofone (»Selbstklinger«) bestehen aus einem Körper, der in Schwingungen versetzt wird und dadurch einen Ton erzeugt. Beispiele dafür sind Triangel, Glocke, Gong oder die Steeldrum, die in Trinidad erfunden wurde und aus einem leeren Ölfass gefertigt wird.

Bei den Membranofonen (»Fellklinger«) erzeugt man den Ton durch Schlagen oder Reiben einer Membran wie z.B. einer Tierhaut. Dazu zählen unter anderem Trommeln, Pauken und Bongos.

Die Chordafone (»Saitenklinger«) klingen, wenn ihre gespannten Saiten wie bei der Gitarre gezupft, wie bei der Geige mit einem Bogen gestrichen oder wie beim Klavier mit einem Hämmerchen angeschlagen werden.

Zu den Aerofonen (»Luftklinger«) zählen alle Instrumente, bei denen Töne mithilfe von Luft entstehen, die in das Instrument hineingeblasen wird. Beim Akkordeon oder der Kirchenorgel übernimmt dies ein Blasebalg. Holzblasinstrumente wie Klarinette, Saxofon und Flöte oder Blechblasinstrumente wie Trompete und Posaune spielt man mit dem Mund.

Elektronische Musikinstrumente werden auch Elektrofone genannt. Sie nutzen elektronische Schaltungen oder Bauteile, um Klänge zu erzeugen. Dazu zählen das Keyboard und der Synthesizer. ■

Das **Schlagzeug** ist ein Membranofon, die **E-Gitarre** ein Elektrofon. Links der Jazzmusiker Lionel Hampton, rechts der Rockmusiker Bob Dylan.

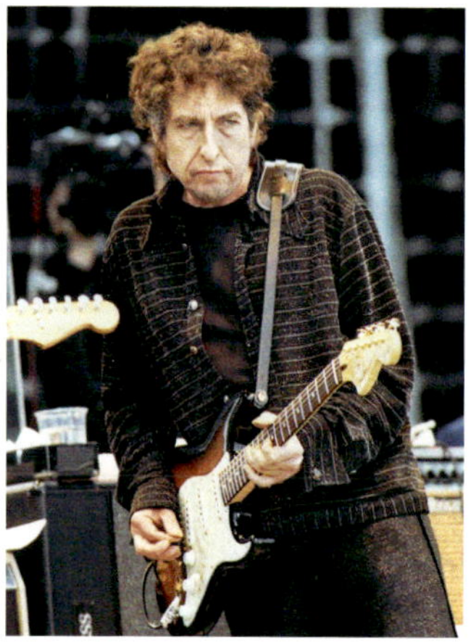

Neue Musik

Der Begriff »Neue Musik« fasst unterschiedliche Musikrichtungen und neue Arten der Komposition zusammen, die zu Beginn des 20. Jh. entstanden sind. Sie wurden »neu« genannt, weil sie sich von der herkömmlichen Musik deutlich unterschieden. Die Komponisten der Neuen Musik sahen die bis dahin anerkannten Regeln des Komponierens als Einschränkung ihrer Freiheit an. Die wichtigste dieser Regeln ist die Tonalität. Sie besagt, dass sich jeder Ton einer Tonleiter zuordnen lassen muss. Der erste Ton einer Tonleiter ist der Grundton, auf den sich alle anderen Töne beziehen und der damit also größere Bedeutung hat. Der Österreicher Arnold Schönberg jedoch verwarf die Tonalität und entwickelte zwischen 1908 und 1921 die Zwölftonmusik. Dabei handelt es sich nicht um eine Musikrichtung, sondern um eine neue Sichtweise auf die Musik. Schönberg wollte beim Komponieren nicht mehr an eine Tonart, eine Tonleiter oder einen Grundton gebunden sein, sondern verwendete alle zwölf Halbtöne einer Oktave gleichberechtigt. Diese Musik nennt man atonal. Schönberg hatte einige Schüler, die ebenfalls Zwölftonmusik komponierten. Einer davon war der Amerikaner John Cage. Er notierte z. B. Stücke auf einzelnen Blättern, deren Reihenfolge der Solist bei der Aufführung selbst zusammenstellt, oder er legte Gegenstände auf die Saiten des Klaviers, um dessen Klang zu verändern. ■

Die Komponisten der **Neuen Musik** erproben auch Möglichkeiten, die Musik mit anderen Künsten zu verbinden (Szene aus Karlheinz Stockhausens Opernzyklus »Licht«, Leipzig 1996).

Notenschrift

Mithilfe der Notenschrift oder Notation kann man Kompositionen schriftlich so festhalten, dass sie von Musikern ohne weitere Anleitung gespielt werden können. Die erste Notenschrift wurde in der griechischen Antike entwickelt. Buchstaben standen für die Tonhöhe, andere Zeichen für die Tondauer. Im Mittelalter setzte man über den Text eines Liedes sogenannte Neumen, das waren Bogen, Striche und Häkchen, die den ungefähren Melodieverlauf angeben. Andere Eigenschaften der Musik, etwa der Rhythmus, konnten damit jedoch nicht notiert werden. Im 11. Jh. veränderten Mönche die Neumen zu einfachen Notenzeichen, die sie auf Linien setzten, um die Tonhöhe festzulegen. Nach und nach entstand die heute bekannte Notenschrift. Im 17. Jh. wurden noch Taktstriche hinzugefügt. Heute verwenden Komponisten neben Noten auch neue grafische Systeme aus Kurven und farbigen Symbolen, um ihre Kompositionen festzuhalten. ■

BIOGRAFIE

Arnold Schönberg

Arnold Schönberg (1874–1951) war ein Cellist aus Wien, der sich das Komponieren selbst beibrachte. Da seine Zwölftonmusik sehr gewöhnungsbedürftig war, dauerte es lange, bis sie anerkannt wurde. 1933 floh er vor den Nationalsozialisten in die USA. In Deutschland und Österreich wurde seine Musik erst nach dem Ende des Zweiten Weltkriegs bekannt. Heute zählt er zu den einflussreichsten Komponisten des 20. Jahrhunderts.

Komponisten notieren ihre Werke mithilfe der Notenschrift (Ausschnitt aus der **Partitur** der 7. Sinfonie des österreichischen Komponisten Anton Bruckner, 1883).

Giuseppe Verdis 1842 uraufgeführte Oper **»Nabucco«** wird in aller Welt als Großveranstaltung – häufig sogar mit lebendigen Tieren – inszeniert.

Oper

Die Oper ist eine Form des Theaters, bei der die Handlung durch Gesang und Musik erzählt wird. Erfunden wurde sie Ende des 16. Jh. in Florenz. Dort traf sich ein Kreis von Dichtern, Philosophen und Musikern, die sich für die Antike begeisterten und deshalb den Entschluss fassten, das antike griechische Drama wieder auf die Bühne zu bringen. Da sie glaubten, die Texte seien damals gesungen und nicht gesprochen worden, nahmen sie zunächst Dialoge aus antiken Dramen und komponierten dazu Melodien. Der italienische Komponist Jacopo Peri schuf schließlich 1598 mit »Dafne« die erste Oper, die eine eigens dafür geschriebene Geschichte erzählt. Den Text einer Oper nennt man Libretto. Das Wort Oper selbst kommt aus dem Lateinischen und bedeutet »Werk«.

1637 wurde in Venedig das erste öffentliche Opernhaus eröffnet. Da die neue Gattung sich großer Beliebtheit erfreute, entstanden bald auch in anderen Städten Europas Opernhäuser. Die Komponisten wählten besonders gerne Stoffe aus der Geschichte oder Sagen aus, um sie zu vertonen. Im Laufe der Zeit wurden die Kompositionen und Aufführungen immer aufwendiger. Man entwarf prunkvolle Kostüme und setzte ein großes Orchester ein. Viele Opernsänger wurden jetzt vom Publikum wie Stars verehrt.

Lange Zeit wurden in Deutschland ausschließlich Opern in italienischer Sprache aufgeführt. Erst Mozart, Beethoven und andere Komponisten schrieben auch deutsche Opern. Richard Wagner ließ in Bayreuth sogar ein eigenes Opernhaus bauen, in dem bis heute nur seine Werke aufgeführt werden. Er hatte eine Vorliebe für Sagen, die er gerne als Vorlagen verwendete. Dazu gehören »Der fliegende Holländer« und »Der Ring des Nibelungen«. Jeder Figur, die darin auftritt, gab er eine Art Erkennungsmelodie, die Leitmotiv genannt wird. Im 20. Jh. verwendeten Komponisten auch die Zwölftonmusik (▶ Neue Musik) und musikalische Neuerungen wie elektronische Musik und Jazzelemente in ihren Opern. ■

INFOBOX

Operette und Musical

Die komödiantische Form der Oper nennt man Operette. Sie entstand Mitte des 19. Jh. und unterscheidet sich von der Oper dadurch, dass sie neben Liedern auch gesprochene Dialoge enthält und das Publikum vor allem unterhalten soll. Eine moderne Form der Operette ist das Musical. Musicals stellen eine Mischung aus klassischer Musik und Popmusik dar und werden häufig auch verfilmt, wie z. B. »Mary Poppins«, »Evita« oder »West Side Story«. Die meisten Musicals werden in New York am Broadway und im Londoner West End aufgeführt, z. B. Andrew Lloyd Webbers »Cats« oder »Das Phantom der Oper«.

BIOGRAFIE

Richard Wagner

Der deutsche Komponist Richard Wagner (1813 bis 1883) suchte nach neuen Möglichkeiten, Opern zu komponieren und aufzuführen. Anregungen dafür bezog er z. B. aus den philosophischen Schriften Arthur Schopenhauers und Friedrich Nietzsches. König Ludwig II. von Bayern unterstützte ihn bei seiner Arbeit. Ab 1872 ließ Wagner in Bayreuth sein eigenes Opernhaus erbauen, wo 1876 die ersten Bayreuther Festspiele stattfanden. Bis heute werden »auf dem Grünen Hügel« nur seine Opern aufgeführt.

Orchester

Ein Orchester ist eine große Gruppe von Musikern, die viele unterschiedliche ▶Musikinstrumente spielen. Es wird meistens von einem Dirigenten geleitet. Das Wort »Orchester« stammt aus dem Griechischen und bezeichnete in der Antike den Platz im Theater, an dem der Chor stand.

Die Instrumente in einem Orchester werden in verschiedene Gruppen eingeteilt: Saiteninstrumente (erste und zweite Violine, Bratsche, Violoncello, Kontrabass und Harfe), Holzblasinstrumente (Flöte, Oboe, Klarinette, Fagott), Blechblasinstrumente (Horn, Trompete, Posaune, Tuba) und Schlaginstrumente (Pauke, große und kleine Trommel, Becken, Triangel, Xylofon). Dieses Instrumentarium kann je nach Bedarf noch erweitert werden, z. B. durch ein Klavier.

In Konzertsälen spielt das Orchester auf der Bühne. In Opernhäusern hingegen gibt es vor oder unter der Bühne einen Orchestergraben, damit das Publikum freie Sicht auf das Bühnengeschehen hat.

Ein Orchester wird oft nach der Musik benannt, die es spielt, oder nach der Aufgabe, die es erfüllt. So trägt z. B. ein Sinfonieorchester vor allem Sinfonien vor. Eine Sinfonie ist ein umfangreiches Orchesterwerk aus mehreren Sätzen, das vor allem in der ▶Klassik und der ▶Romantik seine Blütezeit hatte. Sinfonieorchester nennt man daher auch klassische oder philharmonische (wörtlich übersetzt: »Musik liebende«) Orchester. Viele Städte leisten sich eigene Orchester, die nach ihnen benannt sind, so z. B. die Berliner Philharmoniker oder die Wiener Philharmoniker. Die Musiker dieser Orchester haben eine umfassende Ausbildung erhalten.

Ein Kurorchester ist kleiner als ein Sinfonieorchester und spielt in Kurorten, um die Gäste dort zu unterhalten. Ein Filmorchester dient dazu, Filmmusiken aufzunehmen, und gleicht oft einem Sinfonieorchester. Das trifft auch auf das Rundfunkorchester zu, das von einer Rundfunkanstalt beschäftigt wird, um musikalische Werke für Radiosendungen einzuspielen. Auch gibt es reine Streich- oder Blasorchester, die sich auf Werke spezialisiert haben, die in erster Linie für Streich- oder Blasinstrumente geschrieben wurden.

Eine moderne Form des Orchesters ist die Big Band im Jazz. Die Gruppe der Blechbläser heißt in diesem Fall »Brass Section«, die Holzbläser sind die »Reed Section« und die Schlaginstrumente die »Rhythm Section«. Ergänzt wird die Big Band oft durch Soloinstrumente wie beispielsweise Klavier, Orgel oder E-Gitarre. Den Dirigenten einer Big Band nennt man Bandleader. ■

Die **Sitzordnung** des modernen großen Orchesters hat sich im 18. Jh. herausgebildet. Die Streichinstrumente befinden sich vorn. Hinter ihnen sitzen die Holzbläser, gefolgt von den Blechbläsern und dem Schlagwerk.

INFOBOX

Was macht der Dirigent?

Der Dirigent, wie hier Riccardo Chailly, ist der Leiter eines Orchesters. Seine wichtigste Aufgabe ist die Arbeit mit dem Orchester bei den Proben. Aus der Vielzahl der einzelnen Stimmen und Spieler muss er einen einheitlichen Klang erzeugen. Früher waren Dirigenten oft zugleich die Komponisten der Stücke, die sie aufführten, oder führende Musiker aus dem Orchester. Heute gibt es Stardirigenten, deren Name als Markenzeichen eines Orchesters gilt.

Die **Beatles** (George Harrison, dahinter Ringo Starr am Schlagzeug sowie Paul McCartney und John Lennon) waren eine der erfolgreichsten Rockbands der 1960er- und 1970er-Jahre. 1966 spielten sie in einem Musikklub in München.

Rhythmus

Der Rhythmus ist neben der ▸Melodie und der ▸Harmonie ein wichtiges musikalisches Element. Er umfasst die gegliederte Abfolge unterschiedlich langer Töne. Auf dem Notenblatt wird er durch Notenwerte wie z. B. Viertel- oder Achtelnoten dargestellt. Die Bewegungen und Schritte bei den meisten Tänzen werden vom Rhythmus bestimmt.

Das Maß für den Rhythmus nennt man Metrum. Es ergibt sich aus der Folge von betonten und unbetonten Schlägen und wird meist in Schlägen pro Takt oder Beats pro Minute gezählt. Drei Schläge pro Takt ergeben z. B. einen Dreivierteltakt, vier Schläge einen Viervierteltakt. Diese beiden sowie der 3/8- oder der 6/8-Takt sind häufige Takte in der europäischen Musik. In der Volksmusik oder im Jazz gibt es auch kompliziertere Taktformen wie den 5/8- oder den 7/16-Takt. Den Takt kann man auch als Zuhörer spüren. Oft bewegt man unwillkürlich den Fuß dazu.

Musikstücke, in denen mehrere Rhythmen gleichzeitig auftauchen, nennt man polyrhythmisch. In der ▸außereuropäischen Musik und im ▸Jazz sind sie regelmäßig zu finden. Es gibt auch Musikwerke, die ausschließlich von Schlaginstrumenten gespielt werden und fast nur aus Rhythmus bestehen, während Melodien und Harmonien kaum oder gar nicht vorhanden sind. ■

Einen musikalischen **Rhythmus** kann man auch mitklatschen.

Rock- und Popmusik

Die Rockmusik hat sich in den 1960er-Jahren aus dem Rock 'n' Roll und anderen Musikformen entwickelt. Zu den ersten Rockbands gehörten die Beatles und die Rolling Stones. Die Besetzung einer Rockband besteht häufig aus einem Schlagzeug, einem Elektrobass und zwei Elektrogitarren, von denen die eine die Akkorde spielt und die andere die Gitarrensoli. Ein oder mehrere Mitglieder der Band treten als Sänger auf. Die Rockband kann auch um eine Orgel, ein Klavier oder Bläser erweitert werden.

Rockmusik wurde in 1960er-Jahren zu einem wichtigen Teil der Jugendbewegung, die sich gegen den Lebensstil der Eltern richtete. Viele Rockmusiker kritisierten in ihren Texten Armut, Kriege und gesellschaftliche Missstände. Nicht wenige von ihnen nahmen Drogen, weil sie glaubten, auf diese Weise ihre Gedanken befreien und ihr Bewusstsein erweitern zu können. Ein Höhepunkt der Rockbewegung war im Jahr 1969 das Festival von Woodstock in den USA, zu dem eine halbe Million Menschen kamen. Zu hören waren Musiker wie Janis Joplin und Jimi Hendrix, die beide später durch Drogen starben. In den 1970er-Jahren spaltete sich die Rockmusik in verschiedene Strömungen auf. Der Softrock bevorzugte Balladen und sanfte Töne, der Hardrock setzte auf raue, laute Töne. Rockmusik aus Deutschland wurde international als Krautrock bekannt. Sie war oft komplizierter als amerikanische oder englische Rockmusik und setzte sehr früh schon elektronische Instrumente ein.

Der Begriff »Popmusik« stammt aus den USA und dient als Sammelbezeichnung für Musikstücke, die fast immer sehr eingängig und einfach aufgebaut sind. Deshalb werden auch etliche Stücke der Rockmusik und des Jazz zur Popmusik gezählt. Da viele Menschen Popmusik zur Unterhaltung hören und sich damit also viel Geld verdienen lässt, werden Popbands heute häufig von Produzenten zusammengestellt (gecastet), um den Geschmack des Publikums möglichst genau zu treffen. Ihre Musik stammt häufig von Studiomusikern oder aus dem Computer. ■

Virtuosen wie der Pianist Franz Liszt begeisterten im 19. Jh. mit ihrer Spieltechnik das Publikum.

Romantik

Auf die ▶Klassik folgte im 19. Jh. die Epoche der Romantik. Sie war für die Musik ebenso von Bedeutung wie für die Literatur und die bildende Kunst. Viele Musiker der Romantik nahmen sich Mozart, Haydn und Beethoven zwar als Vorbilder, entwickelten auf dieser Grundlage jedoch einen eigenen Stil. Wie die Maler und Schriftsteller ihrer Zeit waren sie fasziniert von Themen und Motiven aus der Welt der Sagen und Märchen, die sie musikalisch umzusetzen versuchten. Auch die Natur und Gefühle wie Sehnsucht und Einsamkeit versuchten sie musikalisch zu beschreiben. Die Kompositionen tragen häufig fantasievolle Titel, die auf das »Thema« des Stücks hinweisen, wie z. B. »Waldszenen« oder »Carnaval« von Robert Schumann. Opernkomponisten wie Richard Wagner verwendeten Sagen aus dem Mittelalter oder Erzählungen romantischer Autoren als Stoffe. Ihre Helden sind oft der Macht des Schicksals ausgeliefert, das unergründbar erscheint.

Zu einem der wichtigsten Musikinstrumente der Romantik wurde das Klavier. Viele Komponisten waren zugleich Pianisten und schrieben Klavierstücke. Da auch viele Bürger sich ein Klavier leisten konnten, verdienten Komponisten nicht mehr nur durch ihre Konzerte Geld, sondern auch durch den Verkauf ihrer Notenwerke (Partituren). Die bedeutendsten Komponisten für Klaviermusik waren Franz Schubert, Robert Schumann und Frédéric Chopin. Schumann und Schubert vertonten darüber hinaus zahlreiche Gedichte zu Liedern für Singstimme und Klavier. ■

Ton

Als Ton bezeichnet man einen Schall (▶Akustik), den eine Stimme oder ein ▶Musikinstrument erzeugt. Alle Instrumente sind auf einen Grundton gestimmt. Das ist der sogenannte Kammerton a', der festgelegt ist auf die Frequenz von 440 Hertz, aber auch etwas höher oder tiefer sein kann.

Als Grundton bezeichnet man auch den ersten Ton einer Tonleiter, auf den sich alle anderen Töne beziehen. Je nach Kultur werden Tonleitern unterschiedlich gebildet. In unserer abendländischen Musik besteht eine Tonleiter meist aus sieben Tönen im Ganz- und Halbtonabstand. Je nach der Abfolge der Ganz- und Halbtöne unterscheidet man Dur- und Molltonleitern. Es gibt auch Tonleitern aus nur fünf Tönen, die pentatonisch genannt werden. Eine chromatische Tonleiter besteht aus allen zwölf Halbtönen einer Oktave.

Im Blues werden Töne eingesetzt, die in den europäischen Tonleitern nicht vorkommen und kleiner als Halbtöne sind, die sogenannten Bluenotes. Sie können nur von Instrumenten erzeugt werden, bei denen sich die Höhe der Töne beeinflussen lässt. Bei der Gitarre beispielsweise geschieht dies durch das Ziehen der Saiten, bei der Posaune durch das Ziehen des Zugs. In der ▶außereuropäischen Musik gibt es andere Tonsysteme, die z. B. anstelle von acht 22 Töne haben, so etwa die indische Musik. ■

BIOGRAFIE

Robert und Clara Schumann

Der aus Zwickau stammende Robert Schumann (1810–1856) wollte eigentlich die Pianistenlaufbahn einschlagen. Verbissen arbeitete er an der Verbesserung seiner Spieltechnik. Dabei zog er sich an der rechten Hand eine Entzündung zu, sodass er den Mittelfinger zum Klavierspielen nicht mehr einsetzen konnte. Daher verlegte er sich ganz aufs Komponieren. Seine Frau, die berühmte Pianistin Clara Schumann, begleitete er auf ihren Tourneen.

INFOBOX

Ton und Geräusch

Physiker verstehen unter einem Ton einen Schall, der durch eine gleichförmige Schwingung hervorgerufen wird. Er kann von der Stimme oder einem Instrument in einer bestimmten Tonhöhe erzeugt werden. Die Tonhöhe ist von der Häufigkeit der Schwingung (Frequenz), die Tonstärke von der Weite der Schwingung (Amplitude) abhängig. Im Gegensatz dazu setzt sich ein Geräusch aus mehreren Tönen rasch wechselnder Frequenzen und Stärke zusammen. Komponisten der Neuen Musik und des Jazz setzen auch Geräusche als Ausdrucksmittel ein.

Kunst

Die Geschichte der europäischen Kunst reicht von den Höhlenbildern und Statuen der Steinzeit bis zur abstrakten Kunst unserer Tage. Ihre Hauptgattungen sind Architektur, Bildhauerei, Grafik und Malerei. Die Kunst der Antike hat großen Einfluss auf ihre Entwicklung ausgeübt. Davon zeugen vor allem die Kunstwerke und Bauten der Romanik, Gotik, Renaissance und des Barock. Nach der Erfindung der Fotografie Ende des 19. Jh. rückte die realistische Darstellung der äußeren Welt in den Hintergrund. Künstler entdeckten nun zunehmend Gedanken und Gefühle als Motive für ihre Werke und fanden neue Ausdrucksmöglichkeiten, indem sie verschiedene Kunstgattungen und Darstellungsformen miteinander kombinierten.

Tutanchamun wurde mit neun Jahren Pharao und starb 1347 v. Chr. im Alter von nur 18 Jahren. Er wurde mit dieser Totenmaske (links) bestattet. Die Wandmalerei (rechts) stammt aus dem Grab der Königin **Nefertari** (um 1225 v. Chr.) und zeigt Szenen aus ihrem Leben sowie Hieroglyphen.

Wassily Kandinsky nannte dieses 1911 entstandene abstrakte Bild »Improvisation 20«.

abstrakte Kunst

Bis zum Ende des 19. Jh. haben Maler vor allem Landschaften und Menschen in ihren Bildern dargestellt. Diese Aufgabe übernahm nun mehr und mehr die ▶Fotografie. Daher suchten Künstler zu Beginn des 20. Jh. nach neuen Ausdrucksmöglichkeiten. Sie stützten sich auf neue Kunstrichtungen wie z. B. den ▶Impressionismus oder den ▶Kubismus, in denen nicht der Gegenstand selbst, sondern vor allem seine Farben und Formen im Vordergrund standen. Werke der ▶Malerei und der ▶Bildhauerei, die ganz auf die Darstellung von Gegenständen verzichten und sich allein auf Farben und Formen konzentrieren, nennt man »abstrakte«, d. h. von der Wirklichkeit entfernte, Kunst. Bekannte Künstler sind Wassily Kandinsky, Piet Mondrian, Kasimir Malewitsch und Willem de Kooning sowie der Bildhauer Henry Moore. ■

BIOGRAFIE

Wassily Kandinsky

Der Maler Wassily Kandinsky (1866–1944) wuchs in Russland auf und studierte ab 1896 in München Kunst. Zusammen mit Franz Marc, Alfred Kubin und anderen gründete er 1911 die Künstlergruppe »Blauer Reiter«. Zwischen 1911 und 1913 malte er die ersten Bilder, die nur reine Farben, vom Gegenstand gelöste Linien und freie Formen zeigten. Er wurde damit zum Begründer der abstrakten Malerei.

ägyptische Kunst

Die Zeit der ägyptischen ▶Hochkultur reichte vom Ende des 4. bis etwa zum Beginn des 1. Jahrtausends v. Chr.

Die bekanntesten ägyptischen Bauwerke sind die Pyramiden. Sie wurden als Grabstätten für die Könige, die Pharaonen, erbaut. Die Pyramiden für die Könige Cheops, Chephren und Mykerinos in Gizeh, die zwischen 2620 und 2500 v. Chr. entstanden, gehören zu den sieben Weltwundern. Gräber und Tempel, in denen Feiern für die Toten abgehalten wurden, waren reich mit farbigen Wandmalereien und Reliefs ausgestattet. Sie zeigen Szenen aus dem Alltag, z. B. Fischfang, Ernte, Viehzucht oder Jagd. Auch stellen sie häufig den jeweiligen Verstorbenen dar, jedoch nicht sein tatsächliches Aussehen, sondern seine Persönlichkeit. Je bedeutender die politische oder gesellschaftliche Stellung des Verstorbenen war, desto größer wurde er abgebildet. Hieroglyphen, so der Name für die ägyptische ▶Schrift, erklärten die Bilder. Da die Ägypter an ein Leben nach dem Tod glaubten, gaben sie den Mumien Schmuck, Nahrungsmittel, Möbel und manchmal sogar Heere aus kleinen Tonsoldaten mit ins Grab. Vor den Tempeln, wie etwa in Abu Simbel, sind oft über 20 m hohe Statuen von Göttern und Pharaonen aufgestellt, die bunt bemalt waren. Durch das trockene Wüstenklima sind viele Kunstschätze bis heute erhalten geblieben. ■

Triumphbögen wie der **Konstantinsbogen** in Rom sind Zeugnisse antiker römischer Architektur.

Aktionskunst

Mitte des 20. Jh. wollten Künstler nicht mehr nur fertige Kunstwerke ausstellen, die im Museum angeschaut werden können, sondern die Betrachter in ihre Werke einbeziehen. Angeregt dazu wurden sie von den Aktionen des ▶Dadaismus. Der amerikanische Künstler Allan Kaprow veranstaltete 1959 das erste Happening (englisch »Ereignis«). Die Zuschauer saßen in drei Räumen und wechselten nach den Anweisungen des Künstlers die Plätze, während gleichzeitig ein Teilnehmer Orangen auspresste, ein anderer Streichhölzer anzündete und Spielzeuginstrumente spielten. Später führten Künstler Performances (englisch »Aufführungen«) vor, die aus Malerei, Musik und Theater bestanden. ■

»Der Findling« ist Teil von Timm Ulrichs **Performance** »Zehn Stunden im geschlossenen Stein« (1981).

antike Kunst

Unter antiker Kunst versteht man die Kunst des alten Griechenlands (ca. 1050–150 v. Chr.) und des Römischen Reichs (ca. 500 v. Chr. bis 500 n. Chr.).

Kunst diente vor allem der Verehrung der Götter. Herausragendes Beispiel dafür sind die Tempelanlagen, die den Mittelpunkt jeder größeren griechischen Gemeinde (Polis) bildeten und deren Überreste heute noch zu sehen sind. Am bekanntesten ist der Parthenon, ein Tempel der Göttin Athene aus dem 5. Jh. v. Chr. Er ist ein Bestandteil der Akropolis von Athen. Das Gebäude besteht aus weißem Marmor und wird von 50 Säulen getragen, die Wände und Giebel waren mit Bildern und ▶Reliefs verziert, die zum Teil noch erhalten sind. Der ursprünglich farbige Anstrich dieses und vieler anderer antiker Bauten und Skulpturen ist allerdings nicht mehr zu erkennen. Insbesondere die Säulenkunst der Griechen war Vorbild für die Architektur im antiken Rom und später, von dort ausgehend, für Kirchen- und Regierungsbauten in ganz Europa.

Weitere Zeugnisse der antiken Kunst sind Skulpturen, Mosaike sowie Gegenstände aus Keramik und Bronze, z. B. Schilde und Vasen. Bildmotive waren meistens Götter und Helden aus der ▶antiken Mythologie, aber auch Sportler, die bei den Olympischen Spielen auftraten. Bei der Gestaltung ihrer Skulpturen folgten die Künstler dem damaligen Schönheitsideal: athletische, schlanke, wohlproportionierte, meist nackte Körper. Wandgemälde aus römischer Zeit zeigen auch Personen und Motive des alltäglichen Lebens. ■

Diese griechische **Vase**, die wahrscheinlich als Preis gedacht war, zeigt eine Wettlaufszene.

INFOBOX

Der Kontrapost

Die Bronzestatuen des Bildhauers Polyklet (450–410 v. Chr.) gelten als Hauptwerke der klassischen griechischen Kunst. Das Besondere an ihnen ist, dass das Gewicht des Körpers nur auf einem Bein ruht, dem Standbein. Es ist durchgedrückt, während das Spielbein angewinkelt und der Fuß zurückgesetzt ist. Diese gleichzeitig entspannte und angespannte Haltung, wie sie etwa auch die Hermesfigur des Praxiteles (340 v. Chr.) zeigt, nennt man Kontrapost. In der Renaissance wurde dieses Gestaltungsmittel wieder aufgegriffen.

Das **Guggenheim-Museum** in Bilbao (links) wirkt wie aus verschiedenen Formen zusammengewürfelt. Diesen Architekturstil, der erst Ende der 1980er-Jahre aufkam, nennt man Dekonstruktivismus. Das Berliner **Barockschloss** Charlottenburg (rechts) erinnert mit seiner Kuppel an einen Kirchenbau. Es stammt aus dem 17. und 18. Jh. und war u.a. Residenz des preußischen Königs Friedrich II.

Architektur

Die Geschichte der Architektur beginnt damit, dass die frühen Menschen sich aus Zweigen die ersten Hütten bauten und dadurch einen Raum von der Außenwelt abgrenzten. Denn jedes Gebäude, das stabil ist und einen vorgegebenen Zweck erfüllt, etwa Schutz vor Wind und Wetter zu bieten, ist ein architektonisches Werk. Mit der Zeit sollten Gebäude aber nicht nur zweckmäßig, sondern auch schön gestaltet sein, d.h. künstlerischen Ansprüchen genügen. So wurde die Architektur zu einem Bereich der Kunst.

Frühe größere Gebäude aus Stein waren Tempel und Paläste, die das Zentrum größerer Siedlungen bildeten. Prunkvolle Bauten sollten meist Macht, Ansehen und Wohlstand von Regierenden und später auch von bürgerlichen Familien verdeutlichen.

Mit über 146 m Höhe das größte Gebäude der Welt war rund 4000 Jahre lang die Cheopspyramide, das Grabmal eines ägyptischen Pharaos, das um 2580 v. Chr. fertiggestellt wurde. Erst im 15. Jh. wurde es von der Kathedrale im englischen Lincoln übertroffen. Heute sind Bank- und Bürohochhäuser die größten Gebäude der Welt.

Wie die Tempel der Antike sollten die kirchlichen Bauten des Mittelalters und der frühen Neuzeit durch ihre Größe und Pracht die Nähe zu Gott spürbar verkörpern. Burgen und Festungen beschützten die Bewohner der Städte vor feindlichen Angriffen und hatten daher dicke Mauern und hohe Türme. Die einfachen Leute wohnten im Mittelalter hingegen in Hütten aus Lehm. In der ▶Renaissance und im ▶Absolutismus entstanden Schlösser für Könige und Fürsten, so etwa das Barockschloss von Versailles nahe Paris, aber auch Fachwerkhäuser für die Bürger. Durch die ▶industrielle Revolution bekam Mitte des 19. Jh. die Architektur ein neues Betätigungsfeld, da Arbeiter und Angestellte Wohnraum benötigten und immer mehr Menschen in die Städte drängten. Auf diese Weise entstanden ganze Stadtteile mit mehrgeschossigen Wohnanlagen (Mietskasernen). ■

INFOBOX

Wolkenkratzer

Als erstes Hochhaus gilt das 42 m hohe Home Insurance Building, das 1885 in Chicago errichtet wurde. Dank des Stahlskelettbaus, bei dem zwischen Stahlträger Wände und Decken aus Beton eingezogen werden, konnte man immer höhere Häuser bauen, wie z.B. den 508 m hohen Turm »Taipeh 101« in Taipeh (Bild). Über 800 m hoch soll der »Turm von Dubai« in den Vereinigten Arabischen Emiraten werden.

außereuropäische Kunst

Natürlich war es nicht nur Menschen in Europa zu jeder Zeit ein Bedürfnis, ihre Umwelt wie auch ihre eigenen Gedanken und Gefühle mit künstlerischen Mitteln darzustellen. Kunstwerke wurden und werden in der ganzen Welt geschaffen. Allerdings gab es über Jahrtausende keinen engeren Kontakt zwischen den Kulturen verschiedener Kontinente. Hinzu kam, dass in Europa und in den USA, den sogenannten westlichen Kulturen, lange Zeit Vorurteile den Umgang mit fremden Kulturen bestimmten: Sie galten als minderwertig.

Erst Mitte des 20. Jh. setzte sich die Einsicht durch, dass die außereuropäische Kunst keine geringere Qualität hat. Heute sind Künstler aus Afrika, Asien, Australien und Südamerika ebenso anerkannt wie nordamerikanische oder europäische Künstler. So werden auf weltweit bedeutenden Kunstausstellungen wie beispielsweise der »documenta« in Kassel oder im Centre Pompidou in Paris immer auch Werke afrikanischer oder asiatischer Künstler gezeigt.

Die traditionellen Künstler Afrikas schufen vor allem Plastiken. Da Holz ihr bevorzugtes Material war, sind aus vergangenen Jahrhunderten kaum Kunstwerke erhalten geblieben. Ausnahmen sind Plastiken aus Elfenbein, Bronze oder Ton. Ähnlich wie die europäische war auch die afrikanische Kunst zunächst hauptsächlich geprägt von mythologisch-religiösen Motiven, was sich dort stärker als bei uns bis heute erhalten hat. Wesen der Mythologie werden häufig in Form von Masken wiedergegeben, Menschen und Tiere sind meist stilisiert dargestellt, Schnitzereien manchmal bemalt, wobei jeder Stamm seinen eigenen Stil prägte.

Auch die Traditionen der indischen, der chinesischen und der japanischen Kunst reichen weit in die Geschichte zurück. Neben Plastiken aus Bronze und architektonischen Kunstwerken finden sich in diesen Kulturen sehr viele Wandmalereien und Bilder auf Stoff und Papier. In Indien und seinen Nachbarländern sind der Religionsstifter Buddha und die hinduistischen Götter seit jeher beliebte Motive. Zu den Besonderheiten der japanischen Kunst zählen Tuschzeichnungen, deren Technik sehr schwer zu erlernen ist. Neben religiösen und geschichtlichen Motiven wird häufig der Fujisan (früher Fujiyama genannt), der höchste Berg Japans, dargestellt.

Die Tuschzeichnung ist eine Maltechnik, die auch in China seit rund 2000 Jahren gepflegt wird. Da die heutige chinesische Regierung eine starke Kontrolle über die Kunstproduktion ausübt und eine unkritische, den Staat verherrlichende Kunst verlangt, haben es moderne Künstler dort sehr schwer. Viele sind deshalb ausgewandert und kritisieren die Politik ihres Heimatlandes auch mit den Mitteln der Kunst.

Diese bemalte **Messingbüste** stammt von einem unbekannten nigerianischen Künstler aus dem 13./14. Jahrhundert.

Aus dem Tibet des 17. Jh. stammt die **Grüne Tara** (links), eine Figur des buddhistischen Glaubens. Sie ist aus Bronze gefertigt. Eine **Wandmalerei** aus Mexiko um 1580 (rechts) zeigt zwei spielende Affen.

Barock und Rokoko

Das Wort »Barock« stammt aus dem Portugiesischen und bedeutet übersetzt »schiefrund«. Geschwungene Formen, reiche Verzierungen und eine prunkvolle Ausstattung kennzeichnen diese Epoche, die um 1570 begann und ca. 1750 endete. Besonders geschätzt wurde der barocke Stil von den Vertretern des ▶Absolutismus, die damit ihre Macht und Erhabenheit demonstrieren wollten. Ein Beispiel dafür sind etwa die noch heute berühmten Schlossanlagen der französischen Könige in Versailles, die ab 1661 entsprechend umgebaut wurden. Aber nicht nur der Adel, auch die katholische Kirche bediente sich gerne der neuen Baukunst, um ihren durch die ▶Reformation erlittenen Machtverlust zu überspielen. Allein in Rom entstanden so über 50 neue Kirchen. Das bekannteste Beispiel ist der Petersdom, dessen Bau 1506 begonnen und 1626 vollendet wurde.

Die Malerei des Barock widmete sich vor allem biblischen und antiken Stoffen, aber auch Landschaften, häuslichen Szenen und Porträts. Die Menschen auf diesen Bildern wirken sehr lebendig und edel. Wichtige Vertreter waren die holländischen Maler Rembrandt, Peter Paul Rubens, Anthonis van Dyck und Frans Hals. Neben ▶Malerei und ▶Architektur prägte der Barock auch die Literatur.

Die letzte Phase des Barock nennt man Rokoko (ca. 1715–1774). Der Begriff lässt sich vom französischen »rocaille« (»Muschelwerk«) herleiten – und Muscheln waren in der Tat ein bevorzugtes Ornament dieser Stilrichtung, die sich hauptsächlich auf die Architektur und das Kunsthandwerk bezieht. Die Kunst des Rokoko war eleganter und weniger prunkvoll als die des Barock. Typisch waren z. B. feine Tapetenmuster, Pastellfarben, große Wandspiegel und zierliche Möbel. Ein bekannter Vertreter war der Franzose Antoine Watteau. Mit dem Untergang des Absolutismus ging auch diese Epoche zu Ende. ■

Peter Paul Rubens malte 1617 das Bild »Raub der Töchter des Leukippos«, ein Motiv aus der griechischen Mythologie.

Der Spiegelsaal des Jagdschlösschens **Amalienburg** (links) gehört zu den Anlagen des Nymphenburger Schlosses in München und gilt als vollkommenstes Beispiel deutscher Rokokoarchitektur. Die Schlosskirche der **Würzburger Residenz** (rechts) ist in prachtvollem Barockstil ausgestattet.

Bildhauerkunst

Die Bildhauerkunst hat ihren Ursprung in der ▶Vorgeschichte, als die Menschen begannen, ihre Steinwerkzeuge zu verzieren. Diese Verzierungen sind für den eigentlichen Gebrauch des Werkzeugs nicht erforderlich, sondern dienen der Verschönerung. Auch die Arbeitsweise, nämlich einen Stein mithilfe von geeigneten Werkzeugen zu formen, geht auf diese Epoche zurück, die deshalb Steinzeit genannt wird.

In den ersten ▶Hochkulturen hatten Bildhauer die Aufgabe, Statuen von Göttern und Herrschern herzustellen. Neben Großplastiken wurden auch kleine Statuen aus Jaspis und anderen Edelsteinen gefertigt. Die Bildhauer des antiken Ägyptens und Griechenlands sahen sich nicht als Künstler im heutigen Sinn, sondern als Handwerker. Sie wurden in besonderen Schulen ausgebildet, in denen sie die Herstellung von Säulen ebenso lernten wie das Gestalten von menschlichen Figuren.

Der berühmte **»David«** von Michelangelo, 1504 vollendet, wurde aus einem Marmorblock geschlagen und ist 4,34 m hoch.

Wurden anfänglich nur Häuser und Gebrauchsgegenstände verziert, entstanden bald auch eigenständige Kunstwerke, die der religiösen Verehrung dienten oder einen Herrscher bzw. bestimmte Werte wie Kraft und Schönheit verherrlichen sollten. Griechen und Römer stellten Standbilder auch auf öffentlichen Plätzen auf. In der ▶Renaissance erlebte die Bildhauerkunst einen enormen Aufschwung. Der bekannteste Künstler dieser Zeit ist der Italiener Michelangelo (1475–1564), dessen 1504 fertiggestellter »David« eine der bekanntesten Statuen ist.

Moderne Bildhauer behauen zwar auch immer noch Stein, so wie der Franzose Auguste Rodin (1840–1917) oder der Engländer Henry Moore (1898–1986), benutzen darüber hinaus jedoch eine Vielzahl weiterer Materialien. Moderne Plastiken können aus Stein, Holz und Bronze, aber auch aus Kunststoff, Papier, Stahl oder Stoff bestehen. Waren mehrere Jahrtausende lang Menschen und Götter die wichtigsten Motive, so stellen moderne Künstler auch abstrakte Figuren her oder schaffen sogenannte Installationen. Meistens handelt es sich dabei um Kunstwerke, die einen Ort, einen Raum oder eine Landschaft umgestalten. Einer der international bekanntesten modernen Bildhauer war Joseph Beuys (1921–1986), der Materialien wie Filz oder Fett verwendet hat. ■

INFOBOX

Das Relief

Ein Relief ist ein plastisches Bild, d. h., die Figuren und anderen dargestellten Objekte ragen aus dem Bild heraus. Die antiken Griechen und Römer verzierten ihre Tempel und anderen Gebäude häufig mit ganzen Serien von Reliefs, die Friese genannt werden. Berühmt ist der Gigantenfries des Pergamonaltars aus dem 2. Jh. v. Chr., der im Berliner Pergamonmuseum ausgestellt ist. Reliefs können aus Stein, Elfenbein, Metall oder Holz gearbeitet sein.

Die »Endlose Säule« ist eine abstrakte Plastik des rumänischen Künstlers **Constantin Brancusi** von 1937.

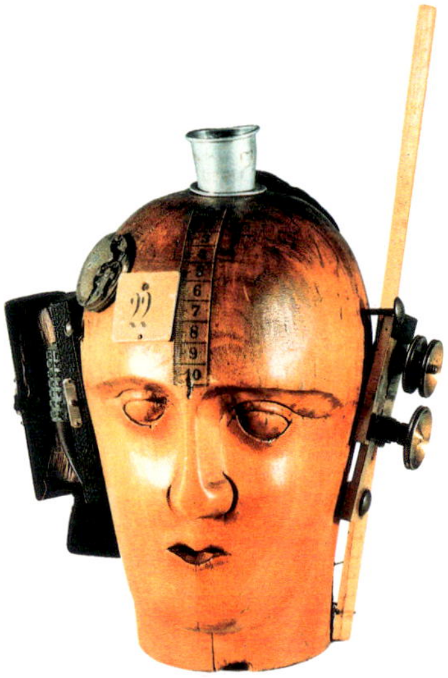

Diesen »Mechanischen Kopf« schuf der Dada-Künstler **Raoul Hausmann** 1919. Er ist in Paris im Centre Pompidou zu sehen.

Dada

Geprägt von den Erfahrungen des ▶Ersten Weltkriegs gründeten einige europäische Künstler 1916 in Zürich eine neuartige Kunstbewegung. In einem französischen Wörterbuch stießen sie zufällig auf das Wort »dada« (»Steckenpferd«) und wählten es als Bezeichnung für ihren Stil.

Dada sollte Antikunst sein, das heißt die Kunst an sich infrage stellen. Angesichts des Krieges sahen die Künstler die Welt als sinnlos an und wollten dies in ihren Kunstwerken zum Ausdruck bringen. Hans Arp schuf große, abstrakte Figuren, die in vielen Museen der Welt zu finden sind. Der Franzose Marcel Duchamp erklärte Alltagsgegenstände wie etwa ein Pissoirbecken oder Fahrradteile zu Kunstgegenständen. Auf diese Weise wollte er die Kunstwelt provozieren und sich für einen neuen Kunstbegriff einsetzen. Seine Werke aus gefundenen Gegenständen nannte er »Readymades«. Kurt Schwitters entwarf Rauminstallationen und Bildmontagen. Andere Künstler wie John Heartfield fertigten Fotocollagen an. Obwohl sich viele Dada-Künstler nach einiger Zeit von dieser Richtung lösten, ist ihr Einfluss auf die moderne Kunst bis heute spürbar. ■

INFOBOX

Das Bauhaus

Das Bauhaus war ein Lehr- und Forschungsinstitut für Architektur, bildende Künste und Handwerk, das 1919 von den Architekten Walter Gropius und Henry van de Velde in Weimar gegründet wurde. Ihr Ziel war es, alle bildenden Künste in der Baukunst zusammenzuführen und dadurch einen neuen, rationalen und technischen Stil zu schaffen. Auch industriell gefertigte Produkte sollten schön aussehen und von guter Qualität sein. Zu den bekanntesten Erzeugnissen des Bauhausstils gehört die Tischlampe, die Wilhelm Wagenfeld und Carl Jakob Jucker 1923/24 entwarfen. 1925 wurde die Hochschule nach Dessau verlegt und später nach Berlin.

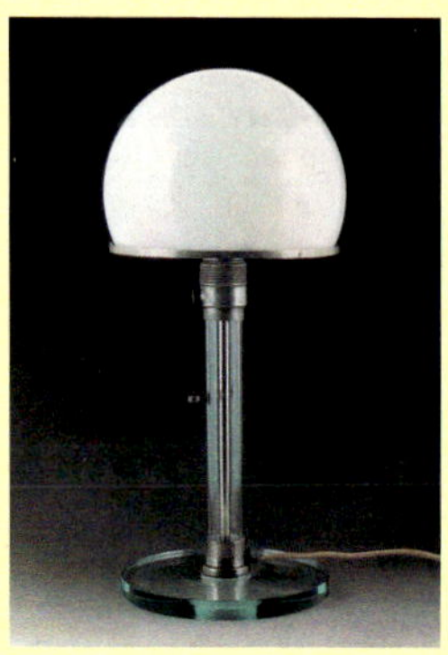

Design

Design ist ein noch junger und weit gefasster Begriff. Im Allgemeinen versteht man darunter die Gestaltung und Formgebung von Industrieprodukten. Obwohl auch Künstler als Designer arbeiten, gilt ein designter Gegenstand dennoch nicht als Kunstwerk. Denn einerseits ist er kein Einzelstück oder Original, sondern ein Produkt, das in Serie hergestellt wird. Andererseits wird seine Formgebung durch die Anwendung und den Nutzen bestimmt, den das Produkt für den Käufer haben soll. Hinzu kommen zahlreiche technische und wirtschaftliche Rahmenbedingungen, die die Freiheit des Künstlers einschränken, etwa Material- und Herstellungskosten. Die Form eines Autos hängt z. B. auch davon ab, dass sie einen niedrigen Luftwiderstand bietet, der durch Windkanaltests ermittelt wird. Oft entscheidet das Design über den Erfolg eines Produktes auf dem Markt. Immer häufiger werden Designentwürfe und -produkte, die einen Einfluss auf die Kunst ausgeübt haben, auch in Kunstmuseen ausgestellt. ■

Der »Rot-blaue Stuhl«, den der niederländische Architekt und Designer **Gerrit Rietveld** 1923 entworfen hat, wird heute noch produziert.

Auch solche **Piktogramme**, die als Hinweisschilder dienen, stammen von Designern.

Franz Marc, einer der bekanntesten Vertreter des Expressionismus, malte dieses »Blaue Pferd« 1911.

Expressionismus

Der Begriff »Expressionismus« stammt vom lateinischen »expressio«, das »Ausdruck« bedeutet. Den Künstlern, die ab 1905 diese Stilrichtung entwickelten, ging es nicht wie im ▶Impressionismus darum, die äußere Wirklichkeit darzustellen, sondern ihre Innenwelt. Außerdem fassten sie ihre Kunst als Protest gegen die zu ihrer Zeit bestehenden gesellschaftlichen und künstlerischen Normen und politischen Zustände auf. Soziale Themen wie z.B. die Armut in den Großstädten bildeten ihre Grundmotive. Die Künstler malten mit grellen Farben auf große Flächen. Sie verzerrten Formen und Proportionen der abgebildeten Gegenstände oder Lebewesen und vereinfachten diese sehr stark. Viele expressionistische Maler schlossen sich zu Künstlergruppen zusammen, um gemeinsam zu arbeiten und Werke auszustellen. Die wichtigsten sind »Die Brücke« (1905, Dresden) und der »Blaue Reiter« (1911, München). Hauptvertreter des Expressionismus waren Wassily Kandinsky, Paul Klee, Ernst Ludwig Kirchner, Franz Marc und Emil Nolde. ■

Fotografie

Die Fotografie, die Mitte der 1820er-Jahre von Joseph Nicéphore Niepce und Louis Jacques Mandé Daguerre erfunden wurde, galt lange Zeit nicht als Kunstform. Jeder, der über das nötige technische Wissen verfügt, so dachte man, kann Fotos machen, die zudem auch noch beliebig oft vervielfältigt werden können. Erst im 20. Jh. setzte sich die Einsicht durch, dass es für ein gelungenes Foto mehr bedarf als nur technischer Kenntnisse: Gespür bei der Wahl des Objekts und der Lichtverhältnisse sind für eine künstlerische Fotografie beispielsweise entscheidend. Einem künstlerischen Fotografen gelingt es, mit seinen Werken eine Aussage zu treffen, die den Betrachter zum Nachdenken anregt. Künstlerische Fotografien zeigen mehr, als sie abbilden. So kann etwa ein Porträtfoto das Wesen und den Charakter eines Menschen offenbaren. In Deutschland wurde Herlinde Koelbl mit solchen Porträts bekannt. Andere erfolgreiche Fotografen, deren Bilder auch in vielen Kunstmuseen ausgestellt werden, sind Helmut Newton, Jeff Wall und Diane Arbus. In jüngster Zeit eröffnen digitale Aufnahme- und Bearbeitungsverfahren neue Möglichkeiten für die Fotografie. ■

INFOBOX

Die Fotomontage

Eine Fotomontage ist ein aus mindestens zwei Fotografien zusammengesetztes Bild. Oft werden nur einzelne Elemente zusammengefügt und ergeben ein häufig surreal erscheinendes Werk. Künstler wie Man Ray nutzten diese lange Zeit schwierige Technik, um außergewöhnliche Effekte zu erzeugen. Heute sind Fotomontagen dank der Bildbearbeitung am Computer einfach herzustellen.

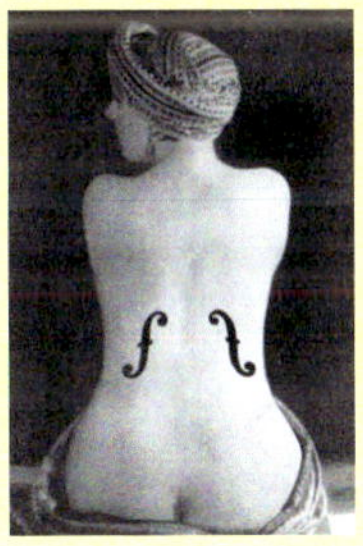

In den 1880er-Jahren entwickelte der Franzose Étienne-Jules Marey eine Technik, um **Bewegungsabläufe** auf Fotos festhalten zu können.

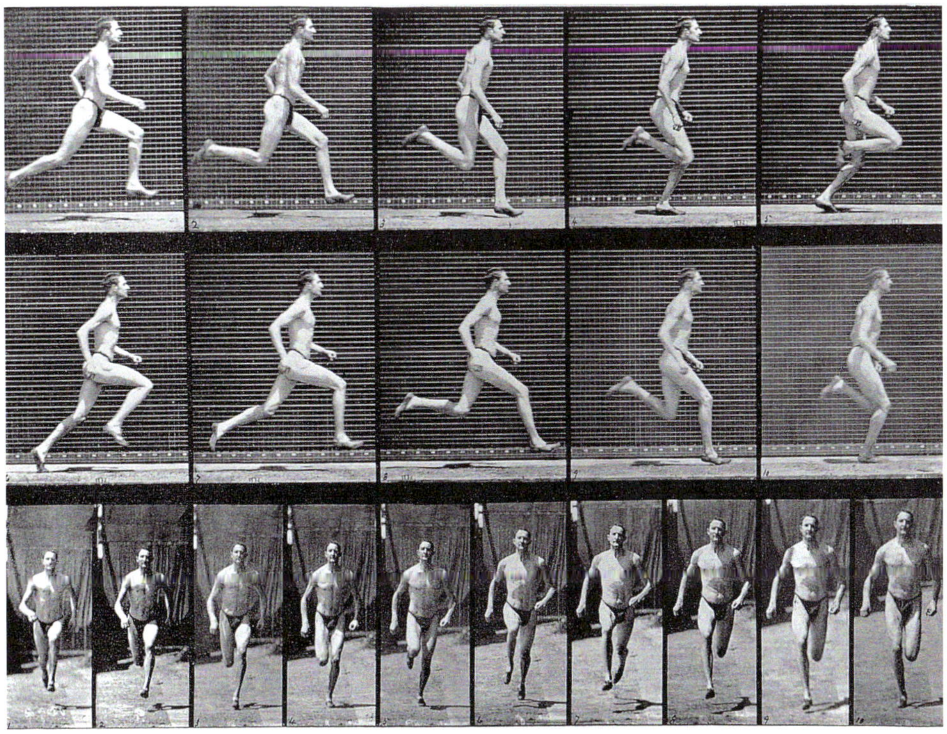

Renaissance

Die Renaissance ist die erste Kunstepoche der Neuzeit. Sie begann um 1350 in Italien und endete um das Jahr 1600 mit dem Aufkommen des ▶Barock. Ihre Bezeichnung stammt aus dem Französischen und bedeutet »Wiedergeburt«. Gemeint ist damit die Wiedergeburt der klassischen Antike. Grundgedanken der Renaissance waren die Lösung des Menschen aus der mittelalterlichen Ordnung und eine Rückbesinnung auf antike Werte. Dem Leben im Diesseits kam nun größere Bedeutung zu als der Vorbereitung auf das Jenseits, was zu einem Aufschwung der Kunst und der Wissenschaft führte. In den Mittelpunkt rückte mehr und mehr der Mensch als Einzelwesen. Das gilt auch für die Künstler selbst, die von nun an ihre Bilder mit Namen versahen (signierten). Einige Maler, allen voran Leonardo da Vinci (1452–1519), waren Künstler und Forscher zugleich. Da Vinci malte nicht nur die »Mona Lisa«, das vermutlich berühmteste Gemälde der Welt, sondern entwarf auch Flugmaschinen und Festungen und trieb naturwissenschaftliche Studien.

Die wichtigste Neuerung in der Kunst der Renaissance war die Entdeckung der Zentralperspektive, die es ermöglichte, dreidimensional wirkende Bilder zu malen. Die Motive waren zwar immer noch häufig historische, mythologische und biblische Themen, doch porträtierten die Künstler nun auch normale Bürger und zeigten ihren Alltag. Bedeutendster Auftraggeber blieb die Kirche. Sie ließ auch das größte Renaissancebauwerk errichten, den Petersdom im Vatikan, der an antike römische Bauwerke erinnert. Bildhauer wie Michelangelo schufen Plastiken, die die Formgebung der Antike wieder aufnahmen. Weitere wichtige Renaissancekünstler waren in Italien Sandro Botticelli, Raffael und Tizian, in Deutschland Albrecht Dürer aus Nürnberg, der nach Italien reiste, um sich Anregungen zu holen, Hans Holbein der Jüngere, Lucas Cranach der Ältere und in den Niederlanden Pieter Brueghel der Ältere. ■

Die Wandbilder Michelangelos in der **Sixtinischen Kapelle** in Rom, wie z. B. das »Jüngste Gericht«, zählen zu den eindrucksvollsten der Kunstgeschichte.

INFOBOX

Mona Lisa

Die »Mona Lisa« (1503–1505) ist das bekannteste Gemälde Leonardo da Vincis. Die dargestellte Frau ist vermutlich die Gattin eines Bekannten, Lisa del Giocondo. Leonardo hatte das fertige Bild behalten und erst kurz vor seinem Tod verkauft. Eine Zeit lang hing es im Schlafzimmer des französischen Kaisers Napoleon. Heute lockt die »Mona Lisa«, deren geheimnisvolles Lächeln Betrachter zu allen Zeiten fasziniert hat, jedes Jahr Hunderttausende von Besuchern in den Pariser Louvre.

Steinzeit

In der Steinzeit, einem Teil der ▶Vorgeschichte, begannen die Menschen in verschiedenen Regionen der Welt damit, Fels- und Höhlenwände zu bemalen. Die ersten Höhlenmalereien sind vor rund 35 000 Jahren entstanden. Am häufigsten wurden Tiere dargestellt, aber auch Menschen bei der Jagd. Diese Bilder dienten nicht als Wandschmuck, denn sie befinden sich nicht in den bewohnten Bereichen der Höhlen. Sie wurden aus kultischen Gründen gemalt, z. B. um das Jagdglück zu beschwören, oder zeigten die Jahreszeiten und die regelmäßig zu erwartenden Tierwanderungen an. Die heute noch leuchtenden Farben wurden aus Holzkohle, Mineralien, Blut und Pflanzen hergestellt und mit Federn, Händen und anderen, noch unbekannten Mitteln aufgetragen. Höhlenmalereien sind auch für Biologen interessant, die erfahren wollen, welche Tiere einst in bestimmten Regionen gelebt haben.

Aus der Steinzeit sind auch Statuen erhalten geblieben, etwa die rund 27 000 Jahre alte »Venus von Willendorf« (Bild oben), die in Österreich gefunden wurde. ■

INFOBOX

Altamira

Eines der eindrucksvollsten Beispiele für die Kunst der Steinzeit ist die Höhle von Altamira in Spanien. Sie wurde 1868 entdeckt und enthält über 100 Bilder, auf denen Pferde, Wildschweine und andere Tiere zu sehen sind. Ihr Alter wird auf etwa 15 000 Jahre geschätzt. Lange Zeit hielt man sie für Fälschungen. Erst als weitere Bilder in anderen Höhlen entdeckt wurden, erkannten die Forscher ihre Bedeutung. Im Juli 2001 wurde in Santillana del Mar eine exakte Nachbildung der Höhle, die 1979 für Besucher geschlossen wurde, eröffnet.

Surrealismus

Der Surrealismus wurde 1921 von dem französischen Dichter André Breton (1896–1966) begründet. Das Wort bedeutet etwa »über die Wirklichkeit hinausgehend«.

Wie ▶Dada richtete sich auch der Surrealismus gegen die Tradition und die unglaubwürdig gewordenen Werte der bürgerlichen Gesellschaft. Surrealistische Künstler stellen in ihren Werken nicht die äußere Wirklichkeit dar, sondern thematisieren das Unterbewusstsein, Triebe und Träume. Ihr Ziel war es, die Grenze zwischen Realität und Fantasie in einer Art Überwirklichkeit aufzulösen. Häufig werden nicht zusammengehörige Dinge nebeneinander dargestellt. Viele Werke wirken wie Darstellungen von Traum- und Rauschzuständen. Der Bewegung schlossen sich viele Künstler an, die zuvor schon anderen modernen Strömungen angehört hatten, vor allem Dada. Die bekanntesten Vertreter waren Salvador Dalí aus Spanien und René Magritte aus Belgien. Der bekannteste deutsche Surrealist war Max Ernst, der dieser Kunstrichtung bis zu seinem Tod 1976 treu blieb. ■

1918 malte der Italiener **Giorgio de Chirico** das Bild »Die beunruhigenden Musen«, das als Vorläufer der surrealistischen Kunst gilt.

LIQUID

Medien

Medien dienen als Mittel der Kommunikation. Dazu gehören Tageszeitungen, Nachrichtenmagazine, Illustrierte, Bücher, Filme, Radio und Fernsehen. Man bezeichnet sie als Massenmedien, da sie von sehr vielen Menschen genutzt werden, um sich z. B. zu informieren oder sich unterhalten zu lassen. Seit der Erfindung des Buchdrucks im 15. Jh. haben sich die technischen Möglichkeiten immer weiter entwickelt und daher auch immer wieder neue Medien hervorgebracht. Dazu zählen etwa das Telefon, der Mobilfunk und Datenträger wie CD und DVD. Computer und Internet, die heute unseren Alltag prägen, erlauben multimediale Anwendungen und geben den Benutzern erstmals die Möglichkeit, Medien selbst mitzugestalten.

Mit der Erfindung des **Buchdrucks** begann das Zeitalter der Massenmedien (Rekonstruktion der ersten Buchdruckpresse von Johannes Gutenberg im Gutenberg-Museum Mainz).

Buch

Nach der Entwicklung der ▶Schrift dienten zunächst vor allem Ton- und Holztafeln als Beschreibmaterialien. Vor rund 6000 Jahren begannen die Ägypter damit, aus dem Mark der Papyruspflanze Bögen herzustellen. Sie mischten das Mark dazu mit Leim und pressten es zusammen. Mit einem Pinsel und schwarzer oder roter Farbe wurde der Papyrus beschrieben. Die einzelnen Bögen wurden nicht wie unsere heutigen Bücher gebunden, sondern zusammengerollt. Eine Rolle war etwa 30 cm breit und bis zu 10 m lang. Die Griechen und andere Völker übernahmen diese frühe Form des Buches und sammelten sie erstmals in Bibliotheken.

Vor etwa 2200 Jahren wurde in Griechenland ein neuer Beschreibstoff entwickelt, das Pergament. Es wird aus der Haut von Tieren hergestellt und ist fester und haltbarer als Papyrus. Wichtige Informationen schrieb man außerdem auf mit Wachs überzogene Holztafeln, die miteinander zu einem sogenannten Kodex verbunden wurden. Nach diesem Vorbild wurden schließlich auch Pergamente zwischen zwei Holztafeln gebunden. So entstanden um 200 v. Chr. im ▶Römischen Reich die ersten einfachen Bücher, die die Schriftrollen allmählich verdrängten.

Im ▶Mittelalter wurden Bücher von Mönchen hergestellt. Auch sie verwendeten Pergament, das sie mühsam von Hand beschrieben und bemalten. Da es nur wenige Gebildete gab, die lesen konnten, war der Bedarf nicht sehr groß. Im 8. Jh. entwickelte sich in Korea eine frühe Form des Buchdrucks, bei der man aus Holz geschnitzte Schriftzeichen verwendete, die im 14. Jh. durch bewegliche Metalllettern ersetzt wurden. Wenig später verbreitete sich die neue Technik auch in Europa. Bei den ersten Drucken (Wiegendrucke oder Inkunabeln) wurde jede Seite komplett aus Holz geschnitten und war nur wenige Male einsetzbar. Erst die Erfindung des Buchdrucks mit einzelnen beweglichen Metalllettern durch Johannes Gutenberg im 15. Jh. erlaubte es, Bücher in hohen Auflagen herzustellen. Gedruckt wurde nun auf Papier, das billiger war als Pergament. Innerhalb von 50 Jahren waren in Europa bereits 30 000 Druckwerke verbreitet. Heute erscheinen in Deutschland jedes Jahr rund 90 000 Bücher. ■

INFOBOX

Die ersten Bibliotheken

Die größte Bibliothek der Antike richteten die Griechen um 284 v. Chr. in der ägyptischen Stadt Alexandria ein. Sie soll rund 700 000 Schriftrollen enthalten haben, was etwa 80 000 modernen Büchern entspricht. Gesammelt wurden wissenschaftliche und literarische Werke aus verschiedenen Kulturen. Die Bibliothek wurde wahrscheinlich während eines Krieges 272 n. Chr. zerstört. Die zweitgrößte Bibliothek mit etwa 200 000 Schriftrollen befand sich in der griechischen Stadt Pergamon (heute zur Türkei gehörig), nach der auch das Pergament benannt ist. In modernen Bibliotheken sind die Bücherbestände per Computer erfasst.

Schriftrollen wie diese jüdische Thorarolle haben in manchen Religionen noch große Bedeutung.

Bevor es Mikrochips gab, füllten Computer ganze Säle – wie hier der **ENIAC**, einer der ersten Computer, in den 1940er-Jahren (links). Trotz ihrer Größe waren sie bei Weitem nicht so leistungsfähig wie heutige **Personal Computer** (rechts).

Computer

Ein Computer ist eine Maschine, die mathematische Aufgaben nach einem vorgegebenen Programm selbsttätig ausführen kann. Das lateinische Wort »computare« bedeutet »zusammensetzen« oder »rechnen«.

Vorläufer des Computers waren mechanische Rechenmaschinen. Eine der ersten baute 1623 der schwäbische Mathematiker Wilhelm Schickard. Mit ihr konnte man bis zu sechsstellige Zahlen addieren und subtrahieren. Der deutsche Philosoph Gottfried Wilhelm Leibniz (1646–1716) erfand das binäre Zahlensystem, mit dem sich sämtliche Zahlen nur durch die Ziffern 0 und 1 darstellen lassen. Das Binärsystem ist die Grundlage der Computertechnik. Ab 1805 entwickelte Joseph-Marie Jacquard Webstühle, die mit Lochkarten gesteuert wurden (▸Datenträger). Hermann Hollerith nutzte 1889 diese Technik für die Konstruktion einer Zählmaschine. Den ersten programmierbaren Computer, der mit dem binären Zahlensystem arbeitete, baute 1941 Konrad Zuse in Berlin. Er wurde mithilfe von Lochstreifen programmiert.

Nach dem Zweiten Weltkrieg beschleunigte sich die Entwicklung vor allem durch die Erfindung des Transistors und des Computerchips. Ein Computer füllte nun nicht mehr einen ganzen Saal, sondern nur noch einen Schrank. In den 1980er-Jahren konnten Computer weiter verkleinert und so preisgünstig hergestellt werden, dass auch Privatleute sie sich leisten konnten. So wurde der Personal Computer (PC) zu einem Alltagsgegenstand, der in Industrieländern mittlerweile in fast jedem Haushalt zu finden ist.

Zu einem Computer gehören heute auch Zusatzgeräte wie Drucker oder Scanner. Die Programme werden Software genannt, die Geräte selbst Hardware. Diente der Computer ursprünglich nur als Rechner, so ist er längst zu einer Art Universalmaschine geworden, mit der man etwa Fotos bearbeiten, spielen, im ▸Internet surfen, Texte schreiben, telefonieren, fernsehen, Musik hören und künstlerisch arbeiten kann. ■

INFOBOX

Künstliche Intelligenz

Computerprogramme, die selbstständig lernen und Entscheidungen treffen können, fasst man unter dem Begriff »Künstliche Intelligenz« (KI) zusammen. Sie dienen etwa zur Erkennung von gesprochener Sprache und Handschriften sowie Gegenständen und Gesichtern, oder sie steuern Maschinen, die sich in für Menschen unzugänglichen Bereichen bewegen. Beispiele dafür sind die Marsrover, die die Oberfläche unseres Nachbarplaneten erkunden. Solche Maschinen nennt man Roboter.

Mit menschenähnlichen Maschinen, wie man sie aus Science-Fiction-Filmen kennt, haben sie allerdings nichts gemeinsam.

An den **Dreharbeiten** von Filmen wie »Troja« von Wolfgang Petersen wirken neben den Schauspielern vor allem der Regisseur, Kameraleute und Beleuchter mit.

Film

Nach der Erfindung der Fotografie in der ersten Hälfte des 19. Jh. suchte man nach Möglichkeiten, bewegte Bilder herzustellen. Zunächst entstanden Serienfotografien, die in besonderen Vorführapparaten sehr schnell nacheinander gezeigt wurden, sodass sie zu einer Bewegung verschwammen. Bei 24 Bildern in der Sekunde sieht das Auge nämlich keine Einzelbilder mehr, sondern einen Film. Ende des 19. Jh. entwickelte man einfache Filmkameras und drehte damit kurze Filme. Die ersten öffentlichen Vorführungen fanden 1895 in Berlin und Paris statt. Gezeigt wurden zunächst nur Dokumentarfilme. Die ersten Spielfilme drehte der Franzose Georges Méliès ab 1896. Alle Filme dieser Zeit dauerten nur wenige Minuten und waren ohne Ton, wurden später aber meist von Musikern begleitet. Gezeigt wurden sie auf Jahrmärkten und schließlich, da das neue Medium schnell sehr beliebt wurde, in eigens dafür eingerichteten Theatern, sogenannten Lichtspielhäusern. 1910 gründeten mehrere Unternehmer in Hollywood bei Los Angeles Filmstudios und -firmen und legten damit den Grundstein für die amerikanische Filmindustrie. In Deutschland entstanden große Studios in Berlin und München. Einer der ersten international bekannten Filmstars war der englische Komiker Charlie Chaplin.

Die ersten Tonfilme entstanden ab 1927 und verdrängten den Stummfilm innerhalb weniger Jahre. Farbfilme kamen ab 1935 in die Kinos. Dazu gehörte auch »Schneewittchen und die sieben Zwerge«, der erste abendfüllende Zeichentrickfilm von Walt Disney. Sehr beliebte Filmgattungen wurden der Kriminalfilm, der Actionfilm, die Science-Fiction, der Western und der Liebesfilm. Während des Zweiten Weltkriegs wurden in vielen Ländern Propagandafilme gedreht, um die Bürger von der Notwendigkeit des Krieges zu überzeugen.

Die meisten Filme – rund 1000 pro Jahr – werden heute in Indien gedreht, gefolgt von den USA mit rund 700. In Deutschland entstehen etwa 100 Filme im Jahr.

Charlie Chaplin, einer der ersten großen Filmstars, drehte selbst Komödien mit gesellschaftskritischem Hintergrund wie z. B. »Moderne Zeiten« von 1936.

INFOBOX

Computeranimation

Dank immer leistungsfähigerer Computer können seit den 1990er-Jahren Filme gänzlich ohne Kamera produziert werden. Die einzelnen Bilder entstehen als Computergrafiken und werden mithilfe entsprechender Programme in Bewegung gesetzt. Ein Film dieser Art ist »Findet Nemo« von 2003.

Computerverfahren werden jedoch nicht nur bei Trickfilmen, sondern auch bei Spielfilmen eingesetzt, um z. B., wie in »Jurassic Park« (1997) lebensecht aussehende Dinosaurier zusammen mit echten Schauspielern auf der Leinwand zeigen zu können.

Internet

Das Internet ist ein internationales Netzwerk aus miteinander durch Telefonleitungen oder Funkwellen verbundenen ▶Computern. Erfunden wurde es 1969 in den USA, als die Regierung einige Universitäten miteinander vernetzte, damit sie die Leistung ihrer Computer besser ausnutzen konnten. Im Laufe der Zeit schlossen sich immer mehr Institutionen an dieses Netz an. Neben der Möglichkeit, auf andere Rechner und deren Inhalte zuzugreifen, dient das Internet seit 1971 auch dazu, sich schriftlich miteinander auszutauschen. Heute ist die E-Mail eine der wichtigsten Anwendungen. Privaten Haushalten steht das Internet erst seit etwa 1993 zur Verfügung, als nämlich das vier Jahre zuvor entwickelte World Wide Web (WWW) allgemein zugänglich gemacht wurde. Jeder, der über einen Browser verfügt, d.h. ein Programm zum Aufrufen von Webseiten, kann daran teilnehmen. Texte im WWW lassen sich mithilfe von Suchmaschinen und Querverweisen (Links) finden und nutzen. Sie erlauben es, Informationen über verschiedene Seiten hinweg zu verfolgen. Diesen Vorgang bezeichnet man als »Surfen«. Um das Internet nutzen zu können, benötigt man außer einem Browser die entsprechende Hardware, ein Modem, einen Telefonanschluss und einen Dienstleister (Provider), der den Zugang ermöglicht, z.B. eine Telefongesellschaft.

Innerhalb weniger Jahre ist das Internet mit seinen beiden Anwendungen WWW und E-Mail zu einem der wichtigsten Medien überhaupt geworden. Es ermöglicht Firmen, ihre Produkte und Dienstleistungen weltweit anzubieten. Aktuelle Nachrichten und neueste Forschungsergebnisse sind im Internet ebenso zu finden wie Programme und Dateien, die man auf seinen Rechner herunterladen kann, z.B. Videos und Musik. In Chatrooms (wörtlich »Klatschzimmern«) und Foren kann man sich mit Menschen aus aller Welt unterhalten. Sehr beliebt sind auch Internetauktionen, bei denen man Waren und gebrauchte Artikel ersteigern kann. Per E-Mail lassen sich nicht nur Texte, sondern auch Dateien und Fotos verschicken. Sogar telefonieren, Radio hören und fernsehen kann man über das Internet, dessen Nutzungsmöglichkeiten ständig erweitert werden. ■

Wie Zeitungen, Radio und Fernsehen kann man auch das Internet an öffentlichen Plätzen nutzen, z.B. in einem **Internet-Café**.

INFOBOX

Was versteht man unter Internetsucht?

Die meisten Menschen verbringen nur ein paar Stunden pro Woche im Internet, um z.B. E-Mails zu schreiben oder sich über das Kinoprogramm zu informieren. Allerdings steigt die Zahl der Nutzer, die jeden Tag viele Stunden im Netz surfen, spielen und chatten. Dies sind vor allem Jugendliche. Sie vernachlässigen ihre Freunde, Familie und die Schule, ihr ganzes Leben findet nur noch im Internet statt. Psychologen nennen dieses Verhalten »Internet-Abhängigkeits-Syndrom« (IAS). Wer daran leidet, ist regelrecht süchtig und muss sich manchmal sogar einer Therapie unterziehen, um ins wirkliche Leben zurückzufinden.

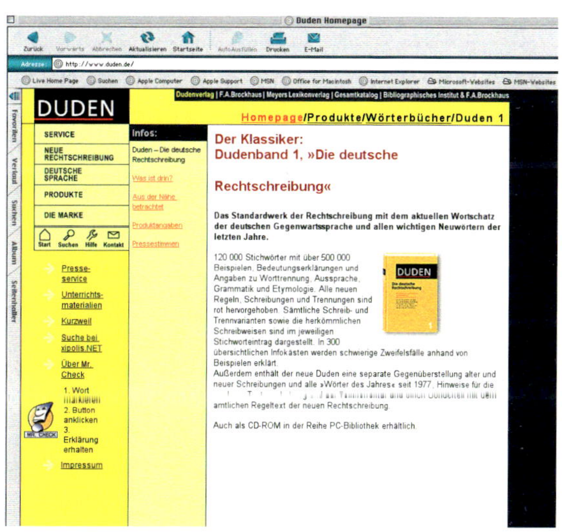

Internetseiten von Privatpersonen, Firmen oder Institutionen nennt man **Homepages**. Die Adresse besteht meist aus der Abkürzung www, dem Namen der Homepage und einem Länderkürzel (für Deutschland: de), also z.B. www.duden.de.

Kommunikation

Wenn zwei Menschen miteinander sprechen, kommunizieren sie. Sie tauschen Informationen aus, berichten einander von Erfahrungen und Erlebnissen und stellen Fragen. Um kommunizieren zu können, sind mindestens zwei Menschen notwendig: einer, der spricht (Sender), und einer, der zuhört (Empfänger). Damit die Kommunikation gelingt, müssen beide dieselbe ▶Sprache beherrschen. Ein Deutscher und ein Japaner, die nur ihre Muttersprache sprechen, können sich nicht unterhalten. Ihnen bleiben nur Handzeichen, um sich auf einfache Weise zu verständigen.

Für stumme und gehörlose Menschen hingegen gibt es Gebärdensprachen, mit denen sich auch kompliziertere Sachverhalte mitteilen lassen. Kommunizieren kann man auch mithilfe der ▶Schrift, also z. B. mit einem Brief, oder mit technischen Medien wie dem ▶Telefon, der E-Mail und per Handy mit SMS.

Können zwei Partner sich gegenseitig Nachrichten übermitteln, spricht man von interaktiver Kommunikation. Dies ist bei einem Telefonat oder einem Briefwechsel der Fall. Nutzt ein Mensch jedoch ein ▶Massenmedium wie den ▶Rundfunk oder das ▶Fernsehen, ist die Kommunikation nicht interaktiv. Denn der Zuhörer kann nur Nachrichten empfangen, nicht aber senden. Eine Ausnahme stellt das ▶Internet dar, das zwar ein Massenmedium ist, aber dennoch interaktiv genutzt werden kann. Natürlich können auch mehr als nur zwei Menschen gleichzeitig miteinander kommunizieren.

Auch Tiere und sogar Pflanzen kommunizieren miteinander und tauschen Informationen aus. ■

INFOBOX

Sprechen ohne Sprache?

Menschen verständigen sich nicht nur durch Sprache, sondern auch mithilfe von Gesten und Gesichtsausdrücken (Mimik). Diese Form der Kommunikation nennt man nonverbal, d. h. »nicht sprachlich«. Dazu zählen auch äußere Merkmale wie die Kleidung, da sie ausdrückt, zu welcher Gruppe der Gesellschaft man gehört. Uniformen z. B. teilen mit, dass der Träger ein Polizist oder ein Soldat ist. Auch die Frisur oder das Auto, das man fährt, sind Signale, die ohne Sprache verstanden werden.

Früher war die Kommunikation zwischen Menschen, die nicht im selben Ort lebten, mit großen Zeitverzögerungen verbunden. Briefe, die mit **Postkutschen** (links) transportiert wurden, waren oft wochenlang unterwegs. Heute kann man sich mit Handy und **SMS** in Sekundenschnelle kontaktieren (rechts).

Nachrichten in Sendungen wie der »Tagesschau« zu vermitteln ist eine der Aufgaben von Massenmedien.

Massenmedien

Zeitungen, ▶Bücher, der ▶Film, das ▶Fernsehen, der ▶Rundfunk, das ▶Internet und zahlreiche ▶Datenträger sind Massenmedien. Sie werden in großer Stückzahl hergestellt oder stehen jedem Bürger zur Verfügung. Die ersten Massenmedien waren im 15. Jh. gedruckte Flugblätter, Zeitungen und Bücher. Um sie herzustellen, benötigt man technische Apparate, etwa eine Druckerpresse. Dies gilt für alle Massenmedien. Sie dienen dazu, sehr viele Menschen mit Nachrichten, Informationen und Unterhaltung zu versorgen. Fernsehsendungen und Kinofilme werden von Millionen Zuschauern gesehen, aber auch Tageszeitungen und Bücher finden eine große Leserschaft.

Massenmedien beeinflussen das Bild, das wir uns von der Welt machen. Von vielen Dingen erfahren wir nur aus dem Fernsehen, ohne sie selbst erleben zu können. Weder können wir einen Politiker selbst nach seinen Ansichten befragen, noch in ein Kriegsgebiet fahren, um uns ein eigenes Bild von den Zuständen dort zu machen. Wir sind also von den Massenmedien abhängig. Ihre Betreiber und die Journalisten, die die Nachrichten sammeln und auswerten, tragen eine große Verantwortung, weil sie versuchen müssen, unvoreingenommen und sachlich zu berichten. Dennoch sollten wir kritisch mit den Angeboten der Massenmedien umgehen und nicht jeder Nachricht blind vertrauen. ■

Mobilfunk

Zum Mobilfunk zählt man alle beweglichen (mobilen) Funkanlagen und ▶Telefone, also nicht nur Mobiltelefone (Handys), sondern auch Autotelefone, den Polizeifunk und den Taxifunk, den CB-Funk, den vor allem Lastwagenfahrer nutzen, und die Funkgeräte an Bord von Schiffen und Flugzeugen.

Die ersten mobilen Funkgeräte für Schiffe wurden 1900 von Guglielmo Marconi entwickelt. Ab 1926 rüstete man auch Eisenbahnen mit Funkanlagen aus. Als 1952 in Deutschland die ersten Autotelefone eingesetzt wurden, kostete ein Gerät noch so viel wie ein Kleinwagen. 1983 kamen die ersten Mobiltelefone auf den Markt, die die Größe eines Koffers hatten. Aus ihnen entwickelten sich dank immer kleinerer Bauteile unsere heutigen Handys. Die Funksignale eines Handys gelangen nicht direkt zum Empfänger, sondern werden über verschiedene Sendeanlagen weitergegeben, die z. B. auf Dächern oder Masten installiert sind. Größere Entfernungen überbrückt man mit Telefonsatelliten. Mit heutigen Handys kann man nicht nur telefonieren, sondern auch im Internet surfen, Radio hören, SMS-Nachrichten versenden, Musikdateien speichern und Spiele spielen. ■

Aufgrund des dichten Netzes von **Mobilfunksendeanlagen** kann man in Deutschland fast überall mit dem Handy telefonieren.

Multimedia

Vor der Erfindung des ▶Computers konnte immer nur ein Medium zur selben Zeit genutzt oder eingesetzt werden. Entweder las man also Zeitung, schrieb einen Brief, fotografierte, hörte Radio oder sah eine Sendung im ▶Fernsehen. Dank des Computers ist es möglich geworden, unterschiedliche Medien gleichzeitig zu nutzen und miteinander zu verbinden, d. h. multimedial zu arbeiten. Texte, digitale Bilder und Videos, Grafiken und Musik können am Computer gesehen und gehört, aber auch bearbeitet werden. Mit nur wenigen Mausklicks kann der Benutzer Programme und Internetseiten wechseln und z. B. aus Fotos, die er zuvor mit seiner Digitalkamera aufgenommen hat, einen Diavortrag zusammenstellen, den er mit Musik von verschiedenen CDs unterlegt. Den Vortrag kann er durch Grafiken und Texte ergänzen und zwischendurch noch über das ▶Internet den Verlauf eines Fußballspiels verfolgen. Um multimedial einsetzbar zu sein, muss ein Computer über die geeignete Hardware verfügen, etwa eine gute Grafikkarte, ein DVD-Laufwerk, einen Speicherkartenleser oder einen Scanner. Auch die Software muss in der Lage sein, verschiedene digitale Informationen zu verarbeiten. Multimedia wird in vielen Bereichen und Berufen eingesetzt, vor allem in Schulen und Universitäten und in der Werbung. Heute sind die meisten PCs multimediatauglich. ■

INFOBOX

Spielerische Bildung mit Edutainment

Das Wort »Edutainment« ist aus den englischen Begriffen »education« (Bildung) und »entertainment« (Unterhaltung) zusammengesetzt. Damit bezeichnet man Multimediaprodukte, mit denen sich vor allem Kinder und Jugendliche auf spielerische Weise Wissen aneignen sollen. Dabei handelt es sich vor allem um Computerprogramme und Internetangebote, die als Ergänzung zum Schulunterricht gedacht sind, um z. B. Fremdsprachen zu lernen oder wissenschaftliche Themen leichter zu verstehen. Kritiker bemängeln jedoch, dass das Spielen dabei zu oft im Vordergrund stehe und der Lerneffekt nur schwer überprüfbar sei.

Multimedialexika wie »Der Brockhaus multimedial« bieten neben Texten auch Bilder, Grafiken, Filme, MP3-Dateien und interaktive Anwendungen.

Neue Medien

Medien, die nur mithilfe des ▶Computers genutzt werden können, bezeichnet man als Neue Medien. Dazu gehören alle Angebote des ▶Internets, also E-Mail und das World Wide Web, sowie ▶Datenträger wie Disketten, Speicherkarten, CDs, CD-ROMs und DVDs. Allen Neuen Medien ist gemein, dass ihre Inhalte und Programme in digitaler Form vorliegen. Zu den alten Medien zählen im Gegensatz dazu die ▶Printmedien, ▶Film, ▶Rundfunk, ▶Fernsehen, Video, Schallplatte, Tonband und Musikkassette.

Diese Unterscheidung, die um 1995 getroffen wurde, ist durch die schnelle technische Entwicklung inzwischen überholt worden. Denn längst gibt es digitale Radio- und Fernsehprogramme, die mit dem Computer empfangen werden können. Im Kino projizieren Videobeamer digitale Filme auf die Leinwand. Texte können von Scannern erfasst und dank spezieller Programme vom Computer sogar vorgelesen werden. Die meisten Printmedien entstehen heute am Computer und werden mithilfe digitaler Verfahren gedruckt. Schallplatten und Tonbänder können ebenso mühelos auf Festplatten oder CDs überspielt werden. Mit dem Dateiformat MP3, das in den 1980er-Jahren von deutschen Wissenschaftlern entwickelt wurde, lässt sich dabei viel Speicherplatz sparen. Die alten technischen Medien sind somit durch verschiedene Weiterentwicklungen auch für die Neuen Medien verfügbar gemacht worden. ■

INFOBOX

Book on Demand

Ein Book on Demand (»Buch auf Bestellung«) ist ein Buch, von dem erst dann ein Exemplar gedruckt wird, wenn es ein Kunde in einer Buchhandlung bestellt. Statt einer Auflage von oft mehreren Tausend Exemplaren braucht der Verlag nur einen Datenträger zu lagern, auf dem alle Seiten des Buches gespeichert sind. Das Book-on-Demand-Verfahren wird oft von Autoren genutzt, die ihre Bücher kostengünstig verlegen wollen.

Printmedien

Medien, bei denen Texte, Bilder und Grafiken gedruckt vorliegen, nennt man Printmedien. Dazu gehören z. B. Zeitungen, Zeitschriften, ▶Bücher, Plakate, Straßenkarten und Werbebroschüren. Printmedien gibt es seit Erfindung des Buchdrucks im 15. Jh. Sie werden auch klassische Medien genannt, um sie von jüngeren Medien wie ▶Rundfunk und ▶Fernsehen oder den ▶Neuen Medien zu unterscheiden. Die Befürchtung, dass die Printmedien durch das ▶Internet an Bedeutung verlieren könnten, hat sich nicht bestätigt. Ein Grund dafür ist, dass der Monitor zum Lesen längerer Texte kaum geeignet ist. Wer etwa einen spannenden Roman lesen will, entscheidet sich nach wie vor für das Buch. Tageszeitungen und Nachrichtenmagazine nutzen auch das Internet durch eigene Onlineangebote. Printmedien haben demgegenüber den Vorteil, dass man sie ohne technische Geräte lesen kann. ■

INFOBOX

Der »Alleskönner« iPhone

Das iPhone, das die amerikanische Firma Apple 2007 auf den Markt gebracht hat, ist eine Art Universalkommunikator. Mit ihm kann man nicht nur wie mit einem Handy telefonieren, SMS verschicken und fotografieren, sondern auch Musik, Spiele und Videos speichern und abrufen, im Internet surfen, E-Mails empfangen und versenden und viele andere Dienste nutzen, wie z. B. Straßenkarten abrufen. Die Bedienung erfolgt fast ausschließlich im Touch-on-Screen-Verfahren, d. h., man betätigt keine Tasten, sondern ruft die einzelnen Funktionen durch Berührung des Bildschirms auf. »Alleskönner« wie das iPhone, die die Vorteile von Mobilfunk und Computer miteinander verknüpfen, werden in Zukunft eine große Rolle in unserem Alltag spielen.

Printmedien wie **Tageszeitungen** sind auf der ganzen Welt verbreitet und erscheinen häufig in Millionenauflage.

Rundfunk

Der Rundfunk strahlt mithilfe von Sendeanlagen Musik- und Wortbeiträge aus, die mit Radiogeräten und mittlerweile auch über Kabel, Satellit und das ▶ Internet empfangen werden können. Er entstand wenige Jahre nach der Erfindung der Funktechnik Ende des 19. Jh. Gleich mehrere Menschen kamen damals auf die Idee, die neue Technik der drahtlosen Übertragung von Signalen zunächst für Musiksendungen einzusetzen. Erste Versuche fanden schon 1907 statt, doch dauerte es noch bis zum Jahr 1919, bevor regelrechte Rundfunkprogramme ausgestrahlt werden konnten. Da Empfangsgeräte anfangs selten und daher teuer waren, bastelten sich die Zuhörer ihre Radios oft selbst zusammen.

Am schnellsten verlief die Entwicklung in den USA, wo 1930 bereits jeder zweite Haushalt ein Radiogerät besaß. In Deutschland erlebte der Rundfunk in der Zeit der ▶ Nationalsozialisten einen großen Aufschwung, da das Propagandaministerium ein preisgünstiges Radio verbreiten ließ: den »Volksempfänger«. Besonders beliebt waren beim Publikum Übertragungen von Konzerten mit Unterhaltungsmusik, aber auch Hörspiele mit spannenden Handlungen und Fortsetzungen. Lange Zeit blieb der Rundfunk das wichtigste ▶ Massenmedium. Das änderte sich erst nach dem ▶ Zweiten Weltkrieg mit der Verbreitung des ▶ Fernsehens.

Bis 1985 waren in Deutschland alle Rundfunksender öffentlich-rechtlich. Seitdem gibt es aber auch private Sender, die ihren Betrieb durch ▶ Werbung finanzieren. Die öffentlich-rechtlichen Sender, also etwa der Norddeutsche Rundfunk (NDR) oder der Bayerische Rundfunk (BR), erhalten ihre Gelder von den Radiohörern, die dafür eine Rundfunkgebühr zahlen müssen. In erster Linie werden heute Musik- und Nachrichtensendungen ausgestrahlt, während Hörspiele, längere Reportagen und Features, eine Mischung aus Interviews und gesprochenen Texten, nur wenige Zuhörer finden. Die Mehrzahl der Menschen hört während der Arbeit oder unterwegs Radio. Für Autofahrer ist ein Autoradio fast unverzichtbar, da Verkehrsnachrichten regelmäßig über Staus informieren. ■

Sportübertragungen wie die von Fußball-Bundesligaspielen gehören zu den beliebtesten Rundfunksendungen.

INFOBOX

Propaganda

Der nationalsozialistische Propagandaminister Joseph Goebbels war einer der Ersten, der erkannte, dass sich der Rundfunk besonders gut zur Verbreitung von politischen Aussagen und Reden, die das Volk beeinflussen sollten, eignet. Auch die Nachrichtensendungen wurden zu politischen Zwecken missbraucht und enthielten während des Zweiten Weltkriegs häufig Falschmeldungen über die gegnerische Seite. Das Hören ausländischer Sender war dagegen streng verboten und wurde teilweise sogar mit dem Tod bestraft.

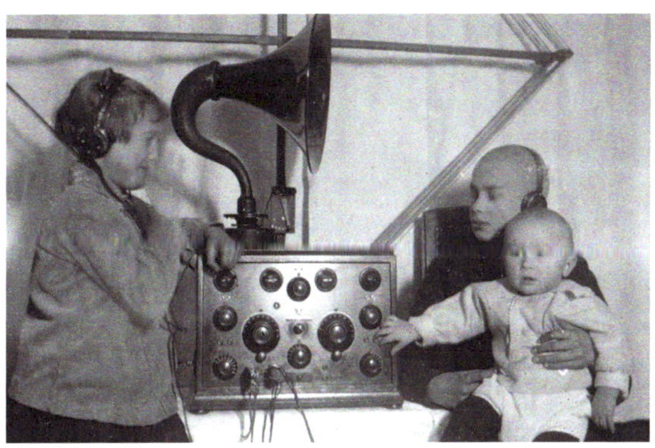

In den 1920er-Jahren hörte man **Radio** aufgrund der noch mangelhaften Tonqualität meist mit Kopfhörern.

Telefon

Beim Telefonieren werden die Schallwellen der gesprochenen Worte, von einem Mikrofon in elektrische Signale verwandelt, durch ein Kabel übermittelt und anschließend von einem kleinen Lautsprecher wieder in Schallwellen umgewandelt.

Das erste Telefon wurde 1860 von dem deutschen Lehrer Johann Philipp Reis (1834 bis 1874) erfunden und ein Jahr später öffentlich vorgeführt. Reis konnte seine Erfindung jedoch nicht vermarkten, sodass sie in Vergessenheit geriet. Erfinder aus anderen Ländern arbeiteten ebenfalls an der Übertragung der menschlichen Sprache mit elektrischen Signalen. 1876 meldete der Schotte Alexander Graham Bell (1847–1922) ein von ihm entwickeltes Telefon zum Patent an. Innerhalb weniger Jahre entstanden in den USA, wo Bell sich niedergelassen hatte, die ersten Telefonnetze. So gab es 1879 in New York bereits 4000 Telefonanschlüsse. In Berlin wurde 1881 das erste deutsche Telefonnetz mit immerhin acht Teilnehmern eingerichtet. Ein Jahr später folgten weitere deutsche Städte. Besonderes Interesse an der neuen Erfindung hatten Geschäftsleute, die das Telefon nutzten, um schneller als bisher Aufträge annehmen und vergeben zu können.

Alle Gespräche wurden am Anfang von Vermittlungsstellen per Hand umgeleitet. Die Möglichkeit, einen Anschluss mithilfe einer Wählscheibe direkt anzuwählen, bestand ab 1908, konnte jedoch erst viel später flächendeckend eingeführt werden. Nach und nach wurde die ganze Welt durch ein Kabelnetz verbunden, wobei vor allem die Unterseekabel zu anderen Kontinenten sehr anfällig für Störungen waren. Große Entfernungen überbrückt man daher heute per Funk über Satelliten, die die Telefonsignale empfangen und weiterleiten. Telefonapparate mit den heute üblichen Wähltasten gibt es seit 1974. Waren bis dahin nur wenige Modelle in Umlauf, entstand seitdem ein vielfältiges Angebot vom schlichten Tastentelefon bis zum Designergerät. Ab 1983 wurde das Telefonnetz um den ▶Mobilfunk erweitert. Es bildet zudem eine der technischen Grundlagen des ▶Internets. In den Industrieländern gehört der Telefonanschluss heute wie der Strom- und der Wasseranschluss zur Grundausstattung nahezu jedes Haushalts. ■

INFOBOX

Wie funktioniert Internettelefonie?

Bei der Internettelefonie nutzt man die digitale Datenübermittlung und die Computertechnologie, um wie beim normalen Telefonieren Sprache zu übertragen. Dieses System nennt man auch »Voice over IP« (VoIP), wobei IP für »Internetprotokoll« steht, eine bestimmte Art von Internetverbindung. Um diese Technik nutzen zu können, benötigt man neben einem Internetzugang eine eigene Telefonnummer und ein Telefongerät oder ein Mikrofon, die an den Computer angeschlossen werden. Ein Vorteil der Internettelefonie sind niedrigere Telefonkosten. Außerdem kann man die Telefonnummer an jedem ähnlich ausgestatteten Ort der Welt nutzen.

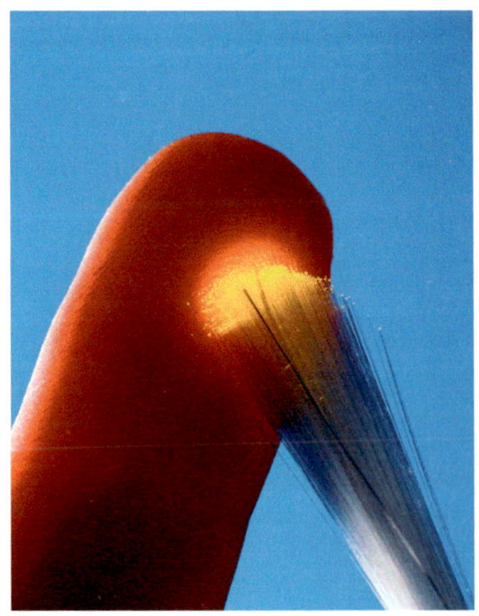

1876 führte **Alexander Graham Bell** das erste, noch recht primitive Telefon öffentlich vor (links). Seitdem ist die Technologie weit vorangeschritten. Heute sorgen **Glasfasern** für schnelle Übertragungsraten bei Telefon und Internet (rechts).

virtuelle Realität

Als virtuelle oder künstliche Realität bezeichnet man ein Umfeld, das von einem ▸Computer erzeugt wird und das wie eine zweite Wirklichkeit erscheint. Diese Welt wird auch Cyberspace genannt. Um die virtuelle Realität zu erleben, muss man einen besonderen Anzug tragen, der die Bewegungen des Körpers registriert und mit einem Computer verbunden ist. Eine Bildschirmbrille überträgt die vom Computer erzeugten Bilder auf die Augen, während Datenhandschuhe die Bewegung der Hände verfolgen. Diese Ausrüstung vermittelt einem Menschen den Eindruck, sich in der virtuellen Welt zu bewegen. Der Computer reagiert dabei auf die Aktionen des Menschen, z. B. wenn er sich umdreht oder einen Gegenstand berührt.

Eine sinnvolle Anwendung dieser Technik sind Flugsimulatoren, mit denen angehende Piloten lernen, ein Flugzeug zu steuern. Der Computer erzeugt dabei Bilder in Echtzeit, d. h., sie passen sich der Wahrnehmungsfähigkeit des Menschen an. Virtuelle Realitäten werden unter anderem eingesetzt, um richtiges Verhalten in gefährlichen Situationen zu üben, wenn dies in der Realität nicht oder kaum möglich ist. Oft werden auch Computerspiele als virtuelle Realität bezeichnet. Zurzeit arbeitet man an Technologien, die es erlauben sollen, Mittel der virtuellen Realität in der wirklichen Welt anzuwenden. Dabei spricht man von »erweiterter Realität« (»augmented reality«). ■

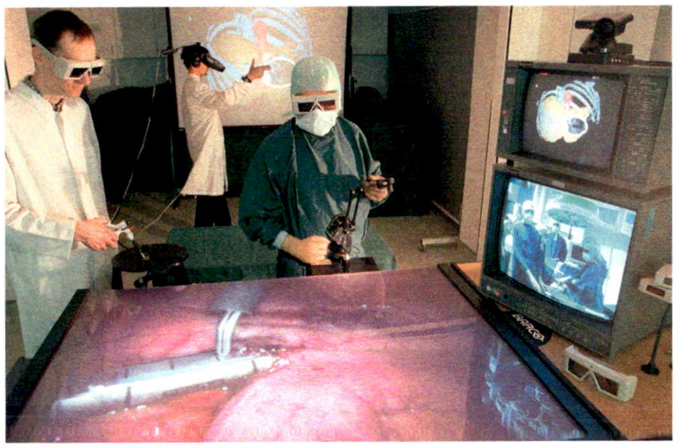

Die Technik der virtuellen Realität wird auch in der Medizin angewendet, hier etwa zur Vorbereitung einer **Operation**.

Werbung

Werbung soll Menschen davon überzeugen, ein bestimmtes Produkt zu kaufen oder eine Dienstleistung in Anspruch zu nehmen. Werbespots sind im ▸Fernsehen und im ▸Kino zu sehen. Sie zielen meistens darauf, die Gefühle der Zuschauer zu beeinflussen. So wirbt man etwa für ein Erfrischungsgetränk, indem man junge, gut aussehende Menschen zeigt, die dieses Getränk gemeinsam genießen. Die Botschaft des Werbespots lautet: Wenn du so sein willst wie diese Menschen, brauchst du nur das Getränk zu kaufen. In den ▸Printmedien wird mit Anzeigen geworben, ebenso auf Plakatwänden, Litfaßsäulen, Autos und Straßenbahnen, in Sportstadien und auf den Trikots von Sportlern. Anzeigen und Werbespots werden meist von Werbeagenturen entwickelt, die Fotografen, Texter, Grafiker und Regisseure beschäftigen. Gerne versucht man für eine Werbung Prominente zu gewinnen, die Kunden davon überzeugen sollen, dass sie ein bestimmtes Produkt bevorzugen. ■

Am Piccadilly Circus in London werden Produkte mit großen **Neonlichtreklamen** beworben.

INFOBOX

Leben im Netz: Second Life

Second Life (»Zweites Leben«) ist der Name einer künstlichen Welt im Internet, in der sich die Benutzer in Form von Avataren bewegen können. Ein Avatar ist eine Figur, die in der virtuellen Realität als Stellvertreter eines Besuchers erscheint. Der Nutzer kann sie individuell so gestalten, dass sie ihm ähnlich sieht oder gerade das nicht. In Second Life kann man die Avatare handeln lassen wie im richtigen Leben. Auch Wirtschaftsunternehmen haben diese Welt für sich entdeckt und bieten dort ihre Produkte an, z. B. Kleidung, Schmuck, Autos und sogar Häuser, die man für Geld erwerben kann. Second Life lässt sich daher auch als Spielwelt für Erwachsene bezeichnen.

Naturgeschichte

►vor ca. 13,7 Mrd. Jahren

Weltall Das Weltall entsteht durch den Urknall. Aus der weggeschleuderten Materie bilden sich später 100 Milliarden Galaxien, darunter auch unsere Galaxis, die Milchstraße, mit dem ►Sonnensystem. Ihr Durchmesser beträgt 100 000 Lichtjahre.

►vor ca. 4,6 Mrd. Jahren

Sonnensystem Unser Sonnensystem entsteht aus einer sich drehenden Gaswolke. In seinem Zentrum befindet sich die Sonne. Um sie kreisen die acht Planeten, darunter unsere Erde, mit ihren Monden sowie Asteroiden, Meteoriten und Kometen.

►vor ca. 4,6 Mrd. Jahren

Entstehung der Erde Zeitgleich mit dem Sonnensystem entsteht unsere Erde. Am Anfang ist sie eine glühende Kugel ohne feste Oberfläche. Nach dem langsamen Abkühlen bildet sich eine feste Erdkruste (►Aufbau der Erde). Die Erde ist der einzige Planet in unserem Sonnensystem, auf dem sich Leben entwickelt hat.

vor 360–325 Mio. Jahren◄

Nacktsamer Aus den Sporenpflanzen entwickeln sich im Laufe der Zeit die ersten ►Samenpflanzen mit Blüten. Da die Samen nicht besonders geschützt sind, spricht man von Nacktsamern. Die Verbreitung erfolgt meist durch den Wind, der die Samen von Pflanze zu Pflanze trägt.

vor 325 Mio. Jahren◄

Reptilien Die Reptilien entwickeln sich aus den Amphibien. Sie sind Kriechtiere, die zwar zum Teil noch am oder im Wasser leben, jedoch von Geburt an Lungenatmung betreiben. Die größten Reptilien sind die ►Dinosaurier, die seit 65 Mio. Jahren ausgestorben sind.

vor 184–160 Mio. Jahren◄

Bedecktsamer Aus den einfachen Nacktsamern (Farnsamern) entwickeln sich die Bedecktsamer. Sie schützen ihre Samenanlagen, indem sie sie in dem Fruchtknoten einschließen. Bei der Befruchtung der Samen sind Bedecktsamer meist auf Tiere wie Bienen oder Schmetterlinge angewiesen. Um diese Tiere anzulocken, bilden sie oft auffallend bunte Blüten aus.

►vor 160–140 Mio. Jahren

Säugetiere Die ersten Säugetiere entwickeln sich bereits zur Zeit der Dinosaurier. Sie gehen aus Reptilien hervor, die Merkmale von Säugetieren aufweisen und sich im Laufe der Zeit weiterentwickeln. Doch erst nach dem Aussterben der Dinosaurier vor etwa 65 Mio. Jahren können sie sich ungehindert ausbreiten und viele verschiedene Arten ausbilden.

►vor 150 Mio. Jahren

Vögel Die ersten Urvögel kreisen über dem Jurameer. Wie alle anderen Landwirbeltiere besitzen Vögel zwei Paar Extremitäten, jedoch ist das vordere Paar zu Flügeln umgebildet. Durch ihren leichten Knochenbau können sie fliegen.

►vor 13 Mio. Jahren

Menschenaffen Zur Gruppe der Menschenaffen wird neben den Schimpansen und den Orang-Utans auch der Mensch gezählt. Entwicklungsgeschichtlich haben alle denselben Vorfahren, sodass die Entwicklung des Menschen eng mit der der Primaten verknüpft ist.

▶ vor ca. 4 Mrd. Jahren

Urmeer Nach der Abkühlung der Erde bilden sich die ersten Urmeere und der Riesenkontinent Rodinia. Die ▶ Atmosphäre reichert sich mit Sauerstoff an.

▶ vor ca. 3,5 Mrd. Jahren

Ursprung des Lebens
Im Wasser entstehen erste Grundbaustoffe des Lebens. Die Energie für diese Verbindung liefert die ▶ Sonne. Die ersten einfachen Lebewesen sind die Blaualgen (Cyanobakterien), die zum ▶ Organismenreich der Bakterien gehören. Es sind ▶ Einzeller, die sich durch Teilung vermehren. Ihre ▶ Zellen besitzen keinen echten Zellkern.

▶ vor ca. 2,1–1,6 Mrd. Jahren

Eukaryonten Die ersten Lebewesen, deren ▶ Zellen einen Zellkern besitzen (Eukaryonten), entstehen. Aus ihnen entwickeln sich im Lauf der Zeit die Pilze, die Pflanzen und die Tiere.

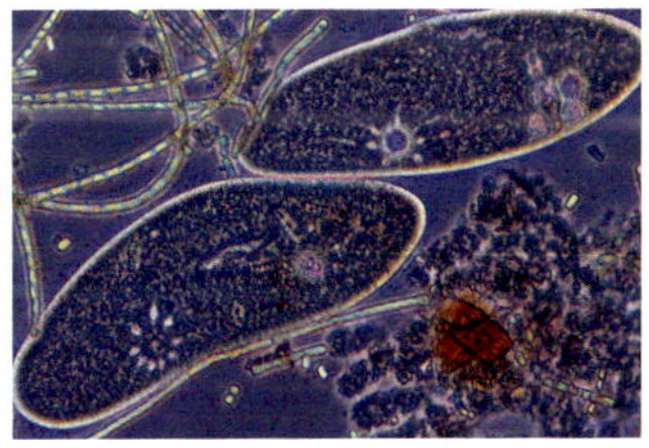

▶ vor ca. 500 Mio. Jahren

Fische Im Meer entwickeln sich mit Kieferlosen und Panzerfischen die ersten Fische. Mithilfe ihrer Kiemenatmung können sie Sauerstoff aus dem Wasser entnehmen und sind so optimal an das Leben im Wasser angepasst.

vor 435 Mio. Jahren ◀

Evolution der Pflanzen Aus pflanzlichem Plankton entwickeln sich im Meer die ersten Pflanzen – mit bloßem Auge erkennbare Algenformen. Bald darauf besiedeln die ersten Sporenpflanzen die feuchten Regionen des Festlands, die durch die Gezeiten trocken fallen. Rund 60–70 Mio. Jahre später wachsen an Land erste ▶ Farne und ▶ Moose.

vor 410–360 Mio. Jahren ◀

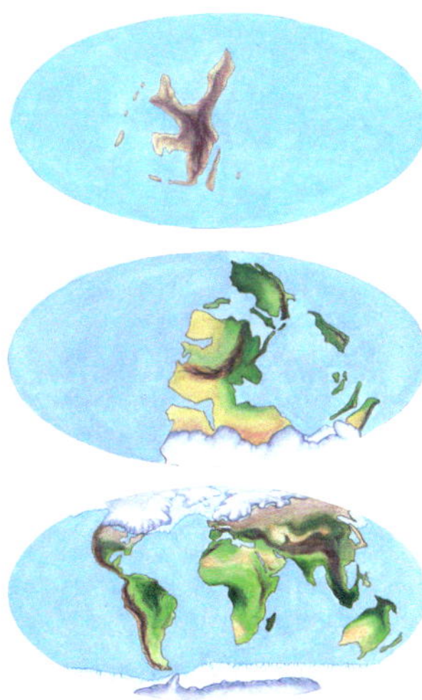

Kontinente Der Superkontinent Pangäa beginnt sich in verschiedene Teile aufzuspalten, die langsam auseinanderdriften. So entstehen im Lauf von Jahrmillionen unsere heutigen Kontinente und die ▶ Ozeane. Die Kontinentaldrift ist auch heute noch nicht abgeschlossen.

vor 375–360 Mio. Jahren ◀

Amphibien Nach Krebsen und Schnecken erobern die Amphibien das Festland. Sie sind sowohl an das Leben im Wasser als auch an Land angepasst. Sie beginnen ihr Leben mit Kiemen im Wasser. Während der Verwandlung bilden sich die Kiemen zurück und die Tiere beginnen, mit der Lunge zu atmen. Ihrer Lebensweise verdanken sie ihren Namen: Amphibie heißt auf griechisch »doppellebig«.

▶ vor 4–3,5 Mio. Jahren

Australopithecus
Eine der ersten Vormenschengattungen ist die der Australopithecinen. Der Australopithecus lebt in Afrika und ist bereits fähig, sich aufrecht auf zwei Beinen fortzubewegen.

▶ vor 2,5 Mio. Jahren

Homo habilis Erste Steinwerkzeuge und die Verständigung durch einfache Laute zeichnen den Homo habilis aus. Der »geschickte Mensch« beherrscht den aufrechten Gang und zeigt eine gesteigerte ▶ Intelligenz. So setzt er z. B. die freien Hände und Arme nun für Arbeit mit Werkzeugen ein.

▶ vor 1,85 Mio. Jahren

Homo erectus Eine deutliche Wanderung auf der Erde vollzieht der Homo erectus, der »aufrechte Mensch«. Er breitet sich nahezu weltweit aus. Sein Gehirn vergrößert sich und er beherrscht wichtige Fähigkeiten wie Feuermachen und die Jagd auf Tiere.

▶ vor 200 000 Jahren

Homo sapiens Der heutige Mensch, Homo sapiens, wird »weiser Mensch« genannt, da er das größte Gehirn aller Menschenarten besitzt. Wie viele andere Menschenarten hat er seinen Ursprung in Afrika und breitet sich von dort über die ganze Erde aus.

Weltgeschichte

▶ab 2 500 000 v. Chr.

Vorgeschichte Die Vorgeschichte bezeichnet die schriftlose Zeit der Menschheitsgeschichte. Archäologen versuchen durch ihre Funde Rückschlüsse auf die damalige Zeit zu ziehen. Man unterscheidet Steinzeit, Bronzezeit und Eisenzeit.

▶ab 4000 v. Chr.

Hochkulturen Gesellschaften oder Kulturkreise mit einem besonders hohen Entwicklungsstand werden Hochkulturen genannt. Eine der frühesten Hochkulturen ist die der Sumerer. Aber auch das Ägyptische Reich, die Inka, Maya und Azteken zählen dazu.

▶1300–146 v. Chr.

Griechische Antike Zu dieser Zeit entwickeln sich in Griechenland aus kleinen Siedlungen größere Städte und Stadtstaaten. Kunst, Kultur und Wissenschaft erleben einen bis dahin unbekannten Aufschwung (▶antike Literatur, ▶antike Kunst, ▶antike Mythologie, ▶griechische Philosophie).

1789◀

Französische Revolution Die Französische Revolution beendet den ▶Absolutismus in Frankreich und führt zu grundlegenden macht- und gesellschaftspolitischen Veränderungen in ganz Europa (▶Gewaltenteilung, ▶Parlament, ▶Aufklärung).

1848◀

Nationalversammlung Nach dem Vorbild Frankreichs tagt am 18. Mai 1848 die Nationalversammlung als erstes frei gewähltes Parlament des Deutschen Bundes in der Frankfurter Paulskirche. Viele Grundgedanken der Verfassung finden sich im heutigen ▶Grundgesetz der ▶Bundesrepublik Deutschland wieder.

1871–1918◀

Deutsches Kaiserreich Mit dem Sieg über Frankreich wird am 18. Januar 1871 im Spiegelsaal von Versailles das Deutsche Kaiserreich begründet. Otto von Bismarck wird zum ersten Kanzler ernannt. Er legt mit seinen weitreichenden Reformen den Grundstein für den heutigen Sozialstaat. Kaiser Wilhelm II. entlässt Bismarck und ist mitverantwortlich für den Ausbruch des ▶Ersten Weltkriegs.

▶1914–1918

Erster Weltkrieg Der Erste Weltkrieg bringt Europas Kaiserreich zu Fall. Der ▶Imperialismus ist beendet.

▶1919–1933

Weimarer Republik Nach dem Ende des Ersten Weltkriegs wird die Weimarer Republik gegründet, der erste demokratische deutsche Staat.

▶1939–1945

Zweiter Weltkrieg Unter der Alleinherrschaft Adolf Hitlers versucht Deutschland die Folgen des Ersten Weltkriegs rückgängig zu machen. Mit der Niederlage Deutschlands endet auch die Zeit des ▶Nationalsozialismus.

▶1945

Gründung der UNO und anderer internationaler Organisationen

▶ 750 v. Chr. bis 476 n. Chr.

Römisches Reich Um das Jahr 750 v. Chr. entsteht die Stadt Rom, die später das Zentrum des Römischen Reiches wird. Das Reich verbreitet sich über drei Kontinente, bevor es in ein Ost- und ein Weströmisches Reich, unter der Herrschaft zweier Kaiser, zerfällt.

▶ 300–600

Völkerwanderung Ausgelöst durch die Eroberungszüge der Hunnen unter dem Anführer Attila, fliehen viele germanische Völker und begeben sich auf Wanderungen quer durch Europa. Manche Stämme erobern für sich Gebiete und gründen neue Reiche, u. a. nehmen sie Teile des Weströmischen Reiches ein und sorgen so für dessen Untergang.

▶ 500–1450

Mittelalter Nach dem Zerfall des Weströmischen Reiches beginnt das Mittelalter und damit auch die Christianisierung Europas. An der Spitze der Gesellschaft stehen der Kaiser, die Könige der verschiedenen Reiche und die Vertreter der römischen Kirche. Der bedeutendste Herrscher dieser Zeit ist Karl der Große (▶ Mystik, ▶ mittelalterliche Literatur, ▶ mittelalterliche Kunst, ▶ Gotik und Romanik).

1350–1600 ◀

Renaissance Das Zeitalter der Renaissance kennzeichnet den Übergang vom Mittelalter zur Neuzeit. Das verloren geglaubte Wissen der griechischen Antike erlangt neue Bedeutung und führt dazu, dass Kultur und Wissenschaft aufblühen (▶ Renaissance in der Kunst, ▶ Renaissance in der Musik).

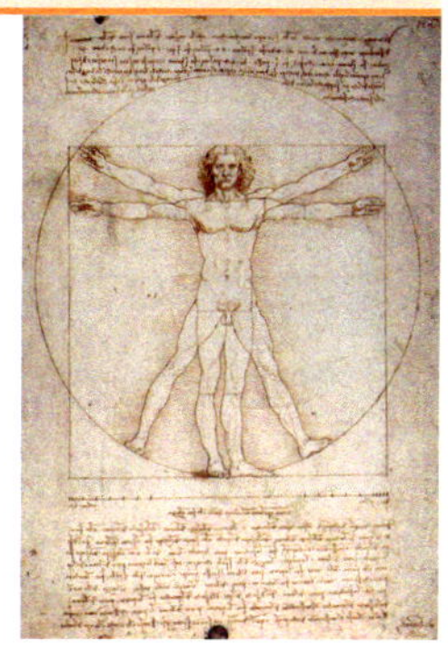

1517 ◀

Reformation Martin Luther veröffentlicht seine Thesen gegen den Ablasshandel. Damit beginnt die Reformation und somit die Abspaltung der protestantischen von der katholischen Kirche.

1776 ◀

Unabhängigkeitserklärung Mit der Unabhängigkeitserklärung lösen sich die Vereinigten Staaten von Amerika von Großbritannien. Die 1781 in Kraft tretende Verfassung der USA wird Vorbild für die Verfassungen aller parlamentarischen Staaten, auch für das deutsche ▶ Grundgesetz.

1769 ◀

Industrielle Revolution Mit dem Einsatz der Dampfmaschine in Fabriken beginnt die industrielle Revolution. Gegen die Ausbeutung der Arbeiter und die immer höheren Gewinne der Unternehmer wendet sich 1848 Karl Marx und begründet den ▶ Kommunismus.

▶ 1948

Nahostkonflikt Die Gründung des Staates Israel löst den Nahostkonflikt aus. Bis heute ist der Konflikt zwischen Israel und Palästina nicht gelöst.

▶ 1949

Bundesrepublik Deutschland Nach dem Ende des ▶ Zweiten Weltkriegs gründen die Siegermächte USA, Großbritannien und Frankreich 1949 die Bundesrepublik, die UdSSR die spätere ▶ DDR (▶ Bundeskanzler, ▶ Bundespräsident, ▶ Bundesregierung, ▶ Bundestag).

▶ 1990

Wiedervereinigung Nach dem Fall der Berliner Mauer beendet die Wiedervereinigung nach 40 Jahren Deutschlands Teilung. Der ▶ Kalte Krieg zwischen Ost und West ist vorbei.

▶ 1993

Europäische Union Die Europäische Union ist ein Verbund aus 27 europäischen Staaten, dem auch die ▶ Bundesrepublik Deutschland angehört.

▶ 2001

Terrorismus Anschlag am 11. September auf das World Trade Center

Kulturgeschichte

▶ vor ca. 35 000 Jahren

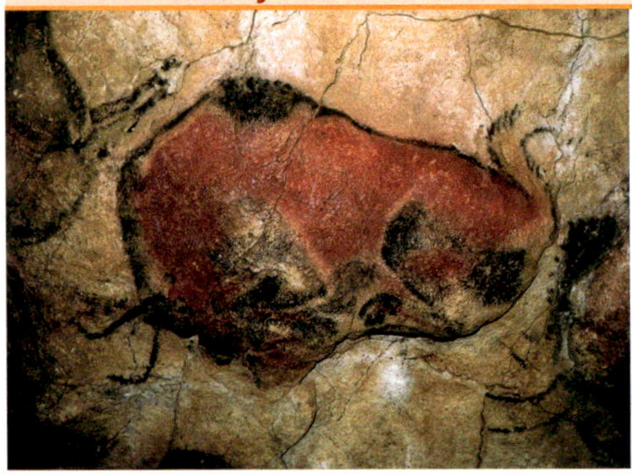

Steinzeit ▶Malerei auf Höhlenwänden zeigt Tiere und Menschen bei der Jagd. Die ▶Bildhauerkunst und erste ▶Musikinstrumente entstehen. Der Homo erectus kann sich schon mithilfe einfacher ▶Sprache verständigen.

▶ ca. 4000 v. Chr.

Hochkulturen Mit der Erfindung der ▶Schrift endet die ▶Vorgeschichte. Die ersten Hochkulturen entstehen in Mesopotamien, Ägypten (▶ägyptische Kunst) und im Industal (▶außereuropäische Musik, ▶außereuropäische Kunst).

▶ ca. 1200 v. Chr. bis 476 n. Chr.

Antike Im griechisch-römischen Altertum kommt es zu einer kulturellen Blüte (▶antike Mythologie, ▶griechische Philosophie). Die ▶Architektur mit ihren Säulen wird im 18. Jahrhundert zum Vorbild europäischer Baukunst. Die nackten Körper antiker Skulpturen inspirieren später Künstler der Renaissance (▶antike Kunst). Die literarischen Gattungen ▶Drama, Lyrik (▶Gedicht) und Epik entstehen (▶antike Literatur).

1870–1910 ◀

Impressionismus Den momentanen Eindruck und nicht Detailtreue wiederzugeben, ist das Ziel des Impressionismus. Die Künstler lehnen durchkomponierte Werke und die Arbeit im Atelier ab. Sie malen im Freien, um die natürliche Wirkung des Lichteinfalls einzufangen.

ca. 1890–1914 ◀

Jugendstil Die Stilrichtung prägen geschwungene Linien und Pflanzenmotive. Künstler wollen die Trennung zwischen Kunst und Alltagsleben aufheben. Gebrauchsgegenstände wie Möbel oder Gläser sowie Gebäude werden künstlerisch gestaltet. Viele Künstler wollen die Künste vereinigen und arbeiten gleichzeitig als Maler, Architekten und Designer.

ca. 1900 ◀

Jazz Im Süden der USA entsteht der Jazz. Er vereint Elemente aus der afroamerikanischen Volksmusik und der europäischen Musik. Im Zentrum der Stücke steht die Improvisation.

▶ ab 1900

Moderne Auf die immer komplizierter und chaotischer werdende Welt reagieren Künstler mit der Betonung des persönlichen Ausdrucks (▶Moderne in der Literatur). Gegen die Kunstauffassungen des Impressionismus richten sich der ▶Expressionismus und der ▶Kubismus. Die ▶abstrakte Kunst sucht nach neuen Ausdrucksmöglichkeiten und stellt keine Gegenstände mehr dar, sondern zeigt nur Formen und Farben.

▶ um 1910

Neue Musik Die Komponisten der Neuen Musik lehnen die herkömmlichen Regeln des Komponierens, vor allem die Tonalität, ab und suchen nach neuen Ausdrucksmöglichkeiten. Dazu zählen vor allem Dissonanzen (▶Harmonie). Die atonale Musik entsteht.

▶ um 1920

Dada und **Surrealismus** richten sich mit provozierenden Werken gegen die Tradition und die unglaubwürdig gewordenen Werte der bürgerlichen Gesellschaft. Dadaistische Künstler ersetzen Kunstwerke durch die künstlerische Aktion (▶Aktionskunst). Surrealistische Künstler thematisieren Unterbewusstsein und Träume.

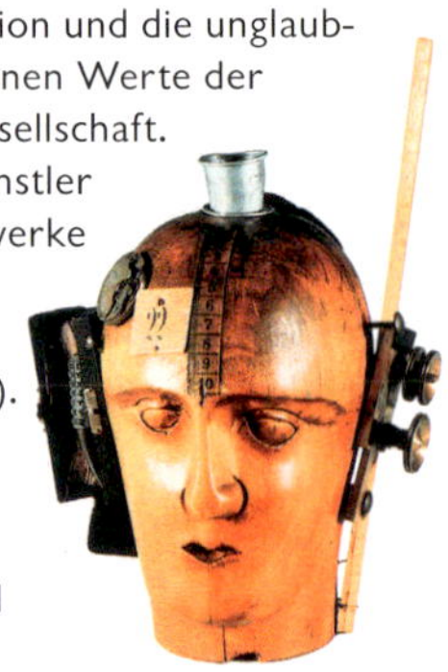

▶500–1450

Mittelalter ▶Mittelalterliche Literatur dient vor allem dazu, den christlichen Glauben zu verbreiten. Gleichzeitig entstehen weltliche Werke in ▶deutscher Sprache. Die ▶mittelalterliche Musik ist vorwiegend ▶Kirchenmusik, die ▶Notenschrift entsteht. Auch die ▶mittelalterliche Kunst ist religiös geprägt. Die wichtigsten Baustile sind ▶Gotik und Romanik.
In Mesoamerika bilden sich verschiedene ▶Hochkulturen.

▶1350–1600

Renaissance Die Epoche der Wiederentdeckung der Kunst und Kultur der Antike. Der Mensch löst sich aus der mittelalterlichen Ordnung und begreift sich als Individuum.

▶1600–1750

Barock Kennzeichen barocker Musik, Kunst und Sprache ist das Opulente, reich Verzierte und Verspielte (▶Barock in der Kunst). Die erste ▶Oper entsteht in Italien, ▶Ballett und ▶Kammermusik entwickeln sich (▶Barock in der Musik).

1830–1880◀

Realismus Schriftsteller und Künstler des Realismus versuchen ein möglichst objektives Abbild der Wirklichkeit zu schaffen (▶Realismus in der Kunst, ▶Realismus in der Literatur). Während dieser Zeit entstehen die ▶Kinder- und Jugendliteratur und die ▶politische Literatur. Die beliebteste literarische Gattung ist der ▶Roman.

ca. 1790–1850◀

Romantik Eine künstlerische Bewegung, die sich gegen die strenge Vernunftausrichtung wendet und Fantasie und Gefühl betont. Dichter besinnen sich auf Volkslieder, Sagen und Märchen (▶Romantik in der Literatur). Die Musik verleiht Naturstimmungen und Gefühlen Ausdruck (▶Romantik in der Musik).

1780–1820◀

Klassik Gegen Ende des 18. Jahrhunderts besinnen sich Künstler erneut auf die ▶Antike. In der Literatur wird die Weimarer Klassik von Goethe und Schiller geprägt. Im Zentrum der Wiener Klassik stehen Musikwerke von Haydn, Mozart und Beethoven. In der Kunst spricht man von ▶Klassizismus.

▶ab 1945

Nachkriegsliteratur Viele Werke der Nachkriegsliteratur sind geprägt von Erlebnissen des Krieges und der Rückkehr in die zerbombten Städte sowie dem Wiederaufbau des zerstörten Deutschland. Deshalb nennt man die Texte auch Trümmerliteratur.

▶1950er-/60er-Jahre

Rock- und Popmusik Die Rockmusik wird zu einem wichtigen Teil der Jugendbewegung, die sich gegen den Lebensstil der Elterngeneration richtet. Die Texte und die Musik geben Lebensgefühle wieder, Rock- und Popmusik sprechen ein breites Publikum an.

▶ab 1990

Gegenwartsliteratur Die jüngste Literatur reflektiert das Lebensgefühl und die unterschiedlichen biografischen und zeitgeschichtlichen Erfahrungen der jeweiligen Autorengeneration. Inhalte und Themen der Bücher, die heute auf den Markt kommen, sind so unterschiedlich, dass kaum noch eindeutige Strömungen erkennbar sind. Nach der Wiedervereinigung der beiden deutschen Staaten setzen sich viele Autoren erneut mit der deutschen Vergangenheit auseinander.

Technikgeschichte

▶ vor 1,5 Mio. Jahren

Faustkeil Der Faustkeil ist das wichtigste Werkzeug der ▶Steinzeit. Er ist beidseitig kantig zugeschlagen und wird in der Faust geführt. Unsere Vorfahren benutzen ihn zum Schneiden, Schaben, Ritzen, Spalten und Graben. Auch als Waffe kann man ihn einsetzen. Aus dem Faustkeil entwickelt sich das Steinbeil.

▶ 4000 v. Chr.

Rad Das Rad ist eine der wichtigsten Erfindungen der Menschheit. Mit seiner Hilfe lässt sich die sehr große Gleitreibung, die z. B. beim Ziehen von Gegenständen entsteht, umgehen. Die Rollreibung ist wesentlich geringer und ermöglicht so den leichteren Transport von schweren Gegenständen.

▶ 1750 v. Chr.

Windmühlen Windmühlen sind die ersten Apparaturen, die die ▶Energie des Windes in Arbeit umwandeln. Mithilfe der sich drehenden Flügel werden meist Mahlsteine in Bewegung gesetzt, die z. B. Getreide zu Schrot und Mehl zermahlen. Damit genügend Wind auf die Flügel trifft, stehen Windmühlen meist außerhalb der Stadt auf freien Flächen.

▶ ca. 1000 v. Chr.

Abakus Als eines der ältesten Rechengeräte wird der Abakus seit der Antike in Europa und Asien eingesetzt. Mit den Steinen, die auf Stangen stecken, lassen sich selbst komplizierte Rechenvorgänge wie Wurzelziehen durchführen. Ursprünglich stammt der Abakus aus China.

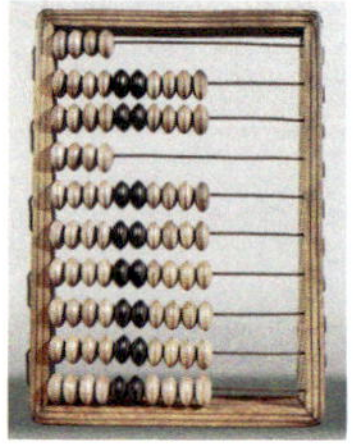

1904 ◀

Elektronenröhre Zur Verstärkung von elektrischen Signalen dient die Elektronenröhre (links). Sie wird in Radios, Verstärkern und Sendeanlagen eingebaut. Sie ist für die Erfindung des ▶Rundfunks, des ▶Fernsehens und auch für ▶Computer grundlegend.

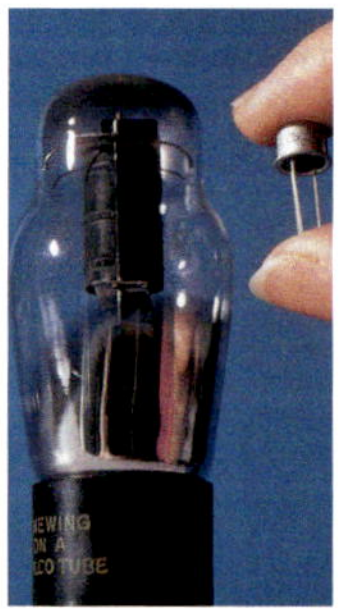

1919 ◀

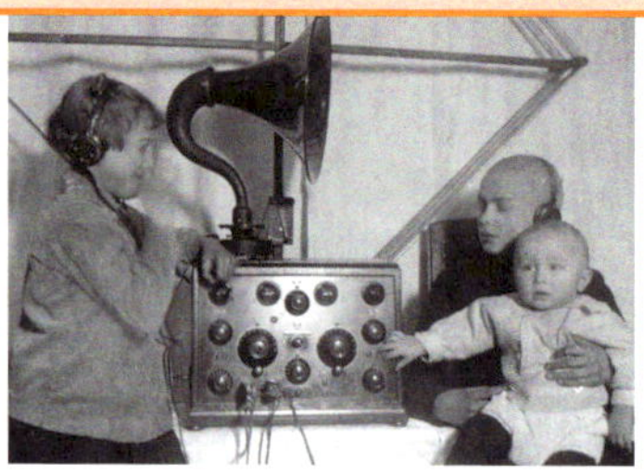

Rundfunk Die ersten Rundfunkprogramme werden ausgestrahlt. Mithilfe von Elektronenröhren im Radiogerät lassen sich die elektrischen Signale der ausgesendeten Musik- und Wortbeiträge verstärken, sodass jeder, der ein Radiogerät besitzt, das Programm empfangen kann.

1935 ◀

Fernsehen In Deutschland wird das erste regelmäßige Fernsehprogramm ausgestrahlt. Fernsehgeräte sind noch sehr große, unhandliche Kästen und noch nicht sehr weit verbreitet. Trotzdem setzt sich das Fernsehen durch. Heute steht fast in jedem Haushalt mindestens ein Gerät.

▶ 1941

Computer Den ersten programmierbaren Computer baut Konrad Zuse in Berlin. Der Z3 arbeitet mit einem binären Zahlensystem und wird mithilfe von Lochstreifen programmiert. Noch heute gilt er als der erste funktionstüchtige Computer der Welt.

▶ 1947

Transistor Mit der Entwicklung des Transistors beginnt die moderne ▶Elektronik. Genauso wie die Elektronenröhre verstärkt ein Transistor elektrische Signale, jedoch ist er um ein Vielfaches kleiner als eine Röhre und verbraucht auch weniger Energie. Elektrische Geräte können mit dieser Erfindung immer kleiner werden.

▶ 1960

Laser Mithilfe des Lasers kann scharf gebündeltes, energiereiches Licht erzeugt werden. Das Licht hat eine große Strahlungsintensität, da die Lichtstrahlen parallel gebündelt sind. Laser werden in der Industrie, in der Medizin und in der Nachrichtentechnik eingesetzt.

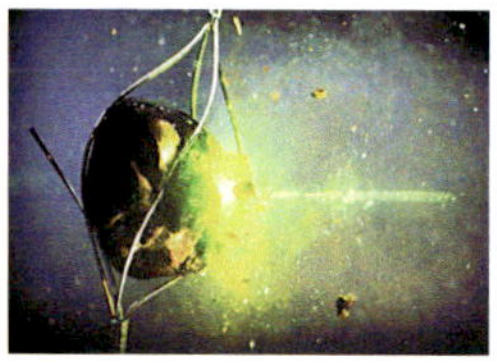

▶ 1969

Erste Mondlandung Die ersten Menschen landen auf dem Mond. Dieser Meilenstein in der Geschichte der ▶Raumfahrt wird ermöglicht durch Triebwerke (▶Antriebe), die nicht mit Sauerstoff funktionieren und daher im Weltraum eingesetzt werden können.

▶1492

Buchdruck Johannes Gutenberg erfindet den Buchdruck mit beweglichen Metalllettern. So lassen sich ▶Bücher in großen Auflagen und in sehr kurzer Zeit drucken. Sie werden nun für viele Bürger erschwinglich. Auch die weite und schnelle Verbreitung der lutherschen Bibel ist dem Buchdruck zu verdanken (▶Reformation).

▶1609

Mikroskop und Fernrohr Eine Kombination aus verschiedenen Linsen ermöglicht es, Gegenstände zu betrachten, die für das bloße Auge nicht zu erkennen sind. Durch die Entwicklung des Mikroskops können z. B. Bakterien oder winzige Tiere sichtbar gemacht werden. Galileo Galilei entwickelt das Fernrohr weiter und beobachtet damit die Planeten. Er kann so beweisen, dass die Erde um die Sonne kreist, nicht die Sonne um die Erde, wie man jahrtausendelang annahm.

▶1765

Dampfmaschine James Watt entwickelt die von Thomas Newcomen erfundene Dampfmaschine entscheidend weiter. Diese Maschine wird nun in Fabriken eingesetzt, um Arbeits- und Werkmaschinen wie z. B. Webstühle anzutreiben. Die Dampfmaschine läutet die ▶industrielle Revolution ein. Traditionelle ▶Antriebe wie z. B. die Windmühle werden von ihr abgelöst.

um 1800◀

Batterie Als eine der ersten künstlichen Energiequellen entwickelt der Italiener Alessandro Volta die Batterie. Sie erzeugt auf elektrochemischem Weg eine elektrische Spannung, die erstmals ortsunabhängig eingesetzt werden kann (▶Elektrizität).

1876◀

Telefon Alexander Graham Bell entwickelt eines der ersten Telefone, das er 1876 zum Patent anmeldet. Seitdem ist die Technologie weit vorangeschritten. Heute sorgen Glasfasern für schnelle Übertragungsraten beim Telefonieren. Der ▶Mobilfunk ermöglicht die drahtlose und ortsunabhängige ▶Kommunikation.

1886◀

Automobil Carl Benz ist der Erste, der einen Zweitaktmotor in eine Kutsche einbaut und somit das erste Automobil baut. Die dreirädrige »Motorkutsche« macht ihre Jungfernfahrt zwischen Mannheim und Pforzheim. Die Ingenieure Gottlieb Daimler und Wilhelm Maybach bauen um 1900 das erste moderne Automobil (▶Antriebe).

1895◀

Röntgen Wilhelm Conrad Röntgen entdeckt die X- oder Röntgenstrahlen. Diese Strahlen sind elektromagnetische Wellen, die Stoffe unterschiedlich stark durchdringen. Bei einer Röntgenaufnahme belichten die Strahlen lichtempfindliches Papier unterschiedlich stark und machen so das Innere des Körpers sichtbar.

▶1969

Internet Das Internet wird in den USA erfunden, als die Regierung die Computer einiger Universitäten miteinander vernetzt, damit ihre Leistung besser ausgenutzt werden kann. Bereits zwei Jahre später werden die ersten E-Mails ausgetauscht. Innerhalb weniger Jahre wird das Internet zu einem der wichtigsten Medien überhaupt.

▶1971

Mikrochips Seit den Anfängen der modernen ▶Elektronik versuchen Forscher immer kleinere und effektivere Bauteile herzustellen. Winzige Mikrochips ersetzen mittlerweile riesige Bauteile und ermöglichen so die Herstellung immer handlicherer Geräte wie Notebook und Handy (▶Mobilfunk).

▶1990

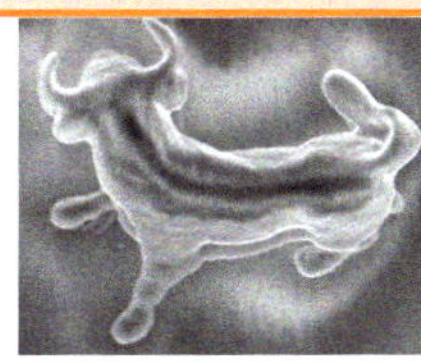

Nanotechnologie Wenn technische Produkte zwischen 0,1 und 100 Nanometer groß sind, spricht man von Nanotechnologie. Forscher arbeiten an unterschiedlichen Produkten wie z. B. besonderen Oberflächenbeschichtungen für Flugzeuge. Winzige Nanoteile sorgen hier für einen günstigeren Strömungswiderstand.

▶2007

iPhone Das iPhone verbindet Mobilfunk und Computer miteinander. Bei diesem Produkt muss man keine Tasten mehr betätigen, sondern kann alles über einen Touchscreen bedienen.

Alle Einträge im **Stichwortverzeichnis** findest du auch in diesem Buch. Die Zahl dahinter gibt an, auf welcher Seite die Informationen zu den gesuchten Begriffen stehen. Fettgedruckte Zahlen bedeuten: Dieses Stichwort hat einen eigenen Lexikoneintrag. Auf mit Sternchen gekennzeichneten Seiten findest du Infoboxen, Biografieboxen oder Übersichtsboxen zu dem jeweiligen Eintrag.

A

B

C

L

M

N

O

P